新闻学国家特色专业系列教材编辑委员会

主编　吴　建　　蒋晓丽　　张小元
委员　操　慧　　陈雪奇　　蔡尚伟　　段　弘　　姜　英
　　　蒋晓丽　　罗　飞　　李　苓　　李　静　　李宜篷
　　　刘　平　　彭　虹　　邱沛篁　　邱树雄　　王炎龙
　　　吴　琳　　吴　建　　徐　沛　　杨效宏　　曾娅妮
　　　张小元　　张　艳　　张玉川

新闻学国家特色专业系列教材

广告传播教程

Guanggao
Chuanbo Jiaocheng

吴建 著

四川大学出版社

责任编辑:徐　凯
责任校对:喻　震
封面设计:墨创文化
责任印制:王　炜

图书在版编目(CIP)数据

广告传播教程 / 吴建著. —成都:四川大学出版社,2012.10(2021.1重印)
ISBN 978-7-5614-6210-2

Ⅰ.①广… Ⅱ.①吴… Ⅲ.①广告学-传播学-高等学校-教材　Ⅳ.①F713.80

中国版本图书馆 CIP 数据核字（2012）第 245972 号

书　名	广告传播教程
著　者	吴　建
出　版	四川大学出版社
地　址	成都市一环路南一段 24 号(610065)
发　行	四川大学出版社
书　号	ISBN 978-7-5614-6210-2
印　刷	郫县犀浦印刷厂
成品尺寸	148 mm×210 mm
印　张	14.5
字　数	430 千字
版　次	2012 年 12 月第 1 版
印　次	2021 年 1 月第 2 次印刷
定　价	52.00 元

◆读者邮购本书,请与本社发行科联系。
　电话:(028)85408408/(028)85401670/
　(028)85408023　邮政编码:610065
◆本社图书如有印装质量问题,请
　寄回出版社调换。
◆网址:http://www.scupress.net

版权所有◆侵权必究

总 序

21世纪是新闻传播兴盛和日常化应用的新时代，新闻传播教育正朝着培养知识结构复合、操作技能综合、职业思维创新的专业学生的方向快速发展。面对时代的要求、新闻传播事业发展的需求，我们不仅要正视新闻教育中存在的滞后于实践发展的突出问题，还要以高度的责任感和使命感担当新世纪新闻创新人才培养的重任。在诸多人才培养的途径中，新闻传播教材的撰写与使用占有举足轻重的地位。改革开放30多年来，我国新闻传播教育的飞速发展与教材编写、出版的日臻丰富正是新闻传播的学科建设，以及创新人才的培养得以实现的途径。在内容贴近时代、形式日趋多元的教材编撰和出版现状下，我们决定陆续推出一批有特色的自编教材。

2007年10月，四川大学文学与新闻学院新闻学专业获得批准，成为我国第一批高校特色专业建设点。这是教育部在"十一五"期间择优重点建设的3 000个左右特色专业的建设点之一，其目的是为了适应国家经济、科技、社会发展对高素质人才的需求，引导不同类型高校根据自己的办学定位和发展目标，发挥自身优势，办出专业特色，推进高校专业建设与人才培养，并紧密结合国家经济社会发展需要，形成一批急需和紧缺人才培养基地的战略部署，它将为同类型高校相关专业建设和改革起到示范和带动作用。"特色"之意，是侧重于立足自身的办学传统和比较优势，在教学、科研和实践三个环节形成与社会需求相适应的良性循环，并突出重点，在学科建设的区域发展中形成独特的竞争力和影响力。"特色"之"特"，还在于我们要发扬已经积淀的传统，并依此形成培养优质人才服务于社会的独特的模式，这种模式既可以供人参照借鉴，又可以不断自我创新。我们也以此为契机，从教材自建的角度试图达成如下心愿：

对于此次国家级特色专业——新闻学的建设，我们在教材规划中将突出"自成体系、自创风格"的特色。所谓"自成体系"，就是在传统新闻学教材规划中既注重新闻史、新闻应用和新闻理论的框架，又能结合新闻实践的现实需要，在媒介经营管理、媒介法规、媒介公关等方面强化教材的时新性、延伸性和应用性。针对传媒事业的中外发展趋势，我们希望这套自编教材能以系统的理论框架为基础，带动典型案例的操作原理解析，并提供给在校学生专业思维的有效训练和业界人士职业培训的提升指南。我们将立足新闻业务的拓新和新闻史论的现实发展，结合传媒现状的"变数"，构建"科学的新闻报道观"和职业素养的人文立场，在"学"与"术"的动态介绍和规律演绎中谋求业界和象牙塔之间的协作和平衡。所谓"自创风格"，就是在已经出版的同类教材的比照下，立足我国西部区域发展的特征，从案例讲解与理论探讨的角度形成我们统一的写作思路、结构体例和写作风格，在务实与提升的结合上开掘新的应用空间。我们将陆续推出新闻传播史论、新闻传播业务以及相关交叉领域的15本教材，涵盖从基础理论到业务应用、从传统报学到新媒体等众多内容，在当今媒体发展"融合"的趋势下，力图使教材的构架能够一目了然、内容可读启思；在出版教材的同时推出配套的电子音像读物，为生动、形象、深入的传播效果的达成服务，力争在创新中突显特色之"效用"，即"实用"与"适用"。我们期望这些教材能成为新闻专业学生、新闻从业人员以及新闻爱好者喜闻乐见的读本，同时也祈愿它们能够为四川大学的新闻学"特色"之打造和发展提供强大的助推力。

四川大学新闻传播学教材编委会

2009年6月

目　录

第一章　广告概论……………………………………（1）
第一节　广告的定义………………………………（1）
一、广告的定义和属性……………………………（2）
二、广告的要素……………………………………（3）
三、广告的分类……………………………………（6）
第二节　广告在现代社会中的功能………………（10）
一、广告的基本功能………………………………（10）
二、广告的经济功能………………………………（11）
三、广告的其他功能………………………………（14）
第三节　广告的传播要求…………………………（15）
一、以信息真实为基础……………………………（16）
二、以思想性为指导………………………………（20）
三、以有效传播为目标……………………………（20）
四、以艺术表现为手段……………………………（21）
第四节　广告与其他信息传播活动………………（23）
一、广告与新闻……………………………………（23）
二、广告与公共关系………………………………（23）
三、广告与宣传……………………………………（25）

第二章　广告发展概说………………………………（27）
第一节　广告的产生与发展………………………（27）
一、广告的产生与早期广告形式…………………（27）
二、广告的发展……………………………………（30）
第二节　广告学的产生与发展……………………（36）

一、广告学的产生与发展……………………………（36）
　　二、广告学与其他学科……………………………（37）
　　三、广告学的学科体系……………………………（40）
第三节　中国广告业概况……………………………（41）
　　一、新中国成立初期的广告…………………………（41）
　　二、"文化大革命"十年广告发展的停顿……………（42）
　　三、市场经济下广告的复苏与发展…………………（43）
　　四、新世纪广告的创新发展…………………………（47）
　　五、我国广告业发展趋势……………………………（52）

第三章　广告人和广告组织………………………………（54）
第一节　什么是广告人………………………………（54）
　　一、什么是广告人……………………………………（54）
　　二、广告人应具备的从业素质………………………（56）
　　三、广告人的专业教育………………………………（62）
第二节　广告组织的分类及职能……………………（70）
　　一、广告组织的演进…………………………………（70）
　　二、广告主广告组织…………………………………（72）
　　三、广告公司…………………………………………（75）
　　四、媒介广告组织……………………………………（81）
　　五、广告社团…………………………………………（83）
第三节　广告代理制度………………………………（86）
　　一、广告代理制度的由来与发展……………………（86）
　　二、广告代理制的基本内容…………………………（89）
　　三、广告代理的选择…………………………………（96）

第四章　广告的传播对象…………………………………（103）
第一节　广告传播对象的简要分析…………………（103）
　　一、广告传播对象的构成……………………………（103）
　　二、广告传播对象的特点……………………………（105）
第二节　广告传播对象的心理特征…………………（107）
　　一、广告传播对象的个性心理特征…………………（108）

二、广告传播对象的社会心理特征……………………(113)
　　三、广告传播对象的性别心理特征……………………(115)
　　四、消费者的年龄心理特征……………………………(118)
　第三节　广告策划对消费心理的应用……………………(124)
　　一、刺激消费者的需求，激发其购买欲…………………(125)
　　二、吸引消费者的注意，关注视听广告…………………(130)
　　三、增进联想，加深广告刺激的深度……………………(136)
　　四、增强记忆，建立品牌熟悉感…………………………(138)
　　五、明确诉求，刺激欲望，促成行动……………………(142)

第五章　广告的传播…………………………………………(148)
　第一节　广告的传播………………………………………(148)
　　一、广告传播的含义……………………………………(148)
　　二、广告传播的方式……………………………………(150)
　　三、广告传播的要素……………………………………(152)
　第二节　广告传播的内容…………………………………(162)
　　一、广告传播的目标……………………………………(162)
　　二、广告传播的内容……………………………………(171)
　第三节　广告传播的特点…………………………………(173)
　　一、特定的传播主体与传播形式………………………(174)
　　二、广告传播是有明确目的、可重复、复合性的传播
　　　　………………………………………………………(174)
　　三、广告传播是负责任的有偿传播……………………(175)
　　四、独特的广告劝服效果………………………………(177)
　第四节　广告传播的时机…………………………………(177)
　　一、广告传播时机选择的影响因素……………………(177)
　　二、广告传播时机选择的注意事项……………………(178)

第六章　广告媒介……………………………………………(181)
　第一节　广告媒介的含义…………………………………(181)
　　一、广告媒介的含义……………………………………(181)
　　二、媒介与广告的关系…………………………………(183)

第二节 广告媒介的类别及特点 (186)
一、报纸媒介 (186)
二、杂志媒介 (193)
三、广播媒介 (197)
四、电视媒介 (201)
五、网络广告媒介 (204)
六、直邮广告媒介 (209)
七、户外广告媒介 (212)
八、POP 广告媒介 (217)
九、其他广告媒介 (220)

第三节 广告媒介的选择与组合 (224)
一、广告媒介选择与组合的原则 (224)
二、影响广告媒介选择的主要因素 (225)
三、广告媒介的选择 (227)
四、广告媒介的组合 (230)

第七章 广告调查 (235)

第一节 广告调查概述 (235)
一、广告调查的含义 (235)
二、广告调查的作用 (236)
三、广告调查的原则 (238)
四、广告预测 (238)

第二节 广告调查的内容 (241)
一、广告市场调查 (241)
二、企业形象与公共关系调查 (243)
三、广告媒体调查 (245)
四、广告效果调查 (246)

第三节 广告调查的操作流程 (247)
一、明确广告调查目的 (247)
二、编制广告调查计划 (248)
三、设计广告调查问卷 (250)

四、选择广告调查方法……………………………………(255)
　　五、调查的实施……………………………………………(262)
　　六、调查资料数据的处理…………………………………(266)
　　七、编制调查报告…………………………………………(266)

第八章　广告策划………………………………………………(269)
　第一节　广告策划概述……………………………………(269)
　　一、广告策划的含义………………………………………(269)
　　二、广告策划的特性………………………………………(270)
　　三、广告策划的作用与地位………………………………(272)
　　四、广告策划的流程………………………………………(273)
　第二节　广告创意理论简介………………………………(274)
　　一、AIDA 理念……………………………………………(274)
　　二、USP 理念………………………………………………(275)
　　三、ROI 理念………………………………………………(275)
　　四、定位理念………………………………………………(276)
　　五、CI 理念…………………………………………………(276)
　　六、品牌形象理念…………………………………………(277)
　　七、IMC 理念………………………………………………(278)
　第三节　广告策划常用策略………………………………(279)
　　一、广告定位策略…………………………………………(279)
　　二、产品生命周期广告策略………………………………(283)
　　三、广告市场策略…………………………………………(285)
　　四、广告发布策略…………………………………………(289)
　　五、公共关系策略…………………………………………(289)
　　六、广告差别策略…………………………………………(292)
　第四节　广告预算…………………………………………(292)
　　一、广告预算………………………………………………(292)
　　二、广告预算方案…………………………………………(294)
　　三、广告预算表……………………………………………(296)
　第五节　广告策划书的编写………………………………(298)

一、广告策划书的格式…………………………………(298)
　　二、广告策划书的评估量表……………………………(304)
第九章　广告的实施……………………………………………(310)
　第一节　广告文案基础……………………………………(310)
　　一、广告文案基本概念…………………………………(310)
　　二、广告文案的构思……………………………………(313)
　　三、广告文案的撰写……………………………………(315)
　第二节　广告设计基础……………………………………(327)
　　一、现代广告设计的含义………………………………(327)
　　二、现代广告设计的基本要求…………………………(328)
　　三、广告设计创意思维规律……………………………(329)
　　四、广告设计的基本原理………………………………(331)
　第三节　报纸媒介的广告表现……………………………(333)
　　一、报纸广告的设计制作要求…………………………(333)
　　二、报纸广告的构成要素………………………………(336)
　　三、报纸广告的发布程序………………………………(340)
　第四节　广播广告的表现…………………………………(341)
　　一、广播广告的要素……………………………………(341)
　　二、广播广告的设计与制作……………………………(342)
　第五节　电视广告的表现…………………………………(346)
　　一、电视广告的分类……………………………………(346)
　　二、电视广告的要素……………………………………(348)
　　三、电视广告的制作……………………………………(350)
　第六节　户外广告的表现…………………………………(352)
　　一、户外广告的种类……………………………………(352)
　　二、户外广告设计的基本要求…………………………(355)
　　三、户外广告的制作……………………………………(356)
　第七节　网络广告的表现…………………………………(358)
　　一、网络广告的类型及表现……………………………(358)
　　二、网络广告的设计……………………………………(360)

三、网络广告的制作……………………………………(364)
　第八节　手机广告表现……………………………………(366)
　　一、手机广告的主要类型…………………………………(366)
　　二、手机广告的表现形式…………………………………(369)

第十章　广告的发布与评估…………………………………(371)
　第一节　广告的发布………………………………………(371)
　　一、选择广告的发布策略…………………………………(371)
　　二、广告的媒介选择和组合………………………………(378)
　　三、广告的发布……………………………………………(379)
　第二节　广告评估…………………………………………(380)
　　一、广告评估的含义和意义………………………………(380)
　　二、广告评估的内容………………………………………(381)
　　三、广告评估的方法………………………………………(387)
　　四、广告评估应注意的问题………………………………(389)
　第三节　广告效果及其测定………………………………(390)
　　一、广告效果………………………………………………(390)
　　二、广告效果测定…………………………………………(392)

第十一章　广告管理…………………………………………(404)
　第一节　广告管理概述……………………………………(404)
　　一、什么是广告管理………………………………………(404)
　　二、广告管理的特性………………………………………(405)
　　三、广告管理的基本原则…………………………………(406)
　　四、广告管理的内容………………………………………(407)
　　五、广告管理的意义………………………………………(410)
　第二节　广告管理法规……………………………………(411)
　　一、中国广告管理法规的发展……………………………(411)
　　二、广告管理法规的性质…………………………………(413)
　　三、广告管理法规的特点…………………………………(413)
　　四、广告管理法规的构成…………………………………(415)
　　五、中国广告管理法规的基本内容………………………(415)

第三节 广告审查制度……………………………………（415）
  一、广告审查制度………………………………………（415）
  二、广告审查的内容……………………………………（417）
  三、广告审查的方法与程序……………………………（419）
  四、广告证明……………………………………………（420）
  五、广告审查责任………………………………………（423）
第四节 广告业自律………………………………………（425）
  一、广告业自律…………………………………………（425）
  二、中国广告行业自律规则……………………………（426）
  三、国外广告业自律法规和自律机制…………………（427）
参考文献………………………………………………………（446）
后　记…………………………………………………………（449）

第一章 广告概论

21世纪,广告已成为我们生活中的重要组成部分。在现代社会里,广告与我们朝夕相伴,电视、网络、报纸、杂志、广播中的广告让人应接不暇。走在大街上,霓虹灯广告鲜艳夺目,灯箱广告温馨可人,立体广告生动形象,路牌广告五光十色。在广告业不断拓展新领地的今天,人们已时时处处置身于广告的海洋之中。

现代社会广告业的兴盛是一个国家经济发展水平的标志。无论是广告业发达的美国、日本、英国,还是我国改革开放以来国民经济的发展,都清楚地证明了这一点。自1979年以来,伴随着改革开放,我国广告业日渐发展起来。截至2009年年底,我国共有广告经营单位20.5万户,广告从业人员133.31万人,广告经营额2 041.032 2亿元。到2011年,我国广告业实际经营额更达到3 125.552 9亿元,比2010年的2 340.507 6亿元增长了33.54%,创下1997年以来15年间全国广告营业额的最高年增长率,广告市场规模跻身世界前列。伴随着我国市场经济的成熟,广告业将担当更为重要的历史责任,推动中国企业走向更加辉煌的时代。

第一节 广告的定义

广告,从字面上解释,是广而告之的意思。广告的英文为advertising,它的词根就有大喊大叫、注意、诱导之意,源于拉丁文adverture。到14世纪,adverture演变成英文的"广告"——advertise,其含义是"一个人注意到某件事"、"引起别人注意"、"通知别人某件事"。到 17 世纪末，英国开始有了大规模的商业活动，广告一词得到了更广泛的流传、使用，同时，静态的 advertise 演进为动态的广告活动 advertising，这就具有了现代广告的含义。

一、广告的定义和属性

广告有广义和狭义之分。广义的广告，泛指一切广告活动，包括商业广告和非商业广告。狭义的广告是专指以营利为目的的商业广告。

商业广告是广告在经济上的应用，是企业向消费者或服务对象进行宣传，将自己经营的商品和劳务，如商品品种、样式、质量、成分、性能、用途、特点、价格、使用方法、报关方式、服务类型、销售地点、营销厂商等信息传达给消费者，借以影响消费者的购买行为，从而达到扩大销售、获取经济利益的目的的营利性广告。非商业广告则是为达到某种目的的非营利性广告，它的范围极为广泛，如政党宣言、政府公告、宗教声明、教育启示、文化通知、市政措施、社会救济等所谓社会广告和以取得公众对社会组织的信赖与支持为主要目的的公共关系广告等，其广告对象、广告范围、广告内容也更广泛。

广义广告的定义很多。较早的、影响较大的当首推美国《广告时代》周刊在 1932 年公开征集而得出的一个定义：

"个人、商品、劳务、运动以印刷、书写、口述或图画为表现方法，由广告者出费用做公开宣传，以促成销售、使用、投票或赞成为目的。"

英国《大不列颠百科全书》认为：

"广告是传播信息的一种形式，目的是促进商品和劳务的销售、影响舆论、获得公众支持、推动一种事业或引起刊登广告者所希望的其他反应。广告通过各种媒体包括报纸、杂志、电视、广播、路牌等传播给广告对象。广告区别于其他传播方式之处在于广告要向媒体付费。"

对狭义广告的定义也是众说纷纭的。如日本广告业协会对广告的定义是：

"广告是明确表示的信息发送方，作为信息活动，针对想要呼吁（诉求）的对象所进行的有偿信息交流。"

更典型的是美国营销协会（AMA）对广告的定义：

"广告是由明确的广告主在付费的基础上，采用非人际传播的形式，对观念、商品或服务进行介绍、宣传的活动。"

我国广告学者傅汉章等人在其所著的《广告学》中所下的定义是：

"广告是广告主有计划地通过媒体传递商品或劳务信息，以促进销售的大众传播手段。"

考虑到广告的功能在市场经济中已极大地得到扩展，已不仅仅局限于商品促销等较为狭窄的范围，所以本书所辖的广告定义也是一个广义性的定义：

"广告是广告主通过付费从而有计划地利用媒体传递各类信息，以影响公众行为的信息传播活动。"

这个定义说明了广告的以下属性：

（1）广告的基本特征是一种广告主付费的信息传播。付费带来了广告运作的可控制性，广告发布的媒体、时间、空间（位置）和内容、方式等，只要不违反法律、法规等，就会受到广告主的控制。这使广告的运作具有主动性。

（2）广告的传播对象是目标市场的广大公众，而不是个人。

（3）广告的手段是非人际的（或非个体的）传播。传播是广告有效的关键环节。

（4）广告的目的是为了影响公众的行为。这种影响既有营销方面的，也有观念方面和其他方面的。

（5）广告的信息必须真实，真实是广告的生命，也是广告有效的基础。

二、广告的要素

广告的要素包括广告的构成要素和广告的活动要素两类。

广告的构成要素是指构成一则广告所必需的基本成分。它包括广告信息和广告媒体两个因素。广告信息是一则广告的核心内容，它由语言、文字、图案、形象、声响等构成。广告媒体是广告信息的承载体。没有广告媒体，广告信息就无法存在。

广告的活动要素是指构成广告运作活动的基本要素。它涉及以下因素：谁发布广告（广告主）、向谁说（广告对象）、说什么（广告信息）、谁来说（广告代理）、通过什么渠道（广告媒体）、花了多少钱（广告费用）、有什么收获（广告效果）、受到什么制约（广告管理）等。

广告主：也叫广告客户。指为推销商品或者提供服务，自行或委托他人设计、制作、发布广告的法人、其他社会组织或者个人。广告主是广告的决策者和发出者，它决定着广告经营者和广告发布者的选择。我国法律规定，凡是具有民事权利能力和完全民事行为能力的公民、法人和其他社会组织均享有发布与其民事权利能力和行为能力范围相适应的广告的资格。

广告主在广告活动中享有广告决定权、广告代理商和广告媒体的选择权，要求广告管理机关保护其合法权益的权利，也有保证广告内容真实、合法，不得含有虚假的内容，不得欺骗和误导消费者等义务。广告主从事广告活动，应当遵守广告法律、行政法规，遵循公平、诚实信用的原则，不得损害他人的合法权益，违者会受到相应的处罚。

广告信息：这是广告的主要内容，也是广告主愿意花钱的原因所在。所谓信息，从广义上理解是事物存在与运动及其千差万别的表现。只要客观世界存在，信息就无处不在。从狭义上可理解为具有新内容、新知识的消息，它包括情报、资料、指令、代码，以及含有一定内容的信号等。信息在广告活动中一般通过文字、语言、图像、音响、数据、报表、计划等形式反映出来。

信息具有以下特性：

（1）可扩充性。随着时间的变化，大部分的信息将不断被扩充。广告及其他大众传播行业正是利用了信息的这一特性。

（2）可压缩性。人们对信息进行加工、整理、概括、归纳，就可以使其得到精练、浓缩。短小精辟的广告标题、广告标语、广告文及广告插图都反映了广告信息的高度浓缩性。

（3）可替代性。信息的利用可以替代资金、劳力和物质材料。由于信息的作用而减少了它们的消耗。广告信息及其行业能够存在和发展，正是因为其信息沟通了生产、供应、销售和消费，沟通了人类的经济生活与社会生活，从而产生了巨大的生产力。

（4）可传输性。信息可以依附于载体而传输到世界各地。传统的传播媒介有书信、文件、报刊等。新的技术革命开始以电子、激光做载体，以光速传递信息，大大提高了信息的传播速度。广告信息由于现代化媒体的应用而使其传播效果更为显著。

（5）可扩散性。由于传输渠道的多元化和迅速化，信息得以迅速扩散传播，这正是广告得以大量传播的原因。

（6）可分享性。信息与实物不同，可以随媒体扩散而使所有接触到的人共同分享。广告信息正是以信息的广泛的分享性为基础而服务于人类社会的。

广告传播的信息内容广泛，商品信息、劳务信息、引导观念的信息等都可以包容在内。

广告代理：指为广告主代理调查、策划、设计、制作和发布等活动的专业广告公司和兼营广告单位。在推行广告代理制的情况下，广告活动一般通过广告代理来进行。

广告媒体：指进行广告宣传的物质手段和工具。广告作为一种信息传播活动，必须借助于媒体，运用一定的物质技术手段，在广告主和消费者之间架起一座桥梁。现代科技日新月异的发展，为广告提供了用之不竭的传播手段。正如有的植物开花后需要蜜蜂来授粉才能结果一样，广告媒体就像蜜蜂一样传播着广告信息，使之深入到社会的各个角落。

广告费：广告是付费的信息传播，付费是它的一大特征。这些费用包括租用电台、电视台的时间，占用报纸、杂志的版面，投放网站类型、路径等要给付的费用。同时，在广告调查、策划、设计、制作时也需要一定的成本,这也是广告费的一部分。还包括在广告活动中的其他费用。广告费开支的目的,是为了用银子换金子,以较小的代价换取更大的收益。

广告传播对象:指广告信息的接受者。它是构成一次广告传播活动的重要一环。广告主在制作、发布广告时,一定要有特定的对象,针对这些特定对象的心理特征、消费心理、消费能力因素来策划创意,广告才能取得预期的效果。

广告的组织和管理:在现代社会,不是每一个广告都可以发布,它要受到国家体制和社会公德等方面的制约。国家通过法律、法规、法令条例等来对广告活动加以控制,通过工商行政管理部门来对广告活动加以管理,通过广告行业管理来使广告活动进行自律,等等。

广告效果:指在广告活动中通过消耗和占用社会劳动而得到的有用效果与经济效果。一般要通过调查、评估等方法来获得。

三、广告的分类

广告的分类是指为了适应广告策划的需要,按照不同的目的与要求将广告划分为不同的类型。恰当的广告分类能为广告策划提供基础,为广告设计与制作提供依据,使整个广告活动沿着正确的轨道运行。

广告的分类方法众多,如按广告的性质、内容、对象、范围、广告主、目的、媒体、要求形式、诉求方式、效果、广告周期等项目来划分。

(一)按广告性质分类

经济广告。又叫商业广告,以营利为目的,指在生产和流通领域及服务行业,为了推销商品或者提供收取费用的劳务和服务的广告。

文化广告。指提供和传播教育、科学、技术、文学、艺术、新闻出版、广播、电视、卫生、体育、电影、戏曲、图书、文物等信息的广告。

社会广告。指提供社会福利、社会服务、社会保险等信息的社会性广告。

（二）按广告内容分类

商品广告。指以介绍商品的品牌、商标、性质、功能、特点等为主要传播信息的广告形式。

劳务广告。指企事业单位发布的提供劳务或服务信息的广告，主要用来介绍劳务的性质、内容、服务方式与方法等。

观念广告。观念广告分为两类：一类是公共广告，指为全社会公众制作、发布的不以营利为目的，旨在通过某种观念的传达，呼吁社会公众关注某一社会性问题，用合乎社会公益的准则去规范自己的行为或去执行、支持某种社会事业和社会风尚的广告形式。公共广告大致可分为意见广告、主张广告、观点广告、抗争广告、公益广告等。另一类是企业广告，又叫公共关系广告。它是一种以取得社会公众对企业的信赖、支持、认同为主要目的，通过一定的媒介，把企业的有关信息有计划地传递给公众的一种信息传播手段。它在广告中一般不提及产品，不直接介绍商品，而是以树立企业形象、增进公众对企业的了解、扩大企业的知名度和美誉度为目的。与产品广告相比较，企业广告宣传的中心是企业本身，而产品广告宣传的中心是产品。

（三）按广告对象分类

消费者广告。指直接针对商品或劳务的消费对象的广告。根据消费对象的不同，消费者广告又可分为男人广告、妇女广告、老人广告、儿童广告、婴幼儿广告等。

工业广告。指对象是工矿部门或企业。

农业广告。其对象是农业生产部门或单位。

外贸广告。其对象主要是外商，按不同地区、国别又有多种细分。

（四）按广告主分类

政府广告。其党政机关、公安、交通、法院、城建、市容、卫生、财政、税务等国家政府部门对社会公开发布信息的广告。

工业主广告。其广告发布者为工业企业者。

商业主广告。指商品流通企业所做的广告。

农业主广告。指农、林、牧、副、渔等农业生产部门和单位所发布的广告。

外商广告。指外国商人在我国所发布的各种类型、形式的广告。

合作广告。指多个客户联合发布的广告。它可以是同行业合作，也可以是不同行业的合作。

(五) 按广告发布范围分类

全球广告。指世界上某些跨国集团或国际性组织针对全世界范围所做的广告。此类广告也叫国际广告。

全国性广告。指在全国性媒介上发布的广告，其目的是在全国范围内影响消费者。

区域性广告。指在一省或数省等选定的区域内所做的广告。此类广告多数是为了差别性市场营销策略而定。

地方性广告。指在某一特定的地点做广告，所选媒体多为地方性的，主要为配合密集性市场营销策略的实施。

(六) 按广告的生命周期分类

开拓期广告。指新产品上市前后的广告，以介绍新产品的品牌、特性、使用方法等为主。

竞争期广告。指产品在成长期与成熟期的广告。这一阶段产品的销量增大、市场扩大，却遇到竞争者的激烈抗争，此时的广告以介绍本产品优于其他产品的特性、特长为主，并辅之以广告量的增加。

维持期广告。指在商品饱和期和衰退期所做的广告。以宣传品牌、商标为主，既起到提醒消费者的作用，也为本企业的新产品上市铺平道路。

(七) 按广告媒体分类

印刷广告。指以报纸、杂志、宣传画、招贴、商业信函等印刷品为媒介的广告。

电子广告。指以电视、电影、录像、广播、传真、电脑、电子音响器材等为媒体的广告。

新闻广告，又叫大众传播媒体广告。指以报纸、杂志、电视、广播为媒体的广告，其特点是传播迅速、影响面大。

网络广告。指以互联网为媒介进行传播的广告，其特点是方式灵活、互动性强。

手机广告。指以手机媒体为传播平台而发布的广告，其载体有短信、彩信、WAP、品牌植入式JAVA游戏等。

电子显示屏广告。指在交通要道、繁华街头设立电子显示屏来播出各种信息的广告形式。

展览广告。指在商品展览场地使用的广告形式，特点是展销结合，多种广告形式并用，广告效果迅速。

包装广告。指具有广告性质的商品包装。其特点是集包装、广告于一体。

商品说明书。指对商品的性质、用途、使用方法、保管方法等的说明资料。包括商品目录、样本说明等形式的广告。其特点是简单易行、使用方便。

馈赠广告。指通过各种赠送方式，如随买带送、奖品、礼品、纪念品赠送等形式做广告，其特点是既易沟通产、供、销、消的亲密关系，又易起到较为持久的广告效果。

报型广告。指用报纸的形式来发布的广告，其编排方式与报纸类似。按规定，非新闻出版单位不得编印类似报纸形式的出版物。

音响广告。是一种古老的广告形式，指通过某种物体发出的声响作为广告，如以敲铁盏声作为补锅匠的广告形式；另一种是指利用音响器材做媒介来发布广告的形式。

人体广告。指利用人的服饰、动作，在人身上附加广告信息等来做广告。

烟云广告。指利用飞机等在空中散播彩色烟雾而成字体或形状，从而传播信息的广告形式。

另外还有交通广告、售点广告、路牌广告、户外广告等，后面的有关内容会介绍，以不赘述。

一方面，由于任何广告都必须通过一定的媒体来实现，同时广告媒体的性质与作用也基本决定着广告的表现形式和表现方法；另一方面，广告媒体费用要占到广告费用的大部分，因此，媒体分类法是广告的基本分类方法。

第二节　广告在现代社会中的功能

广告在现代社会中的功能是多种多样的。对于企业，它能帮助企业提高知名度，形成独特的企业文化，树立企业形象，有助于企业产品和劳务的销售；对于消费者，它能帮助消费者了解产品信息和商品知识，开阔眼界，刺激消费需求，形成新的消费观念；对于媒体而言，它能帮助媒体获得维持生存和发展的收入，丰富传播内容；对于社会，它能促进文明进步和社会的进步，沟通产供销各环节，活跃经济，美化生活、环境；等等。

归纳起来，广告的功能主要表现在以下几个方面。

一、广告的基本功能

广告活动从本质上来说是信息传播活动。美国广告评论家万斯·帕克德（Vance Packard）在《隐藏的说服者》（*The Hidden Persuaders*）一书中写道："我们中有许多人在日常生活的方式上，正不知不觉地受到广告的影响，并受它巧妙地操纵与控制。"

造成这种巨大影响力的内因就是广告传播的信息。曾有人给广告下过这样的定义：广告，是通过非人的媒介，将信息从一方传递到多方。

广告通过信息传播，将人们的观念、行为导向广告主计划的某个方向，达到广告预期的效果，这就是广告的基本功能。广告的其他功能都是建立在这个基本功能基础之上的。

二、广告的经济功能

广告对现代经济的作用是广告的主要功能，它具体体现在以下几个方面。

（一）沟通产、供、销、消，满足消费者的需求

从宏观看，广告是商品经济的产物。在现代化大生产中，生产规模日益扩大，商品交换日益频繁，市场活动日益复杂，消费者需求千变万化。如何使这些规模宏大的供、产、销、消活动构成一个有机体？广告在其间起着桥梁和纽带作用。广告能够把反映现代化建设的商品信息、产销信息、劳务信息、科技信息以及党和政府的方针政策等信息，在供、产、销、消四者之间迅速传播。其速度、广度和经济性是任何信息手段都无法比拟的。

从微观看，市场经济条件下，企业的经营是以销售为中心的。企业要生存发展，就要设法使产品从生产者、经营者手中转移到消费者手中；同时，企业要发展商品生产，也需要原材料供应，它们均需依赖广告传播的信息，找到购销的最短途径，打开销路，减少积压，加快资金运转，提高效益。而消费者也因自己不同的需求而需从广告信息中寻求符合自己需求的商品和服务。因而，企业要通过广告引起消费者的注意，诱发其对商品的兴趣，激发其购买欲望，从而满足其需求。

（二）向消费者提供丰富的信息，刺激需求

在现代社会中，科学技术突飞猛进，新产品层出不穷，市场上商品种类繁多。面对这茫茫的商品海洋，消费者往往无所适从，望而却步。因而，广告通过传播商品信息，向消费者介绍商品的品牌、商标、性能、用途、特点、价格以及如何使用、保养等，这实际上是帮助消费者提高对商品的认知度，指导消费者如何购买商品和使用商品，从而刺激消费者潜在的购买欲望。

（三）传播培养新的消费观念，创造需求

在广告业发达的地区，广告深入生活，影响生活，许多流行性商品的出现与广告的宣传是分不开的；消费者也会受到广告的影响

而接受新的消费观念，从而养成新的消费习惯，创造可以开发出的新的市场。例如速溶咖啡在中国的市场开拓。中国人最早的习惯是喝茶，但在雀巢咖啡、麦氏咖啡广告的影响下，相当一部分人也有了喝咖啡和以咖啡待客的习惯，从而一个全新的庞大市场得以开辟。

（四）参与竞争，争夺市场

在市场竞争中，谁占有市场，谁就会得到发展；失去市场，就意味着失去生机；再要夺回市场，困难就会大很多。比如上海某品牌电扇，以质量好、牌子响而享誉全国，因而皇帝女儿不愁嫁，不做广告宣传。后来，其他牌子的电扇如雨后春笋般涌出，广告铺天盖地，夺去了它的大部分市场，当其醒悟过来时，为时已晚。

争夺市场的斗争关系到企业的生存，这就是竞争。商场如战场，其武器之一就是广告。所以，一切成功的企业，无不斥巨资于广告以开辟市场，击败竞争对手。世界广告大国美国、日本、英国的广告投资占世界广告投入的 2/3，其产品也充斥各地，广告成了其商品销售的开路先锋。比如美国的医药与化妆品平均 1 美元销售额中有 20 美分用于广告，其香烟的 1 美元销售额中有 7 美分用于广告。为了占据中国这个庞大的市场，各国的广告也蜂拥而入，尤以日本为甚。日本作为我国的邻国占地利之便，其广告宣传如潮涌来，日立、松下、东芝、索尼、NEC、丰田、日产、三菱等品牌曾在我国家喻户晓，其商品也充斥我国城乡，占据了很大的市场份额。

广告既是竞争的武器，同时也是对企业的一种压力。因为要竞争，要立于不败之地，就得维护自己的信誉，努力开发、提供新的产品，提高服务质量，这就促使企业不断改进和发展。所以，广告好比一把双刃剑，它既刺向竞争对手，也激励自己努力发展以保持活力。

（五）塑造品牌，创造驰名商标

品牌、商标是一个国家、地区经济实力的表现，如果没有几个叫得响的名牌，表明其经济实力是不稳定的。同时，品牌、商标也是企业产品参与市场竞争的标签,是产品受到法律保护的"凭证"。再好的企业、再棒的产品,如果没有一个名正言顺的品牌,没有一个叫得响的商标,在优胜劣汰的市场竞争中是很难站得住脚的。因此,创造名牌是现代企业梦寐以求的目标,驰名商标为人们所极力追求。那么靠什么去创造呢?那就要一靠质量,二靠广告。在保证质量的前提下,通过广告创造累积效应,在消费者心目中一点一滴地产生影响,形成名牌。一些世界驰名的牌子,如万宝路、可口可乐、百事可乐等,都是经过数十年上百年的时间用质量和广告培养出来的。比如可口可乐,发明至今已有百余年,被公认为美国国民的共有财产,其商标、品牌的出名,就是靠各个时期不同主题的广告:

早期,强调青春、欢乐,充满朝气;

1929 年可口可乐广告出现在报纸上,"要想提神请留步"被公认为是其经典广告语;

1936 年起广告主题为"喝新鲜饮料,干新鲜事";

20 世纪 40 年代,随着参加第二次世界大战的美军涌出国门,可口可乐提出"哪里有美国士兵,哪里就有可口可乐!"所以在第二次世界大战后,可口可乐变成了国际性的饮料,其广告主题变成了"可口可乐,一个全球性的符号";

20 世纪 50 年代,可口可乐登上电视,强调好味道的标志是"真正清凉的饮料";

1965 年以后,尽管其广告主题仍在不断变换,但是持续百年的品名、字体、包装袋、标准色依然未变,广告投入逐年增加,近年已超过 6 亿美元。长年的广告宣传,累积出世界名牌的广告效应,其品牌价值从 30 余亿美元升值到 1997 年的 479 亿美元,到 2007 年已达到 667 亿美元。

如今,一些著名的品牌由于长期广告宣传的累积效应,已经驰名世界,具有巨大的含金量。

驰名商标为企业带来了巨额的财富。与此同时,国内一些企业也日渐注重对品牌的塑造,如长虹、海尔、康佳、格力等,逐步崛起于民族工业之林,其中广告功不可没。

（六）塑造企业形象

现代社会中，由于生产技术的进步，同类产品在质量上趋向一致，价格也相差无几，要想在激烈的竞争中获胜，需要更多地依赖于企业的形象。所以，当代企业的竞争，首先是企业形象的竞争。企业形象建立的基础是产品的质量和经营信誉，以及品牌意识、经营谋略、产品开发、销售服务、员工素质、企业标志等。企业只有塑造良好的形象，才能参与全球性的竞争。尤其是我国加入WTO以后，对企业要求更为严格，竞争更为激烈，消费者对企业印象的好恶往往决定着其购买行为。因而，利用广告宣传来提高企业的知名度和美誉度就成了必由之路。同时，由于各企业在产品种类、产品质量上的雷同，为了帮助消费者认牌购买，创造出差异性，突出特性，增强企业的认知性，广告宣传更是必不可少，以更好地突出企业的形象识别。

三、广告的其他功能

（一）广告的心理功能

广告的各种功能都是通过消费者对广告的感知、情知、意知等心理过程及与之相关的注意、兴趣、联想、欲望、比较、信念、决心、行动等心理功能来实现的。所以，从某种程度上讲，广告的心理功能可以看作是广告各种功能的基础。

广告的心理功能之一是刺激广告的视、听众，使他们产生对某种商品、劳务或观念的信赖与需求，因而产生某种消费行为或观念。

广告的心理功能之二是调动消费者的初级需求和选择需求。初级需求是指人们在使用某种新产品之前，还没有感到使用这种产品的需要。通过广告对产品的性能、特点、作用进行全面介绍，以唤起人们对这种产品的需要，并使之改变购买行为。选择需求是指人们已经具有使用某类产品的需求，通过广告加深消费者对特定厂家、特定品牌产品的印象，从而进行选择引导，使该类产品的市场得以扩大。

（二）广告的宣传功能

广告不仅有经济效益，还有社会效益。广告在传播信息的同时，必然要涉及宣传什么，鼓励什么，提倡什么，因此广告不仅可以为经济服务，还可以为政治宣传和社会宣传服务，不仅要强调真实性、信息性，还要强调思想性。广告本身要有利于宣传党的路线、政策，利用其语言、画面、形象、文字等形式去影响社会、教育人民。同时，有的广告本身就是政治宣传广告或社会宣传广告。如马克思与恩格斯创办的《新莱茵报》就刊登过大量的政治广告，揭露普鲁士反动当局。在我国，各种宣传广告也随处可见。

（三）广告的社会功能

广告既可为经济、政治服务，也可为社会服务。如为人们提供社会福利、社会服务、社会保险、环境保护的公益广告，为男婚女嫁牵线搭桥的征婚广告，以及寻人、招生、挂失、求医、问药、换物等分类广告等，不但为社会团体解决了困难，也为人民大众提供了方便。

（四）广告的文化功能

广告作为诉诸人的视听觉的产物，在发挥其信息功能的同时，也以其艺术魅力对社会产生潜移默化的文化艺术的熏陶作用。一是美化城乡社会环境，丰富人们的文化生活。各种多姿多彩的广告把城乡装饰一新，各种制作精美的广告本身就是艺术品，给人以美好的感受。二是传播文化信息，活跃文化事业。广告能直接传递各类文化信息，让更多的人接触、接受并参与进去，从而促进文化事业的繁荣。三是繁荣社会文化，推动大众传播事业的发展。许多社会公益文化事业靠广告得以不断发展和繁荣，典型的是大众传播媒体，广告是它们生存和发展的基础，离开广告，就无法生存。

第三节　广告的传播要求

广告属于社会上层建筑，要受到社会经济基础的制约。不同的社会制度，决定了广告业不同的性质、不同的功能、不同的社会责任和应遵循的不同的传播要求。我国的广告是社会主义广告，它为我国的社会主义市场经济服务，具有社会主义广告的功能、责任和特征。1957年12月，"国际广告工作者会议"的决议提出了"社会主义广告的主要特征是它的思想性、真实性和具体性"。1959年8月，在上海召开的21个开放城市广告工作会议制定了"为生产、为消费、为商品流通、为美化市容服务"的方针，提出了广告要有"思想性、政策性、真实性、艺术性和民族风格"的要求。党的十一届三中全会后，又出现了不同的提法，如"商品性"、"计划性"、"知识性"、"情报性"、"现实性"、"科学性"、"趣味性"等。发展到现在，在走向市场经济的过程中，广告应做到以信息真实为基础、以思想性为指导、以有效传播为目标、以艺术表现为手段，以此来适应新时代对广告传播的新要求。

一、以信息真实为基础

广告的真实性主要是指它传播的信息、广告内容、广告表现要真实准确，不要虚夸，更不要伪造，这是广告传播最基本的要求。

广告的真实性以信息真实为基础，主要表现在以下三个方面。

（一）言之有物，言之有据

广告传播的信息要以事实为依据，通过实物、画面、实证、证据和论证，实事求是地传达信息，做到科学、准确、具体和有价值。反对夸大失实、美化失度、含义不清而引起误解、误信、误用和误伤的信息。

（二）注重信誉，兑现承诺

广告中的一切承诺都应落实、兑现，包括产品的功能、性能，购买保证、三包保证等，杜绝言而无信的行为。比如某广告承诺某产品质保10年，那么消费者在使用该产品的10年中，广告主都得对该产品的质量负有责任。如果出了质量问题，消费者都有索赔的权利。如果广告承诺某产品含有多少营养成分，而实际上没有或达不到标准，比如某报载某蛤蚧酒25 000瓶中仅用了两只蛤蚧，没有达到承诺的含量,消费者就有权向有关机构提出申诉,要求赔偿。如果企业故意以虚假广告欺骗消费者,那就应受到法律的制裁。那种凭空捏造产品功能的广告欺骗了消费者,也理应受到处罚。据外电报道,美国、法国等国家都有不少做虚假广告而受到处罚的事件。比如法国一个著名的电视节目主持人达尼埃尔·吉尔贝1991年秋在电视上为一种戒指做广告时说:"这是一种神奇的戒指,您看,它的光彩与众不同,多么迷人!它将会给每一个拥有它的人带来好运。"结果因"夸大产品功效"而被判入狱。从国内看,各地消费者协会收到的关于商品质量的投诉案及中央电视台、《人民日报》"质量万里行"活动得到的反映表明,很多消费者投诉生产者、经营者的论据,就是他们的产品质量或售后服务与他们的广告承诺严重不符。因此,广告的承诺必须兑现。如果不能兑现,那么生产商和经营商的信誉就会受到损害,产品就会因失去信誉而销不出去,此类事件并不少见。

(三)提倡一分为二

在介绍产品、服务的优点和特点的同时,亦不讳言其缺点和不足之处;向目标消费者推荐,同时亦应向明显不适应者提出劝止忠告;突出产品的特性特效,亦应指出可能发生的副作用等,这才是用户至上、向大众负责的精神和诚实不欺的作风,才是社会主义商业道德和社会主义新风尚的具体体现。

真实是广告的生命,也是广告有效的根源。首先,广告是传达信息的,是对商品、劳务、企业以及企业经营思想、观念的反映。只有实事求是地反映商品、反映企业的本来面貌,才是科学的广告,才具有认知价值,才具有生命力。其次,广告取信于人,就必须以真实的信息去影响、打动消费者。再次,社会主义广告的目的之一,在于沟通产、供、销、消,促进销售,指导人民的生活,发展社会主义市场经济。广告只有如实地传播信息,才能实现这一目的。弄虚作假或许能暂时蒙蔽消费者,给企业带来暂时的利益,但它违背了社会主义广告的宗旨。而且,一旦假象被揭穿,广告主就会信誉扫地,不但会从根本上丧失市场,还要受到相应的处罚。

弄虚作假，丢掉的是企业的信誉、广告的生命，在广告行为中必须坚决反对。所以各国的广告立法、广告行业自律都毫无例外地将广告的真实性视为首要原则，列为重要条款，美、英、法、日等国都对虚假不实的广告规定了民事、经济乃至刑事责任。

例如，《国际商业广告从业准则》规定："广告只应陈述真理，不应虚伪或利用双关语及略语之手法，以歪曲事实；广告不应含有夸大之宣传，致使顾客在购买后有受骗及失望之感。"

美国纽约州在1911年颁布的世界上最早的广告法规《印刷物广告法案》中规定："凡个人、商店、公司、会社欲直接或间接出卖或用其他方法处理商品、证券、劳务或任何物品，或者欲增加这些物品的消费量，或用任何方法，诱使公众就这些事物缔结契约、取得利益，或者发生利益关系而制成广告，直接或间接刊载于本州各种报纸或其他刊物上，或做书籍、通告、传单、招贴、小册子、书信等分发的，如其中陈述的事实有不确、欺诈或使人误信者，治以轻罪。"此法案由纽约州采用，后略加修改为其他州采用，许多州还制定了有关罚金的条文，甚至规定，如发现不正当广告，报纸、广告代理业、广告刊户同受处罚。

日本的《全日本广告联盟广告伦理纲领》规定："广告是将商品或劳务作真实的传达，且须使社会大众信赖；广告不得以虚伪夸大之表现，使消费者迷惑或失望。"

美国《纽约时报》规定：有欺诈嫌疑的广告；投机事业，商品无价值而作欺骗或夸大之广告宣传；广告内容空泛，足以使人误会的广告等，拒绝刊登。《美国电视广告规范》第1条第1款就规定："对于广告客户的信誉，广告商品或服务内容的真实性，如有充分理由加以怀疑时，应拒绝接受播映。"

我国从1995年2月1日起实施的《中华人民共和国广告法》（以下简称《广告法》），其中心意思就是加强对广告的管理力度，尤其是对广告真实性的管理，加大了对违法广告的处罚力度。例如第3条规定："广告应当真实、合法，符合社会主义精神文明建设的要求。"第4条规定："广告不得含有虚假的内容，不得欺骗和误导消费者。"第 10 条规定:"广告使用数据、统计资料、调查结果、文摘、引用语,应当真实、准确,并表明出处。"

对于不真实的广告,《广告法》第 37 条规定:"违反本法规定,利用广告对商品或者服务作虚假宣传的,由广告监督管理机关责令广告主停止发布,并以等额广告费用在相应范围内公开更正消除影响,并处广告费用 1 倍以上 5 倍以下的罚款;对负有责任的广告经营者、广告发布者没收广告费用,并处广告费用 1 倍以上 5 倍以下的罚款;情节严重的,依法停止其广告业务。构成犯罪的,依法追究刑事责任。"

强调广告的真实性,既要反对夸大失实、弄虚作假,又要防止排斥广告运作中必要的艺术夸张、比拟和美化,这中间有一个度的界限。

首先是要立足于真实。在真实的基础上作适度的艺术夸张则是广告中必要的艺术手法。比如"车到山前必有路,有路必有丰田车"、"只要您连续 1 200 个月每天喝一杯我的牛奶,您就能活到 100 岁"、"这双鞋就像妈妈牵引宝宝的手",等等。这是立足于真实基础上的夸张。

其次是不损害消费者的利益。通过适度夸张来感染消费者,但不得损害消费者的权益。如法国克隆堡啤酒的广告:"法国的阿尔萨斯人十分惋惜地宣告,珍贵的克隆堡啤酒正在源源不断地流向美国。阿尔萨斯人真舍不得让克隆堡啤酒离开。"画面上的法国人看到该啤酒装上卡车送到美国时都纷纷落泪。这个广告在美国播出后,美国人为了满足征服感,都争相购饮克隆堡啤酒。法国人以欺骗性的眼泪换来了大把美元。这是在没有损害消费者利益的前提下的夸张。

再次是与消费者沟通,能让消费者准确理解这是适度的夸张,不会按字面去理解。比如"白发三千丈",人人都能理解,这仅是一种夸张而已。

最后是不违反有关的法律、法规。广告的夸张应在法律、法规允许的范围内进行。

二、以思想性为指导

思想性是社会主义广告的灵魂。它是指广告的宣传内容与表现形式要健康,要有利于社会主义物质文明和精神文明建设,要有利于国家经济政策和宣传政策的贯彻。以思想性为指导是社会主义意识形态下广告传播的必然要求。

社会主义广告属于社会主义意识形态范畴,它必须为社会主义两个文明建设服务,做到经济效益和社会效益兼顾协调。广告的主题、寓意和艺术形式必然涉及宣传什么、鼓励什么等社会问题。它在人们的生活中或明或暗、或多或少、直接或间接地起着潜移默化的作用。正如美国历史学家大卫·波特所说的:"现在广告的社会影响力可以与具有悠久传统的教会及学校相匹敌。广告主宰着宣传工具,它在公众标准形成中起着巨大的作用。"因此,我们的广告要在传递信息的同时,注意表现出社会主义建设的成就,教育、激发和鼓舞人们培养正直、健康、乐观向上的精神,注意精神文明包括社会主义的价值观、审美观、幸福观、生活方式、科学与技术知识等,以促进人们形成良好的社会风尚和美好合理的生活方式。绝不允许有损于国家和民族尊严的广告,不允许反动、丑恶、淫秽、荒诞和封建迷信的广告,不允许低级趣味、颓废情调等内容的广告。

坚持广告的思想性原则还应注意树立政策思想。广告要遵循国家大政方针的要求,积极宣传并为之服务。要严格执行与广告有关的法规,加强广告审查,确保消费者利益。国际广告还要注意内外有别,严格执行国家对外宣传政策和外贸政策。

坚持广告的思想性原则,既要防止用政治宣传代替广告,又要防止只顾经济利益而忽视广告的思想内涵,要把思想性和艺术性有机结合起来,使思想性融入广告活动中。

三、以有效传播为目标

广告本质上是一种信息传播,广告的基本活动过程是信息传播过程,有效地传播信息是广告活动最重要的目标之一。广告作为一种信息实体和信息传播手段,能否充分发挥它传播经济信息和社会信息的职能,关键就在于它在信息的数量和质量上是否准确可靠,在传递的时间和空间上是否迅速及时,在费用与预算上是否经济合理,等等。因此,在广告活动中,我们应注意以下几点。

(1)广告中蕴含的信息要多,要言之有物。广告要说服消费者,关键是靠广告中信息的含量。以工商广告为例,一则工商广告中包含的信息通常有企业产业信息、产品和服务信息、销售服务信息、销前售后服务信息等。

(2)广告信息要新鲜、具体、有价值。要力戒言之无物、千篇一律的八股腔,尽可能以新鲜的面貌出现。反映在新广告上,广告信息要有特色,能吸引消费者的注意;反映在老广告上,要注意加进新内容、新信息,不要让人产生厌烦感。

(3)广告信息的内容要与广告意图相吻合。简言之,广告传达的信息要准确,既要让人准确领会,又要与目标消费者相吻合,否则广告会毫无功效。

(4)要传播真实的信息,不要误导消费者。在西方出版的广告学著作中,谈到业务问题时都强调要少用形容词,特别是形容词的比较级和最高级,我国《广告法》对此也做了明确规定。

(5)要传播健康的信息。在过去一段时间内,在广告传播尤其是电视广告中庸俗化广告不少,撒娇发嗲,挑逗打斗,脱裸拥吻,造成了不良影响。这样的广告既影响了社会风气,也影响了广告产品和广告主的声誉和形象。

四、以艺术表现为手段

广告作品的艺术魅力与审美作用是广告吸引公众、感染公众、激发公众购买欲、获取公众赞同与信赖的有力手段。因此,广告的传播要求以艺术表现为手段,赋予广告艺术美。

广告的艺术性一般包含两层意思。

(一) 广告艺术表现的目的

广告艺术表现的目的是为了更好地吸引消费者的注意，引发消费者的联想，刺激消费者的潜在需求欲望，更好地传达广告信息和思想内容，故应将思想、信息、知识、情趣寓于富有美感的美术、摄影、歌曲、诗词、喜剧、舞蹈、文艺等丰富多彩的艺术形式中去表现广告的主题和创意，这是广告艺术内在的感人力量所在。广告以其艺术性来增强文娱性、趣味性、欣赏性，让人们通过广告作品的艺术形象获得丰富的文化生活，给人们带来美的享受，加强了广告的感染力，增强了广告效果。

(二) 广告艺术表现的形式

应根据广告的目的、广告的主题，充分调动一切艺术形式，如文字、会话、摄影、声音、色彩、灯光……力求做到新颖、形象，富有美感和个性化。

忽视广告的艺术性而直接推销商品，容易引起人们的反感，影响广告效果。而注重广告的艺术表现，要把广告信息融入艺术形式中，正如大卫·奥格威所说，一个好广告应是让公众感觉不出广告味儿来，不知不觉地接受其信息而采取行动，这才是最高明的广告，也是广告艺术性的最高体现。不要让消费者说，这广告太好了，而是应该看了广告后说，走，去买来试一试。这就成功了。

随着社会的发展，广告艺术也在不断地发展，广告艺术也越来越受到人们的重视。各种新的表现方法、表现手段也不断融入广告艺术中，国外的一些先进做法也在涌进国门。因此，我们既要重视民族文化的特色，又要善于吸收国外的有效表现形式，发挥我国传统艺术的魅力，表现我国人民的创造性，努力发展具有中国特色的社会主义广告艺术。

第四节　广告与其他信息传播活动

一、广告与新闻

广告和新闻都是大众传播事业的重要组成部分，两者之间有着密切的联系。从本质上说广告和新闻都属于信息传播范畴，都以传播学作为自己的理论基础。因此，广告和新闻都要遵循传播学的基本规律和基本原则（真实性原则），在事实的基础上发布新闻、广告。作为信息传播活动，广告和新闻都对社会主义市场经济的繁荣起着积极的推动作用。

但广告和新闻有着明显的区别：一是直接目的不同。新闻是一种特殊的宣传手段，重在社会效益，其党性、阶级性、指导性表现得十分鲜明。广告是推销商品、劳务，塑造社会组织形象的手段，更偏重于经济效益。二是时间概念不同。新闻是对新近发生的或正在发生的事实的报道，在时间性上要求非常严格，既要新，又要快，往往只发布一次，极少重复。而广告信息不一定是刚发生的，发布的时间、周期亦长，且需反复刊播，对时间的要求与新闻有极大的差异。三是费用不同。新闻不需付费，媒介单位采用后需付稿酬；而广告需由广告主向媒介付费，以购买媒介的时间和空间。传播媒介通过出售版面和时间而获得必要的资金，以维持和扩大媒介的生存和经营，广告则通过媒介达到广告的目的。在市场经济体制下，大众传播媒介没有广告就不能生存，而广告没有大众传播媒介也就失去了重要的发布渠道，两者是相互依存、相辅相成的。

二、广告与公共关系

广告与公共关系都对企业的经营和发展起着重要的作用。进入20世纪90年代后，广告和公共关系在我国呈现出互补的趋势。

现代意义的公共关系活动产生于20世纪初，80年代初传入我国,由于它对企事业的经营和管理起着重要的作用,很快风行全国。

所谓公共关系,是社会组织为了塑造组织形象,通过传播、沟通的手段来影响公众的一种信息传播活动,其目的是为了塑造组织的形象。

广告与公共关系有许多相似之处:其一是都以形象为核心。广告与公共关系都是一种形象的推销,只不过广告偏重于产品形象,公共关系偏重于组织形象。将这两种形象传递给公众,让公众接受并加以选择,是广告与公共关系的基本作用。其二是都以传播为手段。广告与公共关系都依赖传播而存在,都必须研究和利用传播规律。其三是都以公众为对象,因而都必须注意分析和研究公众的特点和特征。

广告和公共关系的区别在于:从立足点看,广告侧重于竞争,公共关系侧重于和谐。广告立足于在竞争中求发展,通过独特而富有吸引力的形象宣传来赢得公众。公共关系则立足于企业和社会环境之间的和谐与发展,倡导友善与沟通、互相理解、共同发展。从目标看,广告偏重于直接效应,急功近利,投入产出立竿见影。公共关系则以长远发展为方针,它的形象塑造须经过企业长期而艰苦的努力才有可能达到。从手段上看,广告偏重利益,公共关系偏重感性。广告一般是通过利益的力量来驱动消费者,通过消费者使用该产品能得到的好处来吸引消费者。而公共关系更多的是通过情感的力量来影响公众,从而使公众产生认同感。从媒介的使用上看,广告较为直接,公共关系较为间接。广告主在支付了广告费用后,就可以得到一定的广告版面和广告播映时间,而且具体的时间、篇幅、长度、周期等都是由广告主与媒介单位协商妥当的,不得随意更改和更换。而且,只要广告不触犯有关法律、法规,媒介部门不能随意干扰广告主使用的文字和形象;相反,公共关系对媒介的使用靠的是公共关系活动的重要性、新鲜感等来吸引媒介,媒介是否报道传播,企业不能直接干预。

广告与公共关系的异同造成两者在使用上的互补,以此来获得更好的效果。例如，企业公共关系运用得好，其声誉就好，信誉就高，那么它的广告可信度就高，更能发挥广告的作用。而公共关系则可利用广告来提高企业的知名度，帮助企业树立良好的形象。

三、广告与宣传

所谓宣传，是指运用各种传播媒介表达一定的观点以影响他人的思想和行为的社会活动。从内容进行分类的话，可以分为政治宣传、宗教宣传、军事宣传、商业宣传、科技宣传等。其中，商业宣传与广告的联系更为紧密。

广告与宣传都是一种目的明确、主题鲜明的信息传播活动。首先，两者都带有明显的劝服色彩，即通过各种形式阐述或表现某个观点，使公众接受并付诸行动。其中广告侧重于产品、劳务、企业等实质性的内容，宣传则侧重于思想、主张、理论等。其次，大众传播媒介都是两者在现代社会最首要的传播载体。电视、报纸、网络、广播等大众媒介承载的信息量大，对公众的影响力明显，不论是广告还是宣传，对大众传播的有效使用已成为其传播自身信息最重要的途径。

同时，广告与宣传具有明显的区别：从传播内容上看，广告是通过文字、图像、音响等向公众展示广告主体的信息，其基本属性是真实、承诺及艺术性；宣传则通常采取说服教育、灌输诱导的方式，要求宣传内容是真理或令人信服的事实，具有强烈的鼓动性和倾向性。从两者的性质上看，广告作为信息传播活动的同时，在本质上可以说是一种以营利为目的的商业活动；宣传则是政党、宗教等集体用来灌输、传达某种思想意识的手段，商业性质较弱。

在现代信息传播中，广告与宣传的联系越来越紧密，广告常常借助宣传手法来表现，而宣传也丰富了广告的内容与方式。其中，前面所讲到的公共广告就是两者结合的典型。这种旨在通过某种观念的传达，呼吁社会公众关注某一社会性问题的非营利性广告，对社会精神文明建设起到了极大的推动作用。

知识链接

1. 阅读《中华人民共和国广告法》。

2. 参考阅读《一个广告人的自白》（〔美〕大卫·奥格威著，林桦译，中国友谊出版公司，1995年版）。

思考题

1. 什么是广告？广告的本质特征是什么？
2. 如何理解广告是有责任的信息传播？
3. 为什么说真实性是广告传播最重要的要求？

第二章　广告发展概说

广告发展史是广告学科体系中一个有机的组成部分，是从历史的角度来了解广告活动发展的状况及规律，这对于指导广告活动实践，预测广告活动的发展前景及变化规律，加深对现代广告的认识具有十分重要的意义。尤其是我国作为一个历史悠久的文明古国，挖掘、总结、研究，并以此建立我们自己的广告发展史，对于我国与世界广告都将是一种贡献。

第一节　广告的产生与发展

一、广告的产生与早期广告形式

广告的历史与社会的发展史是分不开的，广告是同人类社会的发展联系在一起的，是随着社会经济的发展而产生的。

在原始社会，人们以渔猎为生，仅能自给，没有剩余产品来交易，也就没有广告。进入原始社会后期，由于社会生产力的发展，出现了农业与畜牧业、农业与手工业的两次社会大分工，社会产品也慢慢有了剩余，于是逐渐有了商品生产和商品交换。到奴隶社会，就产生了专门经营商品买卖的商人和行业，就要互相交流各种商品信息和经济信息，而广告正是传递商品信息和经济信息最有效的工具与手段。于是，伴随着商品生产和交换，广告就产生了。

早期的广告以口头叫卖、实物展示和标记为主，形式比较简单，大多产生于商品的自然交换之中，虽然简单却有效，有的流传至今，仍在使用。

叫卖广告是世界上最古老的广告形式。史书记载，早在几千年前，世界文明古国埃及、巴比伦、希腊、罗马以及我国当时的大街上就充满着商人和奴隶贩子的贩卖吆喝声，那时商业高度发达的迦太基城就以全城无数的叫卖声而闻名于世。爱国诗人屈原在其《天问》中写辅佐周文王建立霸业的姜太公未被起用时有"师望在肆……鼓刀扬声"之说，他卖肉时把刀子剁得很响，且高声吆喝以招徕买主，这大概要算是对叫卖广告的最早的文字描述了。

实物广告也是一种原始的广告形式，产生于商品交换的初期，由于产品较少，人们在交换时把自己的产品摆出来。《诗经·氓》云："氓之蚩蚩，抱布贸丝"，即说明了实物展示是当时交换的一种手段。这种实物展示手段也沿用至今，橱窗广告、展销广告等就是其新用法。

随着商品生产的集中和市场的分散，出现了一些专业型的固定产品的生产。为了保持信誉，以利交换，就产生了标记。最初是打在产品上，如铭文、姓名、年号、年代等，以后逐步出现了商业性标记和职业化的具体标记，如酒店门口的酒葫芦、中药铺前的药葫芦等。标记是现代商标的起源。

叫卖广告发展到后来，又用工具代替或共用，形成了音响广告。古籍中记载的姜太公卖肉"鼓刀扬声"，卖饧人"箫管并举"，卖茶人"敲打响盏歌卖"等，说明音响广告产生既早，使用亦广泛。如今，在农村、城市还能经常见到原始音响广告的应用，如货郎担子的拨浪鼓、卖饴糖的敲铁板、补锅匠的甩铁片等以特有的声响招徕顾客。今天，现代化的声响广告、电子广告也由此发展而来。

在地中海沿岸，当地民族还把叫卖内容编成歌曲、小调，配以音响工具，组成悦耳的叫卖音乐。古代的腓尼基人甚至还把贩卖的物品刻画在市场边的山岩上，成为象形广告，用以招徕顾客。这种象形广告被认为是路牌广告的雏形。

在古老的广告形式中，还有一种旗帜广告，又叫幌子广告，悬挂在店铺的前面。古人用旗帜做广告，就像今天商店前悬挂的招牌一样，在当时很流行，尤以酒旗、饭招为多。直到今天，一些城镇街头、乡村上，随处可见饭店酒店外挂一青旗，大书"酒菜饭"等，即是遗迹。

文字发明使用后，很快应用到了广告宣传上。有的写在羊皮上，有的写在人的衣服上，有的写在标记上，用以传播广告信息。现存英国伦敦博物馆的一则用苇子的纤维制作的悬赏捉逃奴的广告，据考证是公元前一千多年在古埃及出现的，被认为是最早的文字广告。在意大利庞贝古城，还出现了争取选票的政治广告。

随着生产的发展和社会的进步，从事广告工作的人越来越多。1141年，法国的贝里州产生了一个由12人组成的以叫卖为主的口头广告团体。1258年，法国政府为加强广告管理，为叫卖广告人颁布了一项敕令，名为"叫喊人的法则"。这是今天广告公司和广告管理的雏形。

进入封建社会后，商品生产尤其是手工业生产和商品交易相对发展，促使广告有了新的发展。文字广告，尤其是印刷术发明以后，给广告的传播带来更大的方便，出现了印刷广告，这是封建社会中最先进的广告形式。印刷广告利用了先进的印刷技术，使广告面得以扩大。过去的广告形式主要靠口传、目睹、耳闻，因此传播范围有限，其广告功效也有限。印刷广告问世后，广告能四处流传，由固定某处而转为随意流动，广告传播面大增，其效能也大增。由此，开创了广告历史的新阶段。尤其是中国的毕昇发明活字印刷、德国人J.古顿伯尔格发明金属活字后，印刷术得到了广泛运用，印刷广告也逐渐成为主要的广告形式之一，一直沿用至今，成为报纸广告、杂志广告、直邮广告、传单广告等印刷类广告的鼻祖。

北宋时期济南刘家针铺的广告铜版是我国现存的最早的工商业印刷广告之一。这块铜版四寸见方，上面雕刻着"济南刘家针铺"字样，中间是白兔儿抱铁杵捣药的图案，左右各有四字："认门前白""兔儿为记"，下面说明商品的产地和销售办法："收买上等钢铁，造功夫细针，不误宅院使用，客转为贩，另有加饶。请记白。"

西方的印刷广告是我国印刷术传到国外后才出现的。最初多为附在书后的新书预告。西方现存最早的印刷广告为1473年前后英国出版商威廉·坎克斯顿印刷的宣传宗教内容的书籍广告，较刘家针铺印刷广告晚了三四百年。

二、广告的发展

17世纪后，随着欧洲进入工业革命时期，资本主义经济得到了较大发展，广告业也得到了相应的发展。在这一时期，印刷广告的应用进入迅速发展阶段。传单广告和招贴广告非常流行，更为重要的是出现了现代报纸的萌芽，这对广告的发展是一个巨大的推动，从此广告进入了近代广告时期。

（一）近代广告时期

近代广告时期的标志是报纸广告和杂志广告的出现和发展，最初以英国为中心，继而西移美国。大约在13、14世纪，当时的欧洲出现了报纸的雏形——新闻信，其内容是报道市场行情和商品信息。到了15世纪，地中海沿岸的威尼斯出现了最早的手抄报纸，一些人将该城船泊起航、到达日期、市场行情、道路交通情况抄录在纸上卖给需要的人，这就初步具备了报纸广告的样式。17世纪初，德、法、英等一些欧洲国家陆续出现了定期的报纸，从此开始了报纸广告的新纪元。

1609年法国出版了世界最早的定期印刷报纸《报道与新闻报》。1622年，第一张印刷的英文报《每周新闻》在伦敦出版。3年后的1625年2月1日，在《每周新闻》封底下部刊登了乔治·马赛林所写的新书介绍，被认为是世界上最早的报纸广告。由于报纸使广告的影响扩大到一个地区，乃至全国、全世界，头脑机敏的商人很快发现并开始大力使用这一最佳的广告媒体，导致广告在报纸版面上的占有率逐步上升，有的占了高达3/4的版面。1666年，《伦敦报》首开广告专栏，各报竞相效法。广告逐渐成为报纸的组成部分和最重要的经济来源。由于广告利润丰厚，在1712年，英国议会通过了关于报纸和报纸广告纳税的法案，开始征收广告特税。

近代广告时期的又一特征是杂志广告的出现。最早的杂志广告大约产生于17世纪末到18世纪初。1710年，英国《观察家》杂志曾刊登茶叶、咖啡、巧克力、拍卖物品、书刊、房产、成药以及转让物品的广告。其中一则推销牙粉的广告说这是一种"曾使英国大部分豪绅贵族感到非常满意的、无与伦比的刷牙粉"。美国的杂志广告开始于18世纪初，多为小册子且寿命不长，所以广告不多，直到19世纪中叶后杂志广告才逐渐发展起来。1908年美国《妇女家庭之友》杂志中有一则以"怎样做番茄酱"为题的广告，全文有900余字。

进入18世纪，世界广告中心逐渐西移美国。1704年，《波士顿新闻》在美创刊并发有广告。1729年，美国广告业之父本杰明·富兰克林创办《宾夕法尼亚报》，其创刊号头版就是一条肥皂广告，取代了新闻的版面，提高了广告的地位。该报采取了向广告客户出售报纸版面的做法，不久这份报纸在发行量和广告量上都居美国之首。独立战争后，美国广告获得迅速发展，19世纪上半叶，各种报纸杂志如雨后春笋般发展起来，其中广告版面占了60%以上的篇幅。到19世纪50年代，美国广告业的繁荣超过了英国而居世界首位，并一直延续至今。

美国近现代广告的繁荣有几个显著的标志。一是专业化广告公司相继出现。1841年，帕尔默创办了世界最早的广告公司，被认为是美国现代广告公司的创始人。广告代理业的日益发展促进了广告业的顺利发展。二是广告形式多样化。各种新技术被引入广告宣传中，大大丰富了广告的表现手段。三是广告理论研究开始取得重大发展。广告教学在美国的大学中展开，广告专著陆续出版，广告学逐渐形成。四是广告管理得到强化。1911年美国的 *Prints Ink* 杂志推出了防止虚假广告的广告法草案，后经过修改成为著名的《印刷物广告法草案》，1914年美国成立了销数核计局，简称ABC；同年又成立了商业改进局，简称BBB，负责监督商业包括广告的经营。

这一时期，世界其他地区的广告业也在发展。在英国，1882年一个叫哈默的人在伦敦安装了世界上最早的灯光广告。在法国，1910年，出现了霓虹灯广告。在日本，明治维新后，报纸广告得到了大发展；到1890年，广告费已占报纸收入的30%以上；1883年10月6日发表的《告商人书》，系统地讲述了报纸广告的重要性，日本开始了广告的理论研究；1880年日本成立了第一家广告代理商"空气堂组"；1895年10月成立博报堂；1901年7月1日日本广告株式会社（今日本电通公司前身）成立。在俄国，1878年莫斯科出现了第一个广告事务所，取名麦赛尔。

在我国，报纸广告出现于鸦片战争前后外国人办的报纸上，多数是刊登船期、市场行情、货物等的广告。19世纪末，我国民族资产阶级开始办报，刊登了一些国货广告。到"五四"运动前后，创办了许多进步报纸，也大量刊登广告。据戈公振《中国报学史》记载：1925年4月发行的几种报纸，广告面积占报纸整版面积的比例是：北京《晨报》占52.7%，天津《益世报》占62%，上海《申报》占42.7%。可见当时广告所占版面比例之大。抗日战争、解放战争时期，国统区的报纸广告篇幅也接近或超过新闻篇幅，与国外报纸广告所占篇幅大体接近。

中国共产党的一些报刊，如《向导》、《红军日报》、《新中华报》、《解放日报》、《晋冀鲁豫人民日报》以及后来的《人民日报》，都开办过广告业务。

我国的杂志广告是伴随中文杂志的出现而出现的。1815年的《察世俗每月统纪传》和以后的《东西洋考每月统纪传》、《遐迩贯珍》等杂志均刊登广告。"五四"运动前后，国内的报纸、杂志达数百种，一些进步刊物也登广告，作为解决经费来源和改善职工生活的手段。

在近代广告时期，报纸、杂志作为广告的理想媒体成为广告媒体的主体，直至今天，报纸、杂志依然是最大的广告媒体之一。其他如招贴广告、橱窗广告陈列、霓虹灯广告、路牌广告等相继问世，并得到发展。

（二）现代广告时期

进入 20 世纪以后，随着生产和科学技术的发展，广告宣传得到了戏剧性的发展，广告的重要性几乎已到了与产品的生产相提并论的地步，无线电和电视的发明更为广告插上了翅膀，使广告的发展一日千里。

首先是广播广告的诞生。莫尔斯发明电报以后，次年就用来传递新闻。1916 年，美国建立了世界上第一座广播电台。1922 年，美国创建了第一家商业无线电台 WEAF，正式开展商业广告广播，到 1924 年就出现了无线电联播网。各国的广播广告都风行起来，成了 20 世纪二三十年代发展最快的广告媒介，很快形成与报纸、杂志分庭抗礼的局面。以后，由于电视的出现，夺走了大部分广告客户，广播广告一度低沉。20 世纪 70 年代调频广播出现后，广播恢复了竞争力。20 世纪 80 年代，广播广告的地位已经稳定。20 世纪 90 年代，由于人们的信息需求的增加和广播系统的改革，出现了经济、信息、商业、证券、交通、音乐等新的广播形式，又重新唤起人们收听广播的热情，广播广告又有了稳步的增长。

1929 年，世界上最早的电视台在英国试播，直到 1941 年才正式播出商业广告，而电视广告真正的大发展是在第二次世界大战以后。继彩色电视出现之后，又有了立体电视、袖珍电视、高清晰度电视、网络电视等。电视很快普及到了家庭，每个家庭每天看电视的时间都在 3 小时以上，各厂商纷纷选择它作为广告媒体，很快夺去了广播、杂志、报纸的部分广告市场，在大部分国家成为仅次于报纸的第二大广告媒体，在部分国家成为最大的广告媒体。于是报纸、杂志、广播和电视合称为四大广告媒介，它们的广告营业额占去了各国广告费用的大部分或绝大部分。比如日本，1989 年广告总投入为 367.6 亿美元，四大媒体广告占 1/2 以上；美国 1992 年广告投入为 1 346 亿美元，四大媒体占 3/4。我国 2008 年广告投入为 1 899.561 4 亿元，四大媒体广告占 1/2。

在报纸、杂志、广播、电视媒体逐渐成为广告的主要媒体后，其他广告媒体也得到了广泛应用。一是户外广告空前发展。霓虹灯广告成了欧美最流行的户外广告；路牌广告实行标准化、规格化，同时向充气路牌广告、立体路牌广告、灯箱式路牌广告发展。一些欧美国家还出现了空中广告等形式。二是售点广告（POP）普遍流行。包括橱窗展示、立牌、看板、物品陈列等都得到大量应用。三是直邮广告发展速度惊人，后来居上，成为欧美国家一种主要的广告媒体。

在广告媒体大发展的时候，还有其他几方面的发展也应引起我们的注意：

一是对广告理论的研究不断深入，于20世纪初形成了独立的学科——广告学。随着其他学科的发展和渗透，广告学自身的发展逐步完善，广告正规教育在各国相继建立，高质量的广告队伍日渐壮大，逐渐发展成为广告学科体系。

二是广告代理业的兴起。1841年，在美国出现了世界上第一个广告公司，标志着广告职业和职业广告人的诞生。1869年，艾耶父子公司在费城出现，标志着第一家具有现代意义的广告公司和广告代理业的诞生。它们通过代理报纸的广告业务，为报纸、杂志承揽和制作广告，收取佣金。这种做法相继推广到其他广告形式中，出现了各种广告公司。目前世界最大的广告中心在美国，全世界的十大广告集团有8家在美国。其次在英国的伦敦和日本的东京也有大型广告集团。这些现代化程度较高的广告公司已由简单的广告制作发展成为集多种职能为一体的综合性信息服务机构，负责收集和传递政治、经济、社会、文化等各种各样的信息，并把这些信息反馈给企业，用来指导企业的新产品开发、生产和销售，为工商企业的商品生产和销售提供一条龙的信息服务。同时，广告公司在大量引进新技术的同时，更注重广告活动过程的科学化和专业化。它们从市场调查入手，先后出现了市场预测、广告策划到设计、制作、发布，再经过信息反馈、效果测定等多个环节，形成了一个严密的、科学的、完整的过程。尤其是整体策划观念的兴起与整合营销理念的引入，使广告活动更趋于系统化，充分发挥了广告业的信息指导和信息服务作用。

三是广告管理水平日渐提高。由于广告规模扩大，水平提高，日渐深入到社会的方方面面，因而对广告的管理也日趋完善。首先是各类广告法规日益配套成熟，政府部门、立法机关通过立法管理、行政管理来规范、约束广告业的行为，规定广告业的发展方向。1911 年，美国颁布了世界上最早的广告法规《印刷物广告法案》，先在纽约州实行，后扩展到其他各州，以后各国相继颁布了一系列广告管理的法令。其次是广告组织日渐发展成熟，形成了广告业的行业自律和行业交流。如 1938 年在美国成立的国际广告协会（IAA）是世界上最有权威的国际广告团体；1958 年开始，每隔两年举办一次的亚洲广告会议是亚洲广告界的中枢；还有一个总部设在伦敦的世界广告行销公司（WAM），囊括了世界著名的广告公司和著名的厂商。各国也相继建立了广告业团体，如美国的广告代理商协会（4A）、日本的全日本广告联盟、我国的中国广告协会等。

四是广告的职能范围扩大。早期的广告只具备简单的推销功能，大都属于"我有什么东西，它怎么好，快来买"之类的推销广告。以后发展到以市场营销观念为基础的营销广告，强调从不同层次的消费者需求及接受心理出发来开展广告宣传，注重广告的整体效应和长远效应，在传递经济信息的同时，更加注意树立良好的企业形象，把产品形象的塑造看作企业整体形象的一个侧面。这类广告的品位较高，更易为消费者接受，所以受到越来越多的广告客户的青睐。公共关系兴起后，人们把公共关系学的原理应用于广告学中，产生了一种新型的广告形态——公关关系广告，它在宣传中不提产品，不直接介绍商品，而是以树立企业形象、增进公众对企业的了解、扩大企业的知名度和美誉度为目的。它成功的原因就在于把"推销"的原始动机隐藏起来，而是通过完善的企业形象让"别人来说自己的好话"，这是一种最易为消费者接受的软广告。20 世纪 50 年代兴起的企业形象识别设计，更是一种注重信誉、形象、商标、品牌的广告宣传形态。企业通过它来塑造自己在公众中的形象，以转化为良好的市场效应，从而使企业顺利发展，这是广告在更高形态上的运用。

第二节 广告学的产生与发展

一、广告学的产生与发展

随着广告事业的发展和人们对广告理论研究的深入，广告作为一门独立的学科已得到了社会的承认。

18世纪的第一次产业革命和19世纪的第二次产业革命使商品生产得到了突飞猛进的发展，报纸、杂志以及路牌等广告媒介日益繁荣，使人类对广告的研究从开始的单一的广告文字、图片研究发展到对广告活动过程的研究。同时，专业广告公司的形成与发展加速了这一研究进程，促成了广告学的产生。在19世纪末20世纪初，随着广告的实践发展对理论和人才需求的加剧，学界开始了对广告的研究，并相继在美国、欧洲等地的一些大学中开设了广告学课程。

较早的广告研究是对广告历史和广告理论的研究。1874年，桑普森（Sampson）写了一本《广告的历史》。1866年拉伍德（Larwood）和哈通（Hatton）合著了《路牌广告的历史》。1898年，E.S.路易斯创立了有效广告和AIDA（Attention, Interest, Desire, Action）理论。19世纪末，心理学原理被引入消费者实验研究。1900年，明尼苏达大学心理学家哈洛·盖尔出版《广告心理学研究》，系统论述了在商品广告中如何运用心理学原理以引起消费者的注意和兴趣。1901年12月20日，美国心理学家瓦尔特·斯科特在美国西北大学作报告，提出了广告工作应该成为一门学科，心理学可以在其中发挥重要的作用，他于1903年汇编了10篇论文出版了《广告理论》一书，第一次把广告当做一门学科，并对广告理论进行了探讨。1908年，斯科特又出版了《广告心理学》，把心理学原理应用于广告活动，标志着广告心理学的诞生。

1902年至1905年间，美国宾夕法尼亚大学、加州大学、密西根大学都开设了广告学课程。1912年,哈佛大学教授赫杰特齐编写了第一本讲授广告方法和推销方法的教科书,对广告理论有了更深入的研究。

1920年前后,我国也开始了对广告学的研究,在一些大学的报学系中开设了广告学课。1919年年底出版的《新闻学》,由著名学者徐宝璜编写,其中专辟一章论述广告学的知识和理论。此后,戈公振在《中国报学史》中又从各个角度论述了广告,使我国的广告学的研究更进了一步。

到20世纪20年代,广告学作为一门学科已经形成,并逐渐在广告实践中起到指导作用。

第一次世界大战后出现了世界经济危机,各国广告学者开始全面审视和研究广告在社会经济中的地位和作用,研究怎样才能更好地发挥广告的推销功能和社会伦理功能。

第二次世界大战后,第三次产业革命兴起,现代资源、电子、空间技术的发展,为生产发展提供了广阔的前景。由于竞争的加剧、促销的需要,对广告效益、广告经营管理的研究成了中心问题。加之数学、美学、管理学、信息科学、心理学、市场学、预测学、传播学、统计学、系统科学、控制科学等学科有了较大发展,为广告学注入了新鲜血液,使广告的调研和预测、广告策划、广告效果的测定有了科学的基础,推进了广告学与其他学科的结合。对广告的研究也深入到社会、经济、政治、文化各个领域,出现了广告心理学、广告美学、广告管理学、广告伦理学、广告文化学等新学科,使广告学真正地成为一门独立的学科。

20世纪70年代后,新技术革命席卷全球,使广告的现代化手段及技巧有了大幅度的改革。广告技术向自动化、电脑化、科学化发展,广告研究深入到社会各个领域,职能也大为扩展,成为现代社会的重要信息科学和信息行业。

二、广告学与其他学科

广告学作为一门综合性的学科,同其他学科一样,离不开作为其基础或与其相关的学科的成熟和发展，它在形成和发展过程中，借鉴了许多其他学科的研究成果，比如经济学、心理学、社会学、传播学、语言学、文学、美学、信息学、统计学等，从而形成了运用其他学科的有关理论和方法的广告学基本理论和广告基本技能。在其他学科中，广告学又与传播学、市场学、心理学、社会学的关系较为密切。

（一）广告学与传播学

传播学是为适应人类社会信息交流活动不断扩大、传播技术不断进步这种新形势需要而产生的，它成为20世纪40年代以来在世界许多国家流行的研究人类信息传播行为和规律的一门学科。

传播学最重要的研究内容是对传播要素的研究，即信息传播者的研究、信息的研究、传播媒介的研究、受众的研究、传播效果的研究。广告学实际上就是研究人类社会中有关商品、劳务和其他信息的传递及其规律的科学。广告活动的本质就是信息传播，它不仅是信息传播的媒介，也是传播信息的实体。因此广告学作为传播学研究中的一项内容，必须以传播学所阐明的基本理论为指导。

广告学是在传播学所揭示的信息传播整体运动的一般规律的基础上进一步研究广告领域的特殊矛盾和特殊规律的学科。从传播学角度看，传播学理论可以包括和概括广告活动的全过程；从广告学角度看，以传播学为理论基础才能达到理想的广告效果。传播学研究信息社会中所有信息的传播过程和效果。广告是直接创造和提供信息的。如何让广告信息有效地传递到消费者，这就需要传播理论的帮助。因此，广告学只有建立在传播学的理论基础之上，才会有广阔的发展前景。

（二）广告学与市场营销

市场学与广告学都是20世纪初诞生于美国的学科。两门学科的研究对象有差异，但却相互渗透，互相促进。其中市场营销与广告学的联系尤为紧密。

市场学研究的主要是有关市场形成和影响市场的因素、市场营销关系及其活动规律；研究为了使商品和劳务从生产者到消费者或使用者手里而以消费者为中心的市场营销活动的全过程。其中，对市场营销环境的研究，可以使广告主、广告公司了解广告的市场环境。对消费者的研究是市场营销活动的核心，不仅要研究消费者的行为、习惯、心理，而且要摸清改变其行为、习惯、心理的内在及外在因素。广告的对象也是消费者，也需要研究消费行为、消费心理，弄清其购买动机、评价选择、购后感受等购买行为规律，才可对广告活动采取相应的策略，有的放矢，效果才会更明显。

所以，广告学与市场营销是互补的一对统一体。广告是市场营销的组成部分，市场是广告活动的场所；广告学的许多理论来自市场营销，市场营销又由于广告学的发展而丰富、完善。

（三）广告学与心理学

心理学是研究人的心理活动规律的科学。人类研究广告，较早就是从心理学角度出发，因为广告要达到预期的效果，就要让人感知、注意，通过人的心理活动影响人的意识，从而影响人的观念和行为。其中对广告对象的心理研究尤为重要。广告活动是一种视听活动，其实质是广告通过视觉和听觉刺激引起人们的心理感应。所以，要提高广告效果，就要使人的视、听符合人的心理活动过程规律和个性特征规律。因此，心理学中的一些基本原理也是研究广告心理活动的基本理论。研究广告学就离不开对心理学的研究。

（四）广告与社会学

社会学是从变动着的社会系统的整体出发，通过观察人们的社会关系和社会行为来研究社会的结构、功能、发生、发展规律的一门综合性社会科学。

广告活动是一种综合性的信息传播活动，它不仅传递商品信息，而且还搜集和传递各种政治信息、经济信息、文化信息和社会信息等。从广义的广告活动看，广告是一种大中型的社会信息传播活动。作为研究广告活动及其变化规律的广告学，就必须与社会学发生密切的联系。从狭义的广告活动看，商业广告活动必须以广大的社会为背景，以特定的社会制度、社会文化、社会生活习惯与民族风俗为依据，才能制作出符合条件的广告作品。因此，社会学的基本原理与规律也是指导广告理论研究和实践的基本原理和规律。比如社会学十分强调社会调查的研究和意义，它所总结出的社会调查的理论与方法，在广告活动中就具有指导意义。作为广告活动中重要一环的广告调查和预测就是对其理论和方法的具体应用。

三、广告学的学科体系

广告学是一门综合性学科，随着广告学研究的深入，在广告学基础之上发展起诸如广告心理学、广告设计学、新闻广告学、广告管理学、广告传播学、广告发展史等新的分支和新的学科。这些学科运用心理学、美学、经济学、管理学、传播学的知识，研究广告在各个领域的活动规律。这些学科上下相通，左右相连，构成了广告学的学科体系。

广告学是广告学科体系的核心和基础，它主要研究和探讨广告活动的基本规律。其研究的具体内容和对象是广告客户、广告人、广告组织、广告传播、广告运作、广告管理等有关广告、广告活动的基本范畴、基本概念、基本理论。它为广告学科体系中的其他学科和子系统提供一般的广告理论、原则、方法和技巧。

广告心理学是在普通广告学基础上发展起来的，它通过对广告心理活动的研究揭示出广告活动过程的规律性，为广告其他学科和广告活动的调研、决策、设计制作提供科学的理论和研究方法。

广告设计学是为广告设计与制作提供科学的理论、技巧、原则与方法的一门基础应用学科。

广告经营管理学是广告学体系的重要组成部分。现代广告业之所以能够迅速发展，就是因为采用了科学的经营与管理。广告经营管理学一是指在广告活动中对人、财、物、信息的组织、计划、控制，以完成广告的经营目标，获得最大的经营效果；二是指在广告活动中，国家、社会对广告行为、广告内容进行管理的科学。

新闻广告学是研究在新闻媒介上广告的发展、变化、应用的学科。之后，由于新闻媒介的发展，又扩展成报纸广告学、广播电视广告学等分支学科。在它的影响下，出现了对路牌广告、橱窗广告、直邮广告和特种媒介广告的研究和应用。

广告传播学是应用传播学原理研究广告的传播与沟通过程、传播效果的科学。

在20世纪后半叶，对广告学的研究和应用不断扩大，相继出现了一些新的广告研究课题与新的广告学科，如研究广告信息特征、美学原理的广告美学，研究广告在国际贸易活动中的理论与技巧的国际广告学，研究对企业整体广告活动进行策划的广告策划学，研究广告对企业整体形象塑造的企业形象识别（CI）战略，到20世纪90年代又出现了消费者满意战略（Customer Satisfaction，简称CS战略，是消费者接受有形产品或无形产品后，感到需求满足的状态）。这些新的广告课题的研究和广告学科的建立丰富和发展了广告学科体系，扩大了广告研究领域和范围，从而把广告学的研究推向了一个更加现代化、科学化的新阶段。

第三节　中国广告业概况

我国的广告发展源远流长，为世界广告业作出了重要贡献。尤其是近年来，我国广告业得到了突飞猛进的发展，每年的增长使其迅速跃居国民经济其他行业之前，被世界广告业权威人士认为将同美国、日本一起居世界广告三强。

一、新中国成立初期的广告

新中国成立后，首先对旧的广告事业进行了清理整顿和改造，取缔了反动、黄色和有伤风化的广告；一般也不刊登香烟和酒类广告；限制报纸广告的篇幅；对户外广告的设置，规定要适应和配合城市的整体规划；刊登药品的广告必须经卫生部门批准和审核。其次，为把广告行业逐步导向社会主义道路，先后实行了公私合营，成立了专业广告公司。这以后，新中国的广告事业逐步发展起来。

为了加强对广告的管理，当时一些省、市建立了广告管理机构，上海、天津、广州、武汉、重庆等地还相继颁发了广告管理办法或规定。如重庆市就在1951年成立了"市广告经营管理所"，并制定了《重庆市广告管理暂行办法》，将广告置于政府的管理之下。

1956年5月，刘少奇同志在对中央广播事业局的讲话中说："广播电台为什么不搞广告？人民是喜欢广告的。""许多人民注意与自己有关的广告。"他同时强调："报纸也是要登广告的。"但是，由于"左"的思想的影响，报刊上的文体广告、政府和有关部门的公告、通知较多见，而工商广告偏少。

1959年5月，为迎接新中国成立十周年大庆，商业部发出了《关于加强广告宣传和商品陈列工作的通知》。同年8月，又在上海召开了21个开放城市的广告工作会议，制定了"为生产、为消费、为商品流通、为美化市容服务"的"四为方针"，提出了"思想性、政策性、真实性、艺术性和民族风格"的要求。长期以来，这些方针和要求起了广告管理法规的作用。

在这段时间，广告业发展缓慢，各种媒体的种类和数量也相应增加。比如1952年全国出版图书13 692种7.9亿册，杂志354种2亿册，报纸296种16.1亿份。到1965年，全国图书增长为20 143种21.7亿册；杂志790种4.4亿册，报纸343种47.4亿份。各种户外广告、橱窗广告也得到相应的发展。

二、"文化大革命"十年广告发展的停顿

三年自然灾害和人为错误带来的后果，使广告工作受到了影响。"十年动乱"使广告事业受到了前所未有的打击，广告同资本主义的"生意经"画上了等号。除了少数样板戏广告和《红旗》杂志的出版广告外，到1970年，生活资料、生产资料的广告几乎全部消失。霓虹灯广告被砸烂了，路牌广告被拆掉了，橱窗广告被"一片红"代替了，招贴广告被"大批判"形象、"工农兵"形象所取代。报纸、杂志不再刊登广告，广播、电视的广告也停止了，各地广告公司几乎陷于停顿，许多广告从业人员下放调走，专业队伍七零八落，广告事业一片凋零。

三、市场经济下广告的复苏与发展

（一）快速复兴时期（1979年—20世纪80年代中期）

我国实行对外开放对内搞活政策以后，商品生产日益发展，对外贸易和科技文化交流日渐活跃，广告业开始复苏。

1979年1月，《天津日报》率先恢复商业广告。同年2月10日，药品广告开始在上海《文汇报》刊登。3月，开始出现外商广告。首先是瑞士雷达表，其后是日本的奥林巴斯、精工、美能达等整版广告。

1979年1月25日，上海电视台成立广告业务科，28日17点零5分，电视上播出了"上海电视台即日起受理广告业务"的幻灯片，继而播放了我国大陆电视台的第一条电视广告——参桂补酒广告。同年3月15日18点51分，又播放了国内第一条外商广告——瑞士雷达表广告。

1979年3月5日，上海广播电台恢复了广告业务。

北京广告市场的恢复较上海晚了两个月左右。1979年4月17日《人民日报》开始刊登广告。四川宁江机床厂率先登上恢复刊登广告的《人民日报》，该报为此发了消息进行报道，在国内引起了强烈的反响。同年12月，中央电视台开始播出外国广告。

从此，我国的广告事业逐步恢复、发展起来。报纸杂志、广播、电视成为主要的广告媒介，其他如实物广告、灯箱广告、POP广告、路牌广告、霓虹灯广告、交通广告等也陆续出现。广告业呈现出百花齐放的新局面，广告宣传日益受到人们的重视，专业广告公司、媒介广告机构也不断提高服务质量，创作出一批有较高质量的广告作品。广告已经成了人们生活、社会经济、对外贸易的一个组成部分。

这段时间的广告宣传在题材和形式上都冲破了过去的一些禁区，有所创新和发展。除报纸、电视等广告媒体外，铁路、航运、民航、民居、城市公共交通、园林、高层建筑、体育馆、影剧院等都开始经营广告业务或悬挂设置广告。在表现形式上也使用了一些现代化的音响手段。如根据不同地区和不同听众在电台广告中使用方言、电子琴；在电视广告中使用电影特技，在音乐中穿插了广告主题歌等。既进行了广告宣传，也保持了健康、美观、大方的特色，丰富了人们的生活。

但是，这段时期由于百业待兴，广告的组织和管理没有跟上，致使广告工作无章可循、无法可依，加上广告经营各自为政，在内容、设计和经营方面出现了虚假的、不健康的广告行为，破坏了广告的声誉，也影响了广告事业的发展。

（二）广告业形成与初步发展时期（20世纪80年代中期—90年代初）

这一时期，中国的国民经济开始由计划经济向市场经济转轨，中国经济出现持续高涨，同类商品增多，市场竞争激烈。而且1985年后，中国的经济结构开始发生变化，轻工业开始出现高速增长的势头，家电等日用商品广告急剧增长。传统的广告业面临着巨大挑战，中国广告开始追求现代化之路，步入了现代广告发展阶段。

20世纪80年代初期，国内不少学者对引入广告理论和探讨现代广告的发展之路作出了贡献。在他们的极力倡导下，现代广告理论建立了"以消费者为中心"的新观念，要求在深入调查消费者状况的基础上，对消费群体进行细分，确定目标市场，并针对其特点，选择能够配合目标对象愿望、情感、幻想需要的诉求重点和人性化的表现形态，从而争取消费者的认同和喜欢，达到广告传播的目的。这一理念与传统的"以生产者为核心"的原则形成了鲜明的对比。同时，诸如"广告市场观念"、"创意与策划观念"、"品牌形象观念"等西方现代广告的最新观念也被陆续介绍到中国。

进入"商品竞争"时代后，企业和商家大都意识到广告对产品和商品的宣传与促销、对消费的引导所具有的重要作用，加大了对广告的投入，1987年，全国广告年度营业额突破10亿元，我国的广告市场已初具规模。同时，这一时期的许多广告公司开始向策划和创意的方向发展。其中，以《儿时的回忆》（南方黑芝麻糊）、

《献给母亲的爱》（威力洗衣机）和"今年二十，明年十八"（白丽香皂）、"燕舞，燕舞，一曲歌来一片情"（燕舞录音机）为代表的富有创意的广告作品和广告语受到业界和消费者的一致好评，成为广告史上的经典。健力宝饮料广告更是由于其与体育"联姻"而打开市场，再打"政治牌"制造舆论，突破了旧式的表现模式，成为这个时期广告活动中的亮点。

1984年，"CI理论"被引进我国大陆。1990年12月，中央电视台一曲"当太阳升起的时候，我们的爱天长地久"的太阳神企业广告歌曲，感染了每一个电视观众，也为中国拉开了CI热潮。CI，英文Corporation Identity的简称，即企业识别或企业个性，我国习惯称之为"企业形象识别"。太阳神集团的CI探索，由视觉识别深入到理念识别和行为识别，建立起一套完善的企业文化和企业形象识别系统，获得一系列成功。1993年，中国出现了一股CI热潮，"万宝"、"李宁"、"乐百氏"等相继使用CI战略，为中国广告及企业的发展带来一股新的时代气息。

另外，全国性的广告行业组织在这一时期成立。1983年12月27日，中国广告协会在北京成立，在国务院有关部门的指导下，负责对全国广告经营单位进行指导、协调、咨询、服务活动以及开展国际广告交往活动，开始协助政府机关规范广告行业，标志着我国广告业进入了一个新的发展时期。

（三）繁荣发展时期（1992年—20世纪90年代末）

1992年，邓小平发表了著名的南方讲话，中国进入了改革开放以来的第二个发展高峰期。同年年底，中国共产党第十四次代表大会召开，正式确立了建设社会主义市场经济体制的总方针。

此后，我国的改革开放与经济发展进入了一个崭新的阶段并开始与世界经济接轨，中国广告业也随之进入高速发展的新阶段，到2000年，我国广告营业额已达到712.66亿元。我国现代广告的实践由原来多集中在沿海和北京、上海、广州等主要大城市的格局，逐步发展为一个跨地区、跨部门、多系统、多层次、多种所有制纵横交织、星罗棋布的广告经营网络。

1993年7月10日,国家计划委员会和国家工商行政管理局联合颁布《关于加快广告业发展的规划纲要》(以下简称《纲要》),明确了广告业的定位:"广告业在我国是一门新兴产业,属于知识密集、技术密集、人才密集的高新技术产业,是第三产业的重要组成部分",并制定了到2000年我国广告业发展应达到的主要目标和任务,指导着我国广告业在这十年间的繁荣发展。

《纲要》提出:优化行业结构,转换广告经营机制,采用适应现代商品经济发展的广告代理制,发挥广告公司的主干作用。广告代理制理念从20世纪80年代初从西方传入中国,到80年代后期在北京、广东等地开始实施,随后在全国范围内推广与普及,使广告公司的数量有了井喷式的发展,尤其是民营广告公司。在广告代理制开始实行的1993年,全国民营广告公司仅有573家,年度广告营业额为1.2亿元。到2000年,全国民营广告公司总数超过三万家,年度广告营业额超过100亿元。

20世纪90年代前期,我国出现了"全民办广告"的热潮,加之这一时期的市场环境急剧动荡又稍显急功近利,广告在运作中出现了一系列追求短期内用惊世骇俗的轰动效应引起人们注意的现象,如1993年1月25日,被称为"中国广告第一号"的西泠电器广告,以"今年夏天最冷的热门新闻"的广告语占据了《文汇报》整个头版,这是广告业恢复以来中国报纸头版整版刊登广告的先例,在全国引起强烈反响。但同时也有一些以科学策划为主导,真正用心用创意做出来的广告,并逐步发展为中国现代广告的主流。其中,以孔府家酒的《回家篇》最为出彩,将"酒文化"与"家文化"相结合,至今仍是不可多得的广告精品。

1994年11月8日,中央电视台率先引入市场机制,举办了"第一届中央电视台黄金时段竞标会",拉开了投标这种新的传播模式的序幕,1997年更由暗标改为明标,公开拍卖黄金时段广告。此后,其他地方电视台纷纷效仿此种做法,招标范围也从黄金时段扩大到栏目冠名和频道广告独家代理。

与此同时,外国广告商纷纷涌入中国广告市场。根据沃尔特·

汤姆森广告公司对中国广告市场的估计,"今后10年,中国将保持迅速展开的势头,成为仅次于日本的亚洲第二广告市场"。因而众多海外同行开始来华投资创办广告企业。英国的萨奇公司、美国的沃尔特·汤姆森公司、奥美市场服务公司、扬鲁比肯公司、日本的电通等世界著名的广告集团竞相扩大在中国的业务。据国家工商局统计,1997年中国大陆共有合资广告公司433家,几乎所有的跨国广告公司都在中国设立了分公司,有的还不止一家。1996年,这些外商投资企业拥有客户909个,广告营业额高达18.11亿元人民币。

四、新世纪广告的创新发展

2001年12月11日,中国正式加入世界贸易组织(WTO),标志着中国经济发展全面融入世界经济发展的整体格局,国际资本和大批有实力的跨国公司纷纷涌入中国市场,中国经济持续升温。根据国家工商总局和商务部2004年3月联合颁布的《外商投资广告企业管理规定》,2005年12月10日以后,将允许设立独资的外企广告公司,这意味着2005年年底,中国的广告市场将全面开放,广告媒介、企业营销、受众、品牌、信息传播环境等将随之发生巨大的变化。中国广告业正在经历着一次前所未有的挑战和机遇,日益走向成熟和理智。

(一)广告理论的创造性发展

在新世纪全球化竞争的背景下,一些成熟、创新、与世界广告发达地区同步的广告理论进入中国,有效地指导着中国广告实践的良性发展。

整合营销传播(Integrated Marketing Communication,IMC)就在这一时期传入中国。美国广告公司协会将整合营销传播定义为:"整合营销传播是一个营销传播计划概念,要求充分认识用来制定综合计划时所使用的各种带来附加值的传播手段,如普通广告、直接反映广告、销售促进和公共关系,并将之结合,提供具有良好清晰度、连贯性的信息,使传播影响力最大化。"

IMC作为一种实战性极强的操作性理论,最早兴起于美国,在20世纪90年代成为市场营销界最为重要的理论,它强调现代营销应从传统的"4P"阶段进入以消费者为中心的"4C"阶段,即从关注产品、渠道、促销、价格因素在广告中的地位转向关注消费者需求、购买的方便、沟通和消费者接受的心理价位。

IMC理论传入中国后,一些走在行业前列的广告公司开始注意这一理论,并进行实践,取得了一定成就。但是,国内一些业界以及学界研究者渐渐发现,整合营销传播理论在很大程度上存在与中国具体市场相适应的问题,不能盲目照搬,继而忽略实践以及本土化操作的问题,并在此基础上对其进行了创造性的研究与发展。有学者在梳理分析了整合营销传播理论的发展后,提出:在中国提出整合营销传播首先是一种观念,恰恰是整合营销传播观念本土化过程中的理论提升,它不仅解决了整合营销传播面临的多种障碍,而且赋予理论以超越具象的普适意义。更有学者认为,由于缺乏完备的数据库、客观条件不成熟、传播方式重人际轻大众传播、传播效果测定技术薄弱,所以中国目前实施整合营销传播还有多方面的制约。

另外,诸如"定位"理论、公关理论(《公关第一,广告第二》)等先进广告理论也随着中国广告界与世界市场的同步而进入中国。中国广告学术界对于建立健全我国的广告理论体系的呼声也高涨起来,我国的广告理论研究开始向更加科学化、多元化、创新化方面发展。

(二)广告实践的理性化发展

自2001年起,中国广告业的发展增速逐步放缓,但仍高于我国GDP的增幅,广告营业额、经营单位等整体增长速度都较20世纪90年代平稳、理性,年增长基本保持在10%左右。也是在2001年,中国广告业的年度营业额首次进入世界前10名,由2000年的世界排名第11位升至第7位。

为了开拓国内国际市场,我国的广告公司与广告媒介开始寻求规模化效益。2001年,全国报业集团数量增长,期刊出版重组加速,广电集团纷纷成立,使得这一年被称为中国的传媒年。此外,国际广告集团在全球范围内更大规模地合并和收购我国本土的广告公司,对中国广告界格局产生了巨大影响。在这样的背景下,广告主的主导地位及作用进一步提升。2005年11月27日,经国务院批准,中国广告主协会在北京成立,随后代表中国加入了世界广告主联合会,成为中国广告主作用提升的重要标志。

世界广告市场带给中国广告业的除了新的视野、新的创作思维等外,还有对中国民族精神、民族文化、民族元素的重视及利用。以《农夫山泉——阳光工程篇》广告为例,该广告与体育运动相关联,走情感诉求道路,以真实的视角去拍摄贫困地区迫切需要捐赠的孩子,以触动人们心灵的"再小的力量也是一种支持,即使是一分钱"为广告语。此广告在强调企业稳重实干以及责任心意识外,结合企业对中华民族下一代的关切之心,播出后取得了很好的效果。此外,"中国白酒第一坊"的"水井坊"、"竹叶青茶叶"等广告,都展示了中国古老的、富有意蕴的典雅文化,引起国内外消费者的关注。

(三)新媒体滋生新广告

从20世纪90年代末到新世纪的今天,由于传播环境高度多元化,市场不断细分,受众注意力严重分流,为争夺有限的受众资源,媒介竞争前所未有的激烈。为了应对广告市场的激烈竞争、保持优势地位,报业、广播电视、期刊及户外等传统媒体积极拓展传播能力和强化传播效果,纷纷加强品牌与特色建设,变革广告营销战略,走精耕细作的发展道路。同时,新的媒体形式更为迅速地被开发出来,新广告应运而生。

新媒体(New Media)概念在1967年首次提出,是指在新的数字技术支撑体系下出现的媒介形态,如网络、数字电视、移动电视、手机短信等。数字化是新媒体最显著、最根本的特征。如今,数字化传播技术日渐成熟,它使得电视与网络与通讯设备完美结合,极大地提高了人们的生活质量,改变了人们的生活方式。正是由于新媒体的迅猛发展,新媒体广告应运而生。

新媒体广告，顾名思义，即是在新媒体上所进行的广告投放，其基本类型有网络广告、楼宇液晶电视广告、移动电视广告、手机广告、博客广告等。学界研究者认为新媒体广告的传播优点有：传播精准、广告成本低、受众可互动参与、受众抵触心理小、科技含量高。

20世纪90年代以来，世界互联网逐渐走向成熟，为广告提供了一个有效的、影响力广泛的载体，其产生的即是网络广告。网络广告汇集了互联网这个传播媒介多媒体、互动性、不受时空限制等优势，发展迅速。从1995年我国大陆出现第一家互联网服务供应商——瀛海威开始，1995年到2000年，中国大陆网络广告起步并高速发展，初步形成规模。"网易"、"新浪"、"中华网"等我国许多大型网络企业陆续产生，并开始专业经营网络广告业务，"网络广告"概念在我国逐渐形成。这个时期，各种形式的网络广告纷纷出现，如横幅广告（旗帜广告）、按钮广告、墙纸广告、页面悬浮广告、弹出窗口广告、电子邮件广告、互动式游戏广告、导航广告等。2000年中国网络广告收入达到3.5亿元，占同年整个广告经营额的0.5%。2003年，随着宽带技术的发展，中国网络广告又出现一个新的发展高潮，网络广告的技术含量逐步提高，"关联广告"、"搜索广告"、"网络游戏在线广告"等新型的网络广告形式吸引了众多消费者，获得了极大的成功。根据国家工商总局公布的数据，2008年我国网站广告经营额已达27.76亿元，比上年同期增加2.57亿元，占同年整个广告经营额的1.46%。时至今日，网络广告已进入一个高速繁荣发展时期。

网络广告在我国起步较晚，发展历史尚短，仅10年左右的时间，但网络的发展和传播优势使中国网络始终保持着高速发展的趋势。如今，网络已经成为继广播电视、报纸杂志、户外媒体之后的最有发展前景的广告形式之一，在广告市场中所占的份额也越来越大。

除此之外，其他类型的新媒体广告在我国也进入一个快速发展阶段。

楼宇液晶电视是用液晶电视机在商业楼宇、酒店、公寓、娱乐场所、银行、医院等地播放商业广告的新型媒体形态。2003年"分众传媒"和"聚众传媒"成立后迅速发展，在北京、上海、广州、杭州、成都等一些大城市的高档写字楼、高级公寓、酒店等场所投放高端产品和时尚产品广告，大受认同和欢迎。

2006年3月21日，分众传媒正式宣布完成对凯威点告的全盘收购，凯威点告作为一家手机定向广告服务商，正式更名为分众传媒无线。在同一天，飞拓无线科技有限公司也宣布与中国移动建立全面合作伙伴关系，并与中国移动数据业务运营支撑中心联手推出手机互动广告平台。这些举措标志着国内手机广告平台正式启动，以手机短信、移动互联网、手机电视为代表的新型广告蓄势待发。

移动电视是指通过无线数字信号发射、地面数字接收的方式播放和接收电视节目的新型的城市区域性媒介，最早于2001年诞生在新加坡，2002年开始在中国上海出现，随后风靡全国很多城市。移动电视主要为乘坐公交车、地铁、出租车、火车、轮船等交通工具，以及商场、火车站、码头、机场等公共场所中的流动人群提供在移动状态中稳定、清晰地收看电视节目的服务，在内容播放中带动了广告业务的展开。而移动电视广告也因其目标受众面广、接触频率高、有效到达率高、消费比高的特点，成为大量与市民生活息息相关的各类品牌广告投播的商家选择。

同时，博客广告、网络游戏虚拟广告等新媒体广告也随着网络的普及进入我们的视野，为广告提供了更为丰富的表现形式。

如今，数字互动新媒体正飞速发展，各种"新"媒体形式和概念层出不穷，如流媒体、IPTV、楼宇电视、手机电视、富媒体等。由于新兴数字媒体的迅速崛起，各媒体之间的互相渗透与融合成为不可阻挡的发展潮流，媒体融合时代已经到来。在全球化媒体融合形式的影响下，我国大规模的广告媒体整合已经成为一种必然趋势。中国广告媒体只有实现媒体间的优势互补，彼此融合，才能实现广告产业的健康迅速发展，为中国开放的广告市场争取一席之地。

五、我国广告业发展趋势

1979年,我国广告业开始复苏,经历30多年的成长与发展已经初步成形。进入21世纪以来,全球广告数量一直在持续增长,新媒体的迅速发展也为广告行业孕育着一场变革,我们已置身于全新的广告媒体产业大变局的环境中。在这样的环境下,我国的广告业在未来可能呈现出以下发展趋势。

(一)以网络广告为代表的新媒体广告成为广告业中的新贵

新媒体的出现使得电视、报纸、杂志、广播等媒传统媒体正在渐渐褪去往日的辉煌,受到新兴媒体的强烈冲击。越来越多的广告主都表示将增加在网络广告上的投入。2005年,全球网络广告的增幅在22%以上,其中美国网络广告收入达到125亿美元,超越了户外广告和商业杂志类广告,首次与广播媒体并肩而立。日本的互联网广告费为2 808亿日元,比上年增长了54.8%。韩国网络广告市场总收入达到6.9亿美元,比上年增长了30.8%。在中国,伴随着互联网影响力的提升,网站广告市场份额不断扩大。2008年,中国互联网网站广告的营业额增长10.21%,另据来自中国广告协会互动营销分会的数字,2008年中国互联网广告规模接近100亿元人民币,增长率接近50%。在这样的发展势头下,以网络广告为代表的新媒体广告逐渐成为广告业的新贵。

(二)广告理念与意识趋于理性化、多元化、国际化

2001年中国正式加入世界贸易组织(WTO),此后,伴随着广告国际化交流与讨论的增多,我国的广告日趋走向理性化发展,同时,人们的广告意识也趋于理性。一方面,消费者对广告真实性含量的判断能力提高,对广告主的选择性增强,不轻易相信广告却也不对广告全盘否定;另一方面,广告行业有了国际化视野,国际广告公司在我国的运作展示了先进国家广告的制度和作业模式,使我国的广告主和广告从业人员的思维更加多元化、国际化。

(三)广告业的集约和整合加速,形成规模效应

中国广告业经历了30多年的发展,民营资本日益成为广告产

业资本的重要组成部分，但民营资本存在高度分散、高度弱小等天生的问题，使得我国广告产业的集中度极低，不具备规模。因此，中国广告产业正在寻求一条解决之道，即通过媒介集团和企业集团的巨大资本的介入，实现中国广告产业的资本重组和结构重构，从而形成广告行业的规模效应。

（四）对广告专业优秀人才资源的需求量增加

随着日益激烈的行业竞争，以及奥运会、世博会等国际性活动对广告业的推动，广告行业对专业优秀人才的需求量也日益增加，同时对人才的专业素质的要求也日渐提升。在未来，具有专业技能而又掌握多方面知识的广告人才，将对国内广告行业的健康快速发展起到关键性的作用。

知识链接

1. 观看《中国广告20年》。
2. 参考阅读《中外广告史新编》（陈培爱著，高等教育出版社，2009年版）。

思考题

1. 什么是新媒体广告？新媒体广告对传统媒体广告的发展有何影响？
2. 当前广告业有什么新的发展？

第三章 广告人和广告组织

第一节 什么是广告人

一、什么是广告人

1979年,我国广告业全面恢复。随后的30多年,我国经济持续、稳定地增长,为广告业的增长奠定了良好的基础,广告营业额达到超千倍的增长,广告业以年均增长率超过30%的速度成为国内发展最快的产业之一。广告业的迅猛发展带动了广告市场对广告人才的需求,广告从业人员的数量呈现持续增长的态势。到2012年年初,我国的广告从业人员已达167万余人。

(一)广告人的定义

关于广告人的定义,不同的教材有不同的解释。但综观各类广告人的定义,我们认为美国广告泰斗詹姆斯·韦伯·扬(James Webb Yong)的定义较好。他在《怎样成为广告人》一书中,给"真正的广告人"下了一个定义:

"具有知识技术、经验以及洞察力,能为广告主建议最好使用广告去完成他们的目的,并能有效地去执行,使广告能达成这些目的的人。"

从这个定义中我们可以看出,它对广告人给予了较为严格的界定,"真正的广告人"必须具备三个要素,即具有知识技术、经验、洞察力,能劝服广告主使用广告,能有效地开展广告工作。显然,这个定义的限制是较为苛刻的，要成为一个合格的广告人是不容易的。

(二) 广告人的分类

按照詹姆斯·韦伯·扬的定义，以下人员可以归属广告人的行列：广告客户中的有关广告人员、广告公司的广告人员、广告媒体的广告从业人员。

1. 广告客户中的有关广告人员

包括客户中的广告经理、广告部门人员。他们的职责是选择广告代理，控制广告费用，提高广告质量，促进产销良性循环，保证广告费用的使用效益，与企业的其他职能部门一起构成企业的营销管理系统。因此，在企业广告部门工作的人员，必须具备行政管理知识，这样才能维持本部门的有效运作；他们必须具备强烈的市场意识，以便高瞻远瞩，周密部署，稳步开拓，实现企业的目标；他们必须具备广告实务经验，从而进行精准的广告定位，提供正确的广告目标；他们必须具备良好的职业道德，确保以企业效益为重，避免"回扣"黑洞的诱惑。

可以说，企业内部的广告从业人员的素质对于广告行业的未来发展具有举足轻重的影响力。特别是在当前市场情况趋向复杂、竞争趋向激烈的情况下，要顺利履行自身职责，除具备广告人的基本素质外，还应该注重提高自己的市场意识和效益观念，增强自身的综合竞争力。

2. 广告公司的广告人员

广告公司的广告人员是广告活动运行的主体，也是广告业水平的表现者，需具备大量的专业知识及专业技能，能够为广告主提供高质量的专业服务。比如代理广告主策划广告，进行相关的商品及服务的市场调查，确立企业的市场目标，选择最有表现力、影响力及感染力的手法去表现广告创意，合理地选择及组合广告媒介，将广告信息及时、迅速地传递给目标受众，并为广告主收集反馈信息，测定广告效果，为下一次广告活动的展开积累经验。

3. 广告媒体的广告从业人员

媒体广告组织是媒体机构的重要组成部分,也是广告业不可或缺的部分,主要包括电视台、广播电台、报社、杂志社等,其从业人员专业素质的高低对广告活动的正常开展具有重大影响。媒体广告从业人员主要负责广告业务的接洽、签约、实施发布等,并负责对广告作品进行编辑、审核、安排时间及版面等相关事宜。

媒体设置广告部门有利于提高媒体职能的区分度,将新闻业务与广告业务区分开来,有利于媒体的良性发展。

二、广告人应具备的从业素质

素质是一个集生理学、心理学和社会学等多种意义于一体的综合性范畴。狭义的素质单指人的生理解剖特征;广义的素质则指人的社会心理特征,包括人天生的心理、生理条件,更主要的是指通过后天的努力在心理、能力、才智等方面所达到的高度、所形成的心理特点。

按照教育学的解释,素质是指人在先天生理基础上,受后天环境教育影响,通过个体自身的认识和社会实践养成的比较稳定的身心发展的基本品质。高素质可以使知识和能力更好地发挥作用,促进知识和能力进一步扩展、增强。素质是判断一个人能否胜任某项工作的起点,是决定并区别绩效好坏、差异的个人特征。

广告人的从业素质是指广告人应该具备的知识、能力和心理特征,具体有以下几点。

(一) 广告人的知识结构

广告是一门学问,所涉及的知识面之广恐怕是任何行业都无法相比的。1993 年 7 月,国家工商行政管理局和国家计划委员会共同制定了《关于加快广告业发展的规划纲要》,明确广告业是知识密集、技术密集、人才密集的高新技术产业。从事广告活动需要较全面的知识、较强的专业技能。作为广告人,其知识结构和工作经验的积累相当重要,传播学、心理学、消费学、市场营销、公共关系乃至一切与广告相关的学科都应涉猎,绘画、摄影、摄像、写作、电脑应用技能也需同步发展，正如木桶原理所说的，哪一块木板短了都不行。

可以说，广告业是一个永无止境的学习课堂，其高深和伟大正如美国前总统罗斯福所说："不当总统，就当广告人。"美国著名广告专家詹姆斯·韦伯·扬把广告人应该具备的知识概括为以下七大类，颇值得我们借鉴。

1. 陈述主张的知识

即表现广告主题的能力，发掘产品最有潜力的销售提案，用精练、直接的手法给消费者清晰、生动的感知，让消费者相信如果自己做了广告要求他做的事，他就能从中获益。

2. 市场知识

懂得市场的位置、规模的大小、构成市场的要素（如消费者群体的收入、年龄、教育、职业、消费特征及其差异）以及市场的走向等，以便向企业和广告代理公司提供正确的营销方向和广告目标。

3. 信息知识

这是构成广告的核心，因为广告本质上是一种信息传播，广告的基本活动过程是信息传播过程。在信息社会，广告人所传播的广告信息首先应使消费者"注意"，然后把这"注意"转变成确实发生"兴趣"，再以"注意"和"兴趣"为基点，刺激消费者的"需求"，激发其购买欲，最后是创造条件增加消费者对本产品及品牌的"信心"，从而促成其购买行为的产生。

4. 信息运载工具知识

即广告媒介的有关知识。作为广告人，应该知晓各种广告媒介的特点，从而根据不同的广告信息，针对不同的目标消费者，综合考虑广告预算、广告管理等因素，选择和组合合适的广告媒体。

5. 交易通路知识

即商品或服务到达最后使用者的种种渠道，以及在实际销售及送达过程中导致变化的因素和可能遇到的障碍。广告人所要考虑的是如何使消费者方便地购买到商品，并以此为据来制订广告计划、组织广告实施、决定广告预算、进行广告效果测定等。

6. 预测广告发生功效的知识

掌握广告发生功效的标准是广告人必备的知识，具体说来有以下五点：

（1）建立熟悉感。这是广告最重要的作用，其他一切作用均以此为基础。熟悉感常是诸多购买习惯的基础，购买习惯一旦形成就会产生锁定效应，其地位就不太可能被动摇。

（2）提醒作用。以广告信息来提醒、刺激消费者的需求，激发其购买欲，进而产生购买行为。

（3）传播新闻。让消费者知道生产经营者在做什么，有什么新产品。尤其是在科技时代，各种新技术、新产品层出不穷，广告能让消费者了解新产品，理解生产经营者，与之建立起长期、高效的互动关系，有利于企业从中发现新的市场机会，提供新产品、新服务，赢得新效益。

（4）克服抱残守缺的人类惯性。即用广告作为一种外力去克服人的静止状态，塑造新的消费观念，形成新的消费行为，建立新的消费习惯，创造、开辟出新的市场。信息的作用只是一时的，观念的改变才具有长久性。

（5）增加产品未具有的附加价值。主要表现在通过广告宣传某一产品的新功能以及赋予产品情感、社会地位的象征等，最大限度地满足消费者的心理、审美及情感需求。如此便可以与消费者建立超越买卖关系的情感纽带，产生以一当十的营销效果。

7. 特定情况的知识

指在广告活动中运用的一些策略知识。广告是商品经济的产物，在现代化大生产中，生产规模日益扩大，商品交换日益频繁，市场活动日益复杂，消费者需求千变万化，在"商场如战场"的环境下，广告要想取得成功，必须从战略的高度来纵观全局，周密部署，稳步开拓。

还有一类是公共关系知识。现代意义的公共关系活动产生于20世纪初，80年代初传入我国，很快风行全国。广告的对象是人，发展客户也需要同人打交道，因而广告人必须懂得一些公共关系知识。尤其是近年来广告的可信度在降低，效果在弱化，整合营销策略兴起，多方面的合作必不可少，广告人要能协调、配合各种人际关系，以促成广告活动的成功。

（二）广告人的个性特征需求

1. 良好的职业道德和责任感

广告人要具备良好的职业道德和责任感，主要体现在作为广告主的代表，广告人应公正、客观，对消费者的每一个承诺都应该是诚实的、明白的，对缺乏经验以及产品知识的人不应夸大其词甚至制作虚假广告，误导消费者，这样会降低自己的形象和水平；作为广告代理，广告人应该忠于广告客户，关于企业的任何商业情报和资料都要妥善保管好，避免信息泄露对广告主造成损失。另外，广告人在为广告客户代理广告时，要有负责到底的精神，对接受的广告代理任务和交给客户的广告策划方案和创意，要从专业的角度出发提出自己的意见，坚持自己的主张，这样才能在广告成功后获得更大的信任和更长久的合作。最后，广告人要具备团结协作的精神。广告人在很多方面都胜人一筹，他们往往个性突出，但是广告活动是一项协力性合作的工作，广告团队内部要相互尊重，相互理解，相互关心，取长补短，通力合作，以互相受益，获得广告的成功。

2. 具有创新意识

黄山谷诗云："文章最忌随人后。"对于广告来说亦如此，那就是要有新意。广告有谋划而无创新等于白忙活，只有创新才能使广告站住脚。广告要产生效果，就必须引起消费者的注意，让消费者在不知不觉中接受广告信息，这就需要创新，需要创意，把广告主题寓于创意之中，吸引消费者，影响消费者，诱导消费者，刺激消费者，从而使广告达到应有的效果。

3. 具有远见卓识和对广告的整体策划能力

作为广告人，具有远见卓识和对广告的整体策划能力是广告工作的需要。古人云："人可以谋人，可以谋事，亦可以谋天，亦可以谋地。谋则变，不谋则不得变。谋则成，不谋则不得成。"（《天玄子》）这就是说，作为人要自己掌握自己的命运，"尽人力而胜天命"。谋略是以计谋策略成事于无迹之象之中，胜人于不知不觉之中的斗智行为。它包括为世界大事谋，为国家大事谋，这是大谋。为广告公司、为企业的生存发展谋，对企业而言是大谋，对国家而言是小谋。无论是大谋还是小谋，都同样需要谋划才能。对于广告业而言，这种谋划才能和对广告的整体策划能力主要体现在以下几个方面。

（1）对广告的整体策划能力。

进行广告活动必须事先进行策划。广告策划是决定广告活动成败的关键，广告策划的成功与失败，关系到企业产品在市场中的地位和在消费者心目中的形象。因此，广告人应不仅能对单一的广告活动进行策划，更应具备系统的、较大规模的、为同一目标对一连串各种不同的广告活动的策划即整体广告策划的能力。它需要从市场调研与市场分析入手，根据消费者的需求和企业发展需要，对企业的生产、经营进行指导，协调经营、生产的关系，策划企业的整体广告活动，善于利用广告和公共关系活动来塑造企业和产品的形象。

（2）具有远见卓识。

广告人的谋划才能还体现在对社会发展的把握，对经济形势、消费者的消费心理和消费行为的把握和判断上，这样才能见人所不及见，谋人所不及谋，虑人所不及虑，行于人之前而防患于未然。例如几年前，中国人认为西装是身份的象征，而佐丹奴服装厂商预测，当中国的成功人士在自己的身份被社会确立之后，他会选择轻松、休闲的服装外出。因此，佐丹奴以上海商务人士的休闲装领域为切入点，抢先使自己的品牌扎根于消费者的头脑中，获得了极大的成功。

4. 具有应变能力和建设性思维

市场是复杂而多变的，能否准确把握机会使广告获得成功，这在很大程度上取决于广告人的应变能力和建设性思维。应变能力的基础是建设性思维,这种思维的特点就在于它的独创性和复杂性。社会中有一些人,他们能在安静的办公室里有效地处理各种事务,可一投身到公共场合,面临复杂多变的社会环境时,便难以思考自如,疲于应付,他们害怕对自身带来不利的影响而不敢面对新的挑战。而建设性思维要求人要善于控制自己的情绪,有效地改变生活,应付挑战,战胜生活中的困难,从失败中迅速恢复状态,走出低谷。他们是从如何解决问题而不是从担心出差错的角度去考虑问题的,面临挑战时富有自信心。毋庸置疑,较强的应变能力和建设性思维方式往往是一个人成功的关键。

5. 具有较强的心理素质

尽管广告人在不同的工作岗位上所需要的知识结构、思维方法、工作经验、工作对象都有所不同,但在品格和心理素质上都有不少相同的要求。

首先是自信心。自信心是人性中最伟大的要素之一,有了自信心便会产生自信力,从而激发出无比的勇气和坚强,达到改变命运、改变世界的奇迹。试想,如果没有自信心,人类敢去征服太空吗?所以柏拉图说,如果我们以信心去作战,我们就多了一种武器,就可以使战争必胜。我国自古也有"自知者明、自信者强"的说法,能够成大事的人永远是那些有自信心的人。据报载,日本就有一种专门培养企业家自信心的学校,可见自信心的重要。广告工作是一种高度智慧的工作,它是灵活多变的,要冒一定的风险,没有一定的自信心是难以成功的。卢梭说过,自信心对于事业简直就是一种奇迹,有了它,你的才智可以取之不尽,用之不竭。一个没有自信力的人,无论他有多大的才能,也不会有成功的机会。广告人正是凭着周密的市场调查研究、扎实的工作技能与和谐的配合建立起自己的自信心去面临挑战,立足社会的。

其次是耐性与毅力。广告是与人打交道的工作,它的最终目的是影响消费者,为广告主挣得机会和利益。在同样的条件下,有魄力、有毅力、有耐性者取胜的机会就大得多。许多有才华的人不能取胜,多数是因为他们缺乏坚持到最后的毅力。歌德曾经说过,有两种途径可以达到成功的高峰：一是权力，二是毅力。权力只是少数人手中的武器，毅力却是人人都可以养成的，世界上不少著名的广告人都是靠着坚忍不拔的毅力而取得事业的成功的。

三、广告人的专业教育

(一) 广告教育的起源及发展

广告人获得应有的知识结构和从业素质的途径有多种，但最重要的一环就是广告专业教育。广告教育萌芽于19世纪末至20世纪初的美国、法国、英国等地，目前世界广告教育的中心主要在美国。据资料介绍，1902—1908年，美国宾夕法尼亚大学、加州大学、纽约大学、密苏里大学等相继开设了广告课。1912年，哈佛大学赫杰特奇教授出版了教科书《广告与营销》，总结了企业在营销过程中的成功经验，对广告理论进行了较为初步的探讨。1921年，密苏里大学设置了广告本科。1923年，纽约大学的商业研究生院开设广告课，促使教师重视业界广告实践经验的全面总结，对广告学的研究进一步深化，逐渐形成和完善了广告学教育体系。到20世纪20年代前后，欧美的一些国家、亚洲的日本和中国都先后在大学中设置了广告学课程。

20世纪60年代以后，世界各国的广告教育发展更快。仍以美国为代表，1964年，其广告教育投入为130亿美元，到1990年增加到1 300亿美元。与广告教育兴起之初相比，现在发生了一个有趣的变化，其大部分广告系设在传播学院或新闻学院。最有名的是得克萨斯在奥斯汀的州立大学、密执安州立大学和依利诺大学的广告系。比利·诺斯教授的《我应该到哪所大学研读广告》和《美国广告教育状况》等书提到，涉及广告教育的大学达112所，其中设有本科的涉及49个州的90所高校，每年毕业约5 000人，一部分与广告有关的艺术院系尚未计入。

法国的广告人员主要出自三类学校：媒介专业人员出自统计学校，艺术人员出自美术学校，广告商业人员出自商校。专业广告学校均为私立，学费昂贵，但学生能在各类企业和广告公司固定实习。比较著名的有广告高等专科学校（ESP）、营销与广告学校（EMP）、管理与广告国际高等学校（ESIGP）。公立大学中，最著名的为巴黎四大 CELSA 学校，即信息与传播科学高等研究学院。

我国的高等广告教育以 1983 年 6 月厦门大学新闻传播系广告专业成立，并于第二年招收了全国第一批广告本科生为起始标志。1988 年 11 月，北京广播学院新闻系成立了广告专业，1989 年开始招生，并于 1994 年 3 月成立了我国第一个广告系。1992 年 9 月，四川大学新闻系组建广告专业，并开始招收广告专科，1994 年 5 月正式被国家教委批准组建广告专业，同年开始招收广告本科，1998 年开始招收广告研究方向的硕士研究生。进入 20 世纪 90 年代后，全国各地高校相继设立广告专业或广告专业方向等课系，广告教育蓬勃发展。

（二）广告学科归属争议

广告学研究的兴起引起了大学对广告教育的重视，广告学专业迅猛发展。20 世纪 90 年代初，原国家教委（现为教育部）在修订"文科专业目录"时，在新闻类中增加了广告学专业。1997 年，教育部再次修订专业目录时，把新闻类从文学中独立出来，将新闻传播类升格为一级学科，下设广告学专业。按照教育部的文科专业分类，广告学应从属于新闻传播类，但在实际教育中，广告学专业设置却呈多元化：中文系、社会学系、管理系、艺术系等都设置了广告学专业。由此可见，广告学专业在"门类归属"及"学科定位"上还存在很大的分歧。

以下是几种有代表性的归类：

1. 广告学属于大众传播科学

奥格威认为："广告是信息的传播媒介，而不是一种娱乐和艺术。"广告活动是一种信息传播活动，其本质特征是信息传播，市场只是广告发挥作用和功能的一个重要领域。广告学的研究对象是人类社会中大量存在的一种现象，即信息传播现象。广告学的发展应当以传播学的理论体系为指导，离开传播，广告活动就中断了，广告信息只有通过传播媒介才能抵达消费者。因此，广告学从属于大众传播学。

2. 广告学属于经济管理学

广告是商品经济发展的产物，广告的基本功能在于销售产品、树立品牌形象。为推销商品和劳务所进行的种种活动，应归类为广告，离开销售，离开市场，广告就失去了存在的意义。另外，广告主对广告活动的管理隶属于经营管理活动，广告预算的制定隶属于企业经营管理成本，这些均明确了广告活动的经济属性，其学科应归属于经济管理类。美国市场营销协会定义委员会（AMA）将广告定义为：广告是指由明确的广告主在付费的基础上，采用非人际传播方式对其观念、商品或服务进行的介绍、宣传活动。这个定义明确表明了广告与生俱来的商业色彩和经济属性。

3. 广告学属于艺术学

罗斯·瑞菲认为："广告乃是一种艺术，它提供最佳的销售建议，要社会大众以最低廉的代价购买适合的东西。"广告是广告艺术家生产的产品，它是用艺术的手法去塑造产品形象及企业形象。广告在创意、文字、图画、色彩、字体、修辞等方面要运用艺术原理，讲求艺术性，给消费者以美的享受，以此引起消费者对广告的注意和兴趣。没有艺术性的广告，是没有生命力的广告，广告只有打动人、感染人，才能发挥其效果。因此，广告学应归属于艺术类。

不可否认，我国的广告学还处在发展阶段，缺乏完整的学科体系，各大高校的新闻传播类、经济类、企业管理类、艺术设计类都在开设广告学专业，广告学在"门类归属"和"学科定位"方面存在分歧。但在广告实践中，广告专业的毕业生大都能满足广告行业以及相关领域的工作需要，说明广告学本身具有较大的跨越性，而不能仅仅限制于特定的某一学科范围之内。因此，随着广告理论研究的日益发展和广告工作的实际需要，将广告学从新闻传播学、经济学、艺术学等学科中分离出来，发展成为一门正规而独立的学科的趋势越来越强。

（三）广告人才的培养模式

1. 美国的广告人才培养模式

美国是目前全球最大的广告市场，高度发达的广告业，一方面锻炼和培养了广告人才的能力；另一方面，拥有高素质的广告人才反过来推动美国广告业保持长期的良性发展。20 世纪 80 年代末，仅在广告公司从事专业工作的广告人已超过 10 万人。

20 世纪初期，美国广告公司从业人员的培养主要是通过学徒的形式。1905 年，美国广告协会的前身——美国联合广告俱乐部成立，承担了培养广告人才的工作。之后不久，宾夕法尼亚大学、加州大学、西北大学、密歇根大学均开设了广告学方面的课程，主要由大学的商学院和新闻传播学院分别开设。

20 世纪中期以前，美国高校的广告教学分属于新闻传播学院和商学院，平分秋色。1950 年，新闻传播类院系开设广告课程的有 30 所，营销、商业、贸易等相关院系开办广告课程的有 36 所。这种情况在 20 世纪 60 年代发生了巨大变化。1959 年，福特基金会资助罗伯特·高登和詹姆斯·豪威尔进行商学院教育研究，卡耐基基金会资助弗兰克·皮尔逊研究美国商学院的学术领域。这两项研究报告指出，美国商学院教育存在专业设置太多、课程安排零碎、过于专业化等问题，应加强原理性知识的教育，减少偏重操作、科学性不够的课程。广告学被认为是偏重操作和实践的"推销术"，成为被商学院重点删除的边缘性课程。1950—1960 年，共有 13 所院校停止开设了广告学课程。到 1964 年，商学院共删除 66 门广告课程。据 1965 年出版的《我该去哪所大学学广告》，有 27 所商学院开设了广告课程，1988 年，这一数字缩减至 9 所，而同时期开设广告课程的新闻传播院系的数目则攀升至 83 所。2001 年，新闻传播院系涵盖了广告课程的 92%，2005 年，提供广告教学的商学院进一步缩减至 7 所，而设置在新闻传播学院的广告专业数量则达到 140 个。由此形成了美国广告学专业的学科定位，即广告学专业由新闻传播学院主办，广告学位主要由新闻传播学院颁发。

美国高校的广告教育主要分为学士、硕士、博士三个层次。其中,本科教育是主力,其培养目标非常明确,即为广告业和其他新闻传播业未来的从业者提供初级的教育和训练。研究生培养是美国大学教育的核心部分,多数大学的新闻传播学院设有传播博士班,学生除了学习新闻传播类的核心课程之外,可以自行选择研读广告学课程,完成广告学方面的硕士论文及论文答辩,获得广告学方向的硕士学位。只有少数大学提供独立的广告专业硕士教育,课程设置以广告学为主,辅以新闻传播类、经济类、管理类等课程。博士阶段的广告人才培养目标主要是为广告教育界和业界(包括公司、政府和研究机构)培养研究型人才,着力于传授学习研究方法和思想方法,提高研究能力和决策能力。

美国广告教育的课程体系总体可以分为以下六类:广告原理、客户策划与管理、广告创意与设计、媒介战略与策划、广告管理、广告研究方法。近年来,针对广告业及传媒领域发生的革命性变化,美国大学的广告课程设置也在不断调整,如将广告和公共关系课合并为广告/公关课程。据统计,1995—2003年,开设广告/公共关系专业的学校数量从12所增加到48所;增加"整合营销传播(IMC)"、"策略性传播(ISC)"、媒体整合和跨文化传播等课程,同时鼓励学生辅修其他学院开设的诸如多媒体、电子出版与设计、电子商务和互动媒体等课程。

2. 日本的广告人才培养模式

日本是世界第二大广告大国。日本的广告教育属于素养教育,大学没有设立专门的广告学教育,大学教育主要以传授广告的基本观念为主。因此,日本的专业广告人才培养主要通过邀请广告业界的资深从业人员到大学开设专题性广告讲座和大型广告公司内部的职员培训两种途径。

由于日本大学不设立广告学院系和专业,广告课程主要分布在经济学、传播学、社会学、艺术等学部,其中商学部开设的广告课程接近总量的一半,还有一些广告课程由文学、法学、教育学,甚至理工和自然科学等跨学科的学部开设。据日经广告研究所"大学广告相关讲座调查"的结果，日本1996年开设广告课程的学校为220所，课程总数为927门，任课教师450人。而2006年广告课程设置规模比10年前翻了一番，在4年制高校（726所）中，平均每5所高校就有1所开设广告讲座，全国高校中开设广告课程（讲座）的学校达到337所，课程数为2 128门，任课教师937人。日本广告课程按照内容的不同分为3种类型：第一类课程以广告综合理论为主，如广告策划、电视广告鉴赏、广告预算的制定、广告效果测定方法、广告调查、媒介计划等理论内容；第二类课程采取课堂实践和练习，以偏重实务见长，教师多为业界广告从业人员；第三类课程是将广告内容作为课程的一部分，如市场营销、消费、媒体、信息等，课程内容则是理论和实践并重。

3. 英国的广告人才培养模式

英国是全球广告业第三大国，发达的广告业促进了广告教育的普及，英国高校联合服务中心（UCAS）的数据显示：英国47所高校提供高达233种广告类的全日制课程，主要分布在高校的商学院、传媒学院和艺术学院，授课内容通常与营销、管理、公共关系、传播、人力资源管理等相结合，强调学科之间的融合性。英格兰、威尔士以及北爱尔兰地区的大学学制为3年，苏格兰地区的大学学制为4年。

英国广告教育致力于培养学生的综合素质和实践能力，从教学、师资、实习等多个方面展开。在教学方面，着重培养学生解决问题的能力和团队合作精神，课程设置上除要求学生掌握基本的广告原理和操作技能外，还增加了行业的最新动态和发展趋势方面的课程，帮助学生扩宽视野，从更广阔的社会和历史文化背景理解广告。在师资的选择方面，英国的广告专业教师主要来自于学术界和实务界，拥有深厚的文化积淀和丰富的从业经历，能够为学生提供业内动态和职业生涯规划方面的发展机会和建议。在实习训练方面，英国高校的广告实习通常安排在第2、第3学年之间，多数高校与著名的广告公司和企业都保持着良好的合作关系，给学生提供大量的实习工作机会，学生可以选择广告公司、研究公司、媒体、企业营销部门等进行实习，提升解决问题的创新能力，培养团队精神。

4. 中国的广告人才培养模式

1979年1月，我国广告业全面恢复，在随后的20年时间里，我国经济持续、稳定地增长，为广告业的发展创造了良好的外部环境，广告业以年均增长率超过30%的速度成为国内发展最快的产业之一。广告业的快速发展带动了广告市场对高素质广告人才的需求，广告教育以及广告人员的培养体系不断完善，广告从业人员的数量呈持续增长的态势。

在广告业恢复的初期，我国广告人才主要分为没有专业背景，在工作中学习成长起来的实务人员，以及具有相关学科背景，如市场营销、艺术设计、新闻等，从事广告工作后经业界培训起来的广告人这两种。随着广告业的快速发展，具有专业广告教育背景，从事广告工作的专门人才一直处于供不应求的状态。为满足广告市场对高素质人才的需求，从20世纪90年代开始，各高校纷纷开办广告专业，加之我国广告界没有员工培训制度，广告教育被提上议事日程。具体说来，我国的广告教育主要分为以下三个阶段：

第一阶段，酝酿探索期（1983—1992年）。

1983年6月，厦门大学创办新闻传播系，率先成立了大陆高校第一个广告专业。这一时期广告教育的坚冰虽已打破，但高等教育界对广告教育持观望态度，只有深圳大学、中国传媒大学（原北京广播学院）、北京商学院等6所高校相继成立广告专业。一些高校虽然没有正式设置广告专业，但广告方面的教学已经受到重视，新闻、企业管理等专业陆续开设了广告概论等课程。与此同时，高校的广告教育加强了与业界和社会机构的互动，1984年，暨南大学开设广告人员培训班，1988年，开办广告与公共关系大专班；1985年，长春广播电视大学开办广告大专函授班；1986年，中国广告协会开办中国广告函授学院；1989年，中国广告协会和中国传媒大学联合开设广告专业证书班，多元化的办学方式为高校提供了更多的可供探索的教育模式，更为广告业界输送了大量高素质的专业人才。

第二阶段，快速发展期（1992—2005年）。

这一时期，我国的广告教育渐成规模并经历了两个发展高峰期，分别以1992年和1999年为分水岭。1992年，邓小平发表南方讲话后，我国广告业进入快速发展期，1993年，广告营业额实现了接近100％的增长，广告从业人员增加了10 000多人。1993年，国家工商行政管理局和国家计划委员会共同颁布的《关于加快广告业发展的规划纲要》规定，广告业是今后发展的重点目标之一。国家政策的支持以及广告业的高速发展，带动了高校兴办广告专业的热潮，1992—1997年我国高校广告专业数量激增，新增广告专业的高校约90余所。1993年、1994年每年有8所院校开设广告专业。中国传媒大学（2003年）调查的111所高校中，1992年及以前开设广告专业的高校为4.9％，1993—1998年，开设广告专业的高校则达到了26.2％，比1992年增长高达435％。1993年，中国传媒大学（原北京广播学院）广告专业正式招收硕士研究生，标志着我国广告教育层次的提升。

1999年，我国高等教育开始从"精英教育"向"大众教育"转变，各大高校纷纷扩招，这也带来广告教学单位设置的高峰期。2000—2004年短短4年，设立广告学院、系、专业的数量超过现有数量的半数以上，平均每所学校拥有广告专业学生226.81人，平均每年扩招比例为11.8％。至2005年8月，开设广告专业的院校已达232所，广告学科归属呈现多样性，办学模式呈现多元化。1999年以后，招收广告专业硕士研究生的高校激增，如厦门大学新闻传播系、北京广播学院广告系、复旦大学新闻学院、四川大学文学与新闻学院等。院校分布也从集中于经济发达地区向内地扩展，开办院校也呈现多元化的特点。

第三阶段，平稳调整期（2005年至今）。

2005年年底，我国全面开放广告市场，粗放式的数量增长已不能适应广告行业生态环境的变化，集约型的素质教育才是广告教育的科学发展之路。这一时期的广告教育模式呈现出多元化、专业化和科学化的特点，从片面追求"高速"转向"高质"，办学质量和办学水平显著提升。

2005年之后，我国的广告教育进入平稳调整期，广告学理论研究不断深入，广告学的学术地位持续上升，广告教育与广告实务界的交流逐渐加强。广告人才教育形成了从学士、硕士到博士的多层次培养模式，其中，设置学士学位的院校最多，达到了75%。预计到2015年，我国广告从业人员总数将达到200万人。高校广告人才培养模式的不断完善，大大缩短了与国际广告教育的差距，我国高校广告人才的竞争力持续增强，就业前景不断开阔。

第二节 广告组织的分类及职能

一、广告组织的演进

（一）广告组织的概念及特点

广告组织是指按一定的宗旨和系统建立起来的，从事有关广告工作的专门机构。作为从事广告活动的集体，广告组织有以下三个特点。

1. 广告组织是广告活动的主体

广告组织在现代广告活动中发挥着主导性的作用，广告组织依靠自身的运作机制，使得广告活动更加有计划、有目的、有效果地展开。广告组织的存在可以消除企业广告无整体计划、主观随意性较大的弊端，为客户提供全面优质的服务，进一步提高广告活动的水平和效果。

2. 广告组织是广告人的集合

现代广告业作为知识密集、人才密集和创意密集的产业，关键在于有高素质的广告从业人员。广告组织即为这些广告人发挥特长、各尽其能提供了一个场所。因此，一个良好的广告组织应靠科学的运转机制最大限度地发挥广告人的潜能，促进广告业的发展。

3. 广告组织体现了不同职能的广告人员分工协作的关系

现代广告运作日益专业化和精细化,势必要求广告组织内部进行专业化分工。但是,分工并不意味着分而治之,必须确保有一套良好的运作机制将广告组织内部各部分整合成一个整体,使其在合理分工、各司其职的基础上密切合作、共同发展。

(二)广告组织的发展

从世界范围来看,广告组织的发展大致经历了以下五个时期。

1. 萌芽期(1841—1865年)

1841年,美国人帕默在费城通过批发购买到一定数量的报纸版面,转而零售给广告客户,帕默自称为"报纸广告代理人"。开展这种代理业务使广告业的组织结构发生了变化,对促进广告业的发展起到了积极作用,同时帮助企业找到了一条廉价而有效的推销商品的方法,当时经营这种代理业务的人可以收取25%的佣金。

2. 批发代理期(1865—1880年)

1865年,美国人罗威尔把"点零代理"转变为"批发代理",即一次购买100多家报纸的广告版权,然后由他再向客户出售。这种"批发代理"促使代理人逐渐成为独家广告经纪人,从而促进了广告行业的发展。

3. 半服务性时期(1880—1917年)

这一时期,许多报纸在内部成立了广告部门,绕开广告代理直接向客户出售广告版面,这就迫使广告代理从单纯代理转变为为客户提供广告设计服务。由于这种服务尚不成熟,局限性很大,因此属于"半服务"性质。

4. 服务性时期(1917—1945年)

随着商品经济的发展,广告代理公司大量涌现,相互之间的竞争加剧,为了争取到更多的客户,广告公司不断开拓广告业务,如向客户提供市场调查、广告媒体选择、广告设计和制作、广告时机选择等一系列服务。从半服务性广告业务向服务性广告业务的转变,完成了现代广告的一次飞跃。

5. 全面服务时期（1945年至今）

随着经济全球化的到来和市场竞争的加剧，跨国性的大公司不断涌现，并向客户提供全面的代理业务。这些业务除了为客户设计制作广告外，还向客户提供各种信息、潜在市场的调查报告、促进企业与公共关系的设想，以及信息反馈等各种服务。

（三）广告组织的分类

根据广告工作的特点，广告组织大致可以分为以下四类：广告主广告组织，即一个企业统一负责广告传播活动的职能部门；广告公司，即从事广告经营活动的专门机构；媒介广告组织，即广告发布单位设置的广告部门，专门负责接收广告和在媒介上发布广告；广告社团，即泛指社会上组织起来的、非营利性的从事广告理论研究和广告业务活动的广告学术组织、行业协会组织和广告学术团体的总称。

二、广告主广告组织

（一）广告主广告组织的概念

随着生产水平的提高，商品日趋丰富，社会商品生产的供求关系由之前的卖方为主转化为以买方为主，同行业的不同企业竞争加剧，企业内部的市场营销部门的功能和地位得到加强，企业广告组织也随之分解出来，逐步成为企业中一个相对独立的、主要从事促销活动的专门机构。

所谓广告主广告组织，是在企业内部设置的从事广告活动而组成的职能部门。在组织形态上常以广告部、附属于企业的广告公司、广告销售部、市场营销部等名义出现。

（二）企业广告部门的设置

企业自设的广告部的地位及其隶属关系因企业的情况而异，一般而言，主要分为直属企业最高领导的直辖式和分属企业销售部门的分散式两种。直辖式又可分为直接隶属于总经理的，也有直接隶属于负责销售的副总经理的，还有隶属于销售部或业务部的。直辖式有利于企业的统一决策和指挥，便于统筹全局，带来规模效益。

在大型企业里，多元经营使得产品众多、种类各异，企业广告部门就分散于每一类产品的生产和销售部门，在业务上接受企业总广告部门的指导、监督与协调。分散式管理有利于各分支广告部门针对不同的产品及市场营销情况灵活调整广告策略，充分发挥其能动性，分工协作，适用于运行机制较完善的大企业。

这些不同的隶属关系都是各企业根据实际需要自主决定的，其原则是以获得最大效率为目标。

（三）企业广告部门的职能

1. 参与企业的广告决策，提出企业的广告目标

在现代企业的营销活动中，广告的地位越来越重要，企业广告部门应该与企业的生产、销售等其他职能部门合作，共同参与企业广告决策的制定。在企业营销整体战略部署下，提出企业的广告目标，制订具体的广告活动计划，包括广告调查的实施、广告预算的编制以及广告媒体的选择及搭配等，以便更加高效地组织和实施整个广告活动。

2. 编制管理企业的广告预算

广告预算是广告计划的一部分，是指广告主或广告代理机构对广告活动投入费用的计划与安排，它规定计划内进行广告活动所需费用的总额和具体的使用范围及方法，是企业广告活动顺利进行的保证。现代企业不但要将广告预算纳入企业营销计划中，还将其作为提高企业与产品声誉的一项重大资产。科学合理的广告预算可以确保广告主或广告部门对广告活动中的各环节的规模和衔接进行管理和控制，以避免因经费支出的随意性和工作中的不正之风造成的浪费，从而有利于提高整个广告活动的最终效果。此外，广告预算还可以为广告效果评估工作提供进一步的材料，用以评估广告活动的经济效益。

3. 选择广告代理公司，监督委托的广告业务的实施，提供必要的广告资料

企业广告部门的业务重点，要放在选择合适的广告代理公司上。必须仔细考察广告公司的各项指标，比如公司的经营状况如

何,是否具有规模、信用、业务能力和已有业绩等;是否符合企业本次广告活动的实际需要;所需费用是否在企业允许的费用范围内;是否具有为本类企业或产品服务的经验;能否实现企业最理想的广告效果等。

4. 开展调查研究

从事广告工作要随时了解产品的变化、消费者的变化、市场的变化和竞争者的变化,积累广告工作需要的各种资料,为广告活动的展开提供客观的、科学的决策支持。因此,广告调查是广告运动的基础,是广告计划与决策的依据,是一个广告获得成功的必经环节。广告大师大卫·奥格威在《一个广告人的自白》中说:"我对什么事物能构成好的文案的构思,几乎全部都要从调查研究得来而非个人主见。"

具体说来,企业广告部的调查研究职责主要表现在以下几个方面。

(1) 建立信息反馈系统。企业运用现代化的通讯技术建立广泛的信息反馈系统,保持广告部的信息畅通,有利于企业对自身广告活动的效果、产品在市场上的竞争力以及企业在公众中的形象有更深入的了解,也有利于企业及时掌握市场变化及需求状况。

(2) 同广告公司、专业调查部门建立联系。对于企业广告部所无法胜任的大规模市场调查工作,需要依靠广告公司、专业调查部门。这些部门有专业的调查研究人员,有一定的技术手段和足够的人力。企业广告部要与之建立起长期的高品质的互动关系,从而促进广告活动的顺利实施。

(3) 文献资料的搜集工作。文献资料不仅有丰富的知识和必要的信息,更涉及广告部的工作记录、成果评价。因此,文献资料的搜集和积累也是广告部的重要工作。

(4) 作广告案例分析。成功的广告案例能够帮助我们提高工作效率,规避风险,从而取得事半功倍之效。尤其是随着竞争的加剧,分析竞争对手的广告策略,知己知彼,有利于提高自身的竞争力。

5. 在未做广告代理委托时承担本企业的广告活动

包括广告调查、广告策划、制作、发布和广告的监测评估等方面的具体工作。

6. 开展公关工作,为企业多方面、多角度地树立良好的社会形象

广告与公共关系在实际使用中有互补的功效。例如,企业公共关系运用得好,其声誉就好,信誉就高,那么其广告的可信度就高,更能发挥广告的作用。而公共关系则可利用广告来提高企业的知名度,帮助企业树立良好的形象。尤其是在推行企业形象识别体系时,从有关思想观念的确立、目标的制定、产品的命名、视觉形象的统一设计、企业风格的确立到宣传企业形象、参加社会活动、赞助企业公益事业以扩大企业影响等方面,广告部门起着极为重要的作用。

三、广告公司

(一) 专业广告公司的演进

梳理专业广告公司的发展历史,主要可分为以下四个阶段。

1. 版面销售时代

1729年,美国人富兰克林创办了《宾夕法尼亚日报》,他在创刊号第一版上,把广告栏安放在报头下社论的前面,为创立现代广告系统奠定了基础。富兰克林既当出版商和编辑,又当广告经纪人和推销员去推销自己的报纸版面,后被人称为"美国广告业之父"。当时的广告经营主要是报社内部的经营部门通过单纯地拍卖媒介版面来维持运营。

2. 版面经纪人时代

17世纪后欧美报纸有了较大的发展,由于广告的不足,给当时的新兴报业带来了很大的烦恼。直到1841年,美国人帕默在费城通过批发购买了一定数量的报纸版面,转而零售给广告客户,获取一定的利益。许多历史学家认为,广告代理业之所以产生,是媒体对广告宣传的真正经济上的需要,同时帮助企业找到了一条廉价

而有效的推销商品的途径。

3. 技术服务时代

1880年前后,广告代理业初具雏形,它不仅为广告主提供广告媒介版面,而且还开始为广告主代办广告设计和广告作品的制作。广告代理的业务范围扩大了,开始向广告主提供劳务服务,以博得广告主的好感和信赖。

4. 全面服务的代理广告公司时代

19世纪末,美国经济高速发展,当时商家所关心的不再是"生产"问题,而是"销售"问题,企业的经营观念发生了重大变革,许多有远见的企业经营者不得不把目标集中于市场和消费者的研究。广告代理业为了适应这一新形势的发展,开始强化市场调查机构,帮助企业开展市场调查,广泛搜集市场资料,提供精心的策划,为广告主制订广告计划和广告实施方案,开展有目的、有计划的统一的广告活动。广告代理业开始从单纯的媒介代理向全职能的、能向客户提供全面服务的现代广告业过渡。

20世纪后,特别是20至30年代,被称为"美国新的工业革命时代",汽车开始普及,收音机、电冰箱、洗衣机等家用电器的出现,使美国市场出现一派繁荣景象。尤其是1922年美国第一个商业广播电台和1941年第一家电视台的创立,是广告发展史上一次新的飞跃,打破了印刷媒介一统天下的局面。进入20世纪后,在新的历史条件下,广告代理不仅能为广告主制订和实施广告计划,而且还要为提高企业销售效果,进一步协助广告主策划和实施市场运营计划服务,广告代理从而进入了成熟时代。

以上专业广告公司发展的四个阶段,表明了广告公司成长和演进的路径,它的出现和发展顺应了社会化大生产的需要,是历史发展的必然结果。

(二)广告公司的分类

1. 按职能分

按照从事广告经营活动方式,广告公司一般可分为广告代理公司、广告代理商和广告制作机构三类。

(1) 广告代理公司。

广告代理公司通常分为两种：一种是综合性广告代理公司，一种是有限服务性广告代理公司。

综合性广告代理公司是现代广告代理业中的支柱。所谓综合性广告代理公司，是指这类广告公司从业务内容上看，能代理多样化商品广告业务，这其中包括五金器材、家用电器、食品饮料、医疗卫生、文化教育、工程建筑、日用百货、航空旅游等各种服务；从信息传播手段上看，可以代理任何一种广告媒体的广告业务，其中包括报纸、杂志、电视、广播、POP广告、路牌、电影院、车载、户外海报、直邮、电子显示等；从策划手段上看，它拥有从广告的市场调查、广告计划的制订、广告策划、广告设计及制作、选择媒介、制定预算、提供广告效果预测及监测，到代理策划设计各类产品、各类媒介广告的一整套全面服务。为此，综合性广告代理公司的实力比较强，一般均属大型广告公司、广告集团，如日本电通、美国奥姆尼康集团、英国WPP、法国阳狮集团等。

有限服务性广告代理公司是指以向广告客户提供部分广告服务为主的广告公司，此类公司只能承担广告活动中的部分工作。如有的公司只能承担单项的广告创作、设计和发布，如交通广告、路牌广告、霓虹灯广告、灯箱广告、气球广告、飞艇广告等业务，服务项目较为单一。尽管上述广告公司规模不大，功能有限，但往往有一批专业人员和独立的组织机构，并依靠其"一技之长"，在广告行业中取得一席之地。从策划手段上看，此类公司专业性强，服务有特色，可能在某一方面胜过综合性广告代理公司。

(2) 广告代理商。

广告代理商又叫广告经纪人，是广告经营者之一，是指由一些创作人员和经营管理人员所组成的，能够为广告客户制订广告计划、制作广告和提供其他促销工具的一个独立性机构。其业务主要是在广告客户、广告公司、广告媒介之间穿针引线，通过联系作用收取一定的佣金，即广告代理商可以代表各种不同的广告主或销售商去购买各种媒体的广告时间和空间，以确定客户产品和服务的目标消费者；广告客户是广告活动的直接投资者，是广告代理商的收入来源；两者之间的关系实质上是一种经济关系。这是广告代理中产生最早的一种类型。

（3）广告制作机构。

随着广告业务活动的不断扩张以及行业化、专门化，广告制作机构应运而生，这些机构属于广告的下游公司，依附于广告主、广告公司和媒体等开展业务活动，包括美术、装潢、摄影、印刷、灯箱、路牌、霓虹灯、特制品等制作部门，为广告公司和广告主提供连带服务准备材料。它们既不提供全面的广告服务，也不提供广告活动的具体策划、设计，只提供某些广告成品的设计制作。

2. 按经营范围分

（1）全国（国际）性与区域性广告公司。

此类广告公司的服务范围覆盖某区域、大城市、全国或国际。一般组织机构比较健全，业务能力较强，能够为广告客户提供全方位的广告代理和战略层面的服务与建议。20世纪90年代后，经济全球化成为发展趋势，跨国集团方兴未艾。著名的国际化公司如宝洁、雀巢、可口可乐、通用汽车等，为适应全球化经营战略和传播战略的需要，要求有全球化的广告代理公司予以配合。因此，在广告业高度发达的国家和地区，全国（国际）性与区域性广告公司也往往是跨国广告公司，在世界各地设立办事处或分公司，是具有现代机能的经营机构，能够在全球范围内进行信息搜集、分析与反馈，为广告客户提供国际性或全球化服务。

（2）地方性广告公司。

此类广告公司主要为地方性企业提供专业服务，经营范围一般限定在某一个地区，规模较小，多承揽业务量较小、预算较低的广告业务。地方性广告公司在满足地方性广告主的特定需要方面有一定的优势，也能为大型广告公司拾遗补阙，因而有广阔的生存空间，有实力的地方性广告公司还能为广告主提供全方位的广告代理服务。

3. 按规模大小分

广告公司的规模大小，可以依据以下几个标准来划分：首先是拥有的员工的数量。一般来说，广告公司的人数都不是很多，世界最大的广告公司大约七八千人；在我国，百人左右的广告公司可归为大型广告公司。其次是服务范围和能力，如果能够为广告客户提供全面的广告代理业务，开展广告活动的范围、区域较广，该广告公司则可认为是一家大公司。最后是综合实力排序，通过对广告公司的经济实力、技术实力、人员实力、创作实力及客户实力等指标进行综合评估，而后进行排序。最简单的方法，就是根据营业额的多少排序。在我国，对广告公司进行综合实力排序主要由广告协会来负责。

（三）广告公司的基本业务部门及职能

1. 客户发展部，简称客户部（Account Service Department）

客户部也称营业部、项目管理部，是公司整个广告活动的组织中心，其主要任务有两项：一是直接与广告客户接洽，为沟通、协调公司业务部门与广告客户之间的关系服务。向客户提供如市场情况、广告预算以及广告策划等方面的信息，并将广告客户的意见和计划、建议反馈给广告公司，据此制定出初步的广告方案；在广告活动进行过程中，向广告客户通报有关市场调查结果和广告活动的进展情况。二是督促广告业务部门工作人员按质按量地及时完成既定的工作任务，代表客户对广告的设计、制作和实施过程进行全面的监督管理。

因此，广告公司的客户部在职能上具有双重性，扮演双重角色，即对外代表广告公司的整体利益，承担与广告客户的联络沟通及信息反馈工作；对内则代表广告客户的利益，准确传达广告客户的需求，确保客户能够得到最好的服务。此外，客户部还负责与广告客户的商谈、签约、催收费用以及公共关系等方面的工作。

2. 市场调研部（Research Department）

市场调研部的主要职能是根据广告活动需要，开展广告的市场调查、产品调查、消费者调查和广告效果调查，为广告客户和广告公司制定广告策划提供有关市场环境、市场潜力的背景资料，就有关市场问题提供咨询建议，为广告决策以及广告主的市场决策提供客观依据。为此，该部门的广告人员要求有一定专业知识和专业技能。该部门的工作有一定的延续性，如广告活动前的调查结束后，又有广告中和广告后的效果调查，而这些广告调查的成果又为下一次的广告活动打下基础，如此循环，延续不断。

3. 广告策划、制作部（Creative Department）

广告策划、制作部的主要职责包括对广告客户以及市场调查提供的相关资料和意见加以分析，制作出广告策划方案，就广告主题、广告表现等提供创意意见，并形成广告计划书；根据广告计划书的要求，配合消费者资料，完成广告创意，撰写广告文案，对广告做视觉设计；根据客户部门及调研部门的意见制订出整套广告方案，供客户审核，并在客户审核通过之后根据广告文案和广告设计制作广告作品，包括拍片、配音、印刷或摄影、绘画等，供媒介部发布使用。平面广告的制作多由广告策划、制作部自行完成，广播电视类的广告往往由广告策划、创作部提出初步草图，然后联系专业的广告制作公司完成。

4. 广告媒介部（Media Department）

广告媒介部的主要职责包括根据广告计划购买媒体的时间和空间，制定广告活动的媒介策略，确定不同广告媒介的选择与搭配，并负责与有关媒介单位接洽、交涉、签约等工作，以实现广告的预定目标；负责将广告在选定与搭配的媒体上发布实施，并控制广告的媒体预算分配；在广告实施过程中，负责对广告的发布实施状况进行监督，检查印刷质量或播放质量；在广告实施后，代理媒介单位向客户部要求收取广告费。

（四）我国广告公司的发展趋势

1. 经营方向

我国的综合性广告公司可以在自身业务经营经验总结的基础上，借鉴国际广告公司的做法，集信息咨询、创意策划、媒体服务等业务于一体，有效整合资源以提升自身实力；也可以向专业的广告公司发展，增强公司在某一方面的特色服务，以专业性取胜。

2. 业务职能

为了适应市场的变化和广告主的需求，专业广告公司的业务及职能正在不断地扩展和转变,特别是随着整合营销传播的兴起,广告公司还涉足一些如公共关系、促销、咨询、博览会、大型活动等新领域。尤其要注重对消费者的调查研究,凸显业务专长,实现跨越式的职能转换。

3. 合作方式

随着经济全球化进程的加快以及我国加入WTO,从20世纪90年代初开始,国外广告公司纷纷进入我国,与我国广告公司展开合作,但由于当时的行政干预较多,合资公司在大多数情况下并不利于合作双方广告公司优势的发挥。目前,在新的生存和竞争环境之下,我国广告公司要从自身发展需要出发,主动与国外的广告公司合作,大力借鉴国外广告公司的经验,提高合作的水平及质量,实现双赢。

4. 人才培养

我国广告业能否腾飞,能否较快与国际接轨,跨入广告先进国家的行列,广告人才的培养是一个重要方面。也就是说,广告业的发展,归根结底需要人才的支撑。未来我国广告业可通过市场竞争,淘汰一部分素质不高的广告从业人员。另一方面要加强广告教育,在办学理念、培养目标、课程设置、教学方式等多方面锐意革新,提高广告从业人员的专业素养。同时严格把关,确保优秀的广告人员能留在广告行业,为行业的发展输送新鲜血液。

四、媒介广告组织

随着广告组织分化和分工的日益精细化、媒体广告业务活动的增加,各类媒体的广告组织也在健全和完善。

(一)媒介广告组织及其内部结构

媒介广告组织是指广告发布单位设置的广告部门,专门负责接收广告和在媒介上发布广告。对媒体建设来说,由于有专门的部门统一负责、统一协调和安排广告业务,能保证媒体广告经营有序地进行,提高广告服务质量,争取更多的客户,使广告收入来源稳定,经济效益得到增强,为媒体机构自身的进一步发展创造物质条件。因此,在市场经济比较发达的国家和地区,媒体广告部门与编辑业务、经理部门处于同等重要的位置。

总的来说,媒体广告组织根据职能和需要,一般分外勤和内务两个方面设置。外勤部门主要是承接广告,内务部门主要是负责处理收集来的广告,根据广告客户的要求及相关调查资料设计制作广告,编排发布的时间和位置,收取广告费用,在广告发布活动完成之后,收集和反馈广告的效果等。

(二) 媒介广告组织的主要职能

在推行广告代理制的形式下,媒介广告部门的主要职能有以下三项。

1. 承接发布广告

把媒体的广告版面或广告时间售卖出去,是媒体广告组织的业务重点。在广告代理制实施后,专业的广告公司成为媒体的最大广告来源主体,因此,媒体广告部门首先要争取广告公司,保证媒体得到稳定的销售渠道。

媒体广告部门应广泛宣传媒体的优势和特点,如实提供媒体的覆盖范围、收视率、发行量、受众成分、广告价格等数据,便于广告公司了解和选择,以及向广告客户推荐等,争取获得专业广告公司以及广告客户的青睐。

与此同时,媒体广告组织也要对广告公司进行慎重选择,对广告公司的代理能力、代理信誉和业绩,以及是否有良好的资信和足够的资金等进行考查,相互之间建立长期、高效的互动关系,促成广告目标的达成。

2. 设计制作广告

媒体的广告主要来自于广告公司代理推荐以及直接承揽的广告业务两种途径。前者的广告业务大都由广告公司完成,媒体广告部门主要是协助安排广告发布日程,做好广告排期。

在我国广告市场还不够成熟的条件下,媒体广告组织也在直接受理广告客户的广告业务。在实施广告代理制后,部分媒介广告组织的策划功能减弱,但它们的设计、制作功能依然存在,比如报刊广告的文案撰写、美工设计、广播广告、电视广告的脚本撰写、演员排演、录音录像、拍摄剪辑、配音配乐等工作,直接承揽的广告业务量不是很大,报刊广告主要是小广告、分类广告等类型,广播、电视广告主要是声像比较简单、时间较短的广告内容。较复杂、精细的广告制作还应交由专业广告公司制作。

3. 收集和反馈广告的反映

广告媒体要本着负责任的态度,向广告公司和广告客户提供详细的媒体资料,如发行量、收视率、收听率、媒体级别、节目时间档次、版面位置及大小、受众成分等,便于广告客户选择。另外,广告媒体发布广告后,往往会收到消费者的查询或投诉,媒介广告组织应及时反馈给广告客户,以加强同广告主、广告公司的联系,稳定广告客户队伍,扩大广告来源。

五、广告社团

(一)什么是广告社团

为了适应现代广告事业蓬勃发展的需要,各类广告社团相继发展起来。所谓广告社团,是社会上组织起来的、非营利性质的从事广告理论研究和广告业务活动的广告学术组织、行业协会组织和广告学术团体的总称。如广告学会、广告协会、广告业联谊会、广告业联合会等。广告社团自身的性质,决定了它具有广泛性、松散性、服务性、非营利性等特征。

近十几年来,随着国际广告事业的发展,地区性的国际广告组织和全球性国际广告组织层出不穷。此外,一些较为专业的团体,如广播业、电视业、报纸业等事业的广告协会、广告学会组织相继出现,其他与广告社团密切相关的如美术、摄影、装潢、电影、戏剧等艺术性团体也不断涌现。

(二)广告社团的分类及职能

1. 广告行业组织

我国的广告行业组织由两大部分组成:一是中国广告协会,一是中国对外经济贸易广告协会。我国最早的广告行业协会组织是

1927年由上海六家广告社成立的中华广告公会，1933年定名为上海市广告同业公会，新中国成立后更名为上海市广告商业同业公会。

1979年，随着改革开放政策的实施，我国广告业全面恢复和快速发展；1981年，中国对外经济贸易广告协会成立；1983年，中国广告协会成立，随后，全国相继成立了省、市、地、县等各级广告协会，各地区的媒介也先后成立了广告协会组织。

（1）中国广告协会。

中国广告协会创立于1983年12月27日，是我国最大的全国性广告行业组织，是经国家民政部登记注册的非营利性社团组织。会员为团体会员，由国内的广告经营单位联合组成。

中国广告协会的主要宗旨是："坚持四项基本原则，贯彻执行改革、开放的方针，代表和维护会员的正当权益，团结全国广告工作者，抓自律，促发展，为建设社会主义物质文明和精神文明服务。"它是联系政府、工商行政管理部门、广告经营单位和广告主的桥梁。其主要职能有：协助政府对广告行业的管理，执行行业自律，开展对外联络，协调会员间的工作，开展行业内的业务合作和技术交流，帮助会员公司提高业务水平和经营管理水平等。

（2）中国对外经济贸易广告协会。

中国对外经济贸易广告协会成立于1981年，2005年9月经民政部核批，更名为"中国商务广告协会"，具有法人资格。协会由全国对外经济贸易系统的专业广告公司和报刊、出版社等兼营广告的单位，以及对外经济贸易专业进出口总公司和工贸进出口公司的广告宣传部门联合组成。其基本职能是为中国出口商在国际市场的销售开展宣传活动，扩大出口，按照平等互利原则，积极发展与世界各国广告界与贸易界的友好合作关系，扩展我国对外贸易和经济技术交流，促进我国对外贸易的发展。

中国对外经济贸易广告协会坚持党的四项基本原则，贯彻国家改革与开放的方针，和全国广告业一道，共同发展社会主义广告事业，为繁荣商品经济、促进社会主义现代化建设而努力。

2. 国际广告组织

总的来说,国际广告组织的宗旨和任务是团结和联合从事广告、公共关系、促销促进、出版发行、广播和市场调研等有关人员,探讨各种广告思想和理论创建,增强广告界人士的个人技能,提高世界广告业水平,促进各国广告机构的相互合作,为整个传播界谋取福利。目前,与我国有关的国际广告团体主要有国际广告协会、亚洲广告联盟、世界广告行销公司等。

(1) 国际广告协会(International Advertising Association,简称IAA)。

国际广告协会创建于1938年,总部设在美国纽约,是目前最大和最有权威性的国际广告组织,它是一个包括广告公司、广告主和广告媒体三方面组织的非营利性组织,其会员遍布世界近80多个国家和地区。该协会每两年开一次世界广告会议,交流广告经验,探讨有关广告理论与实务方面的问题。

国际广告协会的宗旨是:联合有关人员探讨各种商品或劳务市场以及传播方式和构想,会员间交流构想、经验与消息,提高广告水平与实际经验,促进合作。

我国于1987年5月12日以"国际广告协会中国分会"的名义加入国际广告协会。该协会在组织机构设置上与一般民间协会相同,设理事会和协会主席,下设执行委员会和办事处,并在各大洲设区域会议或分会。

(2) 亚洲广告联盟(Asian Federation of Advertising Association,简称AFAA)。

亚洲广告联盟成立于1978年,是亚洲地区广告业的权威行业组织。会员一般以国家为单位,特殊情况以地区为单位,名为"亚广联(国家或地区名)国家(地区)委员会",即"亚广联国家分会"。

亚洲广告联盟的最高权力机构是亚广联国际委员会。国际委员会成员由国家委员会选出或指定的主席组成。亚广联每两年至少召开一次委员大会,其宗旨是加强亚洲地区广告行业之间的沟通联系，相互交流经验，促进亚洲地区各国广告业的健康发展。

我国于1987年6月15日在北京成立的亚广联中国国家委员会是亚广联唯一合法的中国代表，我国香港和台湾地区作为地区代表也参加该组织的活动。

(3) 世界广告行销公司（World Advertising Marketing Ltd.，简称WAM）。

世界广告行销公司由世界各地著名的广告公司组成，总部设在纽约，是一个颇具影响力的世界行业组织。其任务是帮助会员开拓国际市场，由业内著名广告公司定期培训会员，举办各种讲习班，定期向会员提供世界各地最新的广告表现及经济动向等。

第三节　广告代理制度

广告代理是随着广告事业的发展而出现的事物，是广告公司最主要的职能。所谓广告代理是指在广告活动中，广告客户委托广告公司代理实施广告宣传计划，广告媒体通过广告公司承揽广告业务的经营体制和运行机制，故又称为"广告代理制"。广告公司在广告客户之间起着桥梁和纽带的作用，客户代理和媒介代理构成了广告公司代理业务的主要范畴。总之，广告代理是广告业发展到一定阶段的产物，同时也是一个国家广告业走向成熟的标志。

一、广告代理制度的由来与发展

伴随着商品经济的发展需求和广告业自身发展的内在要求，广告代理制从最初的广告代理店演变为现代的能够为客户提供系统而全面的综合服务。国际上通行的广告代理制有两种模式：一是以美国为代表的西方模式，二是以日本为代表的东方模式。

美国广告代理制的诞生距今已有150多年，1729年"美国广告业之父"富兰克林创办《宾夕法尼亚日报》时，他既当出版商和编辑，又当广告经纪人和推销员，去推销自己的报纸版面，以单纯的贩卖版面来维持经营。由于广告的不足,给当时的新兴报业带来了很大的烦恼。1841年,美国人帕默在费城建立了第一家独立于媒体的广告代办处,专门为他所代理的各家报纸兜售广告版面,充当广告客户的代理人,并从中收取25%的佣金。这被视为美国和世界上最早的广告代理店,也是现代广告代理制的萌芽。

1865年,罗威尔在波士顿创办了更接近现代广告代理公司的媒介掮客公司。他与百家报纸签订了版面代理合同,再把版面分成小的单位零售给广告主,从中收取25%的佣金。1869年,罗威尔在《美国报纸导读》上公开刊登了美国和加拿大多家报纸的估计发行数量,并以此为据向广告代理商和广告客户提供各报的版面价格,为广告客户选择媒介提供了参考依据。罗威尔所从事的报纸版面买卖业务正式脱离了报纸的附庸地位,减轻了媒介经营的压力,这比早期的广告代理又进了一步,初步具备了真正意义上的广告代理性质。

1869年,艾尔在美国开设了艾尔父子广告公司,并将经营重点放在客户一端。他从客户的利益出发,代表客户与报社议价,帮助客户制订广告策略与计划,设计与撰写广告文案,选择与组合合适的广告媒介。同时,艾尔父子公司还率先实行"公开合同制",即广告代理店为广告客户和广告媒介提供服务,其代价是将真实的版面价格乘以一定的比率作为佣金,还进一步将广告代理佣金固定为15%。这一制度于1917年在美国得到正式确认,并成为沿用至今的国际惯例。鉴于此,广告历史学家赋予艾尔父子广告公司"现代广告公司先驱"的称号。

这一时期独立的、专业化的广告代理公司的出现及广告佣金制度的建立与确认,标志着现代意义上的广告代理制度的真正确立,并相继在广告业比较发达的日本、英国、法国等国家和地区普及,逐渐成为国际通行的广告经营机制。

日本在20世纪50年代开始学习欧美的广告代理制度。由于历史和文化的原因,日本并没有直接采用欧美的模式,而是根据自身的特点,采用一种媒介代理的模式。当时日本的广告业还不发达,广告公司还未发挥主导作用，更多的是依托媒介提供广告服务，而且日本的很多广告公司与媒体有较多的渊源。比如，日本电通最早脱胎于通讯社，以信息服务换取报纸的广告版面。因此大型的广告公司一般都与特定的媒体保持稳定而密切的合作关系，日本的广告业就在此基础上进一步强化媒介代理，将广告公司与媒介更加紧密地结合，为客户提供全面服务。这种媒介代理的模式符合日本的政治、经济、文化特色，由于依托媒介，广告公司可以受理某一行业的多个企业的广告业务，不同部门进行不同品牌的广告活动，极具兼容性，彼此之间不受行业竞争的制约。同时，日本的广告公司还通过专业化的服务，为日本企业创造了一批具有全球影响的世界级品牌。

我国的广告代理制是从 20 世纪 90 年代发展起来的，为了与国际惯例接轨，推进广告经营体制的改革，国家工商行政管理局于 1990 年在浙江温州市试行广告代理制，取得显著成果后，又于 1993 年起在全国部分大城市开展广告代理制，制定了《关于广告代理制试点工作的若干规定》，这是我国广告行业转换经营机制、提高广告整体水平的重大举措。1995 年 2 月，随着《广告法》的实施，广告代理制在全国强制推行，促使我国的广告业走上正规化轨道。随着市场经济的发展与完善，我国广告业不断发展壮大，广告代理制的推行条件也逐步完善，拥有光明的发展前景。

广告代理制的最大特点就是广告业内部合理分工，各司其职，共同发展。广告代理制的确立与实施，强调了广告公司在广告运作中的主导地位，使其能超越不同媒介的特点，向客户提供全面的优质服务。同时可以消除企业广告无整体计划、效益欠佳的种种弊端，帮助企业科学、合理地使用有限的广告费，创造最佳的广告效果。这也对广告公司的实力与水平提出了更高的要求，尤其是随着全球性的广告媒介和全球性的广告运作的发展，自 20 世纪 70 年代开始至 90 年代，西方许多大型广告公司相继实施了规模化经营的发展战略，走上了国际化发展的道路，不断增强自身的活力与实力。

进入 21 世纪，整合营销传播成为广告公司努力的方向，对广告公司的全面代理能力提出了更高的要求。广告代理公司要能够根据消费者的具体情况确立统一的传播目标，有效整合各种不同的传播媒介向消费者传达本质上一致的声音，为广告客户提供包括广告传播、公共关系、形象策划、包装与新媒介、直销等内容的综合性服务，为企业的整体市场营销战略提供全面的、专业化的服务。这与广告代理兴起之初简单的媒介代理已有了本质的不同，对当今的广告公司无疑是巨大的挑战。

二、广告代理制的基本内容

（一）广告代理制的基本功能及意义

随着社会的发展、广告业的繁荣、人们思想观念的更新，广告代理制逐渐为广告业、媒体以及广告主所接受和认同。一系列广告实践表明，广告代理制度以其自身的优越性对广告业的发展、广告市场的建立都产生了积极的促进作用。

1. 广告代理制对广告客户的功能

（1）代理客户策划广告。

代理广告客户策划广告是广告公司最本质的功能，具体包括为广告主进行相关商品的市场调查和研究分析工作，为企业发展制定市场目标和广告目标，拟定商品的广告宣传计划和进行媒体选择、公共关系宣传计划等。

（2）代理设计制作广告。

这是指在策划阶段确定了广告活动的整体策略后，广告公司将创造性构思策略转换成可推销的产品或服务，或可令消费者对广告客户及产品产生好感的文案及设计。广告公司要选择最有表现力、影响力和感染力的手法，以及客观地、真实地、具有美感和艺术性地表现广告创意的广告形式，这是广告产生良好效果的重要环节。

（3）代理发布广告。

广告公司在策划和制作广告作品之后，通过对广告媒介的合理选择和应用，把广告信息及时地、迅速地传递给目标受众。广告公司在发布广告时，要从广告主的利益出发，缜密选择能有效而经济地将广告信息带给最多目标消费者的媒体。因此，广告公司在履行有关广告发布的职能时，兼有技术上及分析上的功能。所谓技术上的功能，是指对广告作相当精确、合适的发布安排；所谓分析上的功能，则是指分析决定使用哪些媒介以及采用的原因。将广告信息最大限度地传达给目标受众，从而引起目标受众对广告的认可、接受，从而产生购买行为。

(4) 收集反馈信息，测定广告效果。

广告公司在代理广告主发布广告，完成广告活动之后，要对所发布的广告进行及时的市场调查和研究，对广告效果进行科学的测定和评估，并向广告客户反馈有关市场的销售效果信息和相关的变动信息等，以便据此为本次广告评估及以后的广告策略的修订和调整提供科学的依据。

(5) 咨询服务。

尽管客户最熟悉自己的产品，但广告公司应该从专业的角度出发，为广告主的产品计划、产品设计、市场定位、营销策略、广告活动和公关关系等方面提供全方位的综合信息和具有决定意义的市场咨询意见，从而实现广告主资源的合理流向与最佳搭配。

实行广告代理制对发布广告的企业有重大意义：一是有利于企业减少开支、精简机构及人员。若企业自行负责广告运作，则需要一个具有相当规模的广告部承担广告的设计、制作、媒介安排等，配备各种广告人才，负责市场调研、广告计划、美术设计、广告制作和发布等一系列工作。事实上，大多数企业没有组织一个相当规模的广告部的能力，即便配备齐全，也会给企业造成很大的负担。这是由于企业的广告业务有旺有淡，旺季人手不够，淡季人浮于事的情况时有发生。对于规模大、产品种类繁多的大型企业来说，各种产品广告要求不一，企业内广告运作的创造性、独立性较差，无法达到广告公司所提供的专业水平。

二是企业可借助广告公司的专业经验、技术，提高广告效果。专业广告公司不仅拥有雄厚的资本实力、多年积累的内容储备和创意生产能力，还有先进的技术和丰富的市场营销经验等。拥有这种丰富的经验对于广告活动的成功是十分重要的，这也是任何一家企业的广告部门所无法媲美的。

三是能客观、公正地认识和处理问题，避免主观随意性。广告公司独立于广告主、广告媒体之外，客观、公正、独立的立场及看法是广告公司所独有的优势。如此，能避免企业广告眼界不够开阔、带有较大局限性和主观随意性的弊端，并能从消费者或第三者角度考虑问题，不受企业内各种因素的影响和限制，发挥和提高广告活动的水平及效益。

2. 广告代理制对广告媒介的功能

（1）承揽广告业务。

通过广告公司为媒介承揽广告业务，将广告版面与广告时段卖出去，可以减少媒介单位的广告机构设置及人员配备，减少媒介单位的工作量，使其专注于提升优质内容的原创能力以及传播平台的构建能力，精心安排好广告版面和时段，提高发行量及视听率，从而获得广告主的青睐，吸引更多的广告业务。

（2）代理广告制作。

广告制作需要涉及多方面的技术、知识与技能，对器材的要求也很高。广告公司拥有充足的流动资金和雄厚的经济实力，聚集了大量高水平的广告专业人才，具有精良的广告制作设备和先进有效的内部管理机制。尤其是专项广告的专业公司，这类公司对某一市场有专门、深入的研究，所以在策划和设计某类商品广告时更有其技术专长，这样既可以满足广告客户的需求，又能减轻媒介的负担。

（3）代理媒介争取经济利益。

实行广告代理制后，媒介广告部门的主要任务是协助安排广告的具体发布，并根据本媒体的传播特点，对广告作品的终稿提出建议，进行广告排期。刊登广告的经济责任由代理的广告公司承担，媒介不用承担经济风险。

（4）适应新的广告管理体制。

我国自1995年开始推行的一系列广告管理制度，如广告代理制、广告预先审查制等,对于明确广告经营与发布,划清失实广告应承担的责任是十分有利的。在广告代理机制下,媒体只承担广告的发布及广告审查责任,广告产生的后果、责任由广告公司承担,减少了媒体运作的风险。目前,我国审查广告的法律依据,主要是以《中华人民共和国广告法》为核心的有关广告管理法规,审查的内容主要包括:广告主的主体资格是否合法;广告内容是否真实客观,是否会产生误解;广告内容和表现形式是否合法;查看有关广告证明等。

对媒体单位而言,广告代理制的意义主要体现在:一是可减少媒体的广告策划设计负担。在未实行广告代理制时,企业直接与媒介接洽,开展广告活动,媒体得负责广告调查、编制广告计划、组织广告实施、决定广告预算、制定广告创作策略、选择与组合广告媒体、广告效果测定等一系列广告运作环节,这无疑都加重了媒体组织的人力和物力负担。

二是减少信用风险。实施广告代理制后,媒介发布广告的经济责任以及广告刊播后产生的后果均由广告代理公司负责,减少了媒介所承担的风险。因此,媒体只需对广告公司进行慎重选择而不必对每个广告客户都进行信用调查。一般来说,负责任的广告代理公司违约的情况是很少见的。

三是可降低业务成本。实施广告代理制后,广告调查、广告策划、广告制作等工作从媒体组织中分离出去,由专业的广告代理公司完成,由此缩减了媒介单位的机构及人员的设置,减少了媒介单位的工作量。同时,通过广告公司为媒体承揽广告业务,广告媒体只需与选择的广告公司接洽而不用面对众多的广告客户,减轻了媒介的工作任务和工作成本,使媒体工作变得更有条理、更高效。

3. 广告代理制对广告公司的意义

(1) 确立广告公司的主体地位,促进广告事业的科学化、专业化和高效化。

广告代理制最大的特点就是使广告业内部合理分工,各司其职,共同发展。广告代理制强调了专业广告公司在广告经营活动中的主导地位，使其能够超越不同媒介的特点，为客户提供全面优质的服务。同时可以消除企业广告无整体计划、效益欠佳的种种弊端，帮助企业科学、合理地使用有限的广告费用，创造最佳的广告效果。

广告公司是广告业的主体，也代表着我国广告业的发展水平，广告代理制的实施确立了广告公司的主体地位，使其受到应有的重视和发展。实力雄厚的广告公司拥有各种高素质的广告人才和齐全的设备，可集中足够的人力、财力、物力对广告的理论、计划、设计、制作、发布、推广等进行探讨，有利于我国广告事业的科学化、专业化和高效化。

（2）有利于广告竞争。

实行广告代理制有利于打破广告公司独此一家、别无分店的垄断局面，促进各个广告公司之间的公平竞争。广告代理制的实施将主动权和选择权交还到广告主手中，允许其根据实际情况自由选择、随时更换广告公司，这对广告公司本身也是一种有效的鞭策和促进。它刺激广告公司不断更新观念，追求效益和质量，完善服务，按照市场需求和自身条件，决定自己的经营方向，扬长避短，发挥优势。

（二）广告代理制的方式

随着商品经济的发展与繁荣，生产规模日益扩大，商品交换日益频繁，市场活动日益复杂，消费者需求千变万化。广告代理业务范围不断增大，广告代理活动进一步细分化、多元化和专门化。总的来说，目前世界上广告代理公司分为以下两种。

1. 综合服务性广告代理公司

所谓综合服务性广告代理公司，是指为广告客户提供全方位的广告代理服务的广告公司。在业务内容上，能代理一切商品广告业务；从信息传播手段上看，能代理任何一类广告媒体的广告业务；从策划手段上看，其代理的业务不仅包括广告策划、创意、调查、设计、制作、媒体发布等广告相关业务，还涉及品牌塑造、促销活动策划与执行、公共关系建立、CIS策略等整合营销传播活动。因此，综合广告代理也叫"全面广告代理"。

这类广告公司一般规模比较大、部门齐全、人员分工明确，有先进、有效的内部管理机制、丰富的专业经验和雄厚的资金实力，能为广告客户提供优质的立体化服务。

2. 专项服务性广告代理公司

专项服务性广告代理公司是指为广告主提供广告活动中的某一项或某几项服务的广告公司。这类广告公司的广告经营范围较狭窄、服务项目较单一，一般不承担广告运作的整体策划和实施。但它能满足特定广告客户的某种需要，具有很强的专业优势，同时顺应了广告行业专业化分工的趋势，有利于广告业整体水平的提升。一般说来，专项服务性广告代理公司又分为以下四类。

(1) 专一商品的广告代理公司。

这类广告代理公司专门代理某种或某一类商品的广告，如家用电器、食品饮料、医疗卫生、日用百货以及各种服务等。由于这类广告公司对某一市场有专门、深入的了解，运作较为协调、灵活，所以策划和设计某类商品广告的能力常优于一般综合性的广告公司。

(2) 专一媒体的广告代理公司。

这类广告代理公司只负责某一特定媒介的广告代理活动，一般在新媒体成立之初就与其建立了良好的合作关系，享有一定的优惠，有些甚至通过独家代理的形式与媒体分担经营风险、共享利益收益。如专门代理报纸、杂志、电视、广播、POP广告、路牌、交通、电子显示等。

(3) 广告工程代理公司。

专门承接路牌广告、橱窗广告、霓虹灯广告等的广告代理公司。以技术性服务为主，如路牌、霓虹灯、喷绘等专营或兼营制作机构等都属于这一类。一般这类广告的制作都较为复杂，工程量较大，专业制作设备投资较多，操作技术要求较高。因此，即便是大型的综合性广告代理公司，也日益趋向于将此项业务委托给专业广告工程代理公司，以达到广告主的要求。

(4) 广告影片摄制代理公司。

这类公司主要专营电影、电视、录音、录像等视听广告的制作，属于广告下游公司，依附于广告主、广告公司和广告媒体等开展业务活动。

(三) 广告代理制的交易费用及方式

1. 代理佣金制

广告代理具有双重性质，一方面它全面代理广告客户的广告活动；另一方面它代理媒介的广告时间与空间的销售，为媒介承揽广告业务。在双重代理的过程中，广告公司的收入主要来自于出售媒介广告时间与空间获取的佣金。国际通用的广告代理佣金的比率为：大众传播媒介的佣金比率是广告刊播费的15％，户外媒介的佣金比率为16.7％。在我国广告代理业，承接国内广告业务的代理费为广告刊播费的10％，承办外商来华广告的代理费为广告刊播费的15％。

2. 协议佣金制

广告客户与广告公司协议确定一个低于15％的佣金比率，广告公司在获得媒介支付的15％的佣金之后，将超出协议的15％的部分退还给广告客户。

3. 实费制

以广告公司实际的成本支出和劳务支出计算其广告代理费，广告公司必须提供各项支出的凭证向广告客户报销，获取相应的劳务报酬。同时，广告公司在获得媒介支付的15％的佣金之后，须退还给广告客户超出其劳务费用的部分，但如果广告公司所获得媒介的佣金低于其劳务费，广告客户应为广告公司补齐缺少的部分。

4. 协定收费制

针对个体的个案，广告客户与广告公司在对广告代理成本进行预估的基础上，共同商定一个代理费用的总金额，广告客户一次性支付给广告公司。在此后的广告实施过程中，广告公司自负盈亏，广告客户不再向广告公司提供资金。

5. 效益分配制

广告公司从它所代理的广告的实际销售额中按一定的比例抽取相应的利润,也就是说,若广告促进了产品的销售则利润回报多,若广告不能促进销售则得不到利润回报。

(四)我国法律、法规对广告代理业务的相关规定

(1)代理广告业务系指广告代理人在被代理人的授权范围内,以被代理人的名义从事广告经营活动,且其经营活动的法律后果由被代理人承担。

(2)代理广告业务必须是经工商行政管理机关核准登记,在确定的经营范围中有代理广告业务项目的广告经营者。未经工商行政管理机关核准登记的广告经营者,或虽然是广告经营者,但广告经营范围中没有代理广告业务项目的,不能代理广告业务。

(3)广告媒介单位,即新闻单位经过工商行政管理机关核准登记,可以代理同类媒介的广告业务。一是广告媒介单位代理广告客户的广告业务时,只能代理与其相同的媒介发布广告;二是广告媒介单位只能代理与其相同的媒介单位承办广告业务。

(4)广告业务代理费必须严格遵守《广告管理条例施行细则》的规定,即代理国内广告业务的代理费为广告费的10%;代理外商来华广告业务,付给外商和国内代理者的代理费分别为广告费的15%。

(5)代理广告业务的代理人必须查验广告证明,审查广告内容。

(6)广告经营者代理广告业务,应当与被代理人签订书面合同,明确各方的责任。

三、广告代理的选择

选择广告代理公司是企业走向市场的关键的一步,成败与否,决定着企业的生存和发展。因此,企业广告部门的业务重点可放在综合考查广告公司的各项经营指标、选择合适的广告代理公司上。选择合适的广告代理公司,可参考以下要点。

（一）要对广告公司的基本情况有所了解

对于一个能履行广告代理基本职能的广告公司来说，应该具备以下基本条件：一是必须获得有关政府管理部门的认可，取得合法的代理资格，才能在规定的范围内从事相应的广告代理活动；二是拥有一批具有专业知识、经验、技术的高素质人才，具有精良的广告制作设备和先进有效的内部管理机制；三是拥有较大的规模实力，具备充足的流动资金和雄厚的经济实力；四是有较大的独立性，不受广告客户和广告媒体的控制，能够从专业的角度提出并坚持自己的主张。

（二）要看广告公司的经营信誉

如其成立时间的长短，公司规模的大小，能提供哪些服务项目，其专业所长是什么，该公司有无类似本企业要求的广告代理的经验等。比如客户记录显示，广告公司的很多客户与之保持了相当长的合作时间，则说明该公司是被客户所信赖的；反之，如果广告公司与广告客户之间的代理关系维持的时间较短，则说明该广告公司的经营信誉不高。

（三）要看广告公司的人员素质和配备情况

广告公司的人员素质对广告活动水平的高低有至关重要的作用，重要的业务部门，比如广告公司的策划部门、美术设计部门、客户业务部门等，必须要有较高素质的专业人才配备，且人员的流动性不能过高。

（四）要看广告公司的设备情况

着重考查广告公司设备的优良与否，广告制作水平的高低以及广告作品的质量如何等，以便对广告公司的业务素质进行评价，掌握该广告公司进行广告策划和广告创意的水平。

（五）要看广告公司的业务能力

对广告公司业务能力的考查主要看其有无调查研究的能力，广告策略的运用是否灵活有效，有无创见，拥有广告媒体的数量及与媒体的关系等。若广告公司在发行量大的报纸上争取不到版面，在电台、电视台争取不到黄金播出时段，广告效果势必会受到影响。

（六）要看广告公司的广告评估能力

在广告代理制的推行下，广告公司日益成为广告业中的主体，能否提供广告评估的有关数据，是衡量一家广告公司服务水平的标志之一，也是广告客户选择广告代理公司必须考虑的一个因素。比如考查广告公司的工作成果将通过何种方式得到评估和监控，该公司的工作费用的支出情况如何等。

（七）要看广告公司的客户情况

了解广告公司所代理的广告客户中有无与自己产品相同的广告客户，原则上，一家广告公司只能接受一个经营同一类产品的广告客户。另外，还要了解广告客户数量多少，客户数量的增减，保持情况如何等。

广告代理一旦选定，则需要密切配合其工作。大卫·奥格威在《一个广告人的自白》中谈到"怎样当一个好客户"的15条规则时，特别强调要选准广告公司，而一旦选定广告公司则应向广告公司彻底、全面地介绍你的情况，因为广告公司对你的企业和产品了解得越多，他们为你做的广告就可能越好。他还强调对选定的广告公司既要宽容，悉心照料，更要大胆地使用它为你创作广告；不要指手画脚地去干扰它，而是要坦诚相见，定出高标准、高效益，并随时调查你的产品销售情况，调查你的广告效果，从而使广告不断得到改进。只有双方充分、有效地合作，整个广告计划才能顺利实施。伴随着社会经济的发展需求和广告业自身发展的内在需求，广告代理制度逐渐被广告客户及广告媒介所认可。目前国际上大多数先进国家的实践经验表明，广告代理制既能为广告客户和广告媒体带来便利，又能提高广告的宣传效果，促进广告事业的科学化、专业化和高效化，使广告在社会的经济活动中真正发挥出巨大作用。

随着现代社会进入网络化时期，广告业的整个环境发生了日新月异的变化，广告代理制度也面临新的挑战。首先，利用网络媒体，广告主可以绕开广告代理公司，自行制作、发布网络广告，也不需要考虑广告公司的利益，这一点与广告代理制强调广告公司的中心地位和作用背道而驰；其次，随着互联网技术的快速发展，传统的广告佣金制也受到了巨大冲击。在网络平台上发布的广告,可以通过数字技术对广告的点击率、浏览量等进行统计和分析,广告效果可以被精确量化,因此,许多广告公司制定了通过广告效果收取广告费用的新举措,受到广告公司的青睐。

知识链接

一、参考阅读《麦迪逊大道——不可忽视的美国广告业和广告人》(〔美〕马丁·迈耶著,刘会梁译,海南出版社,1995年版)。

二、全球顶尖6大广告代理

1. 奥姆尼康(Omnicom)——全球规模最大的广告与传播集团
2. Interpublic——美国第二大广告与传播集团
3. WPP——英国最大的广告与传播集团
4. 阳狮集团——法国最大的广告与传播集团
5. 电通——日本最大的广告与传播集团
6. 哈瓦斯——法国第二大广告与传播集团

三、全球著名广告奖项一览

1. 戛纳广告大奖(Cannes Lions Advertising Campaign)

戛纳广告奖源于戛纳电影节。1954年,由电影广告媒体代理商发起组织了戛纳国际电影广告节,希望电影广告能同电影一样受到世人的认同和瞩目。此后,戛纳同威尼斯开始轮流举办此项大赛,1977年戛纳正式成为永久举办地。1992年组委会又增加报刊、招贴与平面的竞赛项目,这使得戛纳广告奖成为真正意义上的综合国际大奖。广告节于每年6月下旬举行,广告节期间各国广告代表来访,其他各界来宾亦云集于此。客户、制作公司、策略部门、创意团队在此开设一系列的交流会,研讨专业、商洽业务。2011年,戛纳国际广告节(Cannes Lions International Advertising Festival)在58岁生日时正式更名为戛纳国际创意节(Cannes Lions International Festival Of Creative),从"广告"(Advertising)到"创意"(Creative),这是一个延续了数十年的全球最高水平的广告节的自我颠覆，也是全球广告业发展转型的一个更为强烈的信号。

2. 伦敦国际广告奖（London International Awards）

伦敦国际广告奖于每年11月在英国伦敦开幕并颁奖。这项国际大奖赛，自1985年正式创立以来，每年有近百个国家和地区参加，近年来报名作品均在万件以上，所有的获奖者均得到一座铜像。铜像为一个展翅欲飞，企图自我飞跃的超现实主义的人类外形。1998年度中国内地作品首度闯入决赛。虽然颁奖安排在每年的11月，但所有参赛作品在6月即被要求送达组委会，再由组委会送往每一个评委手中独立评审。评委亦来自世界各地，具有不同的文化、不同的背景（包括创意大师、电影/电视导演、录音编导及制作专家等），但创意作为共同且唯一的评奖标准。

3. 金铅笔广告奖（The One Show）

金铅笔广告奖是由美国One Club于1975年创立和主办的广告大奖。广告奖的评委都是在国际享有盛誉的精英创意总监，他们组成的强大评审团阵容，决定了这个广告奖项在广告设计、文案等方面的权威地位，它赋予广告人非凡创意的最高荣誉。今天，获得金铅笔已经成为广告创意人员职业生涯的终极成就，甚至成为他们毕生的追求，而他们的作品更成为全世界灵感的源泉。

在金铅笔奖项设立前，广告奖项一般都把重点放在视觉与文案上，但主办方向广告界宣称，将把创意作为一个作品是否有机会赢取金铅笔的主要标准。这种新颖的主张使金铅笔迅速从纽约最佳广告奖一跃成为全美乃至全球最佳广告奖项。

随着金铅笔声誉日长，其涉及领域也日益扩大。1994年金铅笔创立了其教育部门并设立年度最佳学生作品展，体现了金铅笔着眼于未来的做法，也使金铅笔成为世界权威级广告大奖中唯一注重学院风格的奖项。也正是基于这种远见，各种网络互动类作品早在1996年就出现在金铅笔中，这些门类的作品迅速受到重视并成为独立的广告奖项。1998年，金铅笔互动奖被《广告时代》命名为历史最佳互动广告奖。

如今，金铅笔的奖项设置分为3个类别：The One Show（平面、电台和电视广告奖）、One Show Interactive（互动广告奖）及One Show Design（设计奖）。同时还设有One Show 短片奖、One Show RX 医疗广告奖、院校况赛等。

4. 克里奥广告奖（Clio Awards）

克里奥广告奖是全球广告业界最受推崇、最富盛誉的国际性广告大奖。克里奥广告奖于1959年在美国设立，旨在表彰广告业最富创意的精英，鼓舞和奖励现代文化中最为生动有趣、最富有影响力的艺术形式，是规模最大的国际性奖项之一，共有来自65个国家的近18 500份作品参赛。克里奥广告奖以拥有世界顶级评审组而著称，关注广告和设计领域尤其是电视、印刷、户外活动、广播、内容与联系方式、综合活动、创意媒体、因特网、设计及学生作品等方面的创意作品。除奖励创意作品外，克里奥还通过年会、节日、出版物、时事通讯以及在全球展示获奖作品等途径，为全球广告和设计界提供服务。令人瞩目的克里奥奖杯由奥斯卡奖和艾美奖奖杯的制作者芝加哥R. S. Owens 公司负责设计制作，分为金奖、银奖和铜奖。克里奥国际节每年5月在迈阿密南滩举行。

5. 莫比广告奖（The Mobius Awards）

莫比广告奖创建于1971年，是全球5项最重要的广告大奖之一，其总部设在美国芝加哥。莫比奖的参赛者来自世界各国，每一届都有几十个国家的数千件作品参加，其中既有全球知名的跨国广告公司，也有一些地区性小型广告代理商。每年10月1日，参赛作品汇集到芝加哥，12月中旬评选工作结束，次年2月举行全球瞩目的盛大颁奖仪式。随后，获奖作品在世界各地巡展，作为业界观摩共勉之用。第30届大赛有近40个国家的7 000余件作品参赛。并于2001年2月8日在芝加哥文化艺术中心举行了盛大的颁奖仪式，全球各大电视台转播了颁奖盛况。

6. 艾菲广告奖（Effie Awards）

创立于1968年，是纽约美国营销协会为表彰每年度投放广告达到目标，并获得优异成绩的广告主、广告公司所专门设置的特别广告奖项。它与戛纳奖、克里奥奖等国际奖项的区别在于，它更集中关注广告带来的实际效果。自33年前创立以来，艾菲奖已经在全世界15个国家广泛设立，成为目前世界上唯一的一项以广告效果为主要评审依据的权威广告奖项。因此，艾菲奖不仅是对广告效果的评估，而且还是对广告代理策划公司以及广告主广告策划实施能力水平的一次严格检验。赢得艾菲奖，就意味着赢得了市场挑战的成功。

（资料来源：百度百科）

思考题

1. 媒体组织为什么要设置广告部门？其主要职能有哪些？
2. 广告代理制的意义有哪些？
3. 作为广告主，在选择广告代理时应着重考查哪些指标？

第四章 广告的传播对象

广告的传播对象是指广告信息的接受者,又叫"广告的受众"、"广告诉求对象"或"广告公众",在商业广告中通称为目标消费者。对于广告活动来说,广告受众虽然处于客体地位,却起着主导作用。广告主以广告受众的需求喜好为转移,广告经营者的工作成效由广告受众来检验,广告管理者要竭诚为广告受众服务,保障广告受众的合法权益。离开了广告受众,就失去了"向谁说"这一接受者,广告过程就中断了,广告的作用就不复存在,广告客户的生机也就失去了。因此,分析和认识消费者也就成了广告学中的一个重要内容。

第一节 广告传播对象的简要分析

一、广告传播对象的构成

广告传播对象的分类由于划分的标准不同而各异,从横向划分有集团消费者、个体消费者,从纵向划分有潜在消费者、目标消费者等。

(一)集团消费者

集团消费者主要为两类:一是非营利性质的行政、事业单位消费,其消费多注重办公系统和服务设施;二是营利性工商企业消费,为了维护企业生产和经营的需要,其消费既要节约费用,又要获得合理的利润,有利于提高企业的生产和经营效能。

因此，集团消费的特点是购买数量大、购买集中、购买次数和需求稳定，受价格波动影响不大，但其购买行为受经济环境、经济前景和技术发展水平的影响较大，对商品的需求及使用具有专业化和标准化的特点。

（二）非集团消费者（个体消费者）

非集团消费者即为满足个人生活需要而购买商品的消费者，一般由个人和家庭组成，是广告活动的主要传播对象。其购买动机较为复杂，既有生理的需要和自身安全的需要，也有社交的需要、情感的需要。影响其购买行为的因素有经济因素、社会因素和心理因素等，因此非集团消费者的购买行为分散、零星、次数较多，对商品的需求及使用方式具有不规范和一物多用的生活化特点，尤其注重售后服务。

（三）潜在消费者

潜在消费者即那些将来可能购买或使用广告产品或接受其服务的消费对象。尽管潜在消费者在当下尚未产生购买行为，成为直接消费者，但是在特定条件的催化下，他们就会发生转化，通常最有效的广告形式是公共关系类广告。

潜在消费者能够为企业的发展提供强劲的后续力量，这在原市场已经相对稳定、饱和的情况下，对潜在消费者的争夺就成为有远见的广告主的战略性目标。

（四）目标消费者

目标消费者即那些可能成为或已经成为广告产品或服务的消费者的消费对象，也是广告活动争取的主要对象。对于那些可能成为消费对象的群体，企业要建立具有竞争优势的消费者数据库，掌握他们的经济状况、消费心理、消费行为等，对其进行聚类分析，并于适当时机将必要的信息传达给适当的消费者，尽力满足他们的需求，着力培养新的消费观念，促进他们的转化。对于那些已经成为企业产品或服务的消费者的消费对象，则应通过各种广告活动、公关活动加强消费者黏性，以形成稳定的用户队伍，追踪消费者的需求及欲望，与之形成高品质的互动关系，随时介绍自己的产品、新功能，提供新的服务项目，赢得新的效益，并从消费者的反馈中发现解决消费者问题的新方法与新服务，争取到回头客与长期用户。

（五）新闻媒介

对于广告主来说，新闻媒介具有双重作用：一是作为广告传播媒介，二是作为沟通信息的渠道。作为广告传播媒介，就需要企业充分了解和掌握各类媒介的特点及其传播情况、受众情况，为企业的媒介选择及组合提供决策依据；作为沟通信息的渠道，就需要企业尊重媒介，与媒介组织真诚合作，力求以最小的成本达到最大范围的传播，让营销支出更有效益。

古语说：一言可以兴邦，一言也可以丧邦。新闻媒介的正向报道会给企业带来积极的效果，而新闻媒介的批评甚至是揭露性报道，会给企业带来无法弥补的消极后果。因此，广告主应该充分认识到新闻媒介的巨大能量，提升自己的媒介素养，充分利用新闻媒介来传播于己有利的信息，扩大企业的知名度及美誉度，从而塑造良好的企业形象。

二、广告传播对象的特点

广告的传播对象除具有作为信息受众的一般特征外，还具有其自身的特殊属性。

（一）广告传播对象是有一定范围的

每一个企业，每一个组织，它所面对的消费者都是有限的，它的产品、提供的服务只能满足部分人的需要，即目标消费者的需求，他们仅仅占社会公众的一小部分。另外，随着数据库营销的兴起及信息传播技术的飞速发展，传统的"点对面"式的"大众化"传播方式的盲目性凸显，造成广告成本的大量浪费，于是精准广告以及精准营销应运而生。

作为广告人必须清楚地认识到这一点，应从广告的传播对象入手，根据人口统计及消费者共同的心理特点，对其进行聚类分析，将消费市场区分成一个个更小的消费群。根据广告目标的要求，来确定某项广告活动特定的诉求对象，可使企业将精力集中于特定范围的消费者，进行更有针对性的广告活动策划，使得营销支出更有效益。

（二）广告传播对象的构成是复杂的

广告传播对象的复杂性主要体现在以下两个方面：首先，广告传播对象本身具有多种差别，如种族的、民族的、文化的、性别的、经济能力的、消费习惯的等。而且，随着我国社会进步带来的社会分层和信息传播技术的飞速发展，特别是互联网技术的逐步普及，传统媒体的受众被不断分化，受众群体也更加细化。消费者在内容偏好、消费习惯等方面的个性化越来越强，由此，就越来越难以凭借简单的年龄、学历等指标对受众进行聚类分析，这都增加了广告工作的复杂性，即一则广告可能适合这些人而不适合那些人。由此，广告人必须以广告传播对象为切入点，对其进行聚类分析，从而把握消费者的共同兴趣、喜好及需求，并以此作为广告的诉求点，将其变得清晰、明确、集中、强烈、鲜明，产生事半功倍的传播效果。

其次，广告的传播对象是社会成员，他们作为社会生活中的人而存在，处于一个复杂的社会环境当中，扮演多种社会角色，并产生相应的心理、需求及行为。尤其是在数字化、信息化的传播环境下，一个人随时随地都可能成为各种广告的诉求对象，受到多个广告的冲击。这种冲击既有同类产品或服务的广告信息，也有来自不同类产品或服务的广告信息，人们的注意力被极度分散，如何吸引受众的注意力，满足受众的需求，培育受众的忠诚度等，就成为广告人需要切实关注的课题。

（三）广告传播对象可以趋向集合

通常情况下，广告传播对象接触广告信息，往往是以个体、家庭的形式出现，处于分散状态。但由于受到社会、经济和文化等多种因素，以及广告传播对象的个性特征的影响和制约，又会形成基于共同喜好、观念及行为之上的群体，这些群体具有相近或相同的关注点及消费特征。另外，当广告传播对象的共同利益受到损害时，他们会形成群体指向广告客户，维护自身的合法权益。

广告传播对象的这一特征要求广告人从群体的概念出发,来研究和把握广告受众,为进行正确的广告定位、制定相应的广告策略提供决策依据。

(四)广告传播对象是多变的

广告传播对象的多变性主要体现在以下三个方面:一是目标消费者有了新的需求从而转向新的商品或服务;二是在市场竞争中,企业为谋求发展、获得竞争优势不断推出新的产品或服务,其针对的目标消费者也会发生相应的变化;三是企业产品又有了新用途,或者又推出了新的服务项目,对新的消费者需求的适应使其广告传播对象又增加了新的内容。

(五)广告传播对象具有互动性

在传统的广告传播活动中,广告传播对象是受作用的一方,被动地接受广告信息。但随着新技术的不断发展,特别是网络技术的日新月异,新的传播媒体不断涌现,其所具有的互动性使得传者和受众之间的界限已经模糊。

在数字化、信息化的传播环境下,消费者正由被动的信息接收者转变为主动参与的信息制造者和发布者,他们选择媒体、选择信息的自主性、主动性进一步增强,对信息质量、传播方式的个性化需求进一步提升。他们往往能够根据自己的需求,直接付费给消费媒体,以获取需要的信息,这都对广告活动提出了严峻的挑战。鉴于此,广告人需充分认识广告受众的主动性,加强对消费者信息的深度挖掘,利用新媒体平台与消费者形成长期的、优质的互动关系,为消费者提供量身定做的广告信息服务,并从消费者的反馈中发现新的市场机会,争取更多的用户群,赢得新的效益。

第二节 广告传播对象的心理特征

美国广告界泰斗奥格威说过:"在广告活动中,消费者是我们的上帝,而消费者的心理则是上帝中的上帝。"广告活动中的受众并不是广告主或广告人任意操纵和影响的对象，受众接受广告影响的心理过程有其内在的规律，广告人认识并遵循这些规律对广告策划是十分有用的，否则，只能事与愿违。

一、广告传播对象的个性心理特征

消费者在购买活动中所产生的感觉、知觉、记忆、思维、情感和意志等心理过程，体现了人类心理活动的一般规律。但人们的实际购买行为又是千差万别的，这主要取决于消费者的个性心理特征。广告受众的个性心理特征是指表现在消费者个体身上不同于他人的最稳定、最根本的心理特点，通常是指兴趣、能力、气质和性格等个性特征上的差异。个性特征具有整体性、稳定性、可塑性和独特性，代表着一个人的精神面貌和心理特点。

（一）消费者的兴趣

兴趣是一个人积极探究某种事物的认知和态度倾向。当一个人对某种事物产生兴趣时，便会将注意力集中在该事物上，对该事物感知敏锐、记忆牢固、思维活跃、想象丰富、情绪高涨。兴趣可以使人产生愉悦或紧张的心理状态和深入研究的愿望，这对人的认知和活动会产生积极的影响。与此同时，兴趣具有社会制约性，不同的人因历史条件、社会环境的不同，其兴趣也存在个体差异，主要表现在以下三点。

1. 兴趣的倾向性差异

消费者的兴趣所指向的对象是各不相同的，这直接影响到消费者对信息的选择，凡是符合消费者兴趣的信息，往往很容易引起他们的注意；而不符合消费者兴趣的信息，他们很可能视而不见，听而不闻。比如有的消费者喜欢追求时髦，喜欢富有时代感的东西；有的消费者喜欢实用，讲求商品的内在品质等；有的消费者喜欢求廉，商品的价目表最能引起他们的注意。抓住消费者的兴趣差异作为广告产品的诉求重点，往往会达到事半功倍的效果。

2. 兴趣的广泛性差异

有的消费者兴趣广泛，对各种新产品、新事物兴致勃勃，乐于探索、试用或使用；有的消费者兴趣则较为单一，只对自己关心的东西感兴趣，只选择符合自己兴趣的广告信息。

3. 兴趣的稳定性差异

有的消费者兴趣稳定，乐于长久使用某一固定品牌的商品，此类消费者易于形成某种固定的生活和消费习惯，品牌忠诚度高；有的消费者兴趣多变，不限于固定品牌的使用，此类消费者一般好奇心比较重，乐于接受新事物，他们往往是新产品的追随者、尝试者以及推广者，并能逐渐感染到更多的人。

4. 兴趣的效能性差异

有些人的兴趣呈现出一种积极的追求状态，为了追求兴趣的满足，会想方设法，主动地达到目的。有的人却是一种消极、被动的追求，随大流而动；有条件则满足之，无条件则等待之；有的甚至只是一种向往，不产生实际效果。

（二）消费者的能力

能力是指人们成功地完成某项活动，并直接影响活动效率的个性心理特征。能力体现在问题解决的过程中，并以效果加以检验。能力有不同的分类和表现，由于人的素质、社会实践、文化教育和主观努力等不尽相同，人与人之间的能力差异不仅表现在质量和数量上，而且在发展水平上也是不等的，具体表现在以下三类。

1. 一般能力和特殊能力

一般能力主要指观察、记忆、想象、思维和注意等，特殊能力主要指视听、运算、鉴别、组织、检验等，两种能力彼此联系，相互促进，共同发挥作用。有的人能力一般，大众化；有的人能力超群，尤其是在某一方面有特长，一般是前者多于后者。因此，在制作广告时，应该以大众化为主，尤其是大众生活常用品的广告要适应大众的理解能力。

2. 认识能力、实践能力和交往能力

有的人认识能力强，有较好的观察力、理解力、记忆力和想象力，对广告的理解和认知能力较好，如考虑到消费者思维能力的差异，诉求女性广告需要形象思维强一些，因为女性消费者的形象思维较男性消费者强；有的人动手能力强，在工作能力、劳动能力、生活能力和运动能力方面表现突出，他们往往更重视广告商品能给人带来的直接好处和实惠、实用价值；有的人善交际，比较注重广告商品中的信息传输和蕴含的信息要素，如认名牌、认流行物、认时髦品、认附加价值等。

3. 模仿能力、迁移能力和创造能力

模仿能力强的人，能很快学会广告中教给的产品使用方法。这是很多国家和地区的广告人都比较重视的一种做法，如新品上市时，就可以运用电视广告，展示商品或服务被消费的情景，刺激人们模仿，从而产生消费行为；迁移能力强的人，能够将新信息与既有知识、经验进行有效整合，他们往往重视既有的购买经历及消费体验；创造能力强的人往往追求个性、时尚及新颖，自我意识强烈、创意独特的广告能有效吸引此类人的关注。

消费者的能力差异对消费者行为的影响主要体现在以下两个方面：

一是对广告及商品的理解上，包括对广告及商品的分析和判断。例如利用广告宣传高科技产品，能力的差异自然会影响消费者对广告信息的理解以及消费行为；有的广告含有虚假成分，能力的不同直接影响到消费者对广告信息的甄别及选择。二是在购买行为的实施效果上，有的消费者挑选商品的能力超群，他们能够买到价格相对不高，但极具观赏性和实用性的商品，此外，对于一些需要较大数额金钱的大宗商品来说，消费者的经济能力对其购买行为的实施具有决定性的影响。

（三）消费者的气质

气质是消费者个体心理活动的动力特征，它是指消费者心理过程的速度、强度、稳定性和内外倾向性等心理特点的总和。个体间的气质差异使不同的个体在各种活动中的心理活动呈现出不同的动力型，形成各自独特的行为色彩。气质主要由消费者个体的心理特点决定，具有较为明显的稳定性和持久性。

公元前5世纪希腊医生希波克拉底认为人体内有四种体液：血

液、黏液、黄胆汁和黑胆汁。这四种体液在人体内的不同比例就形成了人的不同气质,即多血质、黏液质、胆汁质和抑郁质四种类型,表现出不同的心理特点,但这种分类不是很科学。现代学术界比较认同的是巴普洛夫的高级神经活动类型说。巴普洛夫在研究高等动物的条件反射时,发现高级神经活动具有兴奋和抑制两个基本过程,并根据高级神经活动的特点确定了四种神经活动类型,并由此表现为四种典型的气质:兴奋特强、抑制弱(胆汁质),兴奋强、转换快、反应快(多血质),兴奋较强、反应不灵活(黏液质)和兴奋弱、抑制强(抑郁质)。

这四种不同的气质本身无优劣之分,但深刻影响消费者的消费心理及消费行为。例如同样是审美,胆汁质的人和多血质的人对美的事物充满热情,且具有不断进取的特点,而黏液质和抑郁质的人则注重仔细分析美的内涵,具有分析能力超群的特点;在购买商品的速度上,胆汁质的人和多血质的人购买行为发生的速度快,而黏液质和抑郁质的人购买行为发生的速度相对较慢。

在理论上我们将人的气质分为四种类型,但在实际生活中,气质不是以单纯的形式出现的,各种气质类型在消费过程中交叉出现,并非泾渭分明。因此,应全面了解人的气质,发现和识别消费者气质方面的特点,针对不同气质的消费者制作不同的广告,促使消费者实施消费行为。

(四)消费者的性格

性格是消费者个体在反映客观事物时所表现出来的稳定的心理态度和与之相适应的习惯化的行为方式,是人的个性中最重要、最显著的心理特征。在消费活动中,个体的性格对其购买行为方式起着决定性的作用,如有的消费者比较外露,有的则比较内向;有的消费者比较理智,有的则比较情绪化等。

性格与气质相互渗透、相互作用,气质影响性格的形成及发展,性格促成气质的变型等。性格与气质的区别在于:一方面气质是高级神经活动类型在行为、活动中的直接表现,性格则是在高级神经活动类型的基础上形成的联系系统;另一方面,气质主要由生理特点决定，而性格主要是在社会实践中形成。

性格的类型，一般有以下四种：

（1）按照心理机能的优势来划分，性格大致有理智型、情感型和意志型三种；

（2）按照心理活动的倾向性来划分，性格可分为内向型和外向型两种；

（3）按照个体独立性的程度来划分，性格大致有独立型、顺从型和反抗型三种；

（4）按照个体对社会的适应性来划分，性格大致有摩擦型、平常型、平稳型、领导型、逃避型五种。这种分类法在国际上较为通用，依序称为 A 型、B 型、C 型、D 型和 E 型。其中摩擦型和逃避型的社会适应性最差，前者表现为性格外露，人际关系紧张，容易造成摩擦；后者表现为性格内倾，不善交际，与世无争，对广告的接受力最弱、最挑剔。平常型指态度、意志、情感、理智等性格特征均表现一般，属于中间型性格，对广告的接受力也一般。平稳型和领导型的社会适应性较好，两者的区别在于平稳型较多表现为被动适应，领导型较多表现为自主能动；平稳型善结人缘，领导型在于影响公众，这两类对广告的接受力较好。

鉴于此，广告传播者有必要通过观察、交谈或调查分析等，掌握消费者的性格类型，分析消费者的性格特征，从而了解不同个体的性格对购买态度、购买情绪、购买决策和购买行为等的影响，有针对性地制定广告策略，进行广告创意，撰写广告文案等，确保广告活动的成功。

综上所述，消费者的兴趣、能力、气质以及性格等个性心理特征始终贯穿于消费者心理活动的全过程，是消费者购买行为得以产生的心理基础。因此，系统地分析和掌握广告受众的个性心理特征，对于提高广告策划的质量、广告创作的水平及增强广告传播的效果具有重要的作用。

二、广告传播对象的社会心理特征

广告传播对象是生活在社会、组织和群体之中的,其所具有的心理状态和心理现象不可能是孤立的、个体性的,而必然是社会性的。这种社会性的消费心理,以及在此基础上发展起来的消费观念及消费行为,对广告信息的传播效果有着根本性的影响。因此,作为广告人,不仅要了解广告受众的个性心理特征,更要把握其社会心理特征。一般来说,广告受众在群体情景下接受广告信息时具有特殊的规律,主要有相互模仿、相互感染、社会性遵从及角色扮演。

(一) 模仿

模仿是社会心理学的一个重要方面,具有普遍性,许多社会行为都是模仿性的。国外有句格言"模仿是最真挚的奉承形式",即反映了这种现象。从个人发展角度看,儿童在幼小时就具备很强的模仿能力,尤其是对其崇拜的英雄,对一些流行的动画片中的英雄人物模仿较多,青少年则喜欢模仿他们所能接触到的其他人,尤其是他们所崇拜的明星,因此,在针对青少年的广告中会邀请大量体育明星、电影明星、歌星等来做广告,这就有可能在青少年中形成流行与时尚,获得成功。

市场的商品销售、广告的传播等都属于群体行为,群体行为得以产生往往依赖于参与者的相互模仿。广告传播者要充分利用模仿的社会心理特征开展广告活动,如新品上市,就可以运用电视广告,展示商品或劳务被消费的情景,刺激人们模仿,从而产生消费行为,加入消费者、使用者的行列。

(二) 感染

感染是一种群体性的模仿,即使感情或者行为从人群中的一个参加者蔓延到另一个参加者,它是群体行为赖以存在、发展的另一种刺激。感染有两种:

1. 情绪感染

情绪感染指把一群人的情感统一起来,使个人放弃平时抑制其行为的社会准则。如果所有参与者的态度、信念和价值观都基本一致，情绪感染便容易发生，从而会促进个体之间的模仿过程。基于情绪感染的社会心理特征之上的广告多采用情感诉求的方式，强调以动人的情感诱发人们的购买欲。如果所有参与者的注意力都集中在一个特定的事物上，或者他们共同的关注点被广告触动时，情绪感染的效果就会加剧。

2. 行为感染

行为感染是指行为方式从一个人向另一个人乃至许多人的传播。应用在广告传播过程中，就是不要使广告信息仅仅停留在劝服阶段，而要让广告信息动起来，进行整合营销传播，即在广告传播的同时辅之以多元化的营销方式，增加广告信息的落点，随时随地地对受众进行广告诉求，感染目标消费者，赋予目标消费者美好的体验，激发其想要将这种体验传播出去的欲望，取得好的传播效果。

（三）遵从

人们生活在社会、群体中，有关客观世界的许多信息，甚至包括我们自身的信息，也都来自别人，因此，无论是否有个人主见且该主见是否有一定程度的正确性，个人在受到信息方面的压力和规范方面的压力时，终究要服从群体，以寻求个人与他人或群体意见、观念和态度之间的一致性，这就是遵从。遵从是影响人们的更为深刻的社会心理现象。

现代广告不仅具有政治、经济等功能，同时也具有社会、文化等方面的功能，能够传播知识。广告受众收看、收听广告，其目的之一就是想要学习、获取有关的消费知识，由此就形成了广告受众在商品知识缺乏的情况下对广告信息的遵从。因此，广告信息必须以事实为依据，通过实物、画面、实证、证据和论证，实事求是地传达信息，做到科学、准确、具体和有价值。另外，人们总有一种遵从规范、同化于群体的内在倾向，这就是规范压力。广告传播者应该充分利用遵从的社会心理，使广告受众对广告传播的信息产生遵从行为，促成消费行为的产生。

(四) 角色

角色是人们期待某一特定社会位置上的个人所具有的一种行为模式。人在社会或群体中,最终都要固定或相对稳定地处于一个角色上。广告受众也是社会成员,是作为社会群体中的人而存在的,在特定的社会环境中生活,有其自身的社会角色,并由此产生相应的心理及行为。

在广告传播中,角色是系统而稳定地影响广告传播效果的一个重要因素,运用角色以及角色理论也是常见的一种策略。如启用某一领域的权威人士来为该领域的商品及服务代言,将产品与角色联系起来,并以其专业性、权威性来带动商品的消费。

除此之外,对广告受众进行角色划分,有助于广告传播者对广告受众进行深入分析,掌握其角色特征及接触广告的行为规律,这样,广告就可以主动地、有目标地针对不同的角色,制定相应的广告策略,获得理想的传播效果。

三、广告传播对象的性别心理特征

人类在长期的发展中,对男女两性在社会分工上的不同,致使男女两性在消费心理上也存在差异,这种差异会影响消费理念与消费行为,比如斯塔奇(Starch)调查了美国一份刊物上广告的读者阅读情况,结果显示,男性阅读汽车广告的数量比阅读妇女服装广告高出4倍,大约是阅读化妆品广告、保险广告、建筑材料广告的2倍;而对于女性来说,阅读最多的是电影和女服,比阅读旅游广告和男性服装广告多出1倍,比阅读蒸馏酒广告、机械广告多3倍。由此可见,针对男性市场和女性市场所实施的广告战略必须是不同的。

(一) 女性的消费心理特征

1. 爱听

女性擅长倾听,由于大多数女性都是家务的主要操持者,因此,各类话题尤其是涉及子女、家庭、服装、饰品等话题,对女性具有极强的吸引力;涉及此类用品、题材的广告,也容易引起女性的关注。对于是否应该添置新的用品，女性往往能够更为及时地发觉，从而主动地产生购买行为。在购买过程中，注重商品的利益及实用价值，具有可见、可感的具体利益的商品往往对女性具有强大的吸引力。

2. 温柔

温柔似乎成了女性应该具备的天性，无论何种女性在生活上都不喜欢"女强人"之类的称呼。女性偏向因具有母爱和慈善，厌恶暴力和流血得到所有人的赞美。

3. 心细

女性比较心细，善于观察，联想丰富，形象思维较强，办事细致。同时由于她们的细心，对广告的观察、理解和直觉往往比男性更为深刻和准确。因此，女性在选购商品时更易受到购物环境的影响，包括商店环境、营业员的服务质量以及其他消费者的口碑等。

4. 善记

女性的记忆力一般比较强，特别是在机械记忆和短时记忆方面更强。这有利于广告传播者利用广告促进记忆、对比，从而促使其购买行为的发生。

5. 感情丰富

女性的心理比较敏感、细腻，偏重于感性且易受感染，不仅故事中的情节会激起她们强烈的爱憎，而且自然界的风花雪月也往往能令她们动容。因此，那些表现爱、温馨浪漫、美丽动人等的广告内容易被女性接受，其消费行为通常具有较强的感情色彩。所以女性商品的广告较多地着力在情感、爱心等方面的诉求上。

6. 主意变化快

女性的主意多变，往往朝令夕改，缺乏决断。通常情况下，女性的购买目标一般比较模糊，在逛街之前不一定有什么具体的购买计划，即使是事先决定要购买的商品，一到现场又后悔了。另外，女性在逛街的过程中，会顺便购买一些目前未必需要但正在打折的商品，极少空手而归。因此，要加强广告的感染力，以坚定女性的购买欲望，同时，可以加强售点广告的宣传，造成一种情景力量，激发其购买欲,促使其购买行为的产生。

7. 爱美

俗话说"爱美之心,人皆有之",而女性尤甚。当今服装、化妆品、减肥产品等市场十分活跃,其背后强劲的市场推动力就是女性的爱美之心。以选择服装为例,女性对服装的样式与色彩特别重视,要求新颖独特,追求视觉效果。不过对现代女性来说,她们追求的不仅是视觉效果上的美,更是自身的气质及整体魅力的提升。因此,针对女性的广告不仅要突出造型、色彩,更要强调对女性的认可及赞赏。日本学者川胜久在其《广告心理学》一书中说过:"根据心理学的研究,适当遮蔽身体的要求,是由保护身体的动机产生的。希望穿美丽的衣服,是性的魅力与显示冲动交织的结果。一般女性穿着最新流行的时髦时装,就会感觉满意而洋洋得意。……倘若没有人欣赏自己的衣服,穿新衣服的喜悦定会大为降低。因此,新衣服的广告应该强调赞赏。"

(二)男性的消费心理特征

男性的消费心理特征往往与女性的消费心理特征存在互补性,主要表现在以下几个方面。

1. 刚强

男性的刚强是男性美的象征,所以他们希望商品能够显示出其男子汉的阳刚之气,比如"万宝路"香烟广告形象就是针对男性这一心理特点而制作的,它以充满阳刚之气的美国西部牛仔为宣传形象,竭力渲染万宝路香烟是男子汉的象征。"吉列"剃须刀和"芝宝"打火机的代言人在平面广告中有棱有角,给人刚毅、沉稳的感觉。另外,男性的自制能力超过女性,他们在购买活动中心境变化比较小,其购买行为更具理性与目的性,有明确的购买目标,在购买过程中缺乏耐心,较少"货比三家"。

2. 好表现

男性比女性更喜欢出风头,自信心及自尊心较强,愿意扮演保护者的角色,最怕丢面子,他们希望通过自己努力得来的成果被他人或社会所承认、赞许,对身份感的追求十分强烈。因此,有一定经济实力的男性热衷名牌，经常会做出一些炫耀性的消费，对能够代表一定身份、地位的商品兴趣极大。因此，针对男性的广告宣传可突出产品的名贵特质与身份感，彰显男性事业的成功与个人魅力。

3. 务实

男性比较务实，考虑问题比较实际，因此，男性对商品的内在品质更为重视。以选择服装为例，男性偏重服装品牌，看重面料质地，重视实用，对款式、色彩等的需求相对较少，尤其是在购买一些高档或大宗商品时，他们更注重商品的品质、质量以及维修等。

4. 独立

男性的独立性大于女性，喜欢独立思考，自信心强，不喜欢被人指派。在家庭日常用品的购买上多由女性做主，而大件商品的消费则往往由男性决定。男性的个性一般更为果断，他们一旦认识到某种需要，就能迅速、主动地将这种需要转化为购买行为，对他们熟悉的或是已经决定要买的商品，男性消费者则会表现得非常自信，外界因素很难对他们的购买决定产生影响。

5. 善于推理

男性的形象思维不如女性，但在逻辑推理上占有优势，并且能在各方面发挥这种优势。男性偏重于推理的特性使其在商品的选择上更青睐现代化、高科技、实用的产品，他们能很快对其产生购买动机甚至实施购买行为。在广告信息的接受上，很多广告存在的缺陷、不足，甚至是虚假成分，很容易被男性觉察。

6. 随便

男性比女性随便，对生活小节、个人卫生等往往不够关注，对服饰、仪表不如女性讲究。男性往往是因为感觉到缺乏某种物品才会产生购买动机，在购买过程中缺乏耐性，他们较少仔细挑选商品，通常是买完就走，但花钱较女性大方。

四、消费者的年龄心理特征

在生命历程中，每一个人的心理都在不断变化和发展着，这种变化和发展有连续性,也有阶段性。连续性即后一阶段在前一阶段的基础上发生发展;阶段性是指处于不同年龄段的消费者各自具有不同的、典型的、独具特色的心理特点,由此形成不同的消费需求及消费行为。比如中青年比例较大的国家和地区购买力旺盛,易形成蓬勃发展的市场;相反,老年人比例较大的国家和地区,市场需求会发生变化,总体购买力会下降。广告传播者需掌握消费者生理、心理上的差异,针对其心理特征制作广告,这对广告传播来说是大有益处的。

(一) 儿童的消费心理特征

儿童的心理发育尚不成熟,与消费有关的心理特征有以下几个方面。

1. 形象思维好

在儿童时期,理性思维还没有发展成熟,形象思维是其主要的思维方式。另外,儿童的语言知识少,对广告中的文字语言无法完全感知,更别说准确理解其含义,因此,针对儿童做广告,应该诉诸形象而非诉诸文字,形象化应该成为儿童广告的主流。

2. 无意注意是儿童期注意的主要表现形式,有意注意很少发生

儿童很少能够有目标地将注意力集中在某一对象上,他们的注意往往没有任何准备及预订目标,也无需做任何努力。通常只对自己感兴趣的事物集中注意力,但是这种注意很容易被其他强烈的刺激所转移。另外,新奇、运动、变化的事物往往容易引起儿童的注意,静止、枯燥、单调的事物往往无法引起儿童的注意。因此,针对儿童的广告应具备丰富的视觉刺激元素,其活动性、对比性、强度等都应超过针对成人的广告。

3. 好奇心特别重

儿童有强烈的探求未知世界的倾向,对新奇的事物充满兴趣,这也成为他们产生购买欲望及行为的内在动力。比如当他们看到一种新式玩具或食品时,由于好奇心的驱使,他们会要求家长给他们买。因此,针对儿童的广告若带有某种神秘的色彩,激发其好奇

心，往往能收到意想不到的传播效果。

4. 模仿能力强

儿童的模仿能力主要体现在对广告语的模仿、复述，对其崇拜的英雄偶像及一些流行动画片、童话片中的英雄人物的模仿。所以在针对儿童做广告时，广告语必须简洁、生动、富有节奏感。采用儿童喜欢的偶像人物、卡通人物作为广告形象往往更易被儿童所接受。

（二）青少年的消费心理特征

青少年市场在整个消费市场中占据着越来越重要的位置，一方面是因为青少年对整个家庭的购买行为有着重要影响；另一方面是因为青少年自身的购买需求以及购买能力都在极速增长，而且在青少年时期形成的品牌忠诚可能影响其一生的消费习惯，这是企业消费市场的蓄水池。青少年时期的消费心理特征主要体现在以下几点。

1. 自我意识觉醒，情绪、情感的两极性明显

青少年心理方面的最大特色表现在情绪、情感上，具体表现为充满热情、富有朝气，情绪、情感的两极性明显，即特别容易受到感染并且力度很强。特别是随着青少年自理能力的增强，在集体学习和集体生活中通过与他人经常性的接触交流，他们的群体归属需求已逐渐在他们的行为中表现出来，其消费观念和消费行为开始更多地受到社会群体的影响。

鉴于此，针对青少年的广告应在情绪感染上下工夫，只要广告能够激起青少年的情绪、情感，就一定能唤起他们的购买欲望。如果该产品的价格又在其能承受的范围内，就一定能激发其实施购买行为。另外，针对青少年中盛行的"追星族"现象，假若用青少年所崇拜的明星做广告，就会在青少年中形成流行与时尚，使青少年之间相互刺激、相互模仿，从而取得好的传播效果。国外广告客户很早就意识到了这一点，纷纷邀请大量的体育明星、电影明星、歌星等来做广告，例如美国球星迈克尔·乔丹一身都是广告产品，其以名人效应为广告客户带来了滚滚财源。

2. 冲动性强，冒险心理及好胜心理显著

青少年冲动性较强，无牵无挂，精力充沛，什么东西都想试一下。青年人的冒险心理具体表现为敢于接受新思想、新事物、新观念，他们容易成为新产品的尝试者、追随者以及推广者。因此，在企业推出新产品时，青年人所具有的冒险心理往往使其成为商家打开市场的突破口。另外，青年人还具有较强的好胜心理，争强斗胜，他们都企图表现出不亚于别人，甚至强于别人的状态，在消费方面也是，这也容易出现好虚荣、好攀比的不良心态，比如社会上许多青年人的高消费甚至是奢侈消费大都与其好胜心理有关。

3. 性意识觉醒，渴望博得异性的好感

随着生理发育的逐渐成熟，青少年的性意识开始觉醒并逐渐增强，他们对"美"有强烈的追求倾向，如通过自己的外表装饰表现自己的美丽、潇洒以及不俗的气质，由此博得异性的好感。鉴于此，广告的诉求重点可以放在产品色彩、式样的新颖美观等方面。同时，可适当增加异性形象或异性欣赏的情节，利用性诉求增强广告的感染力，刺激青少年产生购买动机，但须注意性诉求手法的运用不能低俗。

(三) 中年人的消费心理特征

1. 心理完全成熟，侧重说理

一般而言，人到中年，生活经验丰富，老练而持重，已进入心理完全成熟期，能以理性的眼光审视一切，能更好地控制情绪，较少感情用事，这是中年期人群的一大心理特征。这种特征在购买行为中表现为深思熟虑，很少出现类似青少年那样的冲动性购买行为。因此，针对中年期人群的广告，应侧重于说理，要向他们提供足够的论据和具有逻辑力量的论证过程。

2. 对身份感的追求强烈

中年时期一般是人的事业的黄金时期，中年人在事业上逐渐步入巅峰阶段，虽然他们在商品的选择上和接受广告影响方面是以理性为主，但对身份感的追求却十分强烈。因而，能够代表一定身份、地位的商品，极易使中年人产生购买行为。比如"555"香烟、金利来饰品就很能得到中年人的青睐。

（四）老年人的消费心理特征

1. 守旧心理

人到老年一般都已形成某种固定的生活和消费习惯，他们愿意接受他们曾经信任、喜爱的物品，对新牌子、新产品往往持怀疑态度。也就是说，他们在品牌的选择上偏好于一些历史悠久的老牌产品，表现出强烈的品牌忠诚感，要说服他们接受一种新的品牌相当困难。一项研究发现，"抑制"新产品或对新产品反映"迟钝"者一般都是老年消费者。一项对新产品反应的调查研究表明，有19%的人一般拒用新产品。在这19%的人中，58%的人年龄在50或50岁以上。而在那些不拒用新产品的81%的人中，年龄在50或50岁以上者仅占20%。因此，那些老牌产品以及百年老店的广告宣传应该突出其悠久的历史，如此能更容易引起老年人的注意。

2. 倚重既有经验

老年人一般人生阅历广，生活经验丰富，这使得他们偏好按自己的经验办事，外界因素很难对他们产生影响。对既有经验的倚重使得老年人往往对广告所传达的信息持怀疑态度，不愿轻易尝试，消费心理以及消费行为保守，这使得广告宣传的影响力大打折扣。

3. 健康需要

随着身体机能的衰退，老年人逐渐意识到健康的重要性。由于物质生活条件已稳定或完善，健康、保健及长寿的需要就成为他们实施消费行为的最强有力的原动力，因此，老年人绝大部分的支出都用于食品、医疗以及保健用品上，并且对商品的需求比较特殊。比如老年人在购买食品时，讲求易消化、营养价值高；在购买服装时，讲求舒适、保暖、方便。鉴于此，在针对老年人的广告宣传中，要突出产品的养生、保健作用，这样更容易引起老年消费者的兴趣。

（五）家庭"年龄"的消费心理特征

家庭的"年龄"是一个特殊的年龄。一个家庭在建立、发展到最后解体的过程中，婚姻状况、家庭成员的年龄、家庭规模以及家庭成员的工作状况等都会对家庭"年龄"产生影响。对家庭"年龄"各阶段的划分中，目前较为流行的是分五个阶段，即单身期、新婚期、满巢期、空巢期和解体期。在不同的阶段有不同的消费理念，由此表现出的消费行为也不尽相同。

1. 单身期

单身期主要是指年轻的单身者，他们没有家庭负担，闲暇时间较多，社会交往活动频繁。因此，这一群体崇尚娱乐及休闲，消费理念前卫，追求时尚和新颖，同时看重交际，消费内容有明显的娱乐倾向。

2. 新婚期

这个时期主要指组建家庭到孩子出生之间的一段时间，在这段时期内，家庭的消费心理与消费行为主要以家庭的规划及发展为核心，具体包括购房买车、购买家庭保险、进行家庭储蓄，以及休闲、度假等。处于这一时期的人群是高档服装、日用家居、餐馆饮食以及休闲度假等商品及服务的重要市场。

3. 满巢期

这主要指从第一个孩子出生到最小的孩子长大成人这段时间，这是一个比较长的阶段。孩子出生后，家庭便步入一个新的时期，孩子的相关消费成为家庭支出的核心，比如婴儿时期主要是购买玩具、食品、衣服等；学龄期主要是支出各种学习和教育费用等。而且随着时间的推移，赡养长辈的费用也开始增多。因此，在这个阶段，家庭负担的逐渐加重使得家庭消费开始趋向务实。讲求实用、精打细算、量入为出成为该阶段家庭消费的一大特征。

4. 空巢期

空巢期始于子女有足够的独立生活能力之后，不再依赖父母，也不与父母同住，与满巢期一样，这一阶段持续的时间也比较长。对于那些经济条件较好的家庭，许多父母会产生一种"补偿消费"心理，他们往往会选择做一些年轻时由于忙家庭、事业而无法去做的事情。另外，由于年纪的增长，健康、保健类消费逐渐占据主导性地位，家庭支出多集中于各种保健用品、健身器材以及医疗服务上。

5. 解体期

到家庭的"晚年",当夫妻双方一方过世或者生活能力急剧下降时,就进入了家庭年龄的最后一个阶段:解体期,即不得不转向依靠子女的时期。这是因为这一时期的老年人自身活动能力的减弱及消费需求的特殊性,其消费能力急剧下降,并且基本以饮食、医疗和保健为主。

第三节 广告策划对消费心理的应用

广告的作用与广告受众的心理活动息息相关,广告受众并不是广告主或广告人任意操纵和影响的对象,其接受广告的心理过程有内在的规律。广告人只有认识并遵循这些规律,才能达到事半功倍的效果。

一般来说,广告受众的心理活动过程可分为认识活动过程与意向活动过程。感觉、知觉、记忆、思维等属于认识活动过程;兴趣、需要、动机、注意、情绪、意志等属于意向活动过程。心理是大脑活动的产物,心理现象的产生依靠大脑的活动和外界客观事物的刺激,从而产生认识、情感和意志,产生个性心理特征。又由于人的需要、动机、兴趣信念和世界观的制约,产生人的个性倾向。各种心理活动在每个人身上的表现又各不相同,从而形成不同的兴趣、爱好、气质、能力和性格,这就是个性心理特征。

广告心理的基本任务受制于广告信息对消费者行为的作用:一是通过广告信息的刺激,唤起消费者潜在的需要,诱发其购买欲望,进而激发起购买动机;二是提供有关商品、服务和其他广告主愿意提供的广告信息;三是确认广告产品的商标和品牌。由此,广告心理的基本任务为,广告如何有效地影响消费者的观念和行为,广告如何让消费者快速准确地接受和记住特定的商品、服务信息和其他信息。要完成这一任务,要提高广告效果,就要使广告的视听符合广告受众的心理活动过程规律与个性心理特征规律。一般来说，广告活动中常用的心理学原理有：刺激需求、吸引注意、增进联想、增强记忆、明确诉求、促成行动等。

一、刺激消费者的需求，激发其购买欲

(一) 需求及需求的种类

需要是个体生理和社会的要求在人脑中的反映，是人们进行实践活动的原动力。人们之所以购买这种商品而不购买别的商品，正是因为这种商品能满足他们的需要。可以说，需要是推动消费者实施各种购买行为的最根本的内在原因。

需要根据起源可分为自然性需要和社会性需要。自然性需要是指个体为维持生存和繁衍后代而产生的需要，它是人类最原始、最基本的需要，也是人和动物所共有的，如人类对食物、水、睡眠、运动、新陈代谢等的需要；社会性需要是指在人类社会生活中逐渐形成的，为维护社会的存在和正常运转所产生的需要，是后天习得的，也是人类所特有的，如学习、劳动、审美等方面的需要。

需要根据对象可分为物质需要和精神需要。物质需要是指个体生存和发展所必需的物质，如对衣、食、住、行等有关物品的需要，既包括自然性需要的内容，也包括社会性需要的内容；精神需要是指个体生存和发展所必需的精神生活，这类需要主要是由心理上的匮乏而非生理上的匮乏所引起的。

在研究消费需求方面，有以下几种著名的理论。

1. 马歇尔的经济理论

这种理论认为消费者在评估、购买商品时比较理性化，着重考虑商品的实用性及功能性，力求以最低成本获得最高效用。因此，广告在对消费者进行诉求时应突出商品的卓越功能及优良品质，并对此进行有力的承诺。

2. 弗洛伊德的心理理论

弗洛伊德的心理理论认为，人们的行为得以实施的真正心理因素大多是无意识的，也不可预知。同时，人类有很多潜在欲望，一般情况下受到抑制，很多需求与生俱来，人们天生就具备采取各种行动满足自身需求的本领。因此，广告的任务是要激发、加强消费者的欲望及需求。

3. 帕罗维安的学习反应理论

该理论认为消费者的购买行为是具有自发性和例行性的，消费者会按照过去的习惯进行消费。因此，广告信息中应含有提示性信息，给予消费者刺激、提示和教育，这比理性或感性诉求更重要。

4. 维布兰的社会理论

该理论认为消费者喜欢模仿，消费者所处的社会角色和地位等对其消费心理及购买行为影响颇大。也就是说，消费者的购买行为多属于一种从众行为，多与社会群体保持一致。因此，广告采用感性诉求的方式和诸多流行元素，对这类消费者更为有效。

5. 马斯洛的需求层次理论

美国人本主义心理学家马斯洛认为，人的需要是一个多层次的组织系统，由低到高分为五个等级，即生理的需要、安全的需要、社会的需要、交往尊重的需要和自我实现的需要，这些需要构成了人类需要的阶梯。马斯洛认为只有在低层次需要获得满足之后，较高层次的需要才会出现并希望得到满足。对于不同层次的需求，广告可采取不同的诉求方式，激发消费者的欲望，产生购买行为。

（二）广告对消费者需求的激发策略

随着现代社会商品竞争的加剧，各国厂商愈来愈认识到只有洞悉消费者的需要，并千方百计予以满足，广告才能生效，企业才有可能在竞争中取胜。也就是说，广告不仅要告知人们关于商品的知识，而且要说明这种商品正是符合他们需要的。当人们真正认识到这种商品正是他们需要的，他们才会对广告产生兴趣，才会关注广告，进而产生购买行为。因此，广告要想获得成功，无论是广告主还是广告制作者，在策划、制作一系列广告或某一则广告时，必须首先弄清楚该产品的目标消费者的需求情况，制定有针对性的广告策略、广告方案，按其所需，投其所好。

1. 精确的广告定位

定位是市场学的一个概念，20世纪50年代出现，70年代以后才受到广告界的重视。广告大师奥格威认为，广告的成功，最重要的不在于怎样企划，而在于先确定其广告商品的位置。里斯和特劳特认为，定位就是要把商品标定在准客户大脑之中，以单纯的讯息在准客户的脑海里塑造一个位置，这一位置不仅要表明该企业本身的优点和缺点，而且要表明与别家竞争企业的区别。那么，所谓定位，就是给产品在市场上确定一个位置，使之与其他产品区别开来。定位不是去创作某种新奇或与众不同的事项，而是去操作已经存在于心中的东西，去重新结合已存在的联结关系。

需要是广告诉求定位的主要依据，同是一种商品，它有许多属性，要先将商品与其他竞争商品加以衡量和比较，然后找出该商品最能满足消费者需要并导致其购买行为的属性，这种属性可以是产品的客观属性，也可以是产品的心理属性。广告的诉求定位对了，广告就成功；定位错了，广告就失败。比如李奥·贝纳的"绿巨人"广告就是成功定位的范例，长久以来，罐头食品的典型特点是保存期长，人们对食品的需求是兼具新鲜可口和保存期长两种特点。消费者通常认为罐装食品不太新鲜，鉴于此，李奥·贝纳在为明尼苏达流域罐头公司的罐装豌豆制作广告时，将广告标题设计为"月光下的收成"，广告文案设计为：无论日间或夜晚，"绿巨人"豌豆都在瞬间被选妥，风味绝佳……从产地至装罐不超过3小时。这则广告既带给消费者美的享受，又满足了消费者对新鲜可口的罐装食品的需求，大获成功。

2. 增加产品所未具有的附加价值

随着社会的进步和产业技能的革新，商品在质量上趋向一致，价格差别也不大，要想在激烈的竞争中获胜，不能仅仅依靠商品提供给消费者的实用价值，还要增加商品的社会意义、心理意义等附加价值。从这个意义上讲，产品的实用价值是基础，附加价值是超值。因此，赋予商品独特的个性，使其从同类商品中脱颖而出，不断满足消费者更高层次的心理需求，会使商品对消费者产生更大的吸引力。

比如普通的裤子与阿玛尼的裤子蔽体的实用功能相同，但普通的裤子不存在诱惑性，阿玛尼的裤子却对消费者具有极大的诱惑力，原因就在于阿玛尼的裤子能够彰显消费者的身份、品位及生活方式，能够给消费者带来心理享受和精神满足。再如绿箭口香糖在进行广告宣传时，不仅仅是突出商品的实用功能，更是象征一种好心情，赋予商品浓厚的心理附加值，深得受众的喜爱，在众多口香糖中独树一帜。

3. 深入挖掘消费者的潜在需求

实际上，消费者有许多自身都未意识到的潜在需求，这些需求中存在巨大的市场，比如在现实的购买行为中，许多消费者并没有事先制定明确的购买目标，却将商品买下了。因此，广告人要善于观察和创造，不仅要满足消费者的现实需求，还要激发或唤醒消费者的潜在需求，并对准消费者的潜在需求进行广告设计和策划，这有利于扩大广告效力及商品销售。比如"七喜"饮料问世时，百事可乐和可口可乐饮料已充斥美国市场，针对这一局面，"七喜"在广告中将自身定位为非可乐型饮料，强调"七喜"是有别于百事可乐及可口可乐的新型饮料，将二者从类型上予以区分，将美国人潜在的喜欢新奇、追求个性的心理需求调动起来，从而为"七喜"打开了销路。

（三）激发消费者需求的注意事项

1. 消费者的需求是有层次的

人类的本性决定了其在某一需求得到满足后，新的更高层次的需求又会出现，绵延不绝。美国人本主义心理学家马斯洛在20世纪40年代提出了一种需要理论，该理论把人的需要看作是一个多层次的组织系统，由低级向高级逐渐形成和实现，具体说来有以下五个等级的需要。

（1）生理需要。

生理需要是人最基本，也是最低级的需要，但也是最有力量的需要，如人对食物、空气、水、睡眠和性的需要。如果这些需要得不到满足,其他更高层次的需求就不复存在,因此,生理需要应当是最先被满足的需要。

(2) 安全需要。

安全需要是指个体要求一个安全、有序的环境,避免在生理及心理方面受到伤害。如需求稳定的工作、有生活的保障、免除恐惧和焦虑等。

(3) 归属与爱的需要。

归属与爱的需要是指个体希望与他人建立情感联系,给予或接受他人的爱,得到他人的承认、接受及重视。如结交朋友、追求爱情、融入集体等,都是归属与爱的需求的具体表现。

(4) 尊重的需要。

尊重的需要包括自尊和受到别人的尊重。自尊是相信自己的能力及智慧;受到别人的尊重与个体的价值实现有关,表现为个体希望自己的能力和成就得到他人或社会的承认或赞许。

(5) 自我实现的需要。

自我实现的需要指个人希望充分发挥自己的智能,实现理想和抱负,使自己越来越成为自己所期望的人。这种自我实现是人类最高层次的需要。如作家、音乐家对文艺作品创作的痴迷。

从马斯洛的"需求层次理论"可以看出,人的需求是呈金字塔状的,只有当较低层次的需求得到满足之后,较高层次的需求才会出现并起主导作用。另外,人的生存需要、安全需要是社会最基本的需要,所占的比例最大,对人的行为的推动力量也最大。在实际的消费行为中,消费者购买某种商品可能是为了同时满足几个方面的需求,也可能是在满足不同层次需要的同时,以一种需要为主导。

2. 消费者的需求是有时代性的

消费者的需求是具有时间特征的,在不同的时间、地点条件下,在人们处于不同的年龄、社会地位、经济状况中,消费者的需求是大不相同的。以服装为例,20 世纪 90 年代以前,受收入制约,人们挑选服装强调结实、耐用、物美价廉;90 年代以后,人们的生活水平显著提高，人们挑选服装强调新颖、多功能、使用方便等；发展到现代，人们的个性需求及审美意识增强，价格因素对消费者的影响越来越小，人们在挑选服装时青睐名牌，尽管售价高昂，但由于名牌是质量的保证，同时又是身份及地位的象征，至少表明消费者有某种消费能力，因而更多地选择名牌产品。

3. 消费者的需求具有隐蔽性

消费者的需求具有隐蔽性，在某些情况下，尽管商品的质量、性能都能满足消费者的需求，但如果与消费者的自我形象不一致，甚至消费者觉得有损自我形象时，他也不会购买该商品。

比如，速溶咖啡问世时，它比新鲜咖啡省时、方便、价格低，厂商把诉求定位在廉价和方便上，结果却不受消费者欢迎。经调查分析后得知，在当时的社会背景之下，购买速溶咖啡被人看作是懒汉，是一个生活无计划的拖沓的人，谁也不愿为求方便与价廉而被认为是这种人。因此，速溶咖啡广告的定位没有与消费者需求切合，所以失败了。针对这种情况，广告传播者改变了策略，着力宣传速溶咖啡也具有新鲜咖啡的美味、芳香和质地醇厚的特点，并在广告中着力强调这是"100%的真正咖啡"。这一全新定位打动了消费者而获得巨大成功，速溶咖啡成了西方咖啡中最受欢迎的饮品。

二、吸引消费者的注意，关注视听广告

（一）注意及注意的分类

注意是心理学的一个重要概念，是人的一种心理状态。所谓注意，是人的心理活动对一定事物的指向和集中。比如司机在驾驶时，将全部精力放在方向盘的操纵上；学生在听课时，将思维集中在老师的授课上。人在清醒时，每一瞬间总是注意着某种事物，但人在同一时间内不能感知周围的一切对象，只能感知其中的少数。当某一信息被注意的同时，也是众多信息被淘汰的时刻。由此，注意有两个基本的特征：指向性和集中性。注意的指向性即在某一瞬间人的心理活动有选择地指向某一特定事物上，同时离开其他事物，注意的指向性是以注意的选择性为前提的；注意的集中性是指

个体将全部注意力集中在特定事物上,对心理活动进行调节和监督,并对外部干扰进行抑制,以保证注意对象的清晰、鲜明。

根据注意的目的性和意志努力程度的不同,可将注意分为两种不同的形式,即有意注意和无意注意。掌握注意的种类及特点,有助于广告人员理解广告受众如何注意、怎样做才能引起广告受众的注意。

1. 有意注意

有意注意是指事先有准备的、有预定目标的,需要一定意志努力的注意,是注意发展的一种高级形式。有意注意是人根据自己的需要与兴趣,将精力集中在某一对象之上,是由人的主观因素引起的,因此,有意注意是一种积极、主动的注意形式,受人的主观意识的支配与调节,服从于人的活动目的。比如一个人要买一台冰箱,他就会自觉地注意电视、电台、报刊上的各种冰箱广告,进行分析对比,作出选择。

2. 无意注意

无意注意是指事先没有任何准备,没有预定目标,也无需作任何意志努力的注意。引发无意注意的关键不在于个人的意志努力,而是取决于刺激物本身的性质,比如刺激物的新奇性、刺激物的强度等。因此,无意注意中人的积极性水平是很低的。一曲美妙的音乐、一个可爱的形象,或者一种新型的光感,都会使人脑产生一个兴奋中心,顿时把注意力集中到这个刺激物上来。

从广告与消费者的关系来看,在大多数情况下,消费者对广告的注意处于无意注意的状态,但是,如果消费者对广告一直处于无意注意的状态,广告的效果势必会大打折扣。因此,成功的广告就要使人们在无意中留下对广告的印象,在某种刺激下,引起他们的注意,从而加深对广告的印象。比如人们在日常生活中可能接触到很多商品广告,当人们需要某种商品或者受到外界某种刺激时,他就会想起这种商品的广告。

(二)吸引消费者注意的策略

21世纪的标志之一就是信息爆炸,相对于海量的信息,受众的注意力成为稀缺资源。整合营销之父唐·E. 舒尔茨认为,在信息爆炸的时代,大众对信息的接受模式是:遗忘和过滤99%,只能记住1%。在投放到市场的海量广告作品中,只有少量广告能引起受众的注意,但是,只有被注意到的广告才能被受众理解和认可,注意是广告信息得以加工的前提,能促进受众对广告信息的记忆,强化广告的说服效果。日本广告学者川胜久说过:"广告首先要抓住观众的眼睛与耳朵,这是第一步。"著名广告人威廉·伯恩巴克也曾说过:"你没有吸引力使人来看你的这页广告,因此不管你在广告中说了些什么,你都是在浪费金钱。"因此,在广告设计中,要千方百计引导人们的心理活动集中到广告上来,一般常用的方法有以下几种。

1. 扩大广告的空间

大小不同的对象给受众的刺激感觉是不一样的,这是感觉的特征之一。空间大小是大多数视觉媒体广告的基本特征,报纸广告、杂志广告、路牌广告、灯箱广告、霓虹灯广告灯都具有空间大小这一特征。大小不同的广告会使消费者产生不同的感觉,进而影响到广告的传播效果。

就报纸广告来说,日本学者川胜久在《广告心理学》一书中对不同广告版面的大小所引起的不同注意率作了统计(见表4—1)。

表4—1 不同广告版面的大小引起的注意率

版面大小(cm)	大小比率	注意率
19.25	1	9.7%
38.50	2	16.5%
57.75	3	23.2%
77.00	4	30.0%
96.22	5	36.7%
115.50	6	43.4%
134.75	7	50.2%
154.00	8	56.9%
192.50	9	70.4%

从这一分析可以看出，随着广告面积的增减，广告的注意率也存在相应的增减趋势，这种关系并非呈正比例关系。但是不可否认的是，大的广告要比小的广告更能引起受众的注意。因此，想要第一时间引起受众的注意及好奇心，采用大面积的广告，如大型的媒体广告、大版面广告等都是一种有效的手段。

2. 延长广告的时间

延长广告的时间包括广告时间的绝对延长和相对延长。绝对延长广告时间是指广告播放时间的长短，一般来说，时间长的广告比时间短的广告更能展示丰富的内容，有更多吸引消费者的时间；相对延长广告时间是指广告播放频率的提高，在单位时间内广告的播放次数增多。在我国，将同一广告在媒体上不断重复播出，以引起消费者的注意或增强其记忆，是商品广告最常见的做法。如电视、广播广告多次播放，招贴广告多次张贴，报刊广告多次出现等，均能增加广告引人注目的时间。但要注意过度的重复不仅会增加广告费用，而且会引起消费者的反感情绪，因此，要注意重复的适当次数以及重复的方式、方法等。

3. 突出广告色彩

视觉神经对颜色有感觉，并且能根据各种不同波长的光波刺激产生不同的色觉，颜色可引起大脑的兴奋，这是视觉神经的特点。在日常生活中，颜色分为广义和狭义两种：广义的颜色包括彩色，如红、橙、黄、绿、青、蓝、紫；非彩色，如白、黑和各种不同程度的灰色。狭义的颜色仅仅指彩色。

在电子技术和印刷技术如此发达的今天，色彩在广告中的运用越来越常见，彩色广告既能让人产生视觉刺激，有欣赏的快感，而且能反映商品的真面目，有诱惑力，容易满足人们的选择要求。比如食品广告，色彩鲜艳且富质感，极易诱人购买。美国广告学家T. B. 斯坦利曾经归纳认为彩色在广告中具有如下作用：吸引人们对广告的注意力，完全真实地反映人、物和景，强调产品和宣传内容的特定部位，表明销售魅力中的抽象质量；使广告在第一眼就给人良好的印象，为产品、劳务和广告主本身树立威信，在人们的记忆里留下更深刻的印象。国外有人测验，同样的商品广告，黑白片的注目率是46%，而彩色片的注目率是84.1%。

因此，要想成功吸引消费者的"注意"，达到好的传播效果，广告设计者要选用、搭配色彩，增强对消费者的视觉刺激。

4. 增强广告的艺术美

若广告创意表现新颖，技巧精湛，巧妙运用色彩、线条、光线、声音等广告美的创造元素，使广告具有美学内涵，成为艺术佳作，对消费者会更具吸引力。如多芬一直以普通人为广告主角，后转变广告策略，将英国95岁老太太的肖像在美国纽约时代广场展示，恰到好处的光线以及油画般的画面，让消费者感觉是在欣赏一幅画而不是在看广告，进而感知到多芬朴素、自然的美。另外，具有故事情节以及浓郁人情味等的广告，能激发消费者强烈的情绪体验，或紧张、不安，或轻松、幽默，如此，广告就更易引起消费者的注意及共鸣，从而增强传播效果。

5. 动态比静态更引人注目

一般来说，运动着的物体比静止的物体更容易引起人们的注意。在电视、电影等影视广告中，主要是通过物体方向和位置的变化、运动的速度、物体的大小变化等来表现商品的形态和特性，捕捉观众的注意力；在报纸、杂志等平面广告中，主要是通过展示物体运动的轨迹、暗示方向的线索以及物体的不稳定状态等来吸引消费者的关注。

6. 利用社会热点

在信息爆炸的时代，人们的注意力成为稀缺资源，谁能在最大程度上抓住受众的注意力，谁就可以在商业上取得成功。热点事件紧扣时代、社会发展的潮流，在一段时期往往会受到媒体的竞相报道和公众的广泛关注，其自身就包含大量的"注意力"，是富集"眼球"效应的传播资源，天然地具有聚媒效应。因此，借力当前社会上的热点事件，如公益活动、节日庆典等宣传企业自身产品信息、企业理念及品牌价值等，是一种吸引消费者注意的有效方式。不仅可以使广告主能在短时间内以较低的成本聚集大量的受众，还可以借此提升企业品牌的知名度及美誉度。

如 2008 年伊始，中国遭遇了一场罕见的冰冻雨雪天气，15 个省市、数千万同胞受灾，抗击雪灾也成为一种公益行为，"中国郎酒"紧紧抓住这一契机，在 2008 年 2 月 2 日在 CCTV—1 上午特别节目《迎战暴风雪》后段，发布了第一个关于支持抗雪救灾内容的电视广告——"雪灾无情、人有情、同心同德、中国郎！"此举使得人们在关注雪灾的同时也知晓了"中国郎酒"，使企业知名度不断上升。

（三）吸引消费者注意时需谨慎

1. 刺激强度不要超过广告受众的感觉阈限

感觉阈限是指能引起感觉的持续一段时间的刺激量，感觉阈限包括绝对感觉阈限和相对感觉阈限。虽然可以采取增强广告刺激强度的手法来吸引受众的注意力，但必须注意的是，广告的强度与受众的注意力不是按几何级数递增的，广告强度必须适合受众的适应水平，即广告刺激的强度应局限在受众感觉阈限的范围内。比如广播广告，若不顾消费者的感觉阈限将音量无限放大，消费者不能忍受便会采取躲避广告的方法，这样反而适得其反。同样，若广告色彩过于明艳或者杂乱，常会刺激得消费者眼球发痛，消费者可能会采取回避的态度拒绝接受广告信息。

2. 准确、适度运用广告内容的新奇与动态

俗话说，"好奇之心、人皆有之"，新奇的事物往往能够引起人的好奇心，对新奇的事物产生探索的冲动则是人类的天性。因此，在广告传播及营销活动中，利用独特的构图、新鲜的语言、新颖的画面等，都能产生独特的效果，成为吸引消费者注意力的一种重要手段。但在运用新奇的刺激的手法时，必须要注意与产品的特征联系起来，不要超过目标受众的理解能力，也就是说，不要让目标受众感到费解。

另外，在使用广告活动策划时，要注意刺激的强度不要破坏消费者的平衡感觉，比如，广告画面的变化、旋转不能过于剧烈，不然会使平衡度差的消费者产生眩晕、恶心等不良的感觉，从而回避广告。

三、增进联想,加深广告刺激的深度

(一)联想及联想的分类

联想,简单地说,就是"触景生情",由当前事物想起与过去或未来有关的另一事物,或由一种事物的经验想起另一事物的经验的心理过程。在广告设计中,运用各种手段激发有益的联想,能加深广告刺激的深度和广度,因为联想能使人们扩大和加强对事物的认识,引起人们对事物的情绪和兴趣,这对消费者形成购买动机、产生购买行为有重要的影响。

广告中运用联想的原理主要有接近律、对比律、相似律和因果律等。

1. 接近联想

接近联想是指人们对在时间上、空间上接近的事物形成的联想,由一事物想到其他事物,比如出现学校,就联想到读书、教育,这是空间接近律;临近中秋,要买月饼,围绕过节为主题的广告明显增多等,这是时间接近律。利用接近联想做广告,很容易让人印象深刻。

2. 连续联想

客观事物有连续性,人们根据过去的经验,想到一就会想到二。比如看到天气预报,温度上升就会想到要减衣服,温度下降就会想到要添衣物,这就是连续联想。

3. 对比联想

是指当人们看到某一事物时,立即联想到与它具有相反特征的事物,比如白天与黑夜的联想,夏天与冬天的联想等。为了能够充分说明商品给人们带来的效用与好处,商品广告常使用对比的手法。"黑人"牙膏的取名以及把黑人口中洁白的牙齿作为该广告的亮点,让消费者进行黑与白的对比,突出"黑人"牙膏的特性,给消费者留下深刻印象。

4. 相似联想

是指人们在感知到一件事物时,立即把形似、义近的事物加以

类比以形成联想。因此，相似联想也可称为"类比联想"。例如李斯特的《匈牙利狂想曲》的第一号序曲，让人将大提琴的沉重旋律与胃部沉重、食欲缺乏等发生联想，从而推出胃下垂的广告。

5. 关系联想

是指人们依靠事物之间的各种关系而引起的对别的事物的联想，由于事物间的联系是多元的，所以引起的关系联想也是多方面的。如日立、东芝、松下的广告音乐，播的次数多了，人们一听到它就会知道是什么品牌的广告等。

6. 因果联想

是指由一种事物的经验联想到另一种与它有因果联系的事物，反映了事物间在逻辑上的前因后果。因果律常被用在药物、补品一类的广告中，用以表现药物、补品与好的疗效、健康的身体之间的因果联系。

在广告活动中，应用联想的原理时应注意联想要自然，即联想要与产品有效的销售重点相联系；联想要积极，要遵循人们尤其是目标消费者的思维方式、思维规律去发觉联想的积极方面，避免消极方面；联想要巧妙，要尽可能既在情理之中，又在意料之外，以求异峰突起、巧夺天工、出奇制胜之效，产生强烈的心理共振。

（二）在广告中联想策略的运用

1. 抓住事物间被人忽略的必然联系

在现实生活中，事物之间由于时空接近、性质相似以及彼此之间的逻辑关系等，已经建立起稳定的联系，比如天安门、万里长城、五星红旗、熊猫等与中国，自由女神、白宫、牛仔等与美国，沙漠、金字塔与埃及等；再如五线谱与音乐、鸳鸯与情侣之间的联系是很强的。广告人要善于抓住事物间被人忽略的强有力的联系，将其运用到广告创意中，增强广告的感染力。

2. 简洁表达，不要让消费者费解，要心有灵犀一点通

广告的传播有时间和空间的限制，在一定的时空范围内，广告要内容简单、易于理解。此外，广告内容还应按照一定的原则加以组织，做到清晰明了，便于消费者记忆。如黑妹牙膏的"清新人

类、活力黑妹",海尔的"真诚到永远",农夫山泉的"农夫山泉有点甜",飘柔的"就是这么自信"等。

对于一些专业性比较强的商品信息,要尽可能用深入浅出的方式表达,比如佳能数码相机"按下按钮,其他事情我们来做",将复杂的问题简单化,清楚地表达了该款相机的先进功能:清晰、方便,消除了消费者对高科技产品的恐惧感,激发其购买欲。

3. 把握消费者的心理

可以说,有一千个消费者,就有一千种消费心理。性别不同、年龄不同、能力的高低等差异都会使消费者产生不同的消费心理与消费行为。如女性消费者的购买行为掺杂了浓厚的情绪、情感,男性消费者的购买行为却更为理性和目的明确。青少年消费者追求个性、独立,冒险心理与好胜心理强,追逐时尚与新颖等,而中年消费者则更为成熟、理性,追求身份与地位等。因此,要想广告取得成功,必须在把握目标市场和准确定位的基础上,对消费者的心理进行精准的把握,如可口可乐的"要爽由自己"就是对青少年张扬个性、追求时尚、自己做主的心理的准确把握。

4. 对准消费者的心理

在准确把握消费者心理的基础上,还必须对准消费者的心理开展广告活动。比如白猫洗衣粉厂出法奥香波时,消费者就有两种想法:一种是"洗衣粉怎么可能洗头发",一种是"白猫是优质品,法奥也不会差"。为了联系两者而又区别两者,白猫选用的广告主题是"洗衫用白猫,洗发用法奥"、"要发好,用法奥",对消费者积极的想法进行引导、放大,从而取得较好的传播效果。

四、增强记忆,建立品牌熟悉感

(一)记忆及记忆的分类、意义

记忆就是对过去感知过的事物、思考过的问题、体验过的情感等的重新呈现。记忆总是指向过去,是人脑对过去经历过的事物的反映。从信息加工论的观点来看,记忆是对输入信息的编码、储存和提取、输出的过程。

按记忆的内容划分，记忆可分为形象记忆、运动记忆、情绪记忆、语辞—逻辑记忆。形象记忆即以感知过的事物的具体形象为内容的记忆。这些具体的形象可以是视觉的，也可以是听觉、触觉或味觉的等，一般来说，视觉记忆和听觉记忆的数量最多，由此，在广告设计中，应该以形象记忆为主，以便让消费者更好地记住广告信息，从而达到好的广告效果。运动记忆即以做过的运动或动作为内容的记忆，是形成各种熟练的技巧如语言、劳动、体育、舞蹈等的前提。情绪记忆即以体验过的某种情绪或情感，如愉快、悲哀、痛苦、恐慌等为内容的记忆，在脑海中留下深刻的印象并在特定的条件下再认或重现。一般来说，这种记忆保持的时间较长。语词—逻辑记忆即以语词所标志的概念、判断、推理等逻辑思维过程为内容的记忆，具有高度的抽象性与概括性，人们只有通过理解才能更好地识记、保持或重现记忆。消费者在面对那些专业性、知识性较强的商品时一般运用这种记忆方式。

按记忆的时间划分，记忆可分为感觉记忆、短时记忆、长时记忆。感觉记忆即个体通过视、听、味等感官刺激所获得的短暂记忆，其持续的时间往往只有几分之一秒。感觉记忆一般只停留在感官层面，不加注意便会转瞬消失，因此，感觉记忆中的信息是最接近于原始刺激的。短时记忆即记忆信息保持在1分钟以内的记忆，是一种相对被动的记忆形式。一般来说，感觉记忆中的信息如果被注意并进行适当处理，就会进入短时记忆，而短时记忆中的信息经过处理，一部分会发展成为长时记忆，一部分则会被遗忘。长时记忆，即即时信息保持在1分钟以上直至相当长时间的记忆。与短时记忆相比，进入长时记忆的事物不容易被遗忘，但时间若隔太久，也可能被遗忘，因此，广告所面临的任务就是要让消费者将广告信息变成长时记忆储存在大脑中，以便在需要的时候回忆出来。

（二）广告的记忆策略

人们对广告的记忆也就是以往广告的影响在头脑中感知的印记。根据人的遗忘规律，一次视、听只能引起瞬时记忆，很容易忘却。因此，要使消费者对广告宣传记忆牢固，就要做到：

1. 广告要给消费者以清晰的感知

广告传递的信息应该是主题明确、诉求突出的。在没有重复的情况下，人们的注意力停留在广告上的时间也就十几秒。广告信息在成功吸引消费者注意力的同时，必须在有限的时间内向消费者传递便于理解和记忆的广告内容，因此，广告的主题必须突出、简明，广告信息的诉求应尽量单一，便于消费者在短时间内准确感知广告所要传达的内容，在此基础上进行理解与记忆。

2. 在清晰感知的基础上进行多次重复

关于广告重复的效果问题，亚当斯及其同事在1927年研究了广告中重复的注意价值以及重复对记忆的影响，并认为重复是有用的。具体说来，广告的重复有利于提高品牌知名度、促进受众对广告内容的理解和记忆、实现广告的说服目的等，因此，要提高人们对广告的记忆效果，将广告不断地加以重复是一种重要的手段。

广告信息重复的方法是多种多样的，而非简单、单一的。首先是全方位的媒体重复策略，即将广告信息在多种媒体上呈现，如报纸、杂志、广播、电视、网络、手机、霓虹灯、灯箱、商店橱窗、汽车车身、彩旗、液晶电子屏幕等，使广告受众在不同的时间、地点，从多个层面接受同一商品的广告信息。其次，也可以在同一媒体上进行系列广告宣传，每一则广告的主题一致，分别从不同的角度介绍产品或服务，这样既可以加深消费者对产品的印象，又可以让消费者对产品有一个全面的认识。如可口可乐自从进入中国市场之后，相继推出了"可口可乐添欢乐"、"挡不住的感觉"、"新春新意新鲜新趣，可喜可贺可口可乐"、"要爽由自己"等系列广告，在消费者心中留下了深刻的印象。最后，将同一广告不断重复刊出，这是商品广告最为常见的做法。

3. 记忆要以联想为基础

为了帮助消费者牢记广告信息，并使他们容易回想起来，广告利用联想这个心理现象，将广告与某种特定的、熟悉的人、物或情景联系起来，可以取得好的传播效果。具体说来，将广告刊播在特定的节目、栏目之前或之后，运用人们熟悉或易记的人物或事物，将广告信息与之联系起来。其中，运用人们熟悉或易学易记的音乐旋律、标志符号等都是有效的手段。如接近联想"秋风菊黄河蟹肥"，使人联想到螃蟹的肉质鲜嫩、黄多油丰、蟹味最浓的季节到来了。中药刺五加强壮剂，其广告将宁神益智、养心活血、壮肾健脾的功效与人参成分作比较，构成对比联想。其实，在北方小贩"像梨一样的萝卜"的吆喝声里，不也存在联想吗？

4. 广告内容要简洁，要遵循以少胜多的原则

1956年美国心理学家米勒发表论文《神秘的七，加减二》，明确提出了记忆项目的容量为7±2。心理学家认为不分种族和文化，7±2是一般成人的短时记忆的平均值，汉字的最佳记忆量也是7±2左右。许多广告的中心语都在七个字左右，符合记忆要求。若广告内容庞杂、含糊不清，就不利于消费者接受和储存广告信息，更不能唤起消费者的兴趣，引发购买欲。因此，广告内容一定要单纯，单纯，再单纯。让广告受众在短时间内能够对信息进行有效加工，最终记住广告中的有效信息。

5. 发挥形象优势，增加广告的感染力

一般来说，信息越有意义，越形象，保持率越高，即生动形象的信息更容易被识记、储存及再现。因此，在广告策划中，应该充分运用形象记忆的优势，借助图画形象的作用，增强公众的记忆。比如设计富有特色的广告标语，鲜明地突出产品信息，包括产品形象、品质、经营特色等，设置鲜明的标志，巧妙的色彩搭配，创作特色化的图画，加深广告视觉刺激及感染力。如打字机的"不打不相识"，雀巢咖啡的"味道好极了"，丰田车的"车到山前必有路，有路必有丰田车"等广告，都让人印象深刻、记忆牢固。

（三）增强记忆时需注意

1. 广告信息的数量要适当

心理学研究表明，学习材料越多，遗忘的速度就越快。在正常情况下，人的肉眼能看清一幅画面需要2秒以上的时间，在语言表达上，30秒只能说清65个字，如在电视上做5秒广告，能说清的字更少。因此，广告标题或广告口号字数不宜太多，广告文案内容

不宜过多，应尽量简洁，删除无关的内容，广告画面要单一，突出一个视觉焦点。

另外，心理学研究还表明，人们短时记忆的容量只有5~9个单位，但这种记忆的局限性会因组块而得到改善。

2. 广告重复刊播时要把握度

艾宾浩斯的遗忘曲线表明，在知识习得的最初阶段，遗忘的速度是最快的，随后便逐渐放慢。因此，在广告推出的前期应该加大宣传的力度，以避免遗忘，然后适度反复，可以让消费者保持记忆。但是在利用广告的重复策略时要注意适度原则，有研究表明，在广告刺激重复次数少的时候，积极的学习效应迅速增长，而冗长乏味因素的负效应增长缓慢。但是，当广告刺激的重复次数超过一定的度之后，冗长乏味因素的副作用开始增强，并超过积极学习因素的正效应，起主导作用。也就是说，随着广告重复次数的增多并超过一定的限度，广告的消极因素便开始显现，这容易使广告受众疲劳、厌倦，进而回避广告信息。

五、明确诉求，刺激欲望，促成行动

（一）诉求及诉求的种类

所谓诉求，是指外界事物促使人们从认知到行动的心理活动。比如工人听见上班铃声，就会马上开始工作，铃声就是诉求；街上的红绿灯，行人看见红灯亮了，就会停下来，红灯就是诉求。广告诉求，就是告诉消费者有哪些需要，如何去满足需要，并敦促他们去为满足需要而购买商品。不同的消费者有不同的需要，不同的商品有不同的属性，广告人应该分析商品的哪种属性最能满足目标消费者的需求，只有最能够打动消费者心灵的，才是最好的广告诉求。一般来说，广告诉求有以下几种。

1. 理性诉求

理性诉求偏重于说理的方式，直接陈述商品的好处。其总体特点在于"晓之以理"，"以理服人"。它常常作用于消费者的理性思维，语言注重逻辑性和条理性，通常适用于技术性强、构造复杂，

需要保养与维修的生产资料、高档家电等商品,或是与人身安全有关的商品,如药品、保健品等广告。理性诉求一定要有明确的说服重点,可以正面表现,比如在广告诉求中介绍广告产品的特点、优点,向目标消费者展示购买或使用某件商品会获得什么样的利益等;也可以反面表现,通过广告向消费者展示若不购买或使用某种商品及服务会产生的不良后果,但要注意适度,不要让消费者产生过度恐慌及不安的情绪,影响广告信息的传达。

2. 感性诉求

感性诉求就是富于人情味的诉求,通过理想化、立体化的画面和情意融融的气氛,刺激受众的感官系统,引导受众产生情感共鸣,留下对商品的美好印象,诱发其购买欲望。如好奇心、爱美之心等,都可能成为购买商品的出发点,情感诉求可以抓住这一特点加以利用。比如海尔的"真诚到永远",工商银行的"您身边的朋友",娃哈哈纯净水的"我的眼里只有你",麦斯威尔咖啡的"好东西要和朋友分享"等,都是希望通过情感诉求与消费者建立感情。另外,情感诉求常常以满足人们自我实现、自我形象设计的需要为诉求重点而取得成功的。如浪莎丝袜的电视广告就利用人们自我形象设计的需求,向消费者传达"穿上它,你就美丽又性感"的观念。

3. 知觉诉求

知觉诉求就是广告以直接或间接的事物形态来诉求。比如运用展览会、表演、橱窗等方式,让人亲身体验。这是一种直接诉求,容易增强人们的购买信心。比如上海兴起的"换肤热",就做过现场示范表演,让人身临其境,亲身体验,结果产品销路大开,供不应求。另外,也可以利用图片、照片、音响、语言等方式表现事物的形态来对消费者进行间接诉求。由于间接诉求不受时间、空间限制,大多数商品广告都采用间接诉求的方式,但广告效果不如直接诉求好。

4. 观念诉求

观念诉求就是通过广告培养人们树立起一种新的消费观念或改

变旧的消费观念,使这一新观念有利于企业的经营。比如鸿运电扇,强调比普通电扇的风更柔和,更舒适,更能适应人体的生理要求,更像自然风,这就是改变人们消费方式的观念诉求。在广告中使用观念诉求这一原理时,要将信息的诉求放在提出消费理由、输送消费观念、突破心理障碍上。比如消费者特别关心的是什么、新的生活方式能给消费者带来什么新的实际利益等。比如"骑车请戴安全帽,流汗总比流血好"、"壁挂电风扇不占空间,对淘气小孩最安全"、"只因有风险,所以要保险"就提出了消费理由。

5. 恐惧诉求

恐惧诉求就是在广告中展示一个可怕的情景,引起人们的注意和关切,唤起人们的不安与焦虑,意识到问题的严重性,从而购买或使用广告商品或服务来缓解这种不安与焦虑的诉求方式。美国心理学家施肯认为,宣传必须使人们的内心感到有压力与威胁,他才会听从劝告,按宣传所说的去做,才会减轻心理负担。例如美国哈利威尔保险公司在广告中展示一幅失窃的卧室,并配以标题"30分钟前,这个家庭的主人还认为盗窃案只会发生在别人家里",以此引导消费者意识到购买保险的重要性。

关于恐惧诉求的效果问题,最早的观念认为,恐惧越强,驱使人们采取购买行为的力量就越大。但是詹尼斯和费思巴奇的研究却显示实际情况并非如此。他们的研究表明,受到恐惧诉求的人比没有受到恐惧诉求的人行为变化大,但低等恐惧对人行为改变的作用最大,其次是中等恐惧。因此,在广告中运用恐惧诉求要掌握度,如果恐惧诉求的程度过高,消费者就可能对广告产生回避态度,反而适得其反。

(二)使用广告诉求时需注意的问题

1. 针对消费者的购买心理提出广告诉求

广告诉求的目的在于对准消费者的心理,投其所好,从而激发消费者的购买欲望并采取购买行为。具体来说,消费者的购买心理主要有:求实心理,即消费者在选购商品时追求经久耐用、经济实惠,以获得商品的使用价值为主要目标,多用于低档商品及日常生活用品的购买上；求廉心理，即消费者聚焦商品的价格，以购买廉价、折扣及特价商品等为出发点，以少花钱为原则；求新心理，即消费者追求商品的款式新颖、功能齐全、流行情况等，主要体现在青年一代的消费者中；求美心理，即消费者以商品的欣赏价值为主要的选购依据，追求商品的艺术性及美学价值，注重商品在提升品位、陶冶性情、装饰环境等方面的作用；求情心理，即消费者以发展和维持社会关系为目的的消费心理，选购商品是为了馈赠他人，因此，消费者会格外注重商品的包装、外观、价格等；求乐心理，这是一种以获取消遣、娱乐为主的消费心理，如旅游、健身、聚会等，大多数运动品牌的广告都是针对消费者的求乐心理而获得极大成功的。

2. 输送消费观念，突破消费者的心理障碍

一般来说，消费者在购买商品时有以下几种常见的心理障碍：

(1) 风险。

消费者在购买行为发生之前会产生不安、顾虑、陌生、怕上当受骗、怕得不偿失、怕副作用、怕不安全、怕维修不便等心理，由于风险而产生观望、犹豫。企业能够为消费者分担、排除多少风险，提供多少利益的承诺，就成为广告诉求的实质内容，如果承诺不够，新方式、新观念的推出就会受阻。因此，广告应该避免空洞，要将实际利益与风险明白无误地加以肯定，这是最强有力的消费理由。如"买一本《365夜》，可以给爱听故事的孩子带来一年的乐趣"，"10 000次撞击，精工表依然精确无比"，"12年不必对时：双石英，双倍精确"等。

(2) 遗憾。

消费者购买行为发生之后产生的不愉快、失望或遗憾，是一种普遍的心态，并会波及他人，这种后果较为严重。对此，应通过广告或其他方式，对消费者已经发生的消费行为予以正确的肯定，以坚定其信念和信心，这也是提出消费理由的重要方面，这种肯定可以是部分，也可以是全部，肯定的方式也多种多样。比如"吃火锅，怎么可以没有川崎？""乐百氏奶，今天你喝了没有？""喝了

50年，再喝50年"，"600岁五粮液，万世流芳"等。

（3）恐后。

消费者担心落后于时代、担心不合潮流、担心失去机会等，这在购买行为前后也是很普遍的心理，针对此而提出的理由也是较有效的。如"别让你的脚步落后"，"换一个步伐前进"，"机会，喜欢动作快的人"，"买到才是赢家"等。

知识链接

一、参考阅读《广告心理学》（张家平著，上海教育出版社，2009年版）。

二、美国心理学家卡特尔通过统计分析认为，人格中有16种特质，比如，含蓄—开朗，智力高—智力低，情绪激动—情绪稳定，信任—猜疑，空想—不空想。

美国心理学家阿尔波特把人的性格分为6种，在通俗的心理学中常常被引用，主要原因是他对于性格的分类非常简单明了，容易记忆，但现实生活中人的人格远远不只6种类型，所以他的理论的实用性也就受到了限制。他认为人格主要有理论型、经济型、艺术型、社会型、政治型、宗教型这6种类型，理论型的人求知欲强，他们的兴趣主要在于观察、分析推理方面，好钻研，自制力强，对于情绪的控制能力较强，这样的消费者是属于理智型的。经济型的人倾向于务实，从实际出发，注重财力、人力、物力和效率等因素，在消费行为中这一类消费者对于商品的价格、商品的质量是很关心的。艺术型的人注重事物的形象美和心灵的和谐，善于审视美好的情景，善于享受各种美好的情趣，把美的价值看成高于一切，以美的价值和标准来衡量事物，这一类消费者非常注重商品外观的价值，善于发现商品中的美，他们能够真正地消费和享受艺术性商品。社会型的人以爱护他人、关心他人作为自己的一种职责，一般为人善良随和、宽宏大量、乐于交际，这一类消费者在与售货员打交道的时候，一般很容易形成融洽的关系，非常尊重售货员，也尊重其他顾客，也会热情帮助其他顾客解决各种问题，一般很少挑别。政治型的人对于权力有极大的兴趣,十分自信,自我肯定,讲原则、讲秩序,也有的人十分自负,比较专横,这一类消费者一般与售货员不会有冲突,只有少数人态度傲慢容易与售货员发生冲突,当然这主要是与个人的修养有关。宗教型的人是指那些重视命运和超自然力量的人,一般有比较稳定甚至很坚定的信仰(如相信某种宗教,或类似的精神信仰),自愿克服自己比较低级的欲望,乐于沉思和自我否定,这一类消费者比较复杂,阿尔波特的理论对于这一类人格的人没有作过多的具体分析,也就无法判断他们的消费行为了。

思考题

1. 什么是广告受众?广告受众有什么特点?
2. 你如何看待马斯洛需要层次理论在广告活动中的运用?
3. 如何将消费心理运用到广告策划中?

第五章 广告的传播

第一节 广告的传播

广告与传播关系密切，广告学在其发展的过程中是以整个传播学体系作为自己的依据的，而传播又是广告的桥梁和工具，是广告成功的一个基本要素。从本质上说，广告活动的过程，其实主要是广告客户与消费者之间的信息沟通过程，其必须要依靠各种传播手段，才能把广告信息传递给一定的受众。能否有效地选择合适的方法，利用各种广告传播媒介，将各种广告信息准确地传递给消费者，通过这些信息打动消费者或影响消费者，促成商品的销售或人们观念与行为的转换，是衡量一个广告活动是否成功的关键。

一、广告传播的含义

传播这个词是从人们的日常生活中逐渐演化而来的，不同的学者对传播有不同的解释。到目前为止，已有不少学者从不同的角度对传播一词进行探讨，对其内在本质提出了多种观点，主要有以下几种。

共享说。以美国的著名学者施拉姆为代表，提出了传播的共享说，认为人们在传播时，总是努力想同谁确立"共同"的东西，即我们努力想与他人共享信息、思想或态度。施拉姆指出传播的实质就是信息的共享，将原本只有一个人或几个人共知的信息通过传递让更多人获得，从而实现信息的互通有无，即共享。

交流说。以美国人类学家 E. T. 霍尔为代表，认为传播是人们相互之间传递和交流各种观念、思想、情感，以建立和巩固人际关系的过程。与共享说相比，交流说更关注传播活动的交流过程和交流方式。

关系说。美国社会学家库利在其著作《社会组织》中指出，传播是人与人之间赖以存在和发展的关系——包括所有的精神象征及其在时间上得到保存、在空间中得到传递的方式。它包括表情、态度和行为、音调、语言、文章、印刷物以及人类征服时间和空间的任何其他最新成果。

信息说。所谓传播，就是信息的流动过程。信息是人们对接触到的讯息（客观存在的信息、情报、指令、数据、科研成果和资料等）"排除不确定因素"后，从中选择出自己所需的那部分内容，而语言、形象就是这些内容的载体。

今天所说的传播，一是强调传播是一种人类行为，传播离不开人，离不开社会，它是人与人、人与社会的对话，传播的内容本质是社会信息，是要将整个社会信息系统进行考查；二是说明了传播是一种信息传递过程，是一种特别强调双向性的行为。所以，传播是社会信息的交流或社会信息系统的运行。

对广告传播的过程可以进行这样的描述：广告传播者通过广告策划和广告的设计制作，将广告信息转化为广告作品并通过各种广告媒介发布出去，广告受众则会通过接触媒介来接收广告作品，并对它们所负载的广告信息形成一定的理解。广告传播的含义，是指广告客户利用各种媒介，将广告信息有计划地传递给公众的一种信息沟通活动。其基本含义包括以下两个方面：

第一，广告传播是一个有计划的完整的行动过程。"有计划"是指企业的广告活动必须有周密的策划；所谓"完整"是指传播过程要符合传播学基本要素，即"谁说"（广告客户）、"说什么"（广告信息）、"怎样说"（通过什么广告媒介）、"对谁说"（广告的接受者）、"说了怎么样"（广告效果）。广告主与广告代理公司、广告媒介合作，并不意味着广告活动就能大功告成，只有在消费者参与与进来之后,广告才能成为完整的活动,即只有当发送者与接收者双方都分享到被传播的思想,传播的意义才完整。

第二,传播是一种信息传递过程。作为信息传递,就会受到各种因素的限制和制约。比如传播方式选择是否正确,传播渠道是否通畅和准确,传播对象是否理解广告的信息等。

二、广告传播的方式

广告传播方式是指广告传递的形式、形态。其主要传播方式有以下几种。

(一)按广告信息流向分为单向传播、回应传播和互动传播

单向传播是指信源发出的信息经过传播渠道直接抵达信宿,由传播者到消费者,相互之间不发生直接的信息交流,缺乏反馈或是互动机制。其基本模式如图 5-1。

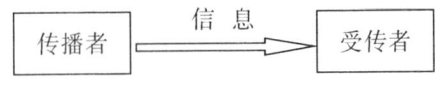

图 5-1 单向传播图

许多常见的广告传播方式都属于单向传播,由于广告主通过媒介发出了信息,却由于缺乏反馈的及时性以及灵活性,成为一种单向性的传播活动。

回应传播是指传播者在广告受众对广告信息作出反应后又进行有针对性的广告传播。其基本模式就是在单向传播中引入反馈机制,注重消费者对广告的反应,并针对消费者的反应采取相应的协调措施后进行新的广告传播,这种广告传播方式是一种更有效的做法(如图 5-2)。

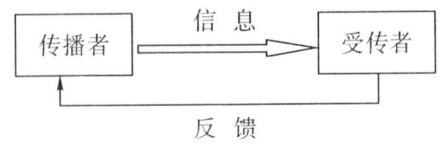

图 5-2 回应传播图

互动传播是传播者与受众共同参与广告的信息传播，双方能对广告信息传播作反馈和控制。比较典型的模式是奥古斯德－施拉姆的循环模式，如图5-3。

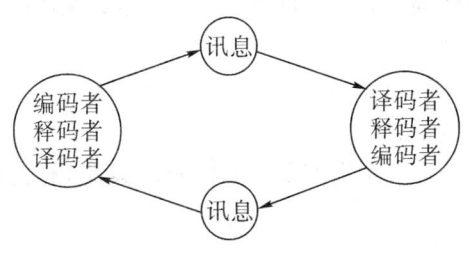

图5-3　循环模式图

1954年，传播学家施拉姆在奥斯古德观点的启发下提出一个新的传播过程模式——循环模式。这个模式向人们展示了传播是双向的、循环往复的运动过程，传播者和受传者的界限是模糊的，传、受双方的角色功能是对等化的，传播者和受传者双方在传播过程中一直相互影响。这个模式的重要启示是：应重视广告传播过程的互动性，重视广告受众的反馈。

（二）按广告信息量的控制分为集中传播和分散传播

集中和分散是相对时间和空间而言的，既有空间的集中和分散，也有时间的集中和分散，形成不同的广告策略。比如按空间分可分为集中市场广告策略、差别市场广告策略、无差别市场广告策略等；按时间分，可以分为频次广告策略、产品生命周期广告策略等。

（三）按广告信息之间的关系处理划分为单一传播和组合传播，从而形成不同的广告媒体策略，形成对广告媒体的选择和组合

广告的传播可以依靠单一的媒介进行，也可以选择不同媒介的组合。在广告媒体策略日趋多元化的发展趋势下，采取整合多种媒介，根据广告策略进行媒介组合的方式进行广告宣传的办法，可以为企业谋得最大化的利益。

（四）按信息的载体不同，分为符号媒介传播、实物媒介传播和人体媒介传播等

符号媒介传播是指利用符号传递广告信息，包括利用声音符号和文字符号的传播等，电视广告、广告广告、杂志广告等都是利用符号的信息传播。

实物媒介传播是指利用产品、象征物、公共关系礼物、特制品等实物传递广告信息。

人体媒介传播是指借助于人的行为、服饰、社会影响等来传播广告信息。

三、广告传播的要素

广告传播的要素有两类：一类是基本要素，又叫显性要素，指构成传播活动的信源、信息、媒介、信道、对象和反馈等；另一类是隐性要素，指传播活动中的情感因素、心理因素、时空环境、文化背景、权威意识等。

（一）广告传播的基本要素

广告传播的构成实质上是信息传递的过程，也就是借助于信息的获取、传递、加工、处理而实现既定目标的一种运动过程。这个信息传递过程可以表现为图5-4。

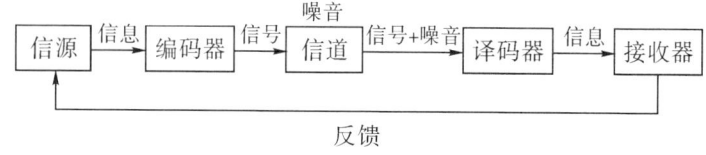

图5-4 信息传递过程图

构成这个传播过程的各环节，就是传播过程的基本要素。

信源。即信息的发布来源，在广告活动中指广告客户。对于信源对传播效果的影响，最突出的就是信源的可信度，广告信息的发出者可信度越高，则受众对广告信息的信任感越强，受众接受广告讯息时，不会考虑广告出自哪家广告公司之手，只会关心是哪家企

业、哪个品牌的广告、广告客户形象的好坏，这直接影响到接收者知觉中的可信度，所以，这对广告客户既有的广告形象和品牌形象提出了较高的要求。

信息。即广告客户要向消费者宣传的商品、劳务、观念或公共关系等方面的信息。在以消费者为导向的新的市场环境下，注意力经济促使广告主和广告公司十分重视广告信息的创作。

编码。指把信息变换成信号进行处理和加工的措施，即把原始的广告数据资料等设计制作成具体的广告信息。广告信息包括广告的主题与定位、创意与表现等，这些广告表现通过广告文案和构图等来实现。广告信息制作如果不能反映出原始信息的本质特征，就会降低其宣传作用。编码器是指广告信息的制成者，在广告活动中指广告公司等。

信道。指传递信号的通道。在广告活动中指广告信息传播的渠道，即传递广告信息的媒体。随着科学技术的进步，广告传播的媒体越来越多，用途也越来越广，除了传统的四大媒体——电视、报纸、广播和杂志，其他类型的传播媒体也十分抢眼，户外媒体近几年在我国得到了长足的发展；新兴媒体，如手机广告、楼宇电视、移动电视等也有不错的表现。分众传媒在纳斯达克的一路飘红，显示出这一新兴媒体的无限潜力。互联网广告的增长速度也很惊人，许多跨国品牌都削减传统媒体的广告预算，转而投入互联网广告。媒体本身质量与性能的好坏、媒体的选择与组合等都会影响广告信息传播的质量，合理运用媒体、提高媒体整合运用能力，是广告获得成功的关键。

噪音。"噪音"其实并非广告传播的必备要素，但只要有广告传播活动，就必然存在噪音，噪音贯穿整个广告传播过程，应以积极的姿态应对广告传播过程中的噪音。噪音具体指在广告制作与发布过程中的人为干扰和自然干扰。所谓人为干扰，指的是广告的制作者对广告原始信息的歪曲、环境和竞争对手等的干扰；自然干扰是指广告表现形式和广告媒体自身存在的不足对广告信息的干扰。这种对广告信息本身的歪曲及竞争广告的干扰、媒体本身的干扰、接受者周围环境干扰等均会影响到广告接收效果。对此，广告传播主体必须尽可能弄清各种形式的噪音，以减少对广告最终传播效果的影响。

译码。指把信号还原成信息，这里指广告受众对广告信息的接收—反应过程。如果信息编码不当，导致受众误解，广告想要传达的信息无法最终被受众所接受，也会影响广告传播效果。

接受者。即广告受众接受广告信息及其所引起的行动。广告受众的年龄、文化、心理、民族以及周围环境等因素均能影响到广告信息接收率的高低。受众进行信息接收会受到选择性定律的影响。受众在接收信息时必然会根据个人的需要有所选择、有所侧重，甚至有所曲解，以便使接收的信息同自己固有的价值体系和既定的思维方式尽量地协调一致。一些传播学者认为，选择性接触、选择性理解、选择性记忆就像是保护着受众的三个防卫圈，他们从外到里依次环绕着受众，使他们能够尽量抵御反面的信息。选择性接触，又称为"选择性注意"，指人们尽量接触与自己观点相吻合的信息，同时竭力避开相抵触的信息的一种本能倾向。选择性接触既包括对某类信息的接触，也包括对另一类信息的抵制；选择性理解指受众总是要依据自己的价值观念及思维方式对接触到的信息作出独特的个人解释，使之同自己固有的认知相互协调而不是相互冲突，所以被传播的信息的含义并不是强加给受众群体的，而是受众自己去发现的；选择性记忆即受众根据自己的需求，在已被接收和理解的信息中选择出对自己有用、有利、有价值的信息储存在大脑中的过程。选择性接触和选择性理解都是受众有意识的行为，而选择性记忆则是无意识的行为，广告受众很少有意识地去记忆广告信息，一些广告信息之所以给受众留下十分深刻的印象，只能说明这些信息恰好满足了受众的需求。所以，选择性定律会最终影响广告信息的接收。

反馈。是指一个系统把信息输送出去，又将其作用和结果的信号反送回来，并对信息的再输出产生影响的过程。在广告传播中是指广告对象接受广告信息后作出的反应或回应。在传播过程中，这是一种信息回流，是受众对广告主、广告公司的反作用，同时也为广告主和广告代理公司提供了广告信息创作的源泉，广告传播者可以根据广告受众的反馈来检验广告宣传的效果，并根据反馈的信息来调整、改进自己的广告活动，从而以经济、有效的方法去完成广告的既定目标，真正满足受众的需求。反馈是现代广告传播中必不可少的因素，随着消费者的日趋成熟和主观能动性的提高，其反馈的积极性也越来越高，并且反馈要素的加入，使广告信息不再单一、陈旧，每次反馈回的信息都会成为下次广告信息的参照，在此基础上不断完善广告传播信息，逐渐扩大广告传播活动的影响。

广告传播中的显性要素缺一不可，否则会使广告的传播活动中断，而其中编码因素又是核心的环节。

（二）广告传播的隐性因素

在广告传播活动中，有很多隐性因素也影响着广告传播的效果，这是应该引起我们足够重视的。在现代社会的广告中，广告人首先面临的是广告信息传递不到位的问题。消费者接触到的媒体种类繁多、信息庞杂，广告信息受到的干扰太多，不易准确传递到消费者身上。即使广告信息传递到了，消费者也不一定采取行动，他还会受到多重因素的影响。

1. 广告信息的可信度

广告信息的可信度是指利用广告的信誉意识以提高广告传播效果，广告信息的可信度愈高，受众接受心理愈好；反之，就会越低。影响信息可信度的主要因素：一是源自广告主。做广告的企业实力如何、在社会上的知名度如何、美誉度如何、有无驰名的品牌，这些都会影响到人们对其信息的可信程度。凡是实力雄厚的企业，社会影响好、形象佳的企业，拥有名牌的企业，人们对其传播的信息接受率高。二是源自广告媒体。由于我国几十年的机关报制，导致报纸、电视的信任度最高，广播次之，招贴海报的可信度最低。三是源自广告传播内容被消费者信赖的程度。在广告传播中，广告信息内容权威性越高，受众对其就越信服，就越易增强广告传播效果。所以对新产品的宣传，广告客户往往利用用户来信、有关学术权威机构的鉴定、产品获奖名次及等级来提高其广告信息的可信度。四是源自广告传播者。广告传播者包括广告代言人被受众信赖的程度,就如同其所传播的信息内容一样重要,它将极大地影响信息传播的效果。消费者对广告传播者所产生的信赖感,一般来自三个方面:

(1) 产生于"权威效应"。比如广告产品经过国家承认的权威机构的鉴定、认证,如国家质量奖、ISO 9000 的质量认证,或者是广告传播者客观上是这一方面的知名专家学者。如中美史克制药有限公司为其产品舒适达专业修复牙膏所做的广告,这一系列的广告都是以专业的研究室为背景,研发人员身穿白色工作服以严肃、权威的态度向受众介绍牙膏的功效,建议受众每天坚持使用舒适达专业修复牙膏。整个广告给人真实、可信的感觉,专家学者的建议让受众更容易相信。

(2) 产生于"名人效应"。即广告传播者本不是这方面的专业人士,但由于它的职位、身份所带来的声望,增加了广告的感召力。这种"名人"一般要选影响大、在公众中有好的形象与名声的人,以便于广告信息的传播。回顾历史,百事可乐与可口可乐百年来一直进行着激烈的广告战,其中百事可乐就抓住时机,利用名人效应,极大促进了百事可乐的发展。在 1959 年莫斯科美国博览会期间,百事可乐国际公司的总裁在尼克松与赫鲁晓夫经过百事可乐展位前时,拿出一杯百事可乐邀请赫鲁晓夫鉴定口味,在众多国际记者和摄影师的注视下,赫鲁晓夫品尝了百事可乐并给出评价。此事经传媒大加渲染,掀起了一股百事可乐热潮,也为百事可乐进军苏联市场打下了良好的基础。在 1964 年,百事可乐耗资 500 万美元邀请风靡全美的流行歌星迈克尔·杰克逊拍了两部广告片,成为当时最受欢迎的广告。迈克尔的号召力使一大批年轻的消费者纷纷改喝百事可乐,极大地冲击了可口可乐的市场。在近几年的广告中,麒麟午后红茶利用奥黛丽·赫本的影响力吸引受众的注意。奥黛丽·赫本作为具有国际影响力的明星,其高贵优雅的形象早已深入人心,即使她已于 20 世纪 90 年代去世,但她的典型形象依然具有强大的号召力。以赫本的形象传达出午后红茶这一产品优雅、高尚的魅力，对产品的目标群体，追求健康、时尚、品位的现代女性具有强大吸引力。此外，蒂花之秀邀请"奶茶"刘若英作为代言人，雨洁一直用香港明星郑秀文为代言人，这些广告都充分利用了明星的影响力。

不过，请知名人士做广告，应该注意名人与广告产品之间有一定的联系，不能风马牛不相及，不然不易产生应有的广告效果，还有可能带来负面效应。

（3）产生于"首因效应"。即传播者给受众的第一印象良好，尽管他不是专家，也不是名人，但因为他面容姣好，或神态和蔼可亲，或动作潇洒，或举止可人等，消费者爱屋及乌，也就对其推荐的产品或服务印象良好，从而达到广告传播的目的。

2. 广告传播的时空环境

时空环境包括时间和空间两个方面。

时间方面，一是指单位时间内传播的有效广告信息量，这是衡量广告传播效果的基本标准。在固定的单位时间内，所传播的广告有效信息量越高，广告的效果就越好；反之就越差。有的广告内容过于隐晦、过于追求艺术的表达，而使观众在收看广告后无法有效地接收到广告信息。

二是指广告传播时机的选择。广告时机的选择要视广告产品的生命周期阶段、广告市场的竞争状况、广告企业的营销策略、产品市场的供求变化等多种因素的变化而灵活使用。比如不同的产品有不同的生命周期，就算是同一产品处在不同的生命阶段，它的工艺成熟程度、消费者心理需求、市场竞争状况等都会存在差异，广告策划亦不同。产品的销售有淡、旺季之分，在销售旺季即将到来之时，广告活动要逐渐达到高峰；旺季过后，广告宣传逐渐减少，直至停止。要把握好季节性商品销售的变化规律，不要过早展开宣传，不然不仅不会取得很好的效果，反而会增加广告支出；也不要过迟才开始宣传，这样会延误时机，直接影响商品的销售。产品的销售还要充分利用节假日，开展大量有关节假日商品的广告宣传，这类宣传有自己的特色,要把商品的品种、价格、服务时间以及异乎寻常之处等相关信息突出、快捷地告知消费者。总之,利用这些时机做广告,其效果就与平时不同。比如在2008年奥运期间,很多公司都抓住了这一难得的时机做与奥运有关的广告,利用当时广大公众对奥运的关注,引起受众对品牌与产品的关注,使广告与公关活动取得成功。

三是指广告传播具体时间的选择,即在什么时间、哪一天、具体哪一个时段等。广告的发布要抓住"黄金时间"。"黄金时间"是广告市场收视率或收听率最高的时间。各广告媒体的"黄金时间"也有所不同,一般来说,电台的黄金时间是在早晨和傍晚,电视的黄金时间是在晚上。而针对家庭日常消费的广告黄金时间有可能是上午和下午。

空间因素指广告传播活动的物理环境。传播信息总是在具体的空间环境中进行的,不同的环境条件会使人对信息有不同的感受,并产生不同的传播效果。尤其是现在,人们的生活节奏加快,生活水平提高,对产品的消费有了更多选择,因而对广告的感受也是有多种选择的。广告的传播活动一是要认准传播对象群体,可有的广告明明是只限于一小部分消费者的,却演变成面向广大公众,使人们频频受到广告的冲击,最终导致对广告的厌恶,也浪费了大量的资金。二是,针对目标受众群体选择媒体,实现广告到达的有效覆盖,选择合适的媒介,在合适的时机播出广告,对广告传播的效果影响是很大的。例如,本来是面向山区、高原地区的产品,却选在只针对大城市的电视频道上播放广告,空间就没选对,造成广告资源的浪费。而面向广大普通城市消费者的广告,却选择广播、日报等作为主要媒介也是一种失误,因为电视广告对普通市民的覆盖与影响是最大的。三是,在传播过程中,克服干扰,突出自身,充分利用空间因素,对广告传播效果有很大的影响。有的企业在广告传播过程中充分利用空间因素,形成独有的传播优势。例如,蒙牛乳业在投入了1 400万元竞得"超级女声"的冠名权后,又追加了将近8 000万元的投资,印刷了近一亿张海报,投放了大量有"超级女声"标志的公交车体、户外灯箱、平面媒体广告。在各个大超市内进行促销活动时,在蒙牛酸酸乳的商品上整齐地陈列着关于"超级女声"活动的宣传单,20亿包印有"超级女声"活动介绍的蒙牛酸酸乳投入市场,在大力宣传"超级女声"的同时,作为赞助商的蒙牛乳业也获得了巨大的关注度。蒙牛此次首先通过线上的电视、报纸等传播引起了足够的关注,再通过线下的产品包装进行深度关联,充分利用大众媒介对"超级女声"的关注,使本产品成了关注的焦点。

3. 文化背景

广告传播是一种文化现象。在广告传播过程中,不同的消费者在文化上的差异必然会影响到广告的传播效果,不同的经济环境、风俗习惯、民族心理、性格特征、思维方式和价值观念等,使人们对同一信息内容可能产生不同的主观感受,尤其是在跨文化传播中,务必要了解和尊重消费者的文化背景,避免产生沟通障碍。2003年,由盛世长城广告公司为一汽丰田销售公司制作的广告引起了消费者的广泛争议,这则广告是一辆霸道汽车停在两只石狮子前面,一只石狮子抬起右爪做敬礼状,另一只石狮子则向下俯首,配图广告语为"霸道,你不得不尊敬"。这则广告刊出后,立即引起广大受众的质疑与愤怒,石狮在我国具有极其重要的象征意义,代表了权利与尊严,丰田广告用石狮向汽车敬礼的表现方式极不严肃,也伤害了中华民族的情感。在2004年,立邦漆一则名为《龙篇》的广告作品刊出,画面上有一座中国古典式的亭子,亭子的两根立柱各盘着一条龙,左立柱色彩黯淡,但龙紧紧攀附在柱子上;右立柱色彩光鲜,但龙却跌落在地上,文字介绍的大致内容是右立柱因为涂了立邦漆,柱面光滑,盘龙都滑了下来。这个广告创意本身没有问题,但是却忽略了广告与文化的联系。每个国家对传统文化的理解不同,在我国的文化中,龙是中国的图腾,在一定意义上是中华民族的象征,龙的内涵是十分丰富的,而在这则广告中,盘龙滑落,龙扮演了一个不光彩、受欺凌的角色,这是对中华民族的不尊重,严重伤害了中国人的民族感情。像这样的广告,没有考虑到文化因素对广告的影响，虽然是很好的创意，但却影响了受众的接收心理，反而对广告的传播产生不好的影响，不利于品牌形象的提升。

另外，在宗教、民族区域内做广告，其内容和画面应避开宗教禁忌和民族禁忌，以免造成广告传播的障碍。因此，在广告定位后，就应针对目标消费者作广告调查，了解各种消费习惯、行为方式、民族语宗教禁忌等多方面的内容，为提高广告传播效果做好充分的准备。索尼公司陶瓷白色PSP在欧洲打出的广告一出现就立刻引发了激烈的争议，广告中一名白人女子单手掐住一名黑人女子的下巴，面露威胁之意，虽然索尼公司强调，广告中的人物形象仅仅是为了强调黑、白两种颜色PSP的对比，但广告中人物的动作，被普遍认为是有严重的种族歧视倾向，遭到了多方的反对。

4. 情感因素

广义的情感因素是指附属于广告形态内的情感。这种广告注重以情感人、以情动人，容易被人注意和感知，消费者也难以抵御。例如碳酸饮料品牌"非常可乐"就采用广告语"非常可乐，中国人自己的可乐"，海尔集团的广告语"海尔，中国造"，创维集团的"创维情，中国心"，这些广告语都将产品与民族情感联系在一起，这样容易激发埋藏在消费者心中的爱国情绪，通过这样的广告诉求，受众能从中体会到一种民族自豪感、一种民族尊严，在情感上会更偏好于这一类的产品。

狭义的情感因素是指广告本身尽力淡化广告味，而着力在广告中营造出一种情态、一种气氛，让人在不知不觉中受到感染，从而接受广告信息。这是一种更加无法抵御的情感力量。例如腾讯的一则网络广告围绕亲情的伟大这一主题展开，讲述了儿子与母亲之间最真挚的情感。母亲本应该是儿子最亲近的人，但是年少时的叛逆总使片中的主角迫切地希望逃开母亲这一爱的"束缚"。当儿子长大后，离家到异国求学，与母亲相隔在地球的两端，儿子逐渐读懂了母亲的爱，对母亲的思念也因为距离而逐渐放大，虽然相隔的距离远了，但心却近了，距离让亲情、让爱变得更加清晰。年迈的母亲努力学习使用电脑，终于可以使用QQ与地球另一端的儿子聊天、视频，不论与儿子相隔有多远，都可以通过QQ表达自己的情感，弹指间，心无间。短短的一个故事，围绕着亲情的伟大、母爱的无私这一主题，表现得淋漓尽致，在情感的交融上得到了完美的体现，片中对QQ的引入自然且贴切，使观众很自然地把QQ与亲情的珍贵与母亲无私的爱联系在一起。这则广告很好地通过情感这条纽带，拉近了传播者和受传者之间的距离，从而产生了强烈的广告之外的情感效应。所以，有人说有爱心的广告最感人，这是有道理的。

在广告宣传中，有意识地应用情感因素，是获得良好广告效果的有效途径。

5. 心理因素

心理因素一是指信息接受者的情感心理状态，二是指广告信息是否符合目标消费者的消费心理。在不同的情感状态下，人们接收信息的效果是不一样的。心理学原理揭示了这样一条规律：凡是在一定活动中伴随着使人"愉悦"的情绪体验，都能使这种活动得到强化；而"不满意"的情趣体验，则会使这种活动受到抑制。因此，广告传播行为的发生、延续和发展都应建立在双方心理相悦这一基础之上。没有心理的沟通，就无法获得最佳的广告效果。这就要求我们在策划广告时，要力求使广告形成一种氛围，造成一种特定的环境气氛，让人在这种愉悦的环境气氛中接受广告信息。在广告传播中创造出一种融洽、愉悦的气氛，给消费者造就一个良好的心境，是广告进入"角色"的前提。所谓心境，是比较持久而微弱的情绪状态，它使人们的一切活动都染上情绪色彩。当人们处于某种心境时，往往就会以特定的情绪看待周围的事物，从而影响人的行为。良好的心境使消费者感到舒畅、快乐，觉得自己周围的一切都是美好的、正确的，在这种心境之下，消费者即使对广告抱有消极态度，也容易接受。所以，在广告上附加情感因素，其作用就在于唤起受众肯定的、积极的"愉悦"情感和行为上的接纳。因此，"愉悦"性情感是促使广告传播取得成效的催化剂。例如，在2008

年奥运之际，可口可乐有效地将其赞助权转化为广告传播中的优势。因为，可口可乐意识到取得奥运赞助权并不等于消费者一定知道或是能把二者联系起来，为了提升品牌价值、提升品牌知名度，让消费者因为奥运会更加喜爱这个品牌，可口可乐公司进行了一系列与奥运有关的广告宣传，将赞助延伸，与目标消费者相连。在此期间，国民的激情都被奥运点燃，以奥运为主题的广告更容易被人们接受，广告让品牌在消费者心中与奥运会联系了起来，使可口可乐的品牌价值和品牌理念得到了广泛的传播。

一般说来，对人有意义的事物、符合人们需要的事物、美好的事物、让人愉快的事物能引起良好的心境。因此，我们在制作广告时，要尽可能应用这一因素。

另外，在广告管理和决策过程中，应用信息原理对广告传播进行系统管理，建立信息管理系统，可以提高信息处理质量和传递效率，从而提高广告的管理水平。

第二节 广告传播的内容

广告传播的内容主要是明确广告诉求的范围和诉求的重点，它首先要明确广告将要到达的目标，然后是用什么信息去实现这一目标。

一、广告传播的目标

社会组织在开展广告活动时，首先应明确广告要达到的目标是什么，广告目标的设立是广告活动的逻辑起点，只有确定了广告目标，才能确定相应的媒体目标、费用预算以及广告效果的评估等等。广告目标规定着广告活动的方向、广告媒介的选择、广告诉求重点的确定、广告传播的范围，这些都要围绕着广告目标来进行。

在我国，许多企业在做广告之前都没有制定广告目标的习惯，对广告最终效果的好坏也没有专业的测评方法，在广告传播过程中也没有时时监测和定时进行评估。企业与消费者之间的沟通需要的不同，导致广告传播的目标的不同，广告的沟通内容与手法也就会不同，随之，评估广告好坏的标准就不同。广告主或广告代理机构感觉好的广告不一定能得到消费者的好评；如果脱离了广告传播的目标，消费者感觉好的广告也不一定能最终实现广告主期望的传播效果。总之，满足了广告传播的目标，广告就是成功的，没有满足，广告就是失败的。

在实际的操作当中，经常会出现将营销目标当作广告目标进行设定的现象，事实上，广告是营销策略的一个重要组成部分，广告目标与营销目标之间既有区别又有联系。

两者的区别在于广告目标是传播目标，而不是营销目标，营销目标是广告目标的基础和指导，广告目标是为营销目标服务的，必须体现出实现营销目标这一基本要求，二者的最终目标都是一致的，就是促进产品的销售。营销目标是根据销售和利润的完成情况的指标制定的，比如市场的份额、销售额、利润额等，通常会表达成销售了多少件商品，完成了多少元的营业额或是收入，获得了百分之多少的市场份额，实现了怎样的利润回报等，而广告传播的目标是阐述广告本身需要做些什么，是对促进销售这一最终目标的具体化，通常是对目标受众造成的特定的影响，如创造知名度、建立需求、塑造良好形象、引起广泛关注等。广告所形成的积累效果以及引起的长期效果是难以估计的，很难准确地确定广告完成了多少销售额或是利润，广告在很多时候都是在潜移默化中产生影响的。而两者的联系在于广告本身尽管不能销售产品，但却为产品的销售创造了条件。

广告目标的确定还要考虑以下几方面的因素：首先是企业面临的市场情况，不同的市场情况需要采取不同的措施；其次是目标消费者进入市场的程度，目标消费群体的一般消费行为、消费的方式、对产品或品牌的认同程度等都是需要考虑的方面；再次是产品的生命周期，不同的产品有不同的生命周期，产品处在不同的生命周期，采取的广告传播目标也会不同；最后是广告传播的效果，广告效果与广告传播目标有着密切的关系,广告传播的目标可以根据广告效果的指标来设定,而在广告传播之后,又可以针对广告目标来测定广告效果。

(一)宏观目标

1. 提升企业或产品的品牌知名度

广告活动的一个基本任务就是创造和提升品牌知名度,通过广告活动,将企业及其产品或服务、品牌或商标传播给广告的消费者,使用户对这个企业或产品、服务有一个初步的了解。品牌知名度的提升对于吸引顾客,尤其是新顾客作用尤为明显。所谓品牌知名度,是指知道一个品牌名称的人的比率。广告活动创造受众对品牌的认知,认知促使受众产生尝试性购买,在此之后,品牌逐渐被人们所接受。很多时候,消费者在购买一些不太重要的产品时,都是根据品牌的知名度在作判断,广告活动使得一个产品在人的意识当中的位置更加突出,将消费者的选择性购买转变为不经过思索的选择。广告传播的目标是使品牌成为消费者意识中的首选,使品牌被人们所熟悉。

2. 提升对品牌的忠诚度

很多时候,广告的效果不是争取到更多新的尝试者,而是强化已有用户的品牌忠诚度。一些客户可能不断地在不同的品牌之间徘徊,企业广告传播的目标就是要强化其对品牌的忠诚度,增强其对品牌的需求。广告传播活动可以加深消费者对品牌的理解,对品牌理念、文化等的熟悉会影响到消费者在意识中对品牌的定位。

3. 改变消费者的态度

有的企业或产品由于种种原因给消费者留下了不好的印象,广告传播活动能有效改善这种情况,转变消费者的态度,从而促进产品的销售,提高市场竞争力。信息的传播能在潜移默化中影响人的行为,广告传播的信息对于提升品牌的好感度、改变消费者对某个企业或某种产品的看法等都会发挥作用,广告主可根据营销策略的需求,根据企业形象塑造的要求,在对消费者进行充分调查研究的基础上制定改变态度的目标。

4. 增强企业或产品的市场竞争力

广告传播在于加强产品的宣传竞争、提高产品的市场竞争能力。广告的诉求重点就是要宣传本产品较其他品牌的同类产品的优异之处，使消费者能够充分认识到产品的优势，以增强其对广告产品的偏爱，提升指名购买率。当然，最好的广告效果就是能争取到原本偏好其他产品的消费者态度的转变，转而购买广告宣传的产品。

5. 提高用户对产品的购买兴趣

广告传播的信息到达消费者之后，消费者会对产品的性能、特点、优势等有一个比较清晰的认识，激发起对这类产品的购买欲望，这主要是针对推广与介绍新产品、新技术以及新服务的广告的。同时，广告的传播还能向消费者传达一种感觉，这种感觉可以是温暖、热情、兴趣、期望等，能让消费者把这些感觉同产品联系起来，影响消费者的购买行为。

6. 直接促成产品的销售

广告的最终目的就是要促成产品的销售，通过广告使消费者对产品从认识发展到对它产生兴趣，再从产生兴趣发展到产生购买的欲望，以至最终采取购买的行动。广告一般能在一定时期内促进销售额的增长，但是由于受到多种因素的制约，效果难以准确测定。

在许多情况下，广告主所期望的传播效果的产生，往往需要两个甚至更多广告产生反应，而潜在的消费者也可以同时因为品牌知名度、忠诚度、企业或产品竞争力等多种因素的影响而发生购买行为，所以，在实际的广告活动中，可以选定一个甚至是多个广告传播目标，而各个广告传播目标也并没有严格的先后顺序之分。

年度广告传播的目标往往涉及多个广告活动层面，是针对不同群体进行的完全不同的广告活动，以此来实现不同的广告目标。当广告活动能够设定单独的明确定义的广告传播目标时，对广告的策划就会相对容易一点。因为，广告创作通常会认为"简单"对广告来说是至关重要的，如果广告试图说得太多，往往会失去传播的重点，反而会变得没有效果。年度广告往往会涉及多个广告传播目标，就需要广告人高超的广告信息构成技巧以及媒体策划技巧，否则就会面临面面俱到而最终导致广告无效的危险。所以，年度广告的传播目标应当尽量明确，不要太多或是太虚，当有必要设定多个传播目标的时候，单一广告所着眼的目标不应太多，要实现这个年度广告传播的目标，就需要制作多条不同的或相互补充的广告，共同组成整体广告活动的一部分。所以，一个企业或产品的广告，可能需要一个广告提升其品牌知名度，一个广告增强企业竞争力，一个广告提高消费者购买兴趣等。

季度广告的传播一般是涉及一个整体的广告活动层面，从这个层面上讲，可以考虑利用不同的时间阶段来实现不同的广告传播目标，也可以利用不同的媒体来实现不同的广告传播目标。季度广告是年度广告的一个组成部分，是年度广告传播的具体化，为年度广告目标服务。

单一广告传播的目标，也就是从单一广告目标层面来讲，即通过单个广告的运行来实现一个或多个传播目标。具体广告作品的传播一般是着眼于一个传播的目标，可以通过复杂、高超的信息技术传达极为简单的广告概念，也可以运用复杂高超的信息构成技巧来实现一个广告中的多个传播目标，若处理得当，也不存在多重广告传播目标带来的接受与理解上的矛盾。很多时候，单一广告的传播目标常常与销售目标有很强的相关性，比如直邮广告或一些零售广告，促进产品的即时销售就是一个极具可操作性的目标，而在其他一些广告传播活动中，例如电视广告、网络广告等，即时销售这个目标从操作层面很难测定，只具有指导性的作用。

特殊情况下广告传播的目标会与常规的广告传播活动的目标有所不同。特殊情况下的广告传播，主要是指在重大活动、庆典、体育文化赛事中的广告传播以及企业危机公关的广告传播。

从营销层面讲，重大活动、体育文化赛事等广受大众关注的事件，一般都是重要的营销机会，可以实现在激情时刻与消费者的互动。广告传播的目的不仅是为了短期内提高产品的销量，更是为了增强品牌的知名度与美誉度，最终赢得消费者对品牌长期而持久的忠诚。所以，广告的投放就不能仅仅是考虑企业自身的主观情况，而应该更加重视市场、重视社会大众的心理、重视社会关注的焦点。一般来讲，重大新闻事件出现时，往往正是企业借此进行事件营销，抓住广告机会的时候，因为大众对重大新闻事件的关注度较高，而且内心的情绪也会随着事件的发展变化而变化，此时做广告，不仅能达到吸引受众眼球的目标，而且可以在关键时刻实现与消费者心理层面的深度沟通，提升企业或产品形象，是对传播效果的进一步升华。当然，在强调事件营销的同时也不能忽略日常的广告营销，因为二者是相辅相成的，如果只是单一地注重事件营销，对企业的长远发展是不利的，永远打造不了一个稳固提升的品牌。并且，事件营销的成功必须建立在日常广告投放的基础之上。只有在日常广告投放建立起的传播平台之上，才能进一步实现事件营销的传播目标。借助体育赛事进行广告传播是事件营销的一种，并且越来越被大家所重视，在竞争越来越激烈的现代社会，不采取差异化的广告传播是难以取得很好的传播效果的，因此，企业需要捕捉机会，尤其是机会来临时千万不要错过。

四年一届的国际奥林匹克运动会便是这样一个绝佳的机会。1984年洛杉矶奥运会，美国人尤伯将无人肯办的奥运会办成了一桩盈利2.36亿美元的成功买卖，还给南加利福尼亚地区带来了32.9亿美元的收益，使洛杉矶奥运会成了奥运商业化史上的一个里程碑，扭转了历届奥运会屡屡亏损的局面。从此，世界各国争相抢夺奥运会的主办权，奥运会不仅为世界各国运动健儿提供体育竞技的大舞台，也为国内外有实力的企业提供了一个展示自己的品牌、扩大企业知名度、美誉度的良好平台，更给主办方带来巨大的有形以及无形的财富，使主办国在后来的历届奥运会中均能赚到丰厚利润。在巨大的奥运商机刺激下，众多商家通过奥运广告来宣传公司和产品，使公司和产品恰到好处地站在公众注意力焦点的边缘，既不喧宾夺主，又巧妙地借助了公众视线的余光，有效地达到了企业宣传的目的。

在奥运会举办之前还有很长的一段时间，在这一时期，受众会投入巨大的热情关注奥运会相关进程，从奥运会的申办到取得最终结果。而作为商家,应该将自己的产品、服务等与奥运会相结合,以契合受众的心理,这段时期的广告传播目标就在于强化企业或产品与奥运会的联系,以此博得受众的好感,进而加深对企业或产品的印象。商场如战场,企业关注的不应该只是传播自身信息,还应该关注更为广泛的社会信息,及时发现新的传播时机。在2004年雅典奥运会之前,"郎酒"就传播了一则十分成功的广告,其广告语只有简单的一句,即"神采飞扬,中国郎",这条广告语向世界传达了一个积极自信、神采飞扬的中国形象,它表现出自信与顽强的态度,还有追求"更高、更快、更强"的奥运精神信念,更表现出面对奥运会时,人们神采飞扬的中国心。这则广告在临近奥运会的那段时间内,在受众中建立起了"郎酒"良好的形象,并不断巩固与强化了这种印象,增强了受众对企业的熟知度,达到了广告预期的传播目标。

在奥运会举办期间,更是各企业大打宣传战的时候。在此时间段,广告最重要的传播目标就是把握时机,宣传要突出重点,抓住受众情感。在这场贯穿东西方的盛宴上,参加者的年龄、国籍、性别、文化背景、心理特征等方面各不相同,因此他们接触媒体的习惯、关注程度、理解能力也存在明显的差异。所以,国内外企业要想在竞争激烈的奥运广告营销战中异军突起,就要根据自身产品特点、目标受众的媒介接触习惯和收视心理等元素,把品牌理念与奥运精神的"契合点"创造性地应用于企业所有的奥运主题广告之中,通过差异化的广告诉求抢占市场空白点,赢得公众注意力,从众多的奥运广告中脱颖而出。除此之外,最重要的就是抓住机会,机会其实是存在于每时每刻的,需要去捕捉甚至去挖掘。2008年北京奥运会刘翔能否卫冕冠军成为全球关注的焦点,众多商家早就制作好了刘翔系列广告准备在其赛后就投放市场。但2008年8月18日,刘翔因伤退赛,这让很多广告商都措手不及,被迫改变广告计划,引发了广告危机,不少企业都表示,将会根据实际情况对原广告进行适度的调整。刘翔退赛使国人为之惋惜,耐克公司作为刘翔的主要合作伙伴之一,迅速捕捉到公众这一感情诉求,第一时间调整了广告策略。在2008年8月19日,刘翔退赛第二天,耐克公司首家在《北京青年报》、《南方都市报》、《华西都市报》刊登调整后的广告,广告是两张大的图片,一张是刘翔退赛后失落的背影,另一张是刘翔坚毅的正面特写,广告词是"爱比赛,爱拼上所有的尊严,爱把它再赢回来。爱付出一切,爱荣耀,爱挫折,爱运动,即使它伤了你的心"。这则广告在情感上十分具有感染力、震撼力,引起了广大受众思想上的共鸣,取得了很好的传播效果。

在奥运会闭幕之后,人们对奥运的热情并不会随着闭幕式的结束而消失,所以,这一阶段仍需要借奥运之势来宣传产品。在奥运会之后,各个媒介都会围绕奥运冠军展开一系列的后续报道,企业也可以充分利用这个时机,利用奥运冠军的影响力做好广告宣传,让受众更多地接触到产品信息。当然这并不是绝对化的,奥运冠军的气质、形象等必须与企业或产品的气质、理念等相关联,才会取得预期的广告效果。

除了奥运会的广告传播活动外,还有很多别的重大体育文化赛事,如世界杯;重大节日庆典,例如国庆节、春节等。当然还有一些重大灾难事件的发生,也需要企业做好与之相关的信息传播,例如2008年的四川汶川大地震,这是新中国成立以来最大的一场天灾。针对地震的援助行动迅速开展,成为全国性的运动,与救灾相关的信息可谓万众瞩目。虽然爱心和捐款数不存在必然关系,但天灾激发起强烈的民族情绪,作为企业家如果能以实际行动表达对灾区的关怀,慷慨解囊,就能大大提高企业的知名度和社会美誉度。地震中广东加多宝集团慷慨捐款1亿,感动了大批消费者,消费者将这种感动转化为对其产品——王老吉的支持,王老吉不仅销量大增,更在情感上赢得了大量消费者。

(二)微观目标

广告传播的微观目标主要包括:

(1)进一步提高广告商品的知名度,让目标消费者认识商品,这是广告传播最直接的目标。

(2)强化目标消费者对广告商品的品牌、商标的印象,以促成目标消费者的认牌购买。

(3) 向消费者提供各类产品、各种服务的有关信息,介绍产品的新功能、新用途,为产品销售等铺平道路,与目标消费者深层次沟通,吸引潜在消费者。

(4) 市场竞争,拓宽产品或服务的市场。

(5) 向消费者提供企业活动的有关信息,提高企业的美誉度,增强消费者对企业的好感,为企业塑造良好的形象。

(6) 通过企业形象视觉识别系统的宣传,强化消费者对企业的认知和好感。提供新的消费观念,创造流行。

对广告传播的目标,可以是一项,也可以是多项,在确定时要根据具体的广告活动而定。根据目标管理思想,也可以在确定一个总目标后,再将之分解成数个具体的小目标,逐一达到而最后实现广告传播的总目标。

需要说明的是,营销目标,例如市场份额等,是不能用来作为广告目标的,因为销售和市场份额还会受到产品、价格、分销,以及消费者促销等营销组合的其他各要素的影响。

(三) 确定广告传播的目标需注意的问题

1. 广告不能与企业的总体发展目标相背离

广告传播活动是整体营销活动中的一个组成部分,是企业营销活动的一种促销手段,因此,必须在企业目标和营销目标的指导下确定广告传播的目标。广告传播目标是企业营销目标在广告传播活动中的具体化。广告传播目标应服从并服务于企业整体营销计划的要求,不能违背企业的整体利益。

2. 切实可行并且具体实在、可操作、可衡量

广告传播的目标是广告整体活动的核心目标,应当是切实可行、具体明确的。所提出的目标应当与企业的现实发展状况、市场的实际竞争状况等相符合,应建立在充分的市场调研基础上,全面分析主、客观环境,不能盲目。广告传播的目标也必须明确,不能模棱两可,设定的广告目标尽可能是具有可操作性的,能够被衡量的,例如,具体规定广告的收视率、阅读率、记忆率等,尽可能采

用数据来衡量，但也有不能采用数据来衡量的，例如消费者对产品及品牌的忠诚度等。总之，在确定广告传播的目标时，一定要确定具体的标准，这样，既有利于广告计划的制订以及实施，也有利于对广告效果进行测定和客观的评价。

3. 能与其他部门尤其是营销部门相互协调配合，具有协调性

广告活动是企业整体营销中的一个组成部分，广告传播的目标能否实现，还需要企业的其他部门，尤其是营销部门的协调配合，求得理解与支持。与此同时，广告传播的目标还要与各项具体广告活动的子目标相一致，只有各个子目标的实现，才能最终促进总体广告目标的实现。

4. 即时效应与延时效应的统一

广告的传播会促进产品的销售，但其并不具备直接销售产品的功能，从广告传播活动展开，到之后发挥作用，是有一个过程的。从广告投放到产生明显的效果，要经历一段时间，在确定广告传播的目标时，必须考虑到这个因素，因为在这段时间内，企业的内外环境随时可能发生较大的变化，这些变化在最初制订广告传播的目标时是难以测定的。

二、广告传播的内容

广告传播的内容是指广告信息传播的宣传重点与要求。一则广告的信息含量是有限的，因此选择什么样的内容做广告传播的重点就显得十分重要。

（一）根据商品的特性来选择广告的传播重点

商品的特性主要包含以下内容：

商品的质量与性能；

商品的外观与包装；

商品的使用寿命、用途、使用方法；

商品的功能，能给消费者带来的利益；

商品的生命周期，不同的周期有不同的广告策略和广告重点；

商品的售后服务与维修网络；

与本商品相同或相似的竞争产品的信息等。

根据商品的特性，可依据其直接效用、先进程度，能带给消费者什么特殊利益、特殊功能等方面来选择确定广告传播的重点。

（二）根据广告对象即目标消费者的情况来确定广告的诉求重点

它包括以下几个方面的内容：

目标消费者的构成、数量及生活区域；

目标消费者的经济状况；

目标消费者的消费时间、消费地点、消费习惯与消费方式；

目标消费者的消费心理；

目标消费者的需求状况等。

通过市场调查了解消费者的情况，这是广告活动中常被忽视却又是十分重要的一环。根据消费者的需求来确定广告诉求重点，这在营销广告时代是极为必要甚至是关键的一步。

（三）根据广告客户的基本情况，为广告传播内容的确定提供依据

它包含以下几个方面的内容：

企业的经营历史，包括它的经历、规模、对社会的贡献以及在社会上的声誉等；

企业的人员情况，尤其是拥有人才的规模及构成，他们的科研成果或业务水平的影响以及在社会中的地位等；

企业的设施，包括企业的生产设备、营业设施的先进程度，产量情况；

企业的经营情况，包括企业的经营措施、成绩、市场、流通渠道等；

企业的外部形象，包括企业的风格，在公众中的印象，有无统一的品牌、经营思想、公共关系等；

企业历年的广告活动情况，包括广告费的开支、媒介选择、广告费与广告效果的比值等。

根据企业的基本情况，明确企业现在所处的经济环境、社会环

境、社会地位及今后的发展前景,对于营销广告可提供广告内容的依据;对于公共关系广告,可提供必备的广告内容,并可选择某一方面作为广告传播的重点。比如企业的美誉度不高,则可以提高企业的美好名声为诉求重点开展公共关系广告等。

(四)根据竞争对手的情况来确定广告传播的重点

它包括:

竞争对手的整体营销情况,如对手的数量、规模、市场的占有份额、主要经销手段等;

竞争对手的广告情况,如广告费开支、广告策略、广告数量、广告媒介、广告表现方式等。

了解竞争对手的情况,可以使广告传播更具针对性,如在广告中突出自己的产品比对手产品的优越点就是一法。另外在售后服务、产品功能、产品质量等方面也大有文章可做。

(五)企业的外部环境情况也对广告传播内容产生影响

企业的外部环境包括各种政策、法规、行政管理、社会环境、自然生活环境等,在不同的情况下,对产品内容的影响也不一样。在传媒行业发达的国家,例如美国在广告的内容、制作、播出上就有严格的监管,制定了十分详细的管理规定。政府管理广告的主要机构是联邦委员会、联邦通讯委员会和美国食品药物管理局,对维护美国广告市场的协调发展,保护消费者的权益起着重要作用。在我国,随着广告业的不断发展,国家针对广告的监管体系也越发系统化、规模化,不断完善广告发布检测机制,加强广告经营资格管理,加大广告巡查力度,进一步整顿和规范广告经营市场。随着政府管理的加强,企业的广告面临着更多限制与规范。

第三节　广告传播的特点

广告传播是特殊的传播活动,除具备传播活动的一般特征外,还具有一些基本特征。

一、特定的传播主体与传播形式

广告传播活动有特定的主题,广告传播的主体只能是具有合法生产经营资格的经济组织和自然人,一切不具备合法生产经营资格的其他社会组织和自然人都不是合法的广告主体。这一特征,不仅是学理上的认识,也是我国法律上的明确规定。广告传播必须有明确的广告主,这是由广告传播的目的与责任决定的。消费者接收广告传播的信息后,在需要购买商品或服务时,需要了解这是由谁生产的,不同的广告主也会影响消费者的最终选择。另外,广告传播要对社会、对消费者负责,只有明确是谁发出的广告传播,才能真正明确责任。

广告传播活动属于大众传播的范畴,广告的作品形式也具有特定性。大众传播的具体信息形式就是按照一定的规则组织起来的符号集合体,即作品,人们就是根据规则的不同来区别新闻作品、艺术作品、广告作品和其他各类作品的。广告作品也是按照独立的规则组织起来的、有独特的表现形式的符号集合体。只有符合这些规则才能被明确称为"广告作品",所以,广告也有特定的传播形式。

二、广告传播是有明确目的、可重复、复合性的传播

人类社会中的一些传播活动,其目的性并不强烈,甚至可以说是没有明确目的的。比如,一般的人际传播并无明确的目的,施传者不想施加什么影响,也无与别人共享信息的意图。但是,广告传播,无论是营利性的广告传播还是非营利性的公益广告传播活动,目的都是十分明确的。企业花费巨额的金钱刊播商品、劳务、观念广告,目的就是要把这些企业信息尽快传给潜在的目标受众,最终实现商品的销售,提供服务,获得盈利,维持企业生存与发展,建立企业的良好形象。也正是为了实现企业的营利目的,企业广告主才对广告创意给予高度重视,对广告文案字斟句酌,制订周密的广告传播计划,并要求广告作品要有效、准确地传递信息。公益广告是公益性组织通过获得赞助或是以无偿的方式来传递信息,以提高

社会的道德水平和公民的思想认识水平为主要目的的。

广告不同于新闻，新闻传播强调时效性，一般不重复；广告传播的信息没必要时时更新、天天更新，它总会在一段时间内不断地重复刊登或者播出，广告传播的信息是要力求让所有目标受众都能接收，达到预期的影响度，并使人们认同，这就需要不断的重复，对受众产生足够的影响力。重复有助于广告传播克服客观市场或是主观心理上的障碍，给受众留下深刻印象，使其产生认识、情感、态度及行为方面的影响。广告传播的重复性不限于一次或者两次，可以重复几十次，甚至数百次，有的广告可以刊播几年甚至十几年，这是广告传播独有的特点。当然，聪明的广告主不会只是简单地一直重复某个广告，而是会不断地采取"同中有异、异中有同"的媒体策略，如改变刊播周期、更新广告文本、配予相应的营销措施等，通过这些改变进一步刺激受众的注意力，实现传播效果。

此外，广告的传播也并不是通过单一渠道进行的，大多数广告主常常通过多种渠道展开复合性传播，但广告的传播也并不是盲目地随便选择媒体或组合媒介来进行的，它必须通过一系列的媒体选择分析，最终确定投放对象。其方法一是以大众传播媒介为主体，同其他媒介相互配合，即利用报纸、杂志、广播、电视向分布广泛、人数众多、互不相识的受众进行信息传播。不同的媒体具有不同的优势与劣势，因此广告主在选择与组合时必须充分结合商品的特性；二是以付费的传播为主体，与不付费的传播相结合。大众传播媒介需要付费，这是现代广告的基本特点之一。广告主也可以通过自办媒介物开展广告传播活动，虽然其规模较小，传播有限，但可以针对特定受众开展有效的传播活动，并且费用较低。

三、广告传播是负责任的有偿传播

广告传播活动是以付费为基础的，这是广告传播有别于其他大众传播活动方式的本质特点。广告传播的一系列环节都必须通过一定的资金支持才能顺利进行，比如广告制作时的设计费用、印刷费用、拍摄费用等，这些都是需要广告主来承担的。在广告发布时的媒体租用费、报纸版面费、广播电视的广告时间更加需要广告主投入大笔资金去维持。广告的付费主要具有两方面的意义。一方面，广告传播活动过程有明显的社会分工以及分工作业的高度社会化，各活动当事人（广告主、广告公司、广告媒体）之间的自然协作关系在无形中被隔断。广告费用重新在当事人之间建立起了强有力的纽带，将处于不同领域的广告主、广告经营者和大众传播机构紧密地联系在一起，形成了建立在经济利益基础上的新的协作关系。另一方面，这一特点也使广告主具备了一定的控制信息传播过程的能力，广告主可以通过广告费的投入来控制作品质量、传播渠道、传播数量和传播范围，使广告主在高度社会化、制度化的大众传播机构面前保有一定程度的自主性和独立性，从而有利于其他信息渠道的通畅。

广告传播能对社会产生广泛的影响，所以，广告传播必须是负责任的信息传播。广告传递的信息会对潜在消费者造成预期的心理影响，也可能会发生预期以外的影响。一些广告在对社会起积极倡导作用的同时，也可能有很强的消极诱导作用，会对社会产生不良后果。广告可能带来副作用，进行广告传播活动前，应该详细考察可能存在的社会效果。由于广告传播是要付费的传播，而购买大众传播的花费是昂贵的，所以广告主应该在其购买的有限刊载版面和播映时间内，传递经过了严格筛选的信息。

社会中存在许多虚假的广告，有的广告故意夸大产品的功能，有的广告宣传"三无"产品，有的广告会给青少年带来心理健康方面的不良影响，这些都大大损害了消费者的利益。广告是社会整体交流中的一部分，它必须真实，以对目标受众与社会负责为前提，弄虚作假欺骗受众的广告，一方面会被受众所抛弃，导致产品营销的失败；另一方面会受到社会法制的惩罚。广告传播的责任分布在广告主、广告代理、广告传媒、广告监督机构方面，是一种协作的责任，这是社会文化的要求。

四、独特的广告劝服效果

广告传播是一种宣传但又不同于宣传,宣传旨在说服人们接受或放弃某种观点和行为,宣传往往服从于宣传者更为广泛的社会活动的整体意图,试图通过说服把宣传对象的思想行为有计划地纳入这个更广泛的整体意图;宣传以劝服、说服为特征,是以使人们产生、接受、强化或放弃思想、观点、态度或行为为目的的。

广告宣传与普通的政治宣传有着明显的不同。广告的主要任务是让受众知晓某一信息,提供独特的产品利益以劝服消费者,希望受众产生与广告预期相同或相近的心理反应,最终发生购买行为或对产品产生好感。与政治宣传的强制性劝服不同,广告传播以受众的意愿为基础,强调潜移默化地影响消费者,制约性不强,宣传的效果取决于企业信誉以及其他一系列的影响因素。广告的独特劝服性是一个有力的武器,它可以充分实现广告的功用。当目标受众是可以被说服的公众时,广告往往能强化消费者的态度。广告还追求改变态度和信仰,经由艺术、重复等有效手段最终扭转目标受众的当前态度,使之产生消费冲动,实施消费。

第四节　广告传播的时机

广告时机的选择对广告效果有重大的影响,时机选择得当,则可以充分利用有利时机创造的有力的媒介条件,增强广告传播效果;而若时机选择不当,则可能由于不利条件的影响,使广告效果大打折扣。广告发布时机对整个广告活动有重大的影响。

一、广告传播时机选择的影响因素

广告传播时机的选择主要考虑以下三个因素:
(一) 购买者的流动率
这是指新顾客在市场上出现的速率,速率越高,说明广告的重复播放会影响到的潜在消费者越多，给最终的产品销售带来的影响越大，所以，广告越是应该连续不断。

（二）购买频率

它是指某一时期内购买者平均购买产品的次数，购买频率越高，广告就应该越是连续不断。比如"健力宝"饮料就在这上面栽了跟头。"健力宝"早在1984年便已扬名中华，这个企业当年因为洛杉矶奥运会赢得了不可想象的关注，并被赋予"中国魔水"的称号，占领了相当大的市场份额，但由于决策失误，企业一度削减了广告传播的力度，在短短一年的时间里，经过艰苦奋斗才打开的市场就已经在市场竞争激烈的大潮中萎缩，当企业意识到连续广告的重要性时，已经为此付出了沉重的代价。与"健力宝"相反，百事可乐品牌百年来能在市场竞争中站稳脚跟，与其铺天盖地、反复不断的广告是不可分割的。当消费者对产品逐渐熟悉，产生信赖，频繁购买后，广告的影响力依然很重要。

（三）遗忘率

这是指购买者遗忘某种品牌的速度，遗忘率越高，广告就越是应该连续不断。广告传播的特点之一就是可重复，因为广告传播要向目标受众传达信息，并使人们认同这些信息，要达到这一目的就必须使广告信息给受众留下深刻的印象，进而才能对受众产生认识、情感、态度及行为方面的影响。但人的记忆是有一定规律的，每一次信息的输入，其维持记忆的时间都是不同的，只有通过信息循序渐进地输入，不断重复，记忆的时间才会加长。

二、广告传播时机选择的注意事项

（一）服从整体广告策略

广告时机的选择要服从于整体的广告策略，要有利于广告目标的达成。任何不利于广告目标达成的广告的推出，均会对整体的广告活动产生不利影响。

（二）服从市场变化

广告时机的选择要服从于不断变化的市场和消费者的需求。新产品在刚刚进入市场或产品在刚刚进入一个新的市场时，还未能被消费者充分认识，所以此时的广告，时间要集中一点，广告的密度也要大一些，对目标市场发起突击性的广告攻势，并且广告的推出时机应该选在新产品上市之前。其目的在于短时间内造成广告的声势，扩大广告的影响，向消费者介绍这款新产品，让消费者认识到新产品与旧产品的差异，培养其对于新产品的需求，从而在前期就顺利地开拓市场。当产品在市场上占有了一定的位置后，广告宣传的时机就要随着消费者需求的变化而变化，但也要保持广告的延续性，在巩固原有市场的同时开展竞争性宣传，培养消费者的品牌忠诚度。

（三）根据竞争对手调整战略

广告时机的选择要根据竞争对手的广告战略，以及竞争对手对媒介的选择作出适当的反应。市场是一个硝烟四起的战场，在时机的选择上，与对手的竞争有两条路线：一是跟随竞争对手的广告策略调整自身的广告策略，当对手选择了一定的时间来推出广告，就跟随对手的步伐，依据对手选择的时间和次序安排自身的广告宣传；二是采取与竞争对手完全不同的策略，根据竞争对手的产品在市场上的销售情况，开展具有对抗性质的广告宣传。

（四）随季节变化而变

广告时机的选择要根据产品的特点和销售季节的不同而有所不同，不同的产品销售会有淡、旺季之分，如电风扇、空调、冷饮等，夏季就是其销售的旺季；而对于羽绒服、手套等，冬季才是其销售的旺季，这些产品销售都是具有一定季节性的。一般来说，在销售旺季到来之前，广告主就必须加大广告的密度，为即将到来的旺季做好准备，以引起消费者的注意。在旺季，销售达到高峰时，广告的宣传也会达到高峰；旺季过后，逐渐减少直至停止广告宣传。

（五）随产品周期的发展而变

不同的产品有不同的生命周期，在产品的不同生命周期内，广告时间与媒介的选择都会有所不同。所以，广告应根据产品所处的生命周期，选择各种不同的媒介组合进行宣传。

在产品不同的生命周期选择的时机也不尽相同。在产品的导入期与成长期，选择电视、报纸、杂志或户外广告等媒体宣传更为合适，因为其宣传投入大，效果也更为明显。在产品的饱和衰退期，要选择户外或广播这样费用较低的媒介，以维护产品的生命力，而在时间的选择上也要更分散一些，以便等待产品第二次生命周期的到来。

（六）符合消费者的心理规律

广告时机的选择有利于加强广告对消费者的刺激强度。一般而言，一次性的广告是不足以引起人们的注意的，在进行了多次的刺激之后，广告信息被记忆的概率就会大大提高，所以，广告的延续性是一个值得注意的问题。当然，广告的延续性也不是越长越好，而应根据人的记忆规律在发布上先密后疏，并且不能长期重复同一个广告内容，应不断注入新的内容，给人新鲜的感觉。此外，广告的重复次数、发布频率等还和广告的预算、广告整体方案对广告时机的要求密切相关。

知识链接

大众传播与广告传播的区别与联系。

思考题

1. 广告传播有哪些分类方式？每种分类方式又有哪些类别？
2. 确定广告传播目标时受到哪些因素的影响？
3. 影响广告传播的要素有哪些？
4. 广告传播有哪些特点？
5. 试述广告媒体发布的时机策略。

第六章 广告媒介

第一节 广告媒介的含义

广告媒介是承载与传播广告信息的物质技术手段。比如报纸、杂志、广播、电视等都是现在已经被广泛使用的广告媒介。广告的表达方式与媒介的选择是有紧密联系的,同时,现代的广告活动已经发展成为一种全方位的整合性的信息传播活动,因此,各种广告媒介已经不再是独立区分的个体,广告媒介整体计划的选择已经成为整个广告活动战略的重要组成部分。随着经济形态的改变和高新科技的发展,互联网等新媒体形式不断涌现,为广告活动选择最恰当的媒介与广告创作一样,成为一项创造性的工作。不同的广告表达形式与其所对应的媒介的种类、特点等息息相关,广告活动的一个重要方面,就是运用广告媒体战略,充分发挥各种广告媒介的传播优势,准确、即时、巧妙地把有关信息传递给目标消费者。

一、广告媒介的含义

"媒介",又称"媒体"(media),广告活动的整个系统与传播紧密相连,而传播活动是通过媒介来实现的,所以,广告要达到预期的效果,就要通过媒介传达信息来实现。广告的传播媒介就是广告借以传播信息的载体,它是传播广告信息以达到广告目标的工具和手段,它能实现广告主与广告对象之间的信息传播,所以,凡能刊载、播放广告作品,在广告活动中起传播信息作用的物质和工具,都可以称为"广告媒介"。离开了广告媒介,广告信息就无法传播,也就是说,它无法脱离广告媒介而单独存在。

广告媒介策略是企业行销策略成功的关键,它与企业的定位分析策略、创意策略、文案策略等一起,构成了广告活动的主体。广告媒介的选择直接决定着企业形象与商品形象的塑造,以及企业促进并扩大商品销售的广告目标能否很好地实现。在广告媒介的选择与组合上,版面的大小、刊播次数、刊播时间等都会对广告产生影响。一般而言,时间长比时间短更容易引人注意,但是绝对延长时间而广告内容枯燥无味,反而会降低吸引力;相对延长广告时间及增加广告的频率也容易引人注目。但增加广告的频率也是有一定的限度的,过分长久地反复会使受众感到厌恶,产生抗拒心理。广告媒介的选择还决定着广告是否能有内容地表达,以及以何种形式表达。在不同的媒介上传播信息,都会面临"说的内容"和"说的形式"的选择,不同的广告传播媒介对这两种选择都会产生很大的影响。在广告活动前期,不但要认真考虑与分析广告内容的选择,而且要把握不同媒介的价值功效,以合适的传播媒介去完成特定的广告信息传播。此外,广告媒介的运用还会最终决定广告效果的好坏。任何企业都希望以尽可能少的广告费用取得较好或最好的广告效果,由于广告费用中的绝大部分用于媒介,从这个角度分析,与其说是广告费用决定广告效果的大小,倒不如说是媒介费用决定广告效果的大小。按照国际惯例,在一种正常的经济运行状态中,用于广告媒介的费用应占企业广告费用的80%以上。

广告媒介的种类繁多,从物质形式上分,有符号媒介、实物媒介和人体媒介三类;从功能上分,有视觉媒介、听觉媒介、视听觉媒介、触觉媒介和嗅觉媒介;从传播规模分,有大众传播媒介和其他传播媒介;从传播内容来分,有综合性媒介和单一性媒介;从技术上分,有印刷媒介、电子媒介、声学媒介和光学媒介;从时空上分,有时间媒介、空间媒介和时空媒介;从影响范围上分,有国际性广告媒介、全国性广告媒介、地区性广告媒介等。但常用的分类方法是按媒介的传播途径来分的,把广告媒介分为印刷媒介、电子媒介、邮寄媒介、销售现场媒介、户外媒介等。报纸、杂志、挂历、年鉴等，属于印刷媒介；广播、电视、传真、录像、电子显示屏等，属于电子媒介；路牌、霓虹灯、交通车船飞机、招贴、气球、飞艇等，属于户外媒介；用于邮寄的销售信、订购单、商品目录及说明书属于直邮媒介；在商品销售现场的售点、橱窗、招牌灯属于现场销售媒介等。利用哪类媒介做的广告就通称为该类媒介广告，如在报纸上做的广告就叫报纸广告，在电视上做的广告就叫电视广告。不同类型的广告，其特点也不相同。

二、媒介与广告的关系

（一）媒介与广告的关系

大众媒介与广告是相互依存，共同发展的。广告对媒介的使用，是由现代商品经济的发展需求构成的，而媒介是否能被广告所用，需要满足五种要求：第一，要具有一定的覆盖范围；第二，要具有相对固定并且比较明确的受众群体；第三，要具有适当的传播速度；第四，要具有良好的传播效果；第五，刊登、发布的成本能够为企业所承受。而媒介影响力的提升，也是通过不断的信息传播，从受众方面得到相应的信息回报的，是信息传播的客观结果。

从某种意义上讲，媒介的成长史即为广告的发展史，广告的发展史即为媒介的成长史。一方面，四大传媒的发展为广告事业的发展和进步提供了必要的前提条件；而另一方面，广告业的发展也促进了传媒的进步和成长。然而二者的关系并不总是和谐的，二者之间也存在相互影响与适应，在相互影响、相互适应的过程中，也影响了彼此的发展。

（二）媒介对广告的影响与适应

媒介对广告的影响，从大背景上来讲，应该理解为社会对媒介和广告的影响，除了影响之外，媒介又在不断寻求对广告的适应。

首先，现代社会不断发展，科技不断进步，促使媒介形态不断发生变化。在近几年的发展之中，我们可以明显看到，传统媒介广告影响力下降，而新兴媒介广告影响力不断上升。在报纸、杂志、电视、广播四大传统媒体上投放的广告影响力逐渐"下降",这里的"下降"并非指其广告影响力的减弱,而是指传统媒体的发展速度远远比不上新兴媒体的发展速度。对于经常上网、拥有手机并乐于尝试的新一代青少年来说,看电视、听广播、读报纸并不是他们闲暇时间的主要娱乐活动,上网和用手机发短信聊天占据了他们大量的时间,网络媒体和手机媒体的广告对青少年受众的影响力有着超越传统媒体的趋势。随着网络媒体上的贴片广告、视频广告越来越多,其产生的传播效果已经不亚于电视媒体,而网络自身的新闻时效性更是报纸所无法比拟的,网络媒体在这两方面的显著优势争夺着报纸和电视的受众。手机媒体广告的优势是针对性强、时效性强,这足以吸引大量的受众。中国互联网络信息中心在2011年的《中国互联网络发展状况统计报告》中指出,2010年,我国手机网民规模继续扩大,截至2010年12月,我国的手机网民达3.03亿,较2009年年底增加了6 930万人,在未来的发展中,手机网民增幅可能较传统互联网网民的增幅更大。手机媒体有更广阔的发展空间。除了以上两大新兴媒体之外,还有商务楼宇电视广告、公交电视广告、铁路电视广告等,在近几年内它们不仅丰富了人们的日常生活,更为媒体机构带来了更多的机遇。

其次,广告主对媒体的选择呈多元化发展趋势。由于不同年龄阶段的受众与不同媒体接触的频率有较大差异,广告主在选择广告媒体时,往往根据目标市场采取基于年龄细分的不同的媒介策略。销售少儿产品时,由于儿童接触频率最高的是电视媒体,投放电视广告会取得最佳的效果。而对于青少年则比较适合采用新兴的网络媒体、手机媒体等。对于受传媒影响最大的中年人来说,电视、报纸、杂志的影响力是不可忽视的,作为社会的主流人群,他们虽然也会上网,但时间不会很长;他们也会携带手机,但主要是为了满足通话等需求。除此之外,还要在行业、收入等方面进行细分,行业、收入不同的群体受不同媒体的影响差别也是很大的。总之,媒介发展的多元化促进了广告媒体策略的多元化发展,针对不同目标市场的广告采用的媒体策略也有极大的差别。在媒介形态单一的年代，单一的媒介策略足以取得不错的广告效果，而多元化媒体策略逐渐兴起，成为广告活动的首选策略，为了成功地进行产品和服务的宣传，广告主和广告代理商都不断尝试不同形式的新媒体。

再次，在广告媒体策略多元化的发展趋势下，只有采取整合媒介进行广告宣传的办法才能为企业谋得最大化的利益，多媒介的整合将成为广告业发展的动力。从媒介的发展模式来看，我国的主流媒体目前采取的扩张模式主要是系列化、一体化的。部分发达地区的媒体产业甚至已经开始出现多元化发展，成立了各种媒介集团。多媒介的组合性形成了最佳的传播效果，这是单一媒介无法达到的。新老媒介结合的优势，一方面体现在目标受众的覆盖面上，它将电视、报纸、网络等不同收视和阅读群体统一覆盖；另一方面，它使得广告经营成本大幅降低，传播影响力比任何单一的媒介形式更具竞争优势。广告经营成本的降低是广告主和广告公司始终追求的目标，因此整合媒介必将大大受到欢迎。另外，媒介的多元化发展必然促进广告策略的变化，对于媒介的选择将从单一转化为多种媒介相结合。

最后，国家政策对广告市场也会产生巨大影响。任何广告在刊播之前，都必须经过当地主管部门的严格审查，广告内容必须符合法律、法规标准，这是最基本的要求。除此之外，国家政策还会随着整个媒介市场的完善而逐渐系统化、规模化，形成一套完整的体系。针对我国电视广告出现的种种问题，在2011年年末，广电总局陆续发布《关于进一步加强广播电视广告播出管理的通知》、《关于进一步加强电视上综合频道节目管理的意见》、《〈广播电视广告播出管理办法〉的补充规定》、《省级卫视电视剧播出管理意见》等文件。这一系列的广电新政对广告市场产生了重大的影响，原本我国的电视广告市场就处于风口浪尖，受众年龄偏大、受众消费时间持续减少等都是影响电视广告的因素，广电新政的出台更是在电视广告市场上引起了轩然大波。一直在公共传播平台和商业利益之间左右权衡的各家卫视，面对突如其来的四道限令，直接受到影响的就是广告费用。各大卫视承受的巨大经济损失不可避免地会转嫁到各广告主身上，所以，许多广告主从电视荧屏"抽身"，转而投向视频网站。而各大卫视也不断适应这一新的政策，减少了硬性诉求的广告，使广告传播的形式更加多元化。

第二节 广告媒介的类别及特点

一、报纸媒介

（一）报纸媒介的分类

19世纪30年代大众化报纸的出现，标志着人类的信息传播活动进入大众传播阶段。报纸经过多年的发展，内容从单一到多元化、从黑白到彩色、从小报到大报、从单一纸制品到网络阅读，对社会信息的传递起到了重要作用。根据不同的研究角度，对报纸的种类可以进行多种划分：从办报方针上分，有政治性报纸、商业性报纸、企业性政治报纸；从报纸内容上分，有综合性报纸、专业性报纸；从影响范围上分，有国际性报纸、全国性报纸、地方性报纸等。

与杂志、广播和电视相比，报纸虽然是最古老的广告媒介，但它的影响力和普及性却是其他广告媒介难以达到的；它给客户提供的服务也超过了其他广告媒介。这是与报纸媒介的特性有着密切关系的。

（二）报纸媒介的特点与局限

报纸广告在市场经济的运作中扮演着重要的角色，它的存在满足了市场、媒体和受众这几方面的需求。

1. 报纸可提供广泛的选择性

（1）读者广泛。

根据2007年第五次"全国国民阅读调查"对报刊书籍阅读率的分析，报纸是阅读率最高的文字媒体，以73.8%的阅读率位居首位。每人每月平均读报约为7.4份，购买报纸的比例为76%。

在2003年的调查中,我国国民个人自费购买报纸的平均消费额为54.04元、杂志为21.56元、图书为43.67元,均比不上购买报纸的消费金额。此外,报纸的发行量一般都较大,尤其是全国发行的综合性日报,如《人民日报》、《光明日报》、《经济日报》等,发行量都在百万份以上。由此可见,我国报纸发行量大,传播面广,读者人数众多。由于报纸密布于社会的每一个角落,报纸广告可传达到社会各阶层人士,能给众多消费者提供广泛的选择机会。但我们也要看到,由于电视和网络的迅猛发展,二者逐渐成为人们主要的休闲方式,并深刻影响着人们的阅读习惯,特别是年轻人,他们越来越不习惯传统的纸质阅读,造成了网络阅读对传统阅读的冲击。

(2)报纸多样化。

我国报纸种类多,《中国报业发展报告2007:创新成就未来》指出,截至2006年12月底,我国共出版各类报纸1 935种,较2005年6月底实际出版的1 926种增加了9种。在我国,主要有党报、晚报都市类报纸、生活服务类报纸和行业专业类报纸这四大类。党报有中央一级与地方一级的区分,晚报都市类报纸关注于不同城市的方方面面,生活服务类报纸为大众的生活带来便利,行业专业类报纸比较注重专业性。各类报纸可适应不同的读者群的需求,而大都市的都市报、生活服务报大都深入家庭,报纸的读者远比发行量多几倍甚至十几倍。此外,报纸的分布面也很广,一个大城市就有几家甚至几十家报社,小城镇也可以发行地方小报,企业也有大量企业报、行业报。报纸的多样性为广告客户选择广告媒体带来了极大的方便性与准确性。

(3)介绍商品的多样性。

能在报纸上刊登广告的商品种类繁多。报纸既可以刊登生产用品的广告,如机械制品、生产资料、交通工具等,也可以刊登生活用品的广告,例如家用电器、食品、服装、个人生活用品等,这都极大地丰富了报纸广告的内容。同时,各类公共关系广告、企业形象识别设计等,选择报纸作为媒介也是很恰当的。

2. 报纸广告是推出新产品的捷径

报纸广告的表现力很强,特别是在对新产品的介绍方面。由于电视、广播媒体传播的信息具有转瞬即逝性,因此不适于对新闻作详细分析,经常是一笔带过,而报纸图文并茂,可作详尽的说明,消费者能充分了解有关新产品的性能及使用方法方面的知识。此外,报纸广告带有新闻性和时效性。广告本身就是一篇新产品的消息报道,而且报纸每日出版,可使新产品的信息迅速传达给消费者,能不断强化消费者的印象。电视广告则无法即刻配合(因为制作较为繁琐)且费用昂贵,广播也不易有形地、立体地介绍新产品。消费者在对新产品未有足够了解之前,一般是不会即刻购买的,因此,从介绍新产品的全面性、新鲜性、时效性来看,报纸广告是推出新产品的捷径。

3. 报纸广告反应快速、直接

报纸的发行速度快,我国目前实行的是多渠道邮发报纸,无论是交通邮递发行,还是自办发行,发行速度都比较快,能在短期内发行并传达信息,使报纸广告很快发生作用,商品也能迅速由销售部门到达消费者手中,使购买者、销售者、生产者以及潜在消费者联结到一起。与电视广告、广播广告等需要经过专业团队的精心制作、投入费用与时间都较多相比,报纸广告的编排出版更为快速、直接。此外,电视、杂志、广播等由于种种原因,使得其观众、读者、听众并非专门关心广告,所以导致受众对广告的注意受到一定的限制。

经验证明,报纸广告在达成快速销售上有其独特的价值,尤其是周末版,占据天时之便,使得传播效果更为显著,反应更加迅速。

4. 报纸广告有良好的信誉和影响力

报纸广告的信誉主要来自读者对报纸的信任。报纸在漫长的发展历程中,凭借可靠的内容积累了良好的信誉,并在其后的岁月里逐渐将信誉升华为一种权威性。读者一旦产生对报纸的信任,他们对报纸刊登的广告,很可能也会给予同样的信任。美国报纸出版人协会曾做过调查，一般人认为报纸媒介具有"良好的风格"、"广告可使人信任"，而电视及广播分列第二、三位。美国鲁恩·克拉克在《编者与发行者》上发表调查报告说："作为一种新闻来源，报纸享有更高的声誉，它不像电视那么耸人听闻。"这个结论是根据对 1 200 名用科学方法挑选出来的人进行采访调查得来的。我国不少城市也做过类似的调查，对报纸广告的可信度给予了较高的评价，这正是报纸广告的力量基础。因为推销与消费必须建立在互相信任的基础上，才能取得积极的效果。但一些报社的做法正在破坏消费者对报纸的信任，如 2011 年爆出的英国《世界新闻报》窃听丑闻，传媒大亨默多克拥有的《世界新闻报》为抢独家新闻，采取非法手段获取信息，这种做法冲破了社会公认的道德底线，侵犯了西方人最为重视的隐私权，在国际上引起轩然大波。

5. 分类广告突出

所谓分类广告，是指在报刊上集中并分类刊登的众多用简短文字表达的广告。就是将小广告分类，使每一类性质相同的广告集中在一起刊出，如招聘、求职、出租、招生、药品、家电、美容等。

分类广告有很多好处。

（1）对报纸有利。

分类广告一般读者众多，人们需要在广告中找到对自己有用的东西，如身体不适者爱看医药类广告，求职者爱看招聘类广告，想买廉价商品者会查找减价广告，有购房需求者会看房地产广告等。所以分类广告越多，看的人越多，报纸的发行量也会越大。因此，国外的广告理论认为，报纸发行量大，分类广告就多；分类广告多，则会进一步促进发行量的增长。

（2）对广告客户有利。

分类广告一般所占版面不大，再加上人为缩小字体使较小的版面能容纳较多的内容，从而更加经济实惠，有利于广告客户发布各种信息；而且分类广告众多，国外一些大报的分类广告常常占到报纸版面的 50%，大型广告占到 20%，报纸也常有意降低分类广告的价格，也有利于广告客户。

（3）有利于读者。

分类广告越多，读者也会越多，但如果不分类集中，那么成千上万条小广告就会分散在各个版面上，是极不方便读者查询的，容易被读者忽视，从而失去广告效果。而将广告集中起来，读者可以轻松地按类别查找，又快又方便，广告的效果也易于体现。

目前国内报纸也逐渐重视这个问题，分类广告也取得了较大的发展，比如《华西都市报》与《成都商报》，每周均会有多个版面刊登分类广告，涉及百姓生活的方方面面。

6. 可以保存备查

报纸广告刊出之后，有需求的单位与个人可以把它保存起来，过一段时间之后还可以翻出来重新查看。与此相反，电视广告、广播广告都是一播即过，转瞬即逝，不易保存；户外广告只能身临其境才行。可读可存，是报纸广告的长处。

同时，由于报纸广告可以保存，当消费者要购买某种产品时，可以通过翻阅报纸广告进行对比。比如当下报纸上有众多房地产广告，购房是城市居民的一大需求，面对众多的开发商，读者可以轻松通过对比其广告了解其优劣，从中作出选择。

7. 制作简便

报纸广告可以根据企业的要求，天天以全新的信息广而告之。在报纸广告中，企业都希望以新内容、新语言、新格调去赢得读者的注目。天天都能有新花样的关键是报纸广告制作方便。报纸广告不需要复杂的制作程序，无论是文字还是图片，从稿件处理到制版印刷，只要花费几小时即可。而制作电视广告，不仅要有脚本、演员，还要取景、音像合成，制作不简单；至于做路牌、霓虹灯广告则更需要花费更多的工夫。而且，报纸是定期读物，可以按照广告主的意愿和要求进行有计划的广告活动。此外，报纸广告制作成本低，但一条优秀的电视广告、霓虹灯广告、路牌广告则成本高昂。

8. 报纸信息阅读的主动性和非强制性

报纸在读者手中只是一叠印刷好的纸张，不可能强迫读者阅读，不具有任何强制性。而电视、广播则不同，信息接收终端的存在就意味着阅读自由的消失,因为信息接收者不可能越过终端去主动地、选择性地获取信息,而只能在接收终端旁消极地、被动地接收信息。报纸将大量内容展示在读者面前,读者对哪条信息感兴趣就可以方便快捷地翻到所在版面。在电视、广播中,广告对于受众在某种程度上来说是具有强制性的,受众在观看电视时,面对突然插播的广告,除了换台之外别无其他逃避的方法,久而久之,受众必然会产生反感情绪,广告信息的传播效果就会大打折扣。报纸不能强迫读者将注意力集中到哪一条广告上,于是把所有广告信息以平铺的方式摊开,让读者自由地选择对自己有用的信息,从容地阅读所需的广告内容。从这方面讲,受众对报纸的好感度,要远远胜于电视、广播等媒体。

9. 报纸广告具有灵活性

第一,报纸存在地理上的灵活性,广告主可以选择在一些市场做广告,而在其他市场不做广告,这都依据广告主的广告策略而定。第二,报纸还拥有制作上的灵活性,可以选择任何规格的广告,只要是符合广告推广的需要,可以做成彩页广告,可以独立一页作为独立插页广告,还有样品展示和增刊广告等可供选择。第三,报纸的编排也很灵活,广告文案的换改相比电视广告、广播广告等都比较方便,甚至在交由印刷厂印刷的前一秒内都能进行修改,广告主有更充分的时间配合广告策划人员对广告内容和形式进行完善,让广告信息可以尽善尽美。第四,广告主也可以根据市场变化及时调整广告战略,保持与市场的同步。第五,读者的阅读也具有灵活性,读者可以随时随地读报,可以自由地选择读报的方式与地点。并且报纸是一种纸质媒介,成本低,不像广播、电视会受到电子接收终端的限制;受众的低花费也能够很快实现广告的全民普及。

10. 报纸广告有利于形成全国与地方的互动

报纸可以在全国性的广告主与地方零售商之间架起一座交流的桥梁,当全国性广告主推出一系列的广告活动时,地方零售商就可以在当地日报上刊登同一则广告或是与广告主全国性活动相关的广告，这样，一个地方零售商就很容易与全国性广告主配合，共同助推广告以取得更大的广告效果。此外，诸如降价和优惠券这种在较小范围内快速反应的计划，通过地方报纸的推广更容易实施。

报纸在传播广告信息时虽具有以上优势，但是世界上没有绝对完美的事物，我们应该辩证地看待报纸媒体传播广告时的实际情况，从中找出其在信息传播中的局限。

（1）生命周期短。

由于现代报纸以日报、晚报、都市报等每天发行一期的报纸居多，因此今天的广告信息很快就会被明天接踵而至的广告信息所覆盖。在受快餐文化深刻影响的今天，人们喜欢快速读报并且一般只读一次，报纸被重新阅读的机会微乎其微，而且，报纸以新闻报道为主，一份日报的平均生命周期只有24小时，因而报纸广告的生命周期很短。

（2）有限的群体覆盖面。

虽然报纸有广阔的市场覆盖面，但是某些市场群体却不是其经常的读者，例如有些报纸很少，甚至从没到达过20岁以下群体中的大多数人；地方报纸受成本限制，全国性报纸数量又有限，所以，报纸不能为全国性广告主提供整体市场覆盖面。

（3）印刷质量不高，感染力差。

报纸多是用特制的、质地较粗糙的新闻纸印刷，所以印刷质量普遍不高。尽管报纸不断引入新的生产技术，但是与杂志、小册子和直邮广告相比，其印刷质量依然很差，尤其是彩色广告的印刷，是一直困扰报纸广告进一步发展的主要障碍之一。另外，编排日报所需的必要时间，也在一定程度上妨碍了报纸制作上的精细准备和管理。报纸与其他几大媒体所表现的广告相比，对受众的感染力要差一些，往往不容易打动读者，不容易引起读者对产品的兴趣。

（4）表现手法单一，以文字图片为主。

报纸广告表现手法单一，以静态的文字图片为主，不能在提供文字信息的同时提供声音元素和动态的图像元素，因此在广告信息记忆度上要逊色于电视、互联网等媒体，不利于某些需要借助声音和动态图像来告知大众的产品或服务类广告信息的传递。

（5）报纸信息繁多，广告拥堵，注目率低。

报纸的内容繁多，具有综合性，以刊发新闻为主，广告一般不可能占据突出位置。报纸繁杂的内容容易分散受众的注意力，使广告被淹没在众多无序的信息之中，并且，读者在翻阅报纸时首先注意与阅读的，一般都是具有吸引力的重要新闻或与自己有关的信息，往往容易忽略广告；即使看了广告，也常常是一带而过，除非是读者特别关心的或制作十分醒目的广告。所以，总体来讲，报纸广告的注目率较低，因此广告效果也大打折扣，报纸广告能否被读者注意到，只能借助于创意上的独特性和印刷上的醒目。此外，大多数报纸广告会发生拥堵现象，特别是在超市做广告的日子或周末，因为信息超载而降低了单一广告的效果；而且副刊中的插页广告少则几版，多则几十版，使广告更加拥堵。

（6）报纸传播信息速度慢，在这方面无法与网络、电视等电波媒体相抗衡。

报纸传播信息的速度较慢，因此报纸广告也受到牵连。一篇广告要刊登在报纸上，必须经过送稿、审编、排版、印刷等好几个环节，这就占用了大量的时间，不利于时效性广告的发布。

二、杂志媒介

（一）杂志媒介的分类

杂志是有固定刊名，以期、卷、号或年、月为序，有相对固定的出版周期和较大容量的印刷媒体。目前我国公开出版的杂志有9 980家。杂志根据不同的标准，可以有多种类别，如按出版时间分类，有周刊、半月刊、月刊、双月刊、季刊、半年刊等；按种类划分，有通俗类、学术类、知识类、专业类、生活类等。通俗类、知识类、生活类等杂志又称大众性杂志，读者广泛，但不易界别；学术类、专业类的读者是专业读者，易于界别。杂志广告是杂志生存与发展的重要经济基础，杂志广告按其所处的篇幅位置可以分为特殊篇幅广告、常规篇幅广告、色彩页广告。杂志媒介也是印刷类媒介，在很多地方与报纸是相通的。报纸广告的一些特点也能在杂志上体现出来，如在广告版面的大小、读者的广泛性、商品的广泛性与广告效果的可靠性等方面有共通性，但杂志也有其自身特性。

（二）杂志媒介的特点与局限

杂志媒介主要有以下特点：

1. 信息含量较大

选择在杂志上做广告，对时间要求不太高，但对信息量的包容性却要求较大。因而，它适合对商品或劳务作详细介绍和针对广告诉求重点作全页广告。一般来说，杂志广告有全页、半页、1/4页之分，而以全页广告为多见。全页广告版面较大，内容丰富，表现内容深刻。杂志广告图文并茂，既有实体形象，又有较详细的文字表达，可以把消费者所需信息完整地表达出来。

2. 印刷精美、版面灵活

杂志广告的用纸比较讲究，在编辑上力求整齐统一，在制作上力求精细，所以，杂志广告在印刷上要比报纸广告精美得多，尤其是其彩色广告，色彩鲜艳精致，视觉效果好，容易引人注目，可以最大限度地发挥彩页的效果，逼真地再现商品或劳务的形象，激发读者的购买欲。在文字与图形的配合上，也可视需要或简或繁，充分发挥作用。

杂志广告在版面安排上比较灵活。在版面位置上可分封底、封面、封二、封三、扉页、内页等，颜色上可黑白、可彩色。有时为适应客户做大幅广告的要求，还可以做多页广告、连页广告、插页广告等。如美国的一些杂志，常常采用连页彩色大幅广告，也能收到一定效果。

3. 阅读率高、保存期长

杂志的印刷一般比报纸精美得多，因此，杂志易于被多人翻看、反复传观、流动阅览，覆盖面较大，使杂志广告也随之扩大了与人的接触面，重读性较强。

杂志的保存时间在四大新闻媒介中是最长的，广播、电视中的广告稍纵即逝，非拥有录音、录像机而不能保存、复制。即使与报纸相比，杂志的保存期也要长一些，尤其在我国，相比来说人们对杂志比对报纸要爱护得多。同时，由于杂志可以反复传阅，与读者接触得多，读者有充分的时间对广告内容作详细的研究，从而加深印象，这是杂志广告的一大优点。

4. 可以选择特定的对象

杂志有大众性和专业性之分。大众性杂志以知识性、趣味性为主，专业性杂志以专业性为主。杂志的读者不如报纸广泛，但分类较细，专业性较强，便于选择特定对象做广告，更能做到有的放矢。同类杂志的读者具有同质性，因此，在广告文案的制作上也容易得多。反过来说，每一类杂志都拥有其不同层次的读者，那么就可以针对不同的消费者选择不同的杂志做广告。比如对广大青年来说，有《中国青年》等一大批青年杂志；如欲针对妇女做广告，有《中国妇女》、《妇女生活》、《知音》等一大批妇女杂志可供选择；如是专业性广告，那么可选择专业杂志刊登广告，能直接针对目标消费者，把广告内容与消费者的爱好、兴趣紧密联系起来。这一点是报纸、广播、电视媒介不易做到的。

5. 适应广告对象的理解力，有利于开拓市场

杂志读者一般都有较高的文化水平，有较高的理解能力。凡是订阅某种杂志的人，对该杂志的性质和内容是了解的，既不会不感兴趣，也不会看不懂。比如广告专业的人对《广告大观》杂志上的内容就比较容易接受，这样就有利于广告发挥作用。再者，订阅杂志的读者，其家庭的消费能力也普遍较强，有能力理解广告介绍的内容。据国际广告协会的调查，美国《生活画报》的读者常常是最先购买其广告介绍的产品的人，是最先到其广告介绍的新开辟的风景区游览的人，也就是说，《生活画报》的读者常常是最快、最早的消费者。所以，时兴商品和新产品在开辟市场时，不妨选取杂志作为广告媒介。

6. 杂志媒介引人关注，信息接受率高

在所有媒介当中，杂志的生命周期是最长的，比如《国家地理》杂志经常被读者作为参考书长期保存。杂志内容丰富，更容易

吸引受众注意力,并且,在信息爆炸的时代,杂志广告更不容易被干扰,能够使读者在海量的信息面前认同杂志上的广告。生命周期长提高了杂志的信息接受率,因为一份杂志有可能在家庭、朋友、顾客、同事之间传阅。人们阅读杂志的速度相对较慢,通常阅读会持续几天,杂志的信息能被重复展现,读者在阅读时也往往比观看或收听电视、广播等媒体时更加投入、专注,虽然广告的到达率不及电视、广播高,但是信息的接受率是很高的。

7. 杂志广告的内容更具价值且可信度高

许多研究表明,消费者更看重的是杂志广告。星传媒体(Starcom)曾经做过一项调查,让消费者说出十个最能代表其喜欢的杂志的精华页面,其中有三个就是广告页。从中我们可以发现,杂志上投放的广告已经和广告的内容页有着几乎等同的视觉接受地位,同样为消费者所认可。有些面向较高消费层次人群的杂志,其广告页十分精美,这些广告页除了传达广告信息外,更具备极佳的视觉美感,与其说是广告,更是广告摄影艺术、广告造型艺术、广告创意艺术的呈现。

此外,杂志媒介的局限性主要表现在以下几个方面。

1. 杂志周期长,灵活性较差

杂志的出版周期较长,杂志媒介刊登广告的一般做法是:要求广告主在杂志发行日前两个多月提交广告稿,如果广告主错过了交稿期,那广告就极可能会推迟一期出版,而且,一旦广告送交了杂志社,是不能做任何变动的,即使发生了重大事件或传播环境发生了改变,广告稿也不能随意改动。这种做法很容易失去广告传播的最佳时机,让广告主在投放广告的时候对杂志望而却步。如果决定了投放广告,企业就必须面对这样一个问题,即当面临重大事件尤其是危机公关的时候,杂志不能起到充分的传播作用,如果处理不当,甚至会起到反作用。

2. 杂志制作复杂,成本较高

杂志广告多为彩色印刷,制版费、印刷费等均高于报纸,虽然其单位接触成本也不像某些媒体那么高,但却比大多数的报纸高,尤其是在一些高档定位、制作精美的杂志上，投放一张插页广告的成本有时会高得让某些企业负担不起。并且，在杂志上刊发广告要处于封面、封底、封二、封三的位置上，才会起到显著的效果。这样，在杂志广告高昂的广告价位面前，许多广告主都会抱着"瘦死的骆驼比马大"的想法转而投向电视媒体，这无疑导致了杂志广告客户的大量流失。此外，由于杂志的发行量有限，尤其是一些专业性的杂志直接订户比较少，使广告主很难把握读者的情况，这也无形中加大了广告的千人成本。

3. 杂志发行量小，传播面窄，受众有局限性

随着期刊市场不断向品牌化和小众化的趋势发展，除了少数杂志具有百万份以上的发行量外，大多数杂志的发行量都很小，每种期刊的读者可能只有一小部分，影响面很小，受众具有局限性。广告主不愿用较高的价格去到达这较少部分的受众，所以杂志处于劣势地位。

三、广播媒介

(一) 广播媒介的分类

广播是最早的电子媒体，至今已有百年历史，我国省、市、县、乡（镇）、村已形成广播网络。20 世纪 90 年代后，我国通过计算机技术将文字、图片和数据通过调频广播负载开通了数字广播，主要针对的是我国的边远地区。从广播的传播形式分，有有线广播和无线广播两种；从范围来分，我国的广播电台大体可分为四级——中央一级，省、自治区、直辖市一级，地市一级，县、乡的发射台、转播台一级，此外还有有线广播网；从技术角度划分，广播广告媒介的类型有调幅（AM）、调频（FM）两类。调幅广播是广播的传统方式，覆盖面广，经济实惠，但是声音质量不稳定，易受到干扰；调频广播加上立体声构成调频立体声广播，声音效果好，但缺陷是覆盖范围小。在电视诞生前，广播媒介曾风行一时，在很长一段时间里同报纸、杂志分庭抗礼，它发展到现在，依然立于四大传播媒介之列。

(二) 广播媒介的特点与局限

广播媒体具有自身独特的优势和巨大的发展潜力，在现今广大的传媒市场中仍具有重大影响，"到目前为止，真正可称之为'无国界媒体'的还只能数广播。广播将永存，永存于它不可替代的便利性、广泛性"。广播到现在仍是具有相当竞争力的大众传媒，是受众获取信息的有效途径之一，这与其自身的独特优势和特点紧密相关。

1. 广播具有灵活性、及时性，听众反应快

广播节目的制作较电视节目简单得多。最简单的广播节目就是口播，直接诵读播放广播稿，这就十分灵活，随时可根据听众的反应、地方市场的情况、当地新闻事件甚至天气情况进行改动，形式也可多样。广播还能通过特定节目到达特定听众，可适应全国不同地区，每天在不同时间到达听众，例如，对于每天早晨的驱车上班族来说，在驾驶途中通过广播了解当天新闻、路况信息等是不二之选。

广播广告的制作与播放很快，不受地区、交通、距离、气候等条件的限制，能以最快的速度将新闻与广告传播到城市、农村及世界各地，使受众及时收听到广告，还能够根据市场的变化及时进行调整，对新产品的介绍和推广十分及时和迅速，可以比报纸还快，当天就可同听众接触，而报纸还必须制版、印刷、发行，流程较多。广播通过电台直接传达到听众，易于被听众接收，而不会被视为一种刺激物，听众也能马上作出反应。

2. 普及率高，覆盖面广，随身性强

收听广播的收音机价格低廉，体积小巧，携带方便，单位、家庭、个人都购置得很多。据统计，我国的广播综合人口覆盖率一直呈现上升趋势，2010年，全国广播节目综合人口覆盖率为96.78%，比"十五"末的94.48%增加了2.3个百分点，增幅为2.44%，年增长0.48%。中央人民广播电台节目综合覆盖率95.57%，比"十五"末的91.36%增加了4.21个百分点，增幅为4.61%，年均增长0.91%；省级广播节目综合覆盖率为94.55%，

比"十五"末的90.58%增加3.97个百分点,增幅为4.38%,年均增长0.86%;地市级广播节目综合覆盖率为77.74%,比"十五"末的71.80%增加5.94个百分点,增幅为8.27%,年均增长1.60%;县级广播节目综合覆盖率达到53.03%。由此可见我国广播的普及率之高、覆盖面之广。特别是在边远地区及经济不发达的农村地区,人们获取信息的主渠道还是广播。即使在城镇,许多公众也是收听广播、阅读报刊、收看电视并举,所以广播广告的普及率在四大媒体中是最高的。

广播广告的覆盖面是电波所及的范围,不受地形的限制,无论是城市还是乡村,无论是空中还是地下,只要收音机在广播的发射频率范围内,就可以接收广播的内容,覆盖面特别广泛。只要一机在手,随时随地可听,这是电视难以达到的,报纸杂志也能随身携带,但不能更新内容,在这一点上,广播更占优势。

3. 成本低廉,能以最低的成本获得信息传播效果

在大多数媒体陆续产业化的今天,商家一直想尽方法进行价格战,期望用最少的投入获得最大的利益。在四大传播媒介中,广播广告的成本可以说是最低的,广播属于经济实惠型媒体,各个地方电台在黄金时段平均广告费用为每分钟1 000元到5 000元,这个数字远远低于电视广告的费用。因此,广告客户也乐意选择广播做广告,尤其在需要反复多次地向公众传递广告信息的时候,广播是一个理想的媒介,总的费用很低,可供选择的电台也多。

广播广告具有很高的选择性。在地理上,它可以把广告信息传递到中小城市、大城市、一省一县甚至全国。尤其是区域性商品,在媒介选择上就比较方便,向哪个区域定位销售,就选择哪个地区的电台,既可达到广告目的,又可节约资金。在时间上,可根据不同的节目插播不同类型的广告,如面向老年人的节目中就可插播老年用品、保健品广告等,能直接面对目标消费者。

4. 广播广告以声响、音乐、语言为媒介,有浓厚的气氛和亲切感

根据赛立信媒介研究公司2005年调查数据,广播广告的有效

到达率为75.3%,有超过3/4的听众在听到广播广告后不会转台,广播广告实际上是一个广告与听众的"对话"过程。同报纸、杂志相比,广播以声响、音乐服务听众,容易产生一种面对面交谈的亲切气氛,尤其是现代广播大都以直播节目为主,更容易满足人们在社会生活中所追求的一种和谐氛围,给人亲切、温暖、诚实的感觉,这个对话过程,会在无意间向消费者传达产品信息,促成了相当一部分潜在消费者消费行为的实现。这样更容易实现广告的效果。

广播广告媒介也有其劣势:

1. 听众接收信息时处于放松状态,信息接受率低

广播的听众是漫不经心的,严格来说,因为广播是一种听觉媒介,广播信息转瞬即逝,而听众可能会错过或忘记广告所传达的信息,许多人把广播看作愉快的伴音,在做某件别的事情的时候以广播作为陪伴,例如开车时收听广播,这种收听都不是专心的收听。

2. 广播信息转瞬即逝,不易保存

广播广告的传播及时迅速,但却是转瞬即逝的,随着广播的播出,声音消失,广告也就随着声音而消失了,在受众对广告内容毫无心理准备的情况下,是难以记忆广告内容的。

3. 广播接收方式单一,只能利用听觉获取信息,形象性差

心理学家认为"声音符号有先天的劣势,从接收信息的渠道来看,视觉占80%,听觉占15%,触觉占5%(国外传播学者的调查统计,受众的信息接受率:视觉占83%,听觉占17%。接收信息时的集中度:视觉占81.7%,听觉占54.6%。记忆保持率:视觉占20%,听觉占10%,两者结合占65%)"。从这个角度看来,广播广告的效果不十分显著,劣于电视、报纸和杂志广告,广播广告的内容只能通过声音来表现,不能通过图片、色彩等视觉效果给人以直观的感受,难以引起受众对产品的视觉印象,形象性差。所以,必须通过演示或者看着欣赏的产品,不适合做广播广告。

4. 广播信息传播盲目,可控性差

西方国家的传播学和众多广告著作把报纸、杂志等印刷媒介称

为"选择性媒介";把电子传播媒介,比如广播、电视等称为"闯入型媒介",因为对于报纸、杂志等印刷媒介,读者会尽可能地根据自己的兴趣爱好有选择地阅读,而广播、电视受众则没有这种最大化的主动选择权利。

四、电视媒介

（一）电视媒介的分类

电视在四大媒介中属后起之秀,自1954年有了彩色电视节目后,电视就逐渐在全世界普及起来,成为最大的新闻传播媒介与广告媒介,迅速超过广播、杂志而与报纸媒介并驾齐驱。在国际上,部分国家的电视甚至超过报纸而成为第一媒介,如日本。在我国,自1979年电视广告产生后,发展速度很快赶上报纸广告,跃居第一位。

我国的电视分为无线、有线、卫星电视、数字电视、网络电视（IPTV）等多种,覆盖全国人口的90%以上,是我国广告投入最多的广告媒体。据统计,2010年我国电视节目综合人口覆盖率为97.62%,比2005年增加了1.81个百分点;全国有线电视用户数1.887 2亿户,比2005年年末的1.287 2亿户增加了0.6亿户,增幅为46.62%,其中数字电视用户数8 870万户,比2005年年末的397万户增加了8 473万户,增幅达2 134.25%,付费电视用户数为1 105万户,比2005年年末的126万户增加了979万户,增幅达776.99%。

（二）电视媒介的特点与局限

电视广告媒介的主要特性有以下几个方面。

1. 集声、画、音于一体,最富感染力

电视广告运用语言、画面、音乐等表现方式,甚至还有字幕相结合,它有连续活动的画面,能充分发挥人的视、听觉能力。运用电视拍摄手段,能逼真地从各个方面展示广告商品的个性,使其更加直观、真实,观众的理解度会更高,在这样的感受中所获得的信息,其记忆牢固力要比只诉诸人的单一感官所获得的信息的记忆牢固力强上三倍多。比如广告商品的外观形象、内在结构、使用方式、使用效果等都能在电视广告中逐一展现，观众如身临其境，广告如同与观众进行亲切交谈，富有人情味，好像走进门的推销员。电视广告还能运用各种技巧，突出商品特点，加深观众的视觉和听觉印象。还能运用各种表现艺术，增强观众收看广告的兴趣，进而引起强烈的情感反应。比如有的广告选择一个故事，把商品信息或品牌价值融入故事情节的发展之中；有的用广告歌曲，优美悦耳；有的选用民间传说、历史典故、英雄人物来表现广告内容，观众比较熟悉，易于接受。

2. 收看时间长，覆盖范围大，收视效果好

随着现代化科技的发展，电视传播网已经形成，统计数据显示，2009年我国电视观众的人均收视时间是158分钟，远远超过了看报纸、杂志的时间，并且随着电视机在我国的日益普及，电视已经成为老百姓日常生活中的一个重要组成部分；在国外，比如美国，根据2009年尼尔森最新发布的《三大屏幕报告》（*Three Screen Report*）发现，美国人平均每周观看电视35小时，即平均每天观看电视5小时。这些数据反映出电视媒介收视人数众多，播送频道多，播送时间长，影响力也比较大。

电视广告的形象逼真，能让观众在欣赏电视节目之余，有意或无意地对广告进行比较和评论，这使得电视进入家庭成为最大众化、渗透力最强、最能赢得观众的媒体。电视广告通过引起注意、激发兴趣、统一购买思想，这就利于引导观众做出购买决定。因此，日常生活用品类的产品，采用电视媒介广告效果较好。但生产资料类的广告，由于与家庭消费关系不大，广告效果相对差一些。电视就这样潜移默化地影响着我们思考的主题、服饰的时尚、居住的场所、教育孩子的方式等。正因为这样，电视广告被当做最重要的广告形式，在各国广告宣传中占有重要地位。

3. 时间短促，画面紧凑，语言精练，但易受干扰

电视广告的时长一般有5秒、10秒、15秒、30秒多种，多数以15秒、30秒播出，60秒的极少，所以有人称电视广告为"时间

的艺术"。电视广告要在极短的时间内连续播出各种画面,闪动快,转瞬即逝,不易记忆,因而电视广告用语相当精练,画面相当紧凑,在这种情形下应把品牌的独特卖点展现得淋漓尽致,以便把最重要的东西告诉观众。但是,在同一时间里播放多则广告会相互干扰大,容易使观众产生混淆,对广告效果有影响。因而,电视广告在设计上必须注意创意,引人入胜,形象鲜明,才能收到理想效果。

另外,广播广告的一些特点,如亲切、通俗、悦耳、灵活等,电视广告也具备。

电视广告媒介的局限性主要体现在以下几个方面。

1. 制作与发布成本高

电视广告的最大缺陷就是制作和发布成本太高。电视广告的制作工序十分复杂,所以投入的制作经费较高,比如拍摄广告会聘请导演、演员模特、购置道具、安装、布置拍摄场景、拍摄及后期制作等都会花费较多的资金。而电视广告的发布费用更加昂贵,根据 2008 年中央一台的广告价格,在黄金时段电视剧播放后播出的广告,5 秒即将近 5 万元,而一段 30 秒的广告是 16 万多元,根据这样的价格,如果企业想要长期在中央一台投放广告,价格十分昂贵。这样高昂的制作和发布费用自然会限制住相当一部分实力不雄厚的中小企业。有个别的企业,虽然咬紧牙关凑出资金在电视上亮了几次相,但由于资金供应不上,也无法承受长期的广告宣传费用,这样只在观众面前停留了很少的时间,也不大会引起广大消费者的注意,是无法达到预期的广告效果的。

2. 信息有效时间短,转瞬即逝,不易保存

与广播广告十分相似,电视广告作为特殊的电波媒介,也是随着播出的结束、声音与图像的消失而消失,具有电波媒介转瞬即逝、不易保存的局限性。只有在播出的那短短几十秒内,电视广告会对受众产生强大的冲击,但当受众不是聚精会神地认真观看电视广告时,电视的这一局限性就更加明显。

3. 观众群不稳定,无效到达率高

随着卫星通讯事业的迅猛发展和无线电技术的日趋进步,各种

各样的无线电台、有线电视台如雨后春笋般出现在神州大地上。由于电视频道的大量增加，观众对节目也有了更多的选择，但广告的播出，不管观众喜欢与否，都会打断他们对节目的收看，引起他们的反感，此时，观众一般都会立刻换台以避免这种广告的骚扰。这样一来，就会使电视广告观众群不稳定的问题在今后很长一段时间内都很突出。

电视广告有大量的无效到达，即传播指向一个反应迟钝或是对产品完全不感兴趣的观众，这可能并不符合广告主的目标市场特征，所以，这样的信息传递也不会为企业的利润增长带来什么助益。

4. 播出时间、传递信息量有较多的限制

电视台只有把大部分时间用于播出各种节目，极少时间用于播放广告，才能被真正称为电视台，播放广告终究只是电视台的副业。因而，广告主也就不可能随意要求自己广告的播出时间段，只能根据电视台节目的设置，在节目间隙插播广告。很多时候，当播出的时间段不能完全满足广告主的要求时，就很难做到有针对性地进行广告目标宣传。同时，电视广告在播出的具体时间长度上也会有限制，我国目前播放的电视广告绝大部分为 30 秒、15 秒、10 秒、5 秒标版几种，很少有超过 30 秒的广告，任何一家企业都无法在这短短的时间内播出品牌诉求的详细内容，只能是选其精华，所以，有实力的广告主在广告的拍摄制作过程中，会将同一条广告制作成多种时长的版本，以适应不同的播出需求。

五、网络广告媒介

网络是目前发展最为兴盛的广告媒体，也是最吸引关注度的广告媒体。

（一）网络广告的类型

20 世纪末期，互联网逐渐由军事、科研、教育领域转向了商业领域，使地球成为一个村落。无论国内、国外，网络都是一个蓬勃发展的产业。互联网被喻为继报纸、杂志、广播、电视以后的第五媒体,以其快速、海量的信息传递将广告带入全新境界,同时为企业带来前所未有的商机。

我国的网络广告在 1997 年实现了零的突破。1997 年 3 月,第一条商业性网络广告出现在比特网(Chinabyte)。随着互联网在我国的普及,越来越多的中国企业开始接受网络广告。2004 年全国网络广告营业额达到 19 亿元,相当于 1998 年的 63 倍。在 2010 年,我国互联网广告的市场价值全年总计约 211 亿元人民币,显示出我国网络广告的快速发展。

网络广告常见的形式有以下三种:一是报纸、杂志、广播、电视自身推出网络版带来的广告;二是商业市场主体在自己的网页上发布商品信息和销售信息,常见的形式有弹出式、动画式等;三是大型商业门户网站和带有搜索服务功能的网站,不但大量刊登广告,还推出了博客广告、手机广告等新形式,广告收入也成为其最主要的收入之一。

(二)网络媒介的特点与局限

网络广告媒介具有如下几个特点。

1. 传播对象覆盖范围广,传播及时,具有互动性

传统的大众媒体往往会局限于某一特定区域,互联网则完全不同,互联网是以其方式自由扩张的网状媒体覆盖全球,只要目标受众的计算机连接到了互联网上,公司就可以根据受众的需要传达广告信息。网络广告的对象是与互联网相连的所有计算机终端客户,真正实现了即时互动的沟通。

互联网的互动性是其最重要的特性,它打破了传统大众传播媒介单向传播的模式,给传者和受者提供了一个地位平等的交流平台,网络平台既支持一对多的交流,也支持一对一的交流。在具有互动功能的介质上传播的广告必然也带有互动的特征。网络广告的互动性主要是体现在受众对广告链接的点击上,受众点击了广告,就表明他对广告内容作出了积极的响应,受众的主动点击行为是他们与广告主进行深入交流的第一步。

2. 时空开放，不受时空限制，信息海量，超过任何一种传统广告媒体，制作成本低

网络是一个超越时空界限的全新的媒体，受众可以自由驰骋在网络空间里，不受时间、地点、身份的限制。网络广告信息的内容是十分丰富的，可以涵盖从企业诞生、价值理念、发展概况到各类产品的性能、价格、型号、外观形态，再到企业根据社会发展情况开展的促销与公关活动的详细信息，可以说是无所不包。广告内容大到飞机、小到口香糖都可以通过网络做广告，网络用户可以在任何时间、任何地点在相应的网站上查询到所需广告信息的具体细节。庞大的互联网能够容纳难以计量的内容和信息，这是以往任何一种媒介都无法匹敌的。

3. 传受的交互性，双向传播互动沟通和个性化服务

网络广告的交互性使广告受众的主动性加强，受众可以根据自我需求选择广告，实现广告主与受众之间的双向交流互动，在此过程中，受众由于信息的及时反馈和交流而更加积极地参与其中。广告主还可以通过网络定制讯息使讯息个性化，借助于数据库营销，广告主可以输入消费者人口统计资料和行为变量，使消费者可以感觉到广告就像是专门为自己制作的。

4. 广告投放准确、效率高，且计费灵活

网络媒体投放广告的准确性表现在两个方面：一方面是企业投放广告的目标市场准确，可以根据收集到的数据判断最具潜力的目标市场；另一方面是网络媒体投放广告的准确性，具体表现在广告受众的准确性上，网络可以实现完全小众化的传播，受众的喜好等情况都可以通过受众的上网习惯统计得出，从而判断出潜在受众。网络广告不仅是面对所有的网民，而且可以根据受众用户确定广告目标市场，把适当的信息在适当的时间发送给适当的人，以实现广告的定向传播。从营销的角度来看，这是一种一对一的理想营销模式，它使可能成为买主的用户与有价值的信息之间实现了匹配。

网络广告的计费方式也是十分灵活的，有如下几种：CPM，即每千人印象成本，依据广告播放次数来计算广告费，广告图形或

文字在计算机上显示，以每一千次为收费单位；CPC，即每千人点击成本，以实际点击的人数为标准来计算广告费用，以一千次点击为单位；CPA，即每千人行动成本，按广告投放实际效果，即按回应的有效问卷或订单来计费，等等。

5. 统计的精准有效性

网络广告的发布者可以通过权威的广告统计系统提供庞大的用户跟踪信息库，从中找到各种有用的反馈信息，也可以利用服务器终端的访问记录软件，追踪访问者在网站的行踪。广告商通过专业软件可以随时获得访问者的详细记录，即点击的次数、浏览的次数以及访问者的身份、查阅信息的时间分布、地域分布情况等。与传统媒体的做法相比较，上述方式可以随时检测广告投放的有效程度，更精确且更有实际的意义，根据这些信息，广告主便能准确地评估广告效果。

6. 信息传播和表现手段丰富多样

信息传播手段多样化，通过网络，受众既能"发帖"，又能"跟帖"；既能"QQ"，又能微博；既能实现文字浏览，又能观看动漫、卡通、音乐和戏剧视频，总之，信息传播的形式多样，提升了网民上网的兴趣，增强了传播效果。

由于宽带的普及、Flash 技术的不断发展，网络广告的表现形式也越来越呈现出多媒体化的趋势，为了达到更好的广告传播效果，各网站一直在广告表现形式上坚持不懈地推陈出新，其中最具代表性的当属富媒体广告。富媒体广告能够综合利用多种技术与效果，它除了提供在线视频的即时播放之外，内容本身还可以包括网页、图片、超链接等，与影音做到同步播出，大大丰富了网络媒体播放的内容与呈现的效果。网络广告已经发展到集文字、动态影像、声音、全真图像、表格、动画、虚拟现实、三维空间等多种表现形式于一体，能最大限度地刺激消费者的购买欲望。

7. 受众小众化

当前的信息传播是"处处是中心，无处是边缘"。信息权力已经分散到了成千上万的网络个体当中，它们不仅可以接受信息，而且还能不断地生产信息，成了分散的中心。它们不仅是阅读、收听、收看的中心，而且还是生产和传播的中心。网络广告可以充分利用这些分散的中心，即每个网络个体的力量，虽然每个人的力量都是十分微小的，但是聚合起来的众多网民的力量却是十分强大的。

网络广告媒介的局限性主要体现在以下几个方面。

1. 欠缺对网络广告进行规范的法律、法规，影响了广告的可信度

我国互联网目前还处于发展阶段，相应的法律、法规还很欠缺，这导致一小部分人为了个人利益而无视应该承担的社会和法律责任，扰乱了整个市场。网络的种种问题影响到网络广告在受众心目中的可信度。

虽然传统广告媒介中也存在可信度问题，但在网络广告中则更为广泛，因为网络作为一个开放的空间，具有虚拟性、匿名性、开放性、交互性等多种特性，网络"把关人"角色和职能的弱化使网络信息的发布十分方便。传统意义上的传受分明的信息流动方向和方式都发生了根本性的改变，网络监管存在很大难度，导致网络上污染、虚假信息泛滥。由于我国网络存在的这些问题，网络信息的真实性、严肃性都受到极大的考验，从而影响了受众对网络广告的信任度，这对于网络广告的长远发展是十分不利的。

2. 上网条件要求高，严重限制了网络的覆盖面

我国上网的费用较高，这无疑阻碍了网络广告的发展，特别是我国通讯业的垄断经营，受众没有选择，只能接受高额的上网费用，这使得上网人数不可能像传统媒体的观众数量那样多、那样广泛。此外，上网的操作也不像使用电视机那样简便。首先，计算机作为网络的接收终端，是连接网络的基础，虽然近年来电子产品不断普及，价格也有所下降，但对于一些家庭来说还是难以负担的。此外，计算机的正常操作和维护都要求上网用户要具备一定的教育基础，这使得一部分受众始终被排斥于网络之外。

3. 网络传输速度的限制

上网用户对于网络有一个普遍的抱怨，就是网络传递信息所需

要的时间,这是由网络信息传输技术本身的局限性造成的。如Flash格式的广告可能会遇到因用户没有安装Flash插件而导致无法浏览,同理,音频、视频类的广告也可能会遇到同样的问题,影响了受众的观看欲望。并且,在我国网络传输速度普遍偏低,视频类广告的加载速度成了网民的一大困扰,一旦上网用户太多就会出现网速极慢的情况,许多网民很容易因为网络传输速度太慢而放弃浏览,从而使广告主失去大批的目标客户。

4. 网络广告的泛滥

由于网络广告传播范围广、价格低廉,许多企业都很乐意投放网络广告,这就出现了大量广告在互联网络平台上的泛滥,让网民"应接不暇",甚至产生反感,特别是一些垃圾邮件广告、垃圾论坛、留言板的留言等,并且随着广告的激增,广告吸引受众注意力的能力越发下降,许多用户会选择直接忽视广告。

5. 视觉效果不佳,创意有限

从广告效果来看,传统媒介的强迫性传播固然会引起受众的反感,但是由于网络广告门槛低、投入少,不用经过严格的审查就能投放到网络平台上,致使许多网络广告质量不高、制作粗糙、缺乏创意,这样的网络广告同样会被受众所反感与厌恶,无法达到较好的传播效果。我们本来就处在一个极易审美疲劳的时代,随着媒介形态、媒介数量的增多与媒介竞争的日趋激烈,有限的受众注意力成了媒介争夺的重点,受众注意力因此被分割得支离破碎,而注意力经济则被放大到了史无前例的地步。广告主如不想在市场竞争的大潮中落马,提高网络广告的质量,坚持创意至上才是正确的选择。

六、直邮广告媒介

(一)直邮广告媒介的类型

直邮广告又叫 DM(Direct Mail)广告,指直接送达广告信息的一类媒介广告。狭义的直邮广告指通过邮局直邮,限定为附有收件人姓名地址的邮件。广义的直邮广告形式趋向多样化,随着新媒体的发展而发展。直邮广告除了用邮寄以外,还可以借助于其他方式，如传真、杂志、电视、电话、电子邮件及直销网络、柜台散发、专人送达、来函索取、随商品包装发出等。直邮与其他媒介的最大区别在于：直邮可以直接将广告信息传送给真正的受众，而其他广告媒介只能将广告信息较为笼统地传递给所有受众，而不管受众是否是广告信息的真正受众。

直邮广告有三种类型：一是通过邮寄传递广告，俗称"商业信函"。在发达国家，商业信函占函件的80%～90%。二是用邮政明信片传递广告。三是直接送达信箱的传单广告和在街头散发的传单广告。它可以是信函、订货单、调查表以及各种可邮寄的广告内容。在一些发达国家，直邮广告与广播、电视、报刊并称为"广告传媒四巨头"。

直邮对象是定量选择的，因此不算大众传播媒介。直邮媒体一般采用批量的印刷品平寄，这就需要充分考虑邮费和邮寄日期。不仅要根据邮局的收发规律，选择有效和快速到达对象手中的时间，还要考虑邮件的密度和人们的生活、工作规律。通常一次邮寄效果差，往往要寄四五次才能得到正常反应。直邮媒体在国外的运用已有近50年的历史，而我国最早的直邮广告是香港国际邮寄传播有限公司所试行的。当时大约是1987年，该公司向我国外贸有关人员力荐直邮媒体并得到试用。结果江苏五金矿产进出口公司通过试做的门锁直邮广告，很快寻找到德国客户；江苏化工进出口公司初试染料邮递广告，短时间销掉了企业仓库积压；山东某轻工企业专拣滞销的钓鱼竿做试验，一位新西兰客商千里迢迢拿着直邮广告而来……

（二）直邮广告媒介的特点与局限

尽管直邮广告与四大媒体相比所占份额不大，但因为其独特的优势，所以近几年来发展速度很快，越来越多的企业开始尝试这种分众传播形式。直邮广告的主要特点有以下几方面。

1. 具有专一的选择性，广告针对性强，能使传播效果达到最大化

直邮广告可以选择、确定广告的接受者，直接将广告信息传递

给真正的受众，把求购对象按地区、年龄、职业、地位、收入、癖好等特征区分，既可以寄送调查卡片，调查接收者的反应，也可以编辑顾客名册等，所以便于找到目标消费者，具有极强的选择性和针对性。另外，直邮广告可以把商品样品或赠品寄送给对方，让其试用，以促进销售，减少浪费。直邮广告是一种非轰动性广告，不易引起竞争对手的觉察和重视，但若目标对象选择欠妥，势必使广告效果大打折扣，甚至使直邮广告失效。

2. 具有灵活性

不同于报纸、杂志广告，直邮广告的广告主可以根据自身的具体情况来任意选择版面大小，并自行确定广告信息的设计制作和形式内容，广告主只需要考虑邮政部门的有关规定及广告主自身广告预算的大小。除此之外，广告投递发行的时间、地点、对象均可以根据广告计划、广告时机灵活地按需而定，同时对发布频率、印刷广告的时间也可以灵活掌握。

3. 有去有回，互动性强

直邮广告可以说是集反馈、联络、征询于一身，并且对象明确，广告一经发出，任何一种反应，包括无反应本身都是一种值得研究的反应，均是极具价值的信息资料。直邮广告内容自由、形式不拘，有利于第一时间抓住消费者的眼球，并且能直接连通企业和客户终端。企业除了可以利用直邮广告推销宣传产品之外，还可以借此渠道进行产品售后服务跟进以及客户关系维护等工作，从而达到打造和维护企业品牌的目的，提高和巩固顾客对企业的忠诚度，使信息反馈及时、直接，有利于买卖双方的交流。对于直销企业来说，直邮广告不仅能提供一个相对廉价的销售平台，而且还可以借助邮政系统完善数据库，省却了寻找潜在客户的环节。企业有针对性地选择不同客户发布不同的信息和提供不同的服务，不会引起同类产品的直接竞争，有利于中小型企业避开与大企业的正面交锋，潜心发展与壮大企业；有利于摆脱中间商的控制，实现买卖双方的双赢。

4. 广告持续时间长，保存性好

一个 30 秒的电视广告，它的信息在 30 秒后是转瞬即逝的，直邮广告则明显不同,在受传者作出最后决定之前,都可以反复查阅直邮广告信息,并以此作为参照物来详尽了解产品的各项性能指标,直到最后作出购买或舍弃的决定。直邮广告可以被接受者长期保存,其所传达的信息也可以再被接收者传递给他人,实现二度传播。

5. 可作为市场调研的工具

经过抽样确定调查对象后,可用直邮方式检测消费者对产品的各种反应,为广告策划提供依据,并提供广告效果评估的资料。有人把广播、电视、报刊广告喻为"机关枪扫射",把直邮广告喻为"步枪打鸟",谓其是有诉求重点的信息传播,优势在于详尽、清晰、时效长、有针对性、有亲和感,尽管广告成本高一些,但广告效果也更好一些。

直邮广告媒介的局限:

1. 潜在的虚假广告

直邮广告所采用的是直接邮寄给消费者的传播方式,通常是以良好的创意、设计、印刷,以及富有吸引力的语言来吸引目标对象,无法与报纸、电视、杂志、电台等媒体在公众中已经建立起的信任度相比。

2. 受众面窄,广告传播受到一定的限制

直邮广告以直接邮寄的方式向消费者传递信息,属于"一对一"传播,因而广告传播面窄,信息的传递受到一定限制,而且由于消费者是在一种无意识的情形下接收该信息,通常会不被消费者重视,很多情况下会被接收者直接丢弃。

七、户外广告媒介

户外广告媒介是一种伴随人类存在而存在的广告媒介,它将因人类的发展而丰富多彩。

(一)户外广告媒介的类型

户外广告媒体,又称 OD 广告(Out-door Advertising),是一种古老的传播媒体,自从人类开始了物品交换,就有了户外媒体传播信息的记录。今天我们所说的户外媒体即一切户外公共场所发布的广告，包括交通运输广告，统统都归属户外媒体范畴。由于户外媒体的受众是流动的，故有人称之为"流动广告"或"poster"。随着科学技术的发展，许多新的电子信息技术转换成户外广告媒体，使得户外广告媒体不仅仅是为企业产品做广告的一种媒体，同时更是一座城市现代化的重要人文景观。在报纸、杂志、广播、电视等大众传媒形式尚未发达时，户外广告媒体是广告信息最有效力的传播媒体。时至今日，户外媒体在所有传播媒体中仍然占据着重要位置，以其独特的传播方式得到许多业界人士的青睐。

户外广告媒体种类繁多，具体可以分为两大类：一类是非电子类的户外广告媒体，一类是电子类的户外广告媒体；两大类又都可以分成传统型和交通型两个小类。传统型的非电子类户外广告媒体主要有路牌、招贴画、看板、模型等；交通型的非电子类户外广告媒体主要有车站、码头、车辆、船舶等；传统型的电子类户外广告媒体主要有霓虹灯、各种灯饰、灯窗等；交通型的电子类户外广告媒体主要有电子显示屏、电子翻版等。路牌是最常见的一种户外广告媒体，最初是利用墙壁做广告，后来随着现代城市的发展有了新的变化。路牌广告画面设计比较新颖，大多设在人口流量较多的地段、交通要道口等。交通工具媒体主要是随着交通的发展而变化，受众接触面大，宣传效果也较好。霓虹灯广告出现在20世纪20年代，可以悬挂在室内或室外。电子显示屏主要通过屏幕内部装设的电子管的不停变幻来显示各种信息，因为其形式醒目，变幻多样，给人的视觉感受很独特，信息传递作用较强。

由于户外广告的对象是在户外活动的人，这些人具有流动性，因此其接受率很难估计。一般来说，长期处于固定位置的户外广告，接受率可高达85%以上。由于人们是在活动中接受户外广告信息的，注视时间有时只有几分之一秒，而且人们几乎在同一时间里可能接触到许多户外广告，所以要取得广告效果，就要让人视觉暂留，而要让人视觉暂留，往往要考虑以下三个因素。

（1）广告的场所和面向，也就是广告的位置，要让人能注意到。户外广告通常面积大、体积大,能够给人鲜明的视觉印象,尤其是路牌广告,可达到上百平方米,宏阔壮观,这是其他媒介广告难以匹敌的。但由于其处于静态,又通常是固定的,其信息含量有限,又影响了广告效果。一般情况下,户外广告的收看率与户外地方位置和环境有很大关系,所以户外广告大都选择在繁华区、交通要道、纪念碑建筑物、公园、广场、娱乐和服务中心、高层建筑和车站码头等。

(2)广告的发布时间最好与企业的营销活动相配合。比如旅游广告最好选择旅游胜地和在假期、春秋旅游旺季发布;产品广告在产品展销、订货会前和会期中发布,如每年的糖酒交易会时户外广告铺天盖地就是一例。

(3)广告本身的质量。户外广告要吸引人,关键还在于广告本身的质量,这包括广告的形式和广告的创意。比如广告语言,就不宜冗长,在内容上文字要精练,以不超过10个字为佳。

户外广告发展很快,高新科技的发展促使新技术、新材料大量应用在户外广告上,导致部分户外广告由静态转向动态,由平面化转向立体化和实物化以吸引消费者注意力。有的公司把产品直接挂在建筑物上,有的将产品模型高悬于蓝天。丰富多彩的实物广告,不仅刺激了人的视觉,激发了人的购买欲望,也为城市增添了生机。

(二)户外广告媒介的特点与局限

近年来,灵活多样、形式新颖的户外广告成为我国广告业继电视、报纸之后的又一重要媒介。许多企业在推广产品时把户外广告作为首选发布媒体。具体来看,户外广告具有以下特点。

1. 传播信息具有不间断性、持久性,能强化印象

户外广告相比于其他媒体,在"时间"方面拥有绝对的优势——发布持续、稳定,不像电视、广播广告转瞬即逝,户外媒体传递信息的不间断性是其区别于其他媒体的一个显著特征。许多户外媒体是持久地、全天候地发布信息,它能更为长久地满足客户的需求。户外广告能够最大限度地暴露在受众面前,展示其信息。正

是因为如此，许多精明的广告主特别注意户外广告媒介的应用。例如在云南红河集团2003年度的广告支出中，户外广告支出就占了75.6%，而宣传的效果就是红河集团的品牌价值在这一年就提升了30个亿。有的广告设计者也设计制作出一些极具创意的户外广告，使广告及广告产品与受众实现了零距离的亲密接触，从而达到与消费者沟通的目的，直接促成其购买行为。比如香草味可口可乐做的一个户外广告就是一个十分经典的例子：在某城市，一个巨型可乐易拉罐模型立在街头，罐顶伸出一根长长的吸管一直通向站立在七楼的两人嘴里，这两人正美滋滋地喝着可口可乐，这一新颖独特的形象给受众带来强大的视觉冲击。更加经典的是，这个巨型可乐易拉罐模型就是一个可口可乐的自动销售机，这样一来，巨大的视觉冲击力和诱惑力，自然会对受众产生强烈的影响。

2. 信息到达率高

"实力传播"的调查显示，户外媒体的到达率目前仅次于电视媒体，位居第二。户外广告的不可替代之处就在于它往往能够接触到其他媒体所无法到达的受众群体。由于受众对户外媒体的关注度逐渐增加，很多客户都越来越偏好于使用户外媒体，而户外媒体的关注度和媒体的使用习惯都呈现出一种逐年上升的趋势。特别是房地产、邮电通讯、金融业、服务业和家电行业的广告费用投放逐年增加，受众进一步被分流，信息逐渐被细化。

3. 价格低廉，成本效益高

当央视和各大卫视黄金时段的广告价格节节攀升，当各大报纸和杂志的广告版面价格居高不下时，户外广告的价格无论是制作费用还是发布费用都要相对低廉得多。这主要是因为户外广告媒体自身成本较低，在市场日益激烈的竞争中，企业迫于削减成本而营销计划依然得进行下去的现实压力，由此巨大的成本优势就成为户外广告备受广告主青睐的主要原因。而且户外广告媒介是毋庸置疑的大众媒介，人们只要走出家门，就会时时刻刻接受到广告信息。

4. 地理方位的可选择性

广告客户可以在自己认为最需要开展广告宣传的地区、地点，布置不同类型的户外广告,以最大限度地满足广告客户的需求,这与广播电视等形成鲜明对比。广播广告、电视广告受到节目的限制,只能在指定时段,在原节目间隙插播,时间上、时长上都有诸多限制,无法完全依照广告主的需求进行。

5. 信息表现直观,视觉冲击力强

随着多种传播媒体的出现,人们日常接触的信息过度冗余,而且多是处于被动接受的状态,传播效果甚微。户外广告媒介独具创意的视觉符号拉近了受众与广告作品之间的距离。并且,更能够直观地把信息展示在受众面前,视觉冲击力强。有的户外广告向立体化发展,这样就更加具有展示的效果,增强了广告信息的直观性表达效果。

在公共场所树立巨型广告牌这一古老的广告方式经历了千年的实践,表明其在传递信息、扩大影响力等方面有着独特的视觉传播效应。不少户外广告牌成了一座城市的标志与象征,人们常常会对街道楼宇视而不见,但是街道两旁林立的巨型广告牌却让人难以忘怀,令人印象深刻。

当然,户外广告也有其局限性,主要体现在以下几方面。

1. 广告信息量有限

一般的户外媒体均属于瞬间媒体,广告信息必然要简单、醒目,再加上户外广告媒体与受众之间有一定的距离,所以,户外广告通常是用来宣传企业或品牌的名称或是标志的,信息相对简单。而且,户外广告媒体一般设置在城市的繁华地段,白天广告牌比比皆是,晚上霓虹灯、电子显示屏争芳斗艳,让人眼花缭乱。户外广告之间的相互干扰以及其他非广告信息的辐射,都会影响户外广告的最终传播效果,总体来说,户外广告媒体传达的信息量是十分有限的。

2. 覆盖面小

由于大多数户外广告的位置是固定的,所以覆盖面不会很大,信息传播范围也被限制了,因此设置户外广告时应特别注意地点的选择。比如广告牌一般应设立在人口密度大、流动性强的地方,像机场、火车站、闹市区等。

3. 效果难以测定

由于户外广告的对象是在户外活动的人，这些人具有流动的性质，因此其接受率很难估计，需要具体测定。测定时样本的抽取难度也很大，因为人群的流动，基本上不可能有固定的样本框，而且人们总是在走动中接触这些信息的，因此注视的时间会十分短暂，甚至只有几分之一秒，在这种情况下，受众留下的印象往往不会十分深刻，这也使户外广告的效果评定难上加难。

4. 易损坏，灵活性差

户外广告媒体长年累月处于户外，饱受日晒雨淋，受到气候或破坏性行为的影响时极易损坏，需要长期的维护以延长其使用寿命。并且，大多数户外广告都是静态地、固定地展示信息的，在信息的表现上缺乏一定的灵活性。

八、POP广告媒介

（一）POP广告媒介的构成

POP是英文Point of Purchase的简称，即售点，是指商品卖场销售点。POP广告又叫"售点广告"和"销售现场广告"，是指消费者在与商品的直接接触中，在实现商品交换的场所（超市、商场、零售点）所进行的一种销售现场的直接广告宣传，包括商品销售场所内外的广告牌、霓虹灯、电子显示灯、灯箱、货架陈列、橱窗、招贴画、商店招牌、门面装饰等不同形式的广告，还包括在售点发布的各种媒介的广告，如包装纸、说明书、包装盒、小册子、奖券、有线广播、闭路电视等。最重要的是以商品本身为媒介的陈列广告。

POP广告可谓历史悠久，早在古代社会，当有了商品的交换，人们相互之间为了交换上的方便，就在一些固定场所摆上所要交换的物品，这种原始的物品展示被视为POP广告的萌芽。后来，当物品的交换逐渐演变成产品的销售之后，店主为了使自己所经营的商品能够更快、更多地销售出去，就会将店铺当中的货架进行一番装饰。再后来，除了对货架进行装饰外，对货物的外观、摆放地点等也予以装饰，这种售点广告的模式就逐渐成熟起来。到了现代社会，产品数量增加，企业间竞争激烈，因此，销售单位为了能使自己所经营的商品更快地销售出去，除了使用传统的POP广告模式之外，还采取了在销售现场雇用销售模特、商品促销员等方式，以达到最佳销售效果。

POP广告又可以分为店外POP广告与店内POP广告。

店外POP广告的主要功能是"识别"和"诱发"。

"识别"就是使消费者能够迅速地、不费力地识别商品的性质和面貌。识别的具体内容有店名、营业时间牌及其他饰物等，它兼有广告功能和美化城市的功能。为了强化广告的识别功能，一些现代经营者都注重店面的统一形象识别。如肯德基和麦当劳的外观形象全球统一，一看就能分辨出来。为了强化识别功能，各现代商店都极力装饰店面以吸引顾客。

"诱发"就是通过店外POP广告诱发消费者对商品和商店产生兴趣，使消费者有进入商店的欲望，有购买商品的欲望。它的主要方法是橱窗展示。它以视觉刺激为主，通过实物来激发消费者对商品的兴趣和注意，而"兴趣"和"注意"正是消费者购买这一心理活动的初级阶段。

店内POP广告，包括柜台广告、货架广告、墙面广告、地面广告等，是最接近消费者的广告，具有直接促进消费者购买的作用，起无声推销员的功能，它应以迅速传达商品信息，笼络消费者情感为目的。

店内POP广告，务必要做到醒目、高雅、精致，大小和安置的地方都要恰当，形成一个有浓烈促销氛围的优美舒适的生活环境，以烘托店内气氛。

（二）POP广告媒介的特点与局限

POP广告主要有以下特点：

1. 直接面向消费者，针对性强

POP广告直接向消费者进行宣传，是离消费者最近的广告。

店外 POP 广告吸引消费者停住脚步，而店内 POP 广告则进一步激发消费者购买的欲望，它们都是将商店、商品、服务的信息直接展示给消费者。

2. 营销造势效果明显

POP 广告能以最直接的方式告知消费者商品、服务的基本信息，如促销信息、商品的打折信息等，如果能够紧密配合各种销售现场举行的促销活动，效果会更加明显。并且 POP 广告还能在潜移默化中笼络消费者情感，加深顾客对商品的认识度，特别是一些 POP 广告与产品包装进行深度整合后，诉求明确，极易被消费者认知与喜爱，对销售具有良好的促进作用。此外，POP 广告能为卖场营造出良好的氛围，使企业形象在消费者心目中得到提升。

POP 广告也有其自身的局限：

1. 接触面仅仅局限于现场

POP 广告是消费者在与商品的直接接触中，在显示商品交换的场所所进行的一种销售现场的直接的广告宣传，所以，这就决定了 POP 广告的接触面是很有限的，仅仅局限于商品交换的场所，局限于销售的现场，其影响面也基本就局限于销售现场这个范围，很难产生广泛的影响力。

2. 要求要有比较专业的设计人员

不论是店内 POP 广告还是店外 POP 广告，能够吸引消费者注意力、激发消费者购买欲望的，必须是具有创意的专业设计，每一个道具、每一个元素的搭配都要恰到好处地为信息的展示服务，才能实现预期的广告效果，所以 POP 广告的设计制作需要专业的设计人员。

3. 干扰因素多

POP 广告面临着众多的干扰因素，因为不论是商场、超市还是零售点，都处在一个十分复杂的环境当中，众多竞争者的广告同时向消费者传递者信息，消费者的注意力很容易被分散。此外，对于已经塑造起良好形象的企业来说，POP 广告极易被竞争者效仿，扰乱消费者视线，最终抵消了 POP 广告宣传的效果。

九、其他广告媒介

除了以上几种主要的广告媒介外,尚有其他一些广告媒介,在此作一个简单的介绍。

(一)特制品广告

特制品广告又叫赠品广告,指在赠品上附加简单的广告信息。比如在挂历上印上广告就是现代企业的一个常用做法。特制品广告种类繁多,在发达国家这类媒介上做广告的费用往往仅次于电视广告和报纸广告。这种特制品有的是用现成的商品加工而成的,小的有笔、笔记本、毛巾、服装、包装袋、化妆品等,大的有设备、汽车等;有的是特制的,如纪念饰物、挂历、公文包、明信片、微型产品模型等。特制品广告在使用中具有以下功能:

(1)传播广告信息。如在特制品上有的印刷有广告客户的名称、地址、电话、主要业务等,也有的只印上广告者的标志或赠词,或者是在特制品上注明被赠者的名字,使对方当做纪念品保存。

(2)使用功能。如果特制品没有使用价值,其广告意义就降低了许多。比如有的企业喜欢印画册,但只限于产品形象,其观赏价值就不大。所以一般的特制品制作较为精美,使接受者能当做物品使用或作为装饰品使用。

(3)友谊功能或称交际功能。这是特制品广告最重要的功能。特制品中不仅有使用价值,更有情感因素,在树立广告客户形象、建立企业公共关系上具有特殊作用。

(二)电影广告媒体

电影广告媒体主要是利用电影媒体为产品进行广告宣传,具体运作方式是在电影放映前或在影片的中间、结尾插入一段广告,向观众传播商品信息。由于其播放一是依靠电影影片,二是在电影院这一固定场所,因此这一传播媒体被称为"电影广告媒体"。无论是地方的广告还是全国性的广告,都可以采用这种宣传方式。

相关的资料显示,电影广告最早出现在美国。在20世纪50年代，美国的一些小电影院每当放映电影前，总会向先进场的观众售卖一些小食品，后来，电影院就有意地在银幕上打出出售的小食品的名称，以吸引更多观众购买。这种传播方式渐渐引起了美国一些商家的注意，他们就和电影制片厂联系，在制作电影拷贝时设法在电影的中间或开头、结尾处编辑进一段广告，为产品做广告传播。由此，电影广告媒体的效应就正式得到了认可。

电影广告媒体对于广告信息的传播有着别的广告媒体所不具备的优势。

首先，受众观看电影时注意力集中，心情较放松，一般都是比较喜欢该片或是对影片有所期待，所以，对出现的广告也会抱以比较宽容的心态，不易产生反感情绪。观众在观看电影的过程中精神状态比较放松，因而注意力相较于从其他媒介上接受广告信息时集中，广告信息的记忆度自然会更好，对产品的印象也会更加深刻。

其次，由于电影是被投放到大的银幕上传播给观众的，银幕的尺寸要比电视屏幕的尺寸大很多，因而，展示给受众的形象也要比电视屏幕上的形象更加鲜明突出，产品的诸多好处也会更加清晰地展示给受众。所以，电影广告的传播效果会更好。

但是，电影广告媒体在传播广告信息时也有其局限性。

首先，其传播范围有限。只有来到电影院观看电影的受众才会接触到这些广告信息，尤其是在现代社会，人们早已从过去狂热地去电影院看电影转变为在家里收看电视了。由于娱乐方式的改变，电影院的观众越来越少，并且，过去看一场电影花费极少，普通家庭也能轻松地承受，而现在一张电影票少则几十块，多则上百块，让普通家庭望而却步。所以，电影广告的传播范围进一步缩小了，广告的影响力也不断降低，这是电影广告媒体在今后的发展中需要解决的一个问题。

其次，在国内，仍然有许多观众无法接受电影广告，认为在电影放映过程中插入广告影响了他们的观看情绪，所以强烈抵制在电影中插入广告。

除了上述的广告形式外，还有通过在电影院里面的观众休息大厅、售票大厅等公共场所设置的电子显示屏、广告牌、宣传画等方式进行的广告宣传，这些将电影院里面的公共场所都充分利用起来做广告的方式，因为其主体建筑是电影院，所以也应当算做是电影广告媒体的一个组成部分。

（三）楼宇液晶电视

楼宇液晶电视的创始者是加拿大的 Captivate Network Inc. 公司。1995年，它首先在美国及加拿大的一些高档场所设立这种显示媒体，并很快受到美国投资巨头高盛集团的青睐，向其注入巨资。在中国，2003年5月29日，软银中国创业投资公司（SoftBank）宣布注资 4 000 万美元到分众传媒（中国）控股有限公司（Focus Media），以推动我国这一新兴广告媒体中的领军企业的商业楼宇液晶电视联播网的建设与运营，仅仅一年之后，分众传媒（中国）控股有限公司就把中国商业楼宇液晶电视联播网从上海扩展到了北京、广州、深圳、南京、杭州、成都、重庆等20多座城市，整个国内传媒业都为之震动。目前分众传媒的液晶电视网络主要产品包括：商务楼宇联播网、卖场终端联播网、公寓电梯联播网、医药联播网、银幕巨阵等。

楼宇液晶电视能够迅速兴起与其自身的以下一些特性是分不开的。

（1）直接命中目标受众。分众传媒的最大优势就是直击目标。商业楼宇液晶电视联播网作为分众行销时代的创新传媒，同常规的传媒相比，在精准性上具有明显的优势，它能有效地区分受众，锁定了年龄在25岁至50岁之间的高学历、高收入的企业主、经理人、时尚白领人士，他们是社会财富的主要创造者，是社会上最活跃的消费阶层，是中高档、时尚商品的领先购买者及意见领袖。

（2）有效受众的千人成本低。从商务楼宇液晶电视联播网的广告成本来看，它的有效千人成本是很低的，覆盖了城市中的主要商业楼宇和数千家优秀的公司，并且直击目标，相对于盲目宣传的媒体来讲，其有效的受众千人成本是很低的。

（3）良好的接触度。高级商业楼宇液晶电视联播网具有良好的主动收视率,以电视为例,电视主要放送的是电视节目,人们关注的是节目而不是广告,大部分人遇到广告就会转台,所以广告的实际收视率是比较低的。而装在高级商务楼宇电梯口或电梯内的液晶电视作为一个强制性收视的传播媒体,人们无法控制和选择它的播放,另外,在等待电梯或乘坐电梯的无聊时间内,大多数受众也会主动地、自发地利用这段时间收看液晶电视中的广告。

(4)低干扰、高品位的媒体环境。受众在接触常规的户外广告时往往会受到很多因素的干扰,与常规户外广告相比,电梯内或电梯等候间的液晶电视周围没有任何形式的广告干扰,形成了一个良好的收视环境,并且广告媒体的循环播放能够给受众留下深刻的印象。

(5)高品牌提升度。由于分众传播的内容大多是根据市场细分为特定的受众量身定做的,与大众媒体的大面积覆盖策略不同,分众传媒的品牌相关度更高,更加贴近受众,所以更容易提高产品识别度和记忆度。

但商务楼宇液晶电视联播网也存在不足。同传统的户外媒体相比,它的准入门槛较高,一是商务楼宇液晶电视联播网所用的液晶电视需要定做,成本较高;二是需要支付租金及相关的设备维护费用,这也是一笔不小的开支。此外,其在广告产品类别方面也是有限制的,管理不规范、制度不健全也是其主要的制约因素。但无论如何,我们也不能忽视它良好的宣传效果和巨大的发展潜力。

(四)手机广告媒介

手机的发展十分迅速,其功能也在不断扩展,现在,手机不仅是语音通讯工具,还是人们随时随地获取信息的工具。手机作为一个集视听、阅读、娱乐、信息发布的随身信息终端,将是未来最有发展潜力的广告媒介。据统计,全国手机用户数在 2006 年突破 4 亿,在 2012 年已突破 10 亿大关。由于技术的发展和手机的大规模批量生产,成本的下降推动了手机的日益普及。作为一种全新的广告媒体,手机拥有巨大的发展空间。

手机目前主要通过彩信与短信的形式发布广告,未来还将有更多的手机广告形式。首先,手机广告具有互动性,以及很强的针对性。手机传播都是一对一的传播,广告主只要掌握了用户资料,就能够与受众进行一对一的交流,针对性、互动性很强。此外,手机用户群体拥有较强的消费能力,也相对比较稳定,针对这一情况来确定广告投放的目标,可大大节省资源。

其次,手机广告的到达率高。手机已逐渐成为人们日常接触最多的物品,无论何时何地,用户都能查看、搜索网上信息,这是其他媒介无法做到的,并且,相对于电视、广播以及户外广告媒体来讲,短信广告的成本更加低廉,使用相同的广告宣传费用,手机短信的受众用户要比传统媒体的受众用户多出数倍。

第三节　广告媒介的选择与组合

广告传播媒介的选择与组合是广告传播活动中重要的一环,这是因为广告媒介费用占据了整个广告传播活动费用的70%～80%,广告媒体的选择是否恰当,直接影响到广告效果的大小和整个广告宣传活动的成败。从整个广告宣传活动来说,其目的是为了让广告信息得到传播,它又主要由广告信息和广告媒介两个因素所决定。优良的广告信息要有适宜的广告媒介,才能得到最大范围、最广深度的传播;而优良的广告媒介也需要与最佳的广告信息结合,才能发挥其卓越的传播功能。所以,应通过对各种广告媒体的类型与特性进行有计划、有步骤的选择组合,来使消费者能够在最恰当的场合下接受最适当的广告信息。

一、广告媒介选择与组合的原则

首先必须强调广告媒介选择的基本原则:一要有效,二要经济。正确选择广告媒体,除了这个首要原则外,还必须遵循以下基本原则,这是广告策划取得成功的重要基础。

（一）目标性原则

所谓目标性原则，即必须使选择的广告媒体与广告目标、广告战略相协调，而不能相背离。目标性原则强调广告媒体的选择应当服从和服务于整体广告战略的需要，应当同广告目标保持一致，而广告目标与广告战略又是影响媒体选择的首要因素。

（二）适应性原则

所谓适应性原则乃是根据情况的不断发展变化，及时调整媒体方案，使所选择的广告媒体与广告活动的其他诸多要素保持最佳适应状态。适应性原则主要包括以下两个方面：一是广告媒体的选择要与广告产品的特性、消费者特性以及广告信息特性相适应，二是广告媒体的选择要与外部环境相适应。

（三）优化性原则

所谓优化性原则，即要求选择传播效果最好的广告媒体，或选择最佳的广告媒体组合。优化性原则强调广告媒体的选择与组合应尽可能寻求到对象多、注意率高的传播媒体及组合方式。就目前的媒体传播技术而言，想要寻找到各方面都有优势的媒体及其组合是不可能的。

（四）效益性原则

所谓效益性原则，即在适合广告主广告费用投入的前提下，以有限的投入选择可以获得最佳传播效果的广告媒体。在现代市场经济条件下，无论选择何种广告媒体都应该将广告效益放在首位，这就要求广告媒体的选择要始终围绕选择成本低而又能达到广告宣传效果的广告媒体这个中心来进行。

二、影响广告媒介选择的主要因素

从微观上来讲，选择广告媒介会受到多种因素的影响。

（一）广告传播对象的媒介接触情况

针对谁做广告，这是首先要确定的因素，然后才能有针对性地选择能够直达传播对象的媒介。广告传播的对象主要指广告的目标消费者，对于他们在年龄、性别、民族、文化、受教育程度、社会地位、经济收入等方面的情况，以及他们居住的区域和数量，他们经常接触哪些媒介，接触媒介的方式和习惯等，都应掌握清楚，然后根据相关的统计学知识和社会学条件分析目标消费者的各种情况，以找到最佳的媒介选择方式。比如广告信息的接受对象是摄影工作者和摄影爱好者，那么有《大众摄影》、《摄影世界》、《中国摄影报》等一系列摄影报刊可选。

（二）广告信息的媒介适应性

广告信息的内容既有商品性的，也有企业性的。

在商品性信息中，要看它是什么样的商品，它有什么特性，具体有什么使用价值、质量如何，有些什么服务措施与项目等。一般情况下，房地产、出版书刊目录、文艺节目、生产资料、服装行业等常使用报刊媒介，化妆品、工艺品、饮料及其他室内陈设品常使用杂志做广告，工业品、药品、农业和畜牧业用品多采用广播媒介，化妆品、食品、家用电器、服务行业、日用品行业多采用电视做广告。企业信息大多是为了树立企业形象、传播公共关系信息、扩大企业的知名度和美誉度，因此常选用报纸、电视、户外广告等形式。

广告信息的构成也会对媒介的选择产生影响。广告信息是文字性还是图片性或是图文并茂，有无连续性的动作，有无特别的质感、色彩、形状显示，有无情节、情感贯穿等，各自都会有不同的最佳媒介选择。比如，以文字、图片性为主的信息，以印刷媒介、户外广告形式为最佳；以声响、音乐等为主的信息则以广播广告为宜；以色彩、形象、动作、情节、情感为内容的信息则应选择电视等。

（三）广告制作和发布成本费用

广告的发布是付费的行为，经费的多寡制约着广告媒介的选择和广告发布的次数。因此，了解广告活动的整体经费预算以及广告发布的经费预算是十分有必要的，可以说是选择广告媒介的前提。就目前我国媒介的发展水平来看，大规模的广告活动花费甚至会高达上亿元，中等规模的广告活动花费也是几千万元，不同的媒介依据其受众数量、发行范围的不同会有不同的定价,并且电波媒介不同时段、时长,印刷媒介不同版面、位置、篇幅等都会有不同的价格,具体发布情况需要视广告费的分配情况而定。

选择广告媒体还要了解广告的制作程序,估算广告的成本费用,特别是广告的千人成本。广告的制作程序与广告的发布速度、成本费用等相关。要用科学的眼光衡量媒体广告费用的高低,既要看到广告费用和广告所创造的经济效益的比值,又要看到广告媒体的千人成本,加以综合分析,从而选择出最适当的媒体。

(四)目标市场情况

选择广告媒体时,市场也是必须要考虑的一个重要因素。广告主和广告代理公司先要认真研究市场,研究相关的产品竞争状况、消费状况、消费趋势,再决定选择哪种性质的媒介。如果某一种商品的市场状况良好、竞争力强、现实购买率又极高,宣传这一产品就要采用最简便、快速的媒体。

任何广告主都不会忽视竞争对手的广告活动,甚至会根据竞争对手的广告活动而适当调整自身的广告策略。在竞争对手与广告主激烈竞争时,媒介策划人员应根据竞争的强度来确定媒介的选择,避免广告主的声音被竞争对手的声音所淹没,以取得预期的广告效果。

除了上诉因素之外,企业的营销策略、营销范围、产品周期等等因素都会对媒介的选择产生影响,因此必须引起高度重视,在选择媒介时综合所有因素进行考虑。

三、广告媒介的选择

(一)广告媒介选择的方法

对广告媒介进行选择时首先要明确其传播目标,即通过广告宣传所要达到的目标,这个目标要清晰具体,具有可操作性。有人把这种目标分解为广告的到达效果和心理效果。所谓到达效果是指广告到达它所针对的消费对象的有效程度。心理效果是根据广告所引起的消费者心理反应过程的四个阶段,即注意、兴趣、欲望、信念而制定出来的相应的指标，即知名度、理解度、好感度、购买意图度，它们分别代表消费者对广告商品的认知效果、理解效果、态度效果和动机效果。在对广告目标进行转化，使之成为媒介广告目标时，常会用上这种分解方法。

广告媒介的选择是一个复杂的过程，为了减少广告媒介选择过程中的偏差与失误，必须善于灵活巧妙地运用广告媒体选择的方法。进行媒介选择主要有以下几种方法。

1. 按目标市场选择

任何产品都会有其销售的目标市场，因此，广告媒介的选择就必须对准这个目标市场，使得产品的销售范围和广告宣传的范围相一致。如果产品对准全国市场，就应在全国范围内展开广告宣传，选择广告媒体时应寻求覆盖面大、影响面广的传播媒体，一般以全国性的电台、电视台、报纸、杂志等最为理想。如果要满足产品细分市场的广告需求，则要重点考虑何种传媒能够有效地覆盖与影响这一特定的目标市场，此时一般应选择地方性的报刊、电台、电视台等。

2. 按产品特性选择

市场上产品的种类繁多，不同的产品适用于不同的广告媒体，这就要求应该按照产品特性慎重地选择传播媒体。一般情况下，印刷媒体适用于规格繁多、结构复杂的产品，这样能将尽可能详细的信息传达给受众；而色彩鲜艳并需要进行技术展示的产品最好选用电视媒体。工业产品属于理性购买产品，因其技术性较强，价格昂贵，用户较少，通常要选择专业杂志、专业报纸或是在销售现场展示；如果技术性不强，价格也适中，用户较多，就可以选择电视媒体或是一般的报纸杂志。生活消费品属于感性购买产品，通常选用电视、杂志媒体。

3. 按产品消费者层选择

任何产品都有自己的消费层，即特定的消费对象。一般而言，软性产品都拥有比较固定的消费者层，因此，广告媒体的选择应根据其目标指向性，确定深受消费者喜爱的传播媒体。如化妆品，其传播对象为女性，主要的购买者是青年女性，根据这一特征，就必须选择年轻女性最喜欢的传播媒体；如果是农副产品做广告，其目标市场是农村，使用者是农民，就应该选择广大农民所喜闻乐见的广告媒体。

4. 按消费者记忆规律选择

广告是通过传递有关商品的信息来进行促销的，但人们在接受广告信息之后一般不会立刻产生购买行为，而由于各种原因在一段时间之后才会购买，因此，广告的宣传应遵循消费者的记忆规律，不断加深与强化信息给消费者的印象，这样才能最终起到指导购买的作用。所以广告的宣传要产生较好的效果，就要考虑到广告信息传播的连续性。

5. 按广告预算选择

根据企业实际情况，每一个广告主都有不同的广告预算，预算可多可少，这就决定了广告主必须按其投入的广告成本的额度进行媒介的选择。对于广告主来说，广告是一项昂贵的投资，所以在采取具体行动前，一定要经过精确的测算，选择最适宜的广告媒体，如果某广告媒体的价格高于广告宣传后所能取得的经济效益，就不要选择这个媒体。

6. 按广告的效果选择

广告的效果是选择广告媒体的一个重要因素，一般应该选择投入少而效果好的广告媒体，对广告效果的测定分析都要采取专业的分析方法，如计算媒体的千人成本等，并综合企业的整体广告策略最终作出选择。

(二) 广告媒介选择的策略

广告媒介的选择是广告宣传中关键的一环，因为它直接影响到媒介的作用与效果。在确定广告媒介时应具体回答以下诸方面的问题：

应该在什么样的媒介上做广告？

如何在选定的媒介上做广告？

如何推出或重复推出广告？

广告推出时间如何？
如何结算广告的成本与购买费用？
广告信息应该让多少人接收到？
在不同媒介上推出广告应如何组合其效果？
选用的广告媒介应如何与其他营销手段相配合？

在广告媒介费用已经决定的情况下，广告的持续时间、广告的接触范围和广告的发布频率这三个因素就基本决定了广告媒介的作用与效果。这三个因素相互关联，一个因素的增减会引起其他两个因素的增减。据此，我们在选择媒介时可以作如下考虑：

（1）在媒介持续刊播时间一定的情况下，可选择每月刊播频率少而传播范围广的媒介或选择每月刊播频率高而传播范围小的媒介。

（2）在广告接触范围一定的情况下，可选择每月刊播频率少而持续时间长的媒介或选择每月刊播频率高而持续时间短的媒介。

（3）在广告频率一定的情况下，可选择传播范围大而持续时间短的媒介或选择传播范围小而持续时间长的媒介。

一般情况下，选择广告媒介常受广告费用的限制、消费者接触媒介习惯的限制、商品特性的限制等，因而在广告费较少时常牺牲刊播的持续时间，保持或增加接触范围和频率；在商品有季节性时，常在旺季用集中广告而在淡季只用分散的广告，在做企业广告时因要以长远为方针，所以注重其广告的持续时间等。

四、广告媒介的组合

（一）广告媒介组合的目的

1. 扩大对目标消费者的影响

每一种广告媒介都有其长处和短处，运用单一媒介的广告，其效果远不如多个媒介组合同时做广告的效果。一则各媒介可以取长补短，互相协调配合，容易造成声势；二则每一种媒介都不可能百分之百地到达目标消费者，也就是说单一媒介无法触及所有的目标消费者，不同媒介的组合则可以弥补这一缺陷，从而扩大对消费者的影响。

2. 弥补单一媒介广告发布的不足

由于受广告经费的制约，有的媒介尽管有较大的接触范围可以到达目标市场，比如电视，但其费用丰太高，难以多次使用。这时采用广告费用低一点的多种媒介组合，既可保证广告的接触范围，又能有较高的出现频率。

3. 增强广告效果

广告学家曾对广告媒介的组合运用进行过研究和实验，发现广告媒介的交错使用，能够产生额外的效果。比如将同一个广告内容传播给目标消费者，接触三种媒介各一次，比接触某种媒介三次的效果要好，这是一种相辅相成的效果。再如，两种以上媒介向同一受众传播同一内容的广告信息，比一种媒介传播的效果要好，这是一种相互补充的效果。

4. 保持广告信息的延续性

为达到应有的广告效果，就需要连续不断地给目标消费者以广告信息的反复刺激。根据人的记忆规律，当一个人接收某信息后，5分钟后只记得60%，一天之后只记得30%，一周后，往往只剩下不到20%的印象。因此，广告人必须给目标消费者以反复刺激，而这仅靠单一媒介是不易做到的，必须巧妙地利用媒介组合，运用大众传媒广告，例如交通广告、路牌广告等，使人的记忆效果不因行动的变化而切断。更重要的是，要避免目标消费者因接触竞争对手的广告，产生态度上的转移。

（二）广告媒介的组合方式

1. 媒体类别的组合

（1）对同类媒介进行组合运用。

运用两种以上媒介刊登广告即构成组合。同类媒介中，有全国与地方、日报与晚报之分，也有级别、性质、传播内容、出版周期、不同频道、不同节目之别，在选择组合时要综合考虑，取其所长，比如很多广告既会在中央台播出，也会在地方卫视播出，这就是同类媒介的组合。

（2）对不同类媒介组合运用。

这是运用最多的组合方法，根据不同媒介的特点选择组合各种媒介，比如电视、报纸综合运用，广播与报纸、路牌等混用等，可以调动目标消费者的感官，扩大接触范围，争取较好的传播效果。

比如中国移动推出的专为 15～25 岁的年轻人打造的移动通信品牌——动感地带，其广告攻势的成功与其媒体组合传播策略的精确关系密切。在平面媒体上，如报纸、杂志上的广告多与动感地带的业务相联系，如《GPRS 篇》、《短信篇》、《移动 QQ 篇》等。这些功能与其目标受众的特点联系密切的广告主要刊登在报纸和时下比较流行的杂志上。它的户外媒体广告主要设立在车站牌、促销活动的举办场所及动感地带的终端体系，如营业厅。年轻群体比较愿意到户外活动，户外的大幅广告牌或者一系列的广告宣传比较容易吸引他们的眼球。动感地带在电视媒体上的广告多以年轻人为主角，比如周杰伦、潘玮柏等，内容也是以当代年轻人的生活为主。在网络上，动感地带有自己的网站，并且该网站不只是提供信息的网站，还有自主服务功能，受众可以自己选择自己想要的业务或是活动。

2. 具体媒体载体的组合

同一种媒体又会有不同的载体，比如电视媒体就包括中央电视台、省市级电视台、省卫视台等；报纸与杂志也有全国性和地方性之分，所以具体的媒体间的组合方式可以说是千差万别，可以是全国性的电视台、报纸与地方性的电视台、报纸之间的合作，也可以是地方性的电台与城市户外媒体的搭配等。总之，应根据广告主的需求进行最佳的搭配组合。

3. 媒体单元的组合

不同的媒体由不同的媒体单元组成，比如说电视媒体，根据时段、栏目、广告时长的不同，会有不同的广告组合，例如，黄金时段、品牌栏目一般要与非黄金时段以及普通节目搭配组合；不同时长的广告，其相互之间会交叉组合，如一个时段内，不可能都刊播 15 秒的广告，会是 5 秒、15 秒、30 秒广告交叉播出。除此之外，报纸、杂志媒体涉及的就是不同版面、篇幅、版位的组合,户外广告就会涉及地点、文字等的组合。

(三) 媒介组合应注意的问题

1. 广告媒介的调查资料必须准确可靠

广告媒介资料是广告媒介选择组合的源泉和基础,所以无论国内外,均对此极为重视。我国的台湾地区、香港地区,均有专门的媒介发行份数公查机构,它是由广告客户、广告代理业、报社、杂志社为会员共同组成的一种专门机构。广播、电视也有类似的组织,专门向社会提供被确认的客观的各种新闻媒介的发行份数、节目收视收听率等资料,像国际著名的 ABC 资料,具有相当的权威性,比较客观公正,一般被广告客户、广告公司视作媒介策划的主要依据。在我国,媒介调查起步较晚,仍需要进一步发展。

2. 媒介的覆盖面与目标消费者要一致

在选择组合时可将所选媒介排列起来,把其覆盖区域加在一起,并将目标消费者与之对照,看是否能将全部或大多数目标消费者归入广告影响力的范围内。同时,应将具体选定的媒介的针对性累加起来,看广告的目标消费者是否都可以接收到广告信息。如果不能保证所有目标消费者都可以接收到广告信息,那么在广告费许可的情况下,可再添加某些媒介,将不足或遗漏的目标消费者纳入广告的影响范围内。

3. 媒介集中点与广告的主要消费对象要一致

在媒介组合时往往会出现媒介影响力叠加的情况。在目标消费者中,虽然所有人都已经或可能购买了该广告产品,但这些消费者对广告客户的重要性并不一样。有些消费者具有较强的购买力,或具有一定的影响力,如果广告影响力叠加在他们身上,显然对广告客户有利。因而在组合媒介时,应注意在某些媒介上投入广告费多一些,以增加对重点消费对象的影响力。

4. 要与企业营销目标配合

企业营销目标不同,可以选择不同的媒介,这与媒介的特性、覆盖面、影响力等因素有关。如果企业以提高知名度、美誉度为目标，广告宣传就是要让消费者对企业产生好感，加深印象，树立起对企业和产品的信任，此时应该多考虑权威性的报纸，还有户外广告以及赞助各种社会公益事业，并以此为重点在电视、网络等电波媒体上展开广泛的宣传。

知识链接

参考阅读《网络经济的十种策略》(〔美〕凯文·凯利著，萧华敬、任平译，广州出版社，2000年版)。

思考题

1. 试述广告媒体的类型及其依据。
2. 结合实际，谈谈中外报业之间的区别，以及你对如何改变报业面临的困境的建议。
3. 考查报纸、杂志等纸质媒介的进一步发展，研究这些发展趋势将会如何对它们作为广告媒体的使用产生影响。
4. 报纸媒体的人均广告到达率相比电视媒体如何？谈谈你的看法。
5. 广播广告媒体面临的最大挑战是什么？
6. 网络广告有哪些发布形式和计价方式？
7. 如何策划对媒体的选择才能取得预期的广告传播效果？
8. 分众传媒为什么在短短几年内取得了如此快速的发展？
9. 在新的传播媒体不断出现的情况下，如分众传媒等已有媒体该如何强化自身品牌建设？

实践训练题

是不是一定要选择中央电视台做电视广告才能取得一定的广告效果？谈谈你的观点。

第七章 广告调查

广告调查是企业广告活动的基本环节,它包括广告调查的策划、广告调查问卷的设计与制作、广告调查的实施与调查报告的撰写等基本内容。

第一节 广告调查概述

一、广告调查的含义

广告调查是指采用科学的方法,按照一定的程序和步骤,有目的、有计划、有系统地搜集、分析有关市场的信息、商品信息、媒体信息、企业形象信息的行为,包括广告市场调查、企业形象调查、广告媒体调查、广告效果调查等内容。在市场经济活动中,市场变化日渐复杂而微妙,广告竞争日渐激烈,广告人要了解市场情况、消费者情况、竞争对手情况,才能有效地制订广告计划、开展广告活动。广告调查是通过设计调查目的,计划回答问题的样本,系统地收集、分析并报告与公司推行广告战略有关的一系列活动的技术操作过程,为编制广告计划、决定广告预算、制定广告创作策略、选择与组合广告媒体、组织广告实施、检测广告效果提供依据。

早在19世纪,西方国家就开始了广告调查。1879年,美国一个制造商向纽约的N.W.艾耶广告公司索取一份全国报纸目录,他想在脱粒机有市场的地区做广告。N.W.艾耶广告公司立刻通过电报向全国各地的报纸出版商询问有关脱粒机的市场供求状况，3天后就拿到了一份市场调查报告。由于广告调查卓有成效，很快便在广告业中得到了应用。

第一次世界大战后，资本主义社会逐渐由自由竞争向垄断过渡，较高的生产力水平与相对狭小的需求市场，迫使生产企业更加注重生产经营过程中的销售环节。1918年，哈佛大学销售学教授丹尼尔·斯达奇（Daniel Starch）开始研究检测广告文案的识别方法。与此同时，印第安纳州大学统计学教授乔治·盖洛普（George Gallup）也在研究和实践着文案检测的方法。1929年，盖洛普应雷蒙·鲁比肯之邀请来到扬－鲁比肯广告公司，建立了第一个广告公司内部的广告调研部。1923年，世界首家调研公司A.C.尼尔森成立，其最早的名称为"工程咨询公司"，后来因看到了客户对调研的需求而转向成为调研公司。他们决定建立一个代表全国各地药店的固定不变的被调查对象名单，借以测量产品发展动向和市场规模。在实践中，A.C.尼尔森公司创了品牌销量占据该产品全社会销售量百分比的"市场份额"概念。1933年，美国人乔治·盖洛普、埃尔默·罗博（Elmo Roper）以及阿奇博尔德·克洛斯列（Archibald Crossley）开始共同研究"随意选择技巧"。1939年，智威·汤普逊广告公司开始做消费者购买行为调查，建立了"消费者购买情况调查对象名单"。

第二次世界大战后，广告界又开始了对消费者消费动机的调查。20世纪50年代，一些广告公司开始研究人们的购买行为和购买习惯，维也纳人厄尼斯特·迪希特（Ernest Dichtr）博士对消费者购买动机的研究取得了显著的成绩。他的研究可以概括为两个方面：一是找出促使消费者产生购买行为的内在原因，二是探求消费者从事各种购买活动时所采取的方式、方法。

二、广告调查的作用

（一）为广告策划提供所需资料

广告策划是指对广告整体战略与策略的运筹规划，是从对广告调查、计划、实施到检测的全过程的考虑与设想，是广告决策的形成过程。

在进行广告策划时，要做好充分的广告调查及信息的收集和分析工作。广告策划所需的数据与资料主要可分为三种：一是基础资料，包括企业与商品的状态，流通渠道，法律上的制约，产品、市场及消费者方面的信息；二是广告预算的确定与分配，包括广告经费与广告预算的分配方面的资料；三是媒介表现及其他，包括关于媒介、广告表现、广告促销活动及广告效果评估等的资料。在广告策划中，广告调查是整个过程的前提和基础，只有对市场和消费者有着透彻的了解，对有关信息和数据有着充分的掌握，才有可能做出全面而实际的策划。

（二）为广告设计和广告创意提供依据

创意是广告的生命和灵魂，尤其是现在这个崇尚个性与多元化、信息飞速生产和传播的时代，没有创意的广告是很难吸引住大众的眼球的。而广告创意不可能是广告制作者闭门造车空想出来的，从创意的产生，到创意的筛选，再到创意的评价，每一个步骤都少不了广告调查的参与。产生、筛选创意的调查，主要是收集广告创作者所必需的定性资料，而评价创意的调查，主要是收集对广告主有用的定量资料。

（三）为广告效果评估提供数据

在企业营销活动中有四个很重要的因素（4P），分别是商品政策（product）、销售渠道政策（place）、价格政策（price）和促销政策（promotion）。广告与促销、人员销售、广告宣传一样，都属于促销政策，担当着使商品及服务在市场中顺利、有效进行的任务。对于广告主来说，其最关心的也是广告活动的效果，特别是销售效果。通过对注目率、到达率、收视率、记忆率、精读率、知名度、理解度、确信度、购买人数、特定广告影响购买率、销售额等的调查来研究广告的短期和长期效果、传播和销售效果正是广告调查中非常重要的内容。

三、广告调查的原则

广告调查的目的是为企业开展广告活动提供依据,具有很强的科学性,必须在调查中遵循以下原则。

（一）实事求是原则

实事求是原则即坚持调查的客观性,力求避免主观臆测。广告调查是为了准确了解市场情况、消费者情况,所以在调查过程中应注重从客观实际出发,不回避、不掩盖事实,切忌主观性、随意性,以保证调查结果的信度和效度。

（二）真实全面原则

真实全面原则要求调查人员在搜集资料时应客观而全面,注意样本的代表性,坚持用科学的抽样方法。

（三）时效性原则

广告调查的目的是为了了解某一特定时间的市场情况、消费者情况、企业形象情况。它具有较强的时效性,对其应用得越快,其产生的价值越高,因为随着时间的变化,各方面情况都在变化,届时又需要进行新的广告调查。

（四）计划性原则

广告调查是企业的一项长期工作,必须纳入企业的计划管理,使之制度化、规范化,以保证企业能及时得到所需要的信息;同时,开展广告调查前必须制订一个完整、严密的调查计划,对调查所需的人力、物力做出合理安排,对调查中可能遇到的问题及其对策要考虑充分,以保证调查的顺利实施。

（五）伦理道德原则

调查人员在调查过程中必须坚持伦理原则,采取与公认的职业惯例相一致的行为,尊重调查对象,不用欺骗手法,不对公众施加心理压力,不片面引用调查资料等。

四、广告预测

广告预测是指在广告调查的基础上,运用科学的方法对影响广告活动的各种因素进行细致的分析和研究,测算出在未来一定时期内,这些因素在质与量方面的情况和可能的变化趋势,从而为广告计划和决策提供科学的依据。

(一)广告预测的内容

广告预测的内容主要集中在与广告目标和广告费用密切相关的销售预测方面,即对广告产品的销售前景的估计。这种预测集中在产品生命周期预测、市场占有率预测、竞争对手预测和宏观市场预测方面。

(二)广告预测的方法

一类是定性预测法,又称"主观判断法"。这种方法以经验分析为主,从分析现有资料入手,对未来趋势作出判断。另一类是定量预测法,以数学和统计的方法为主,根据各种统计资料,建立数学模型,又称"数理统计法"或"客观判断法"。

1. 广告定性预测

广告定性预测法主要有:一是用户调查预测法,指对企业某类产品的可能用户进行面谈、邮寄、电话等方式的调查,了解其购买意向的方法,该法适用于对高档消费品、工业品的市场预测;二是销售人员预测法,指综合与销售有关的采购、推销、营业与广告业务人员等对产品消费者和竞争对手的看法和意见,作出产品销售量的预测;三是管理人员预测法,指企业的主管人员同生产、营销、计划、财务等部门的主管人员集体预测产品的销售量;四是综合预测法,指综合上述三种方法而作出的产品销售量的预测,它综合了营销人员、经营管理人员和消费者的直接意见,因而预测结果较为可靠,是定性预测的较好方法。

2. 广告定量预测

广告定量预测的方法主要有:

(1)时间序列预测法。指将历史资料和数据按时间顺序排列起来,找出其中的变化规律并进行外推的预测方法,适用于在市场环境变化不大的情况下作出短期预测。此法又有移动平均法、指数平滑法和季节预测法几种。

(2) 相关预测法。又叫因果关系预测法，是指利用经济发展过程中经济因素的内在联系，运用相关分析理论判断其相关的性质与强度，从而预测产品的发展趋向和社会需要量。

(3) 相关关系预测法。有单相关、复相关、自相关等分析方法。相关关系预测法主要适用于宏观的中长期预测，需要较高的数学与统计学的知识水平。常见的有回归预测法、投入产出预测法、经济计量预测法等。这些方法比时间序列预测法更精确，是现代预测的一种主要方法，也是现代广告预测中经常采用的一种方法，通常配合电子计算机的运算可以得到较为精确的市场销售预测值。

(4) 市场预测。市场预测是通过调查了解曾经发生过的各种变化趋势和市场目前的状况，推测预计在今后一定时期内市场可能发生的变化情况。

市场预测一般从三个方面进行：一是根据过去的变化趋势进行推测。它要求将过去曾经发生的某种趋势，如消费情况变化等用图表形式表示出来，然后以此为基础，根据图表中曲线所表示的曾经发生过的某种变化趋势，结合其他事实和数据去设想，或者推测未来变化的趋势。同时，市场调查人员还必须对构成某种重要变化趋势的各种因素进行深入分析，对它们今后可能发生的变化方向和影响作出合理的评估。这些因素包括新技术的出现、新产品和新企业进入市场、当地经济情况出现某种变化、政府法律及政策变化和干预等。二是间接预测，即其他有经验的专业人士和市场观察员对有关问题的分析和判断。这种预测通常见之于各种报纸杂志，如市场分析、工业前景预测、社会经济发展评估等，了解这些可以克服预测的片面性。三是市场对比预测。用准备进行市场预测的产品同其他国家和地区的同类产品以往在市场上出现的情况进行对比，来分析要预测的产品。

定性预测可以对市场活动规律作出总的趋势分析，定量分析可以对市场需求量作出定量的分析与预测，可以避免预测者的主观性，但对其社会、政治、经济等动态变化无法进行有效的预测，因此，定性预测与定量预测常需同时使用。

第二节 广告调查的内容

广告调查的内容主要有广告市场调查、企业形象与公共关系调查、广告媒体调查、广告效果调查等。

一、广告市场调查

广告市场调查是为编制广告计划提供依据的。调查的内容是收集了解市场从生产到消费全过程的有关资料,经分析研究确立广告的目标消费者、广告的诉求重点、广告的表现手法和广告的实施策略。

广告市场调查包括广告环境调查、目标消费者调查、产品调查及市场潜力调查等。

（一）广告环境调查

广告环境调查主要是指对某产品预定销售区域内的基本情况进行调查,涉及整个区域内的政治、经济、文化、科技、自然、地理、气候、交通运输等各个方面。通过调查,有计划、有目的地搜集政治（各种法律、法令、法规、政策,尤其是当地的各种规章制度、经济政策等）、经济（国民总值、国民收入、工农业生产水平、消费结构、消费水平与能力等）、文化（有关居民的民族特征、宗教信仰、风俗习惯、审美观念、职业构成、教育程度、科技水平）、人口（人口组成、人口数量、文化背景等）、环境（地理位置、气候条件、交通运输状况等）各方面的基本资料,再分析整理,作为确定广告对象和诉求重点的依据。

广告人对此类资料应养成收集习惯,比如国家统计局的统计资料、各级人大政府的工作报告等均极具资料性,有利于广告活动的开展。

（二）目标消费者调查

目标消费者调查指了解集团消费和个体消费者的需求、动机、购买习惯、消费习惯,以及与此相关的消费者的年龄、性别、文化程度、家庭状况、种族、宗教信仰等情况,综合调查分析出消费者为什么购买、在什么地点购买、购买频率如何以及购买后由谁使用、使用后的评价等,再进一步分析出消费者构成、消费投入及其变化规律,为确定广告目标和广告策略提供依据。

(三) 产品调查

产品调查是对预定的广告产品的调查,主要了解与产品内、外在性能和作用有关的产品情况,如产品的生产能力、原料来源、加工工业水平、用途特性、结构功能、产品生命周期、竞争商品状况、品牌与商标印象等,进而了解其是否适销、是否符合市场的要求和消费者习惯。很显然,产品调查必须建立在对消费者调查的基础之上,只有通过消费者了解他们的需求、爱好之后,才能对产品是否适销、是否符合市场要求作出评判,同时结合两者,找出广告的诉求重点,即以产品最适合消费者需求的某一特性作为诉求点,才能切合消费者的需求而畅销。

(四) 市场潜力调查

市场潜力调查的是广告产品在目标市场上的销售前景。其目的是通过调查,查明直接影响产品在目标市场上销量的各种因素,正确地分析在目标市场组织销售的可能性及其发展前景,以便更好地选择目标市场。影响市场潜力的因素主要有以下几点。

1. 市场环境

市场环境调查的内容有以下几个方面:一是预定市场的政策法规有无特殊之处,对营销有利还是无利,为决策提供政策依据;二是预定市场的经济状况,可参考该市场的就业、国民收入、工农业发展、工资收入等数据,一般情况下高收入区的高档消费多于低收入区;三是气候、地理因素,生活在不同地理、不同气候条件下的消费者,赖以生存的手段、生活方式、对商品的需求各不相同,如平原和山区、北方和南方,人们的消费习惯、消费方式、商品需求就大不相同;四是预定市场的一些社会因素如民族、宗教、传统不同,对产品销售也有较大影响。

2. 市场容量

对市场容量的调查是指估计广告产品在新市场或潜在市场的销售可能性。一要了解同类产品在目标市场中销售的具体数目和品牌、规格、来源、生产厂家、经营单位、价格等。如果能找到该地社会经济统计数据，找出变化，则可预测前景状况；二要了解目标市场同类产品的消费变化，包括当地产品与外地产品的生产数量及销售数量，查清市场是否饱和；三是了解具体的消费者数量、消费方式与销售的关系，以及有无竞争性的代用品；四是了解该产品今后的消费变化趋势，弄清产品的生命周期状况。

3. 竞争对手

市场经济条件下竞争日趋激烈，这对产品的销售有较大影响。

竞争分直接和间接两种。直接竞争是指经营同类产品的行业竞争，间接竞争是指经营种类不同而用途相同的产品的企业竞争。在调查时要弄清有无竞争、占有多少市场、优势何在、市场有无空白等，从中寻找打开市场的突破口，寻找出最有希望使产品销售成功的方法和途径。

一般说来，产品能在市场取胜的原因有：产品质量好，有独一无二的性能；成本低，价格竞争力强；销售渠道畅通，广告与营销配合协调，以及争取和充分利用了合理的政策保护等。在广告的市场调查中，可围绕这些方面来寻找自己和竞争对手的有关资料，从而为自己的广告政策和实施提供准确的依据。

二、企业形象与公共关系调查

（一）企业形象与公共关系调查的意义

企业在生产和营销活动中，必然要与各方面发生联系，例如政府、社区、社会团体、金融、税务、工商、海关、水电气供应、原材料供应、投资者、消费者、用户、同业者和内部员工等。所有这些与企业有关系的人，都通过企业的行为来了解企业的状态，并逐步形成对企业形象的认识，从而决定其应采取的态度和行为。所以作为企业，就必须了解自身在社会公众中的形象，应采取怎样的企业形象战略才能使公众对企业产生正确的印象。为此就有必要进行企业形象调查，了解和掌握变化着的企业形象，才能确定各项企业行为的影响和效果，才能随时修正企业行为，使之向良好的形象方向转化。尤其是随着企业的发展，竞争不断加剧，与之相关的公众就会增多，竞争对手也会增多，接触面也随之扩大，公众对企业产生误解而形成错误的企业形象认知的危险性也迅速增加。因此，企业在其发展过程中必须始终充分注意企业形象，尤其是在开展企业广告、导入CI的过程中，企业形象调查尤其不可少。

（二）企业形象与公共关系调查的内容

企业形象与公共关系调查内容众多，比如品牌形象、技术形象、市场形象、未来性形象、企业风气、视觉识别、经营者形象等，在调查时往往从企业的广告接触度、企业认知度、企业评价度、企业印象度等方面入手，然后转化为具体的指数即企业的知名度和美誉度，得出具体的结论。

所谓知名度是指一个企业被公众知晓、了解的程度，以及企业社会影响的广度和深度。它是评价企业在社会上名气大小的客观尺度；所谓美誉度是指企业获得公众信任、赞许的程度，以及企业社会影响的美、丑、好、坏。它是评价企业在社会上名声好坏的客观尺度，也是企业极力追求的目标。要注意的是，企业的知名度和美誉度并不一定是成正比例发展的，所以企业在塑造形象时，应当把美誉度放在更重要的位置。

实施企业公共关系调查首先要辨认出与企业相关的公众，从中分析选择，确定调查对象再实施调查。然后将调查数据加以分析并得出结论，再与企业自身设定的形象相对比，找出差距，确定新的目标。

（三）调查结果归类

（1）高知名度、高美誉度。这是最理想的企业形象，说明企业在社会上名气大、声誉好。这种结果往往与企业自身设定的形象相吻合。

（2）低知名度、高美誉度。这说明企业有良好的形象基础，但企业和广告宣传在视觉识别方面做得不够，比如产品品牌与企业名称不统一常会出现这种状况。有的产品质量好、牌子响，但公众不知生产厂家是谁，这种情况应在宣传上多下工夫。

（3）低知名度、低美誉度。说明企业形象不佳，需要付出极大的努力从头做起，而且应先从自身完善做起，提高产品、服务的质量，在经营方针、管理效率、人员素质、开发能力等方面多下工夫，争取较高的美誉度。广告宣传上宜低调，待声誉上升后再大力宣传。

（4）高知名度、低美誉度。这是最糟糕的企业形象，处于臭名远扬的境况。此时应先致力于扭转恶名，再逐步设法挽回信誉。

通过企业形象与公共关系调查，得到公众对企业形象认识的真实情况后，再与企业自身设定的形象比较找出差距，这就是企业开展公共关系活动、企业广告的着重点，应着力于弥补差距，让理想形象与实际形象合拍。

三、广告媒体调查

广告媒体调查是指分析各类刊载广告信息的媒介的特征，以及调查消费者对于各种媒体的接触情况。具体来讲，广告媒体调查是要了解各种广告媒体的经营状况、工作效能、覆盖面，以及在预定目标市场的受众覆盖情况、媒介特征等内容，以便在广告实施中正确实施广告媒介策略，取得预期的广告效果。

对于不同的媒介类型，广告媒体调查的内容有所区别。

（一）印刷类媒介的调查，重点放在报纸、杂志等媒介上

一是性质调查。调查媒介是日报还是晚报，是机关报还是行业报，是专业性还是知识性、趣味性，是邮寄送达还是零售直接送达等。二是业绩调查，即发行量调查。发行量越大，覆盖面就越大，广告费用就越低。同时要查清该媒介在预定目标市场内的发行数量，以了解该区域对广告的接触效果。三是读者构成调查。包括年龄、性别、职业、收入、是否读多种报刊及其所花的时间等。四是调查其发行周期，又称发行频率、报刊发行日期的间隔数，如日

报、周报、周刊、旬刊、月刊、季刊等。

（二）电子类媒体调查，重点放在广播、电视（包括有线电视）、网络等媒介上

一是调查覆盖区域即传播范围；二是调查节目的编排与组成，哪些节目最有特色，节目质量和播送质量如何；三是调查收听收视率，要精确到每个节目的收听收视率，这是加强广告针对性的重要一环。首先要弄清在该台覆盖范围内收听收视的户数或人数，这可用抽样调查方式和社会拥有电视、收音机的量来测算；其次是这些人各属什么类型，他们各喜欢什么样的节目；再次是他们每天用于收听收视广播电视的时间是哪一段，共有多长；最后是调查他们对广播、电视及其广告的态度。对以上信息加以分析整理，即可得出广播、电视总的收视收听率，每一节目的收视收听率及这些人的组成成分和收视收听时间。

（三）其他媒体调查

除了大众传播媒介外，户外、交通、特制品、POP等均可归入其他媒体这一类。其他媒体调查主要调查它们的功能、特点、影响范围、广告费用等。对特制品广告的调查还要注意与国家政策法规相合，以免构成行贿受贿之嫌。对于POP广告、路牌广告、霓虹灯广告、交通广告等的接触率的调查，一般是从进出商店的人流数、交通人流数、乘客人数等来测算。

四、广告效果调查

广告效果调查分为事前调查、事中调查和事后调查。

事前调查又称"广告试查"，是指在广告实施前对广告的目标对象做一次小范围的调查，了解消费者对该广告的反应，以便据此改进广告文案，提高广告效果。其调查对象应选自该产品的目标消费者。常用的方法是就几种设计方案或同类商品的不同的广告稿分别询问调查对象的意见，逐一评分比较，以此检验哪个广告最有趣味、最令人喜爱，使广告的意图更正确。

事中调查是指对广告在发布过程中所起效果的调查，主要为日

后的广告效果评估提供依据。

事后调查是指在广告发布实施后，对广告所起作用的调查。主要调查广告的接触和接受率、产品销售效果变化和社会效果变化等，为本次广告评估和以后的广告策略的修订和调整提供依据。

第三节　广告调查的操作流程

科学、系统的研究方法应该有一套比较固定的程序。广告调查的范围与内容十分广泛，对象与形式多种多样，目的与要求各不相同，因此其调查程序也有一定的差异。广告调查的操作流程基本可分为如下几个步骤。

一、明确广告调查目的

广告调查的目的是整个调查活动的目标和方向，是广告调查的第一步，是之后搜集资料、组织材料及解释材料的依据。广告调查目的的明确是广告调查中最主要的任务。广告调查的目的必须是具体的、明确的，绝不可笼统，因为调查目标直接决定着广告调查中其他步骤的执行，如果调查目标不明确、不具体，就不可能进行下面的步骤。

广告调查的目的可以有很多种，不同的调查目的其调查内容、方法、对象和范围就不同，调查人员的选择、调查队伍的组建等也不相同。选择调查问题时应该将需要和可能有机地结合起来。既要从管理的需要性出发，也要考虑到实际取得资料的可能性。同时，选择的调查问题应具有重要性、创造性、可行性与最佳性等特点。

在明确调查目的的基础上，调查人员应利用自己的知识和经验，根据已经掌握的资料，进行初步分析。分析的涉及面应尽量宽一些，包括对所要调查问题的大致范围、调查的可能性和难易程度等。

二、编制广告调查计划

明确调查目的的意义在于设立调查所要达到的目标，广告调查计划编制则可以理解成为了实现调查目标而进行的道路选择和工具准备。所谓道路选择即指为达到调查的目标而进行的工作，包括从思路、策略到方式、方法和具体技术的各个方面。所谓工具准备则指调查所依赖的测量工具或信息收集工具，如问卷、实验仪器等的准备，同时也包括调查信息的来源——调查对象的选取工作。广告调查计划是整个调查工作的行动纲领，编制广告调查计划就是对调查的内容进行全面规划。具体而言，广告调查计划一般包括以下内容。

（一）调查项目

调查项目是指调查过程中所要取得的调查对象的类别、状态、规模、水平、速度等各个方面的资料，包括定性分析资料与定量分析资料。

确定调查项目是调查过程中非常重要的一个环节。一是它确定了调查项目，界定了问卷设计或访问提纲的范围，为问卷设计或访问提纲的编写提供了依据；二是调查目的能否达到，在设计阶段只有通过研究者所界定的调查内容来判断，因此，所确定的调查项目是否全面、适当，会在一定程度上影响调查方案能否被客户认可、接受。

（二）调查工具

在确定调查目的之后，必须进一步具体设计反映这些项目的调查工具。调查工具是指调查指标的物质载体，如调查提纲、调查表、调查卡片、调查问卷、调查所用的设备和仪器等。所有调查项目最后都必须通过调查工具表现出来。设计调查工具时，必须考虑到调查目的、调查项目的多少、调查者和调查对象的方便、对资料进行分析时的需要等。只有科学地设计调查工具，才能使调查过程顺利、调查结果令人满意。

（三）调查的时间与地点

调查时间是指调查在什么时间进行，需用多少时间完成，每一个时间阶段要完成什么任务。调查时间的确定，一方面要考虑到客户的时间要求，另一方面也要考虑到调查的难度和规定时间内完成调查的可能性。一般用调查活动进度来表现调查活动的时间安排。

调查地点是指调查在什么地区进行，在多大的范围内进行。调查地点的选择要有利于达到调查目的，有利于搜集资料工作的进行，有利于节省人力、财力和物力。

（四）调查对象

调查对象有两层含义，广义的调查对象又称"调查总体"，是指通过调查要了解、研究的人群总体，狭义的对象是指调查中具体接触的对象。在绝大多数的广告调查中，调查对象不可能是全部的总体，而是总体中抽取出来的一部分个体所组成的样本。确定调查对象，具体来说，就是设计和安排调查对象的抽样方法和数量。在抽样方法上，要确定是选择概率抽样还是非概率抽样；在数量的决定上，样本大小取决于总体规模及总体的异质性程度，还有研究者的时间和经费是否充足等。

（五）调查方法

调查方法既包括资料的搜集方法，也包括资料的分析方法。资料的搜集方法，有电话访问、入户访问、深度访问、焦点小组、固定样本连续调查、邮寄问卷调查、实验室研究、内容分析等；资料的分析方法包括定量的分析和定性分析。调查方法的选择取决于调查的目的、内容，以及一定时间、地点、条件下广告市场的客观实际状况。由于同一项调查课题可以采用多种调查方法，因此，调查人员必须认真地比较，选择最适合、最有效的方法，做到既节省调查费用又能达到调查的目的。

（六）调查预算

调查预算一般包括印刷费、方案设计费、问卷设计费、抽样设计费、差旅费、邮寄费、访问员劳务费、受调查者礼品或礼金、统计处理费、报告撰写制作费、电话费、服务费、杂费和税收等。此外，还应对调查人员的工作量进行合理安排，使调查工作有条不紊地进行。在核算这些内容时，必须从节省的角度出发，但也应注意留有一定的余地。

三、设计广告调查问卷

为了把调查意图准确地传达给被调查者，以得到所要了解的真实信息，就必须精心设计广告调查问卷，它是广告调查能否成功的基础。

问卷设计包括确定调查内容并将之结构化，编写问题与答案，试测和信度、效度、鉴别度检验，编制广告调查问卷等环节。

（一）根据调查目的确定调查内容

确定调查内容是设计广告调查问卷的第一个环节。根据调查目的确定调查对象，比如市场调查，其主要对象是消费者，而媒介调查的对象是广告媒介和媒介的受众；企业形象调查的对象是与企业有关的各类社会公众。由于各类对象对企业的影响不同、关注的重点不同，广告调查的要求也不同，因而在确定调查对象时要了解对象群体的特点和关心点。在此基础上再确定广告调查的内容，同时确定各方面内容各占多少比例，意即把广告内容结构化，以避免问题的轻重不均，造成不平衡或遗落。下面以企业形象调查为例介绍调查内容的结构化（见表7-1）。

表7-1 企业形象调查内容结构表

内容	封闭式问题	开放式问题	各部分所占比例
产品	20%	10%	30%
服务	10%	5%	15%
环境	10%	10%	20%
社会贡献	10%	5%	15%
……	……	……	……
合计	—	—	100%

把调查内容结构化，可以避免因问题轻重不均而造成的不平衡或遗漏。

（二）编写问题与答案

编写问题的总原则是要有丰富的材料，题目要具有普遍性。因此，在编写题目前必须搜集大量的资料，并由专家或有经验的人做指导。

编写问题是设计广告调查问卷的一个关键环节。问题是向被调查者提出而要求其给予回答的事实、态度、意愿和需求等。问题的提出需要经过反复思考，提出的问题要有调查的价值。问题的内容一般有事实方面的，如质量、价格、花色品种、性能等，这是比较容易回答的低层次问题；观念和态度方面的，比如对某一商品的喜好，对该产品的建议、意见等；行为方面的，包括已经做出的行为和将要进行的行为，比如是否已经购买了某一商品，在某种情形下将要怎样行事等；理由方面的，即要求被调查对象对自己的态度、观点和行为作出解释，说明为什么这么做的理由。编写问题时要考虑到各部分内容的分配，按结构化比例编写，题量应达到120%～150%，以供专家或有经验的人鉴别选择。

一份问卷中，题目既可以全部是封闭题，也可以全部为开放题（用于深度访谈），这完全取决于所研究的问题的性质和特点。在一般情况下，一份问卷往往既有封闭式问题，又有开放式问题。

1. 封闭式问题

封闭式问题是指事先设计好了各种可能的答案，以供被调查者选择的问题。封闭式问题的答案是标准化的，既有利于受调查者对问题的理解和回答，又有利于研究者对问卷的统计和整理。但封闭式问题对答案设计的要求较高，对一些较复杂的问题，有时很难把答案设计周全。一旦设计有缺陷，被调查者就可能无法回答，从而影响调查的质量。封闭式问题的答案是选择回答型，所以设计出的答案不能重合，必须要互斥和穷尽。遇到无法列出所有答案的问题，要设置"其他"项以供选择。

根据提问项目或内容的不同，封闭式问题又可分为判断题、单选题和多选题。

（1）判断题。

也叫是非题。这类题目是给予两个相反的答案，供调查者选择。例如：

您知道是西门子冰箱率先推出"零度保鲜"这一概念的吗？

A. 知道　B. 不知道

（2）单选题。

即要求被调查者从提供的答案中选择一项的题目。例如：

在众多品牌牙膏中，您认为哪一个品牌的质量最值得信赖：

A. 佳洁士　B. 高露洁　C. 中华　D. 黑人　E. 两面针　F. 其他（请注明）

（3）多选题。

即要求被调查者在给定的答案中选择一个以上答案的题目。例如：

请问您在购买家用电器时主要考虑哪些因素？

A. 价格　B. 款式　C. 尺寸　D. 品牌　E. 售后服务　F. 功能

2. 开放式问题

即不给回答者提供答案，要由被调查者用自己的语言回答的题目。

开放式问题包括疑问题、投射题等形式。

（1）疑问题。

即提出一个问题，让被调查者作答，旨在直接地了解被调查者的看法或意见。例如：

您为什么喜欢iPhone手机？

_____

_____

（2）投射题。

即运用一些模棱两可的刺激（例如字词、图片、句子），让受调查者在不受限制的情况下自由作答，通过他们的回答，分析其中所隐含的态度或者动机。这类题目是借鉴心理学中的投射测验发掘受调查者潜意识中的反应。常见的方法有词汇联想法、文句完成法、完成故事法、角色扮演法、装扮游戏法、讲故事法等。

（三）测试与检验

问题和答案初步编制完后，为了保证调查效果，通常在大型调查问卷实施之前，要对编制的问卷作测试，以了解问题和设置的答案是否恰当，能否达到调查的目的。试测的范围通常较小，一般选择目标对象10~100人做预先测试。根据测试结果检验问题和答案的信度和效度，意即检验调查问卷的可靠性和有效性。

1. 广告调查的信度是指调查的可靠性

信度具有如下特点：一是针对相同的调查对象的调查经过多次复测，结果都应大致相同。如差别太大，则信度不高。二是信度是相对的，是程度上或多或少的问题，而不是绝对的有或无。三是信度受抽样误差的影响。误差是随机的，因而信度也受随机因素的影响，误差越小，信度越高；误差越大，信度越低。信度一般用两次测量结果的相关系数来表示，又称为信度系数，有专门的计算公式。一般情况下，信度系数应大于或等于0.8，调查结果才是可靠的。

检验信度的方式有三种。一是再测法，即同一个调查，在第一次进行过后，经过一段时间对相同对象再次复查，比较两次调查的结果，求出相同项目两次回答值的相关系数；二是复本法，指设计两套问卷，要求二者尽量相似，然后用两套问卷调查同一个对象，比较相应的回答值，求出相关系数；三是折半法，即将调查后回收的问卷分为奇数和偶数条目的问卷并分别记分，求这两部分的分数的相关系数（又叫折半信度系数），就可求得信度系数。

2. 效度通常用内容效度和效标效度来表示

内容效度是指从题目内容上看，是不是反映了要测目标的实际情况。内容效度高，说明了调查反映的情况比较真实。对内容效度的确认，主要是请有关专家来判断。如果制订了一个企业知名度的调查问卷，专家指出应有10个方面，而问卷只涉及7个方面，这一调查的内容效度就不高,调查结果的有效性就低。

效标效度也是用来衡量调查有效性的一个标准。它可以是观念上的,如人们普遍认为一个好企业应是什么样的,也可以是直接测量的,如销量增加、等级评定的结果等。效标效度是以测验与效标的关联性的大小来确定调查是否有效的一种方法。在具体应用中就是检测调查结果与效标的关系,两者相结合则有效性就高。比如通过调查某产品销售有增加的趋势,而实际结果确实有增加,说明这个调查是有效的。

信度和效度的关系是,信度高时效度不一定高,效度高时信度一定高。一定的信度是效度高的必要条件。

(四)编制广告调查问卷

广告调查问卷,简言之,指有问有答的广告调查表,即把所要调查的问题设计成表格的形式,让调查对象填写或回答并回收。问卷通常分为有结构问卷、无结构问卷和综合型问卷三种。

(1)有结构问卷又叫封闭式问卷,是一种事先确定可供选择答案的问卷。它的优点在于:其一,答案是标准的,便于收集资料和分析资料;其二,把答案转译成数据进行统计分析比较容易和方便;其三,调查对象容易弄清问题的意义,即使未完全领会,也能从所给的答案类型中找出答案;其四,由于答案预先给出,便于调查对象选择回答。它的缺点在于:一是容易影响资料收集的真实度和准确度,特别是调查对象不愿配合而随意选择答案时,更易失真;二是所给答案有限,不能准确反映调查对象的实际情况。封闭式问卷简单易行,适用于大面积调查,但收集的资料易流于一般化。

(2)无结构问卷,又叫开放式问卷,通常是调查提纲,是可以自由回答的问卷。它的优点是收集的资料比较广泛、具体,能够得到更多的更真实、更准确的资料;缺点是答案不规范,不容易统计,另外拒答率也较高。

(3)综合型问卷,既有有结构问题的问卷,也有无结构问题的问卷。它综合了两者的优点,又弥补了两者的不足。在广告调查中得到了大量的应用。

广告问卷的结构通常包括以下几个部分：一是问卷的名称。问卷的名称是用肯定的陈述方式说明问卷的内容，使调查对象一目了然。如《成都市民电视收视情况调查问卷》、《成都市广告公司基本情况调查问卷》等。问卷名称写在封面上端，下端落调查机构的名字。二是调查简记，内容有调查地点、调查对象身份、调查时间、调查员和监督员的姓名等。三是封面信，放在封面问卷名称下或放在封二。这是给调查对象的一封信，用于解答调查对象可能产生的疑问。封面信要求通俗易懂、言语亲切，使被调查者产生好感，愿意合作。四是填表说明或注释、解释、注意事项。在这一部分应简单地说明填写问卷时应该注意的问题、符号的运用、选择顺序以及一些特殊要求等。五是调查问卷的主要部分，即调查时所要问的问题。最后是调查附记，包括调查时感受到、观察到、询问到的一些有价值的信息等。

（五）注意事项

设计和编制问卷时要注意：一是问题要准确简明，文字要通俗易懂；二是题目格式要清楚，不要让人产生误解；三是避免双重否定之类的复杂句式；四是题目不要超出被调查者的知识、能力范围；五是避免涉及社会禁忌、个人隐私等；六是题量上应控制在半小时以内能答完，尽量减轻回答者的负担，无价值的问题不要问；七是问题的顺序，简单、容易、直观的问题放在问卷前面，复杂的问题放在后面，一般性问题在前，敏感性问题在后；八是避免诱发性问题，以免影响调查的真实性。

四、选择广告调查方法

（一）常用调查方法

（1）普查。普查是对调查总体做调查。其优点是信息全面、数据准确、可信度高、使用价值大；缺点是投入巨大、成本最高。

（2）典型调查。典型调查是对总体中最具代表性的单位做调查，所获数据具有参考价值。

（3）重点调查。重点调查是对总体中某一部分做调查，所获数据具有参考价值。

（4）抽样调查。抽样调查按照随机原则（机会均等原则）从总体中抽取部分调查对象进行调查，然后根据所得到的这一部分对象的特征去推断、估计总体特征的调查方法。

（二）广告调查常用方法

广告调查的常用方法主要是抽样调查，正确掌握这种方法将十分有利于广告调查工作。抽样调查是指按照随机原则，从全体调查研究对象中抽取一部分对象进行调查研究，然后根据所得的这一部分对象的特征去推断、估计总体的特征的调查方法。所谓随机，不是指主观的随意性，而是按均等原则抽样，即调查总体中每个单位都有相同的中选机会。

1. 抽样调查的几个基本概念

（1）抽样总体与样本。

抽样总体指广告调查的全体对象。如要研究成都市的饮品消费者，则所有目前居住在成都市城区的有一定购买力的市民就组成了调查研究的总体。总体是调查对象的总和，又是抽取样本的母体，因此，对总体的界定要明确，通常要从内容、单位、时间和空间范围这几个方面作出具体的规定。

样本指从总体中抽取部分调查对象的集合。样本是总体的一部分，也是直接的调查对象。样本中所包含的个体叫样本单位，一般应同总体单位相一致。样本中包含的个体数量叫样本容量。一般把样本数在30以上称为大样本，30以下称为小样本。样本的大小又叫样本规模。在抽样调查中，样本规模的确定极为重要。样本愈大，调查结果愈可靠，但样本过大，财力资源耗费大；样本过小又将影响调查的可靠程度。

由于样本只是总体的一部分，所以抽样调查的结论总是与总体的实际情况有一定差异。抽样误差大，则样本的代表性小；抽样误差小，则样本的代表性大。

样本的代表性直接关系到调查研究能否取得预期的结果。对样本代表性的评估是抽样过程中不可少的技术。评估的方法有比较法、计算法等。所谓比较法，是通过收集总体某些特征的资料与抽样调查的结果比较，视其差异程度评估样本的代表性。例如，可用有关总体的性别、年龄、文化程度等资料与调查结果相比较，样本的特征与总体的特征相同或相近，说明代表性大；反之，说明代表性小。计算法是通过计算抽样误差来评估样本的代表性。抽样误差大，则样本的代表性小；抽样误差小，则样本的代表性大。抽样误差是可以调控的。

（2）样本值与总体值。

通过对样本的调查而收集的数据称为样本值，又叫统计量。通过对样本值的估计推算而得出的总体的数据值叫总体值，又叫目标量、总体指标。样本值是推断总体值的依据。它是一个随机变量，由于每次抽取的样本不同，样本值会有所变化，抽取的样本越大，代表性越大，所得的样本值越接近总体值。

（3）抽样单位和抽样框。

抽样单位指为了便于实现随机抽样，常常把总体划分为有限个互不重叠的部分，每一部分叫做一个抽样单位。在调查时，是以抽样单位为抽样单元来进行的。抽样单位可以是个体，如个人，也可以是包容很多个体的群体，如家庭、班级、车间、商店等。

抽样框指在设计抽样方案时必须有的构成总体的抽样单位的各种资料，如名单、地图等。在抽样框中，每个抽样单位都要通过编写来确定一个对应位置，以便能够从总体中识别和抽取若干抽样单位作为样本。抽样框是抽取样本的直接对象。比如在成都市区调查，将成都市区的街道作为抽样单位，对每一条街道编号，这种编了号的成都市区图就成了抽样框，要调查几条街道，就从中抽取几个号码，其所对应的街道就是样本。

（4）抽样误差与非抽样误差。

样本是总体的一部分，但并不代表总体，因此用样本值来推断总体值时就有一定误差，叫抽样误差。抽样误差是抽样调查中固有的无法避免的一种误差，但可以通过人为的控制而使误差缩小以符合调查的需要。影响抽样误差的因素有三个：一是总体的变异程度。总体变化越大,则抽样误差越大,反之则小。二是样本规模。其他条件相对稳定时,样本规模偏小,样本代表性就小,其抽样误差相对就大。三是抽样方法。在样本规模相同的情况下,等距抽样、分层抽样比简单随机抽样所产生的误差要小。

非抽样误差是调查中由于人为的差错而造成的误差。如由于调查方法不当引起的被调查者反应不真实、由于调查人员不认真而造成的登录错误、由于主客观原因而造成的数据偏高或偏低等,都是非抽样误差。这类误差是无法测量的,只能通过一定的措施尽量减少它们的出现。如加强对调查人员的培训、提高调查人员的业务素质、采用正确的方法、明确地提出问题、设计效度高的问卷等。

2. 抽样方案设计

抽样是抽样调查的关键环节,抽样的成败关系到抽样调查的成败,应使用科学的方法进行操作。

抽样方案设计的主要内容有:其一是明确调查的目的,确定所要估计的总体值(目标量)。因为抽样方案的设计一般都依赖于调查的目的和要估计的目标量。例如电视节目的收视率调查,往往以户为最小的抽样单位;而广播电视的传播效果,又都是以个人为单位进行的。目标量的变动将引起抽样单位的变动,一旦规定好后就不要轻易改动。其二,明确抽样总体及抽样单位。例如电视节目的收视率调查中,抽样总体一般指在电视覆盖地区的拥有电视的家庭中4岁以上的居民,最小抽样单位一般为户。而广播电视的传播效果调查中一般以9岁或12岁以上的公民为受众总体,抽样单位为个人。其三,对主要目标量的精度提出要求,例如在收视率调查中,要求可信度达到95%,平均误差不超过3%。其四,选择抽样方案的类型,根据总体的复杂与否确定抽样类型。如收视率调查中可先采用多级抽样,每一级中又用分层抽样,每一层中又用简单随机抽样等。其五,根据抽样方案的类型、对主要目标量的精度要求和可信度要求确定样本规模。比如广告调查的允许误差通常为4%~5%,可信度95%左右,那么一般调查的样本可在600人左右。如果要更可靠,可适当增加样本规模。其六,制定实施方案的具体办法和步骤。其七，确定样本代表性评估标准。

在抽样方案的设计中必须掌握两个基本原则：一是实现抽样的随机性原则，即总体中所有个体被抽中的机会都是均等的，不允许调查者根据任何主观意图来挑选或确定调查单位。二是实现抽样效果最佳原则，即在固定的费用下，选取抽样误差最小的方案；或在要求的精度条件下，做到调查费用最少。

3. 样本抽取方法

对样本的抽取方法分为随机抽样和非随机抽样两大类。

随机抽样是按照概率原理进行的抽样，总体的每一个成员都有被抽中的可能，机会均等。

（1）简单随机抽样。

简单随机抽样也称为纯随机抽样，即从样本总体中不加任何分组、划类、排序等，完全随机地抽取调查单位，其特点是每个样本单位被抽中的概率完全相等，样本的每个单位完全独立，彼此间无一定的关联性和排斥性。

简单随机抽样可以分为两种具体的方式。如果抽样是无放回的，即每个样本被抽中的概率是一样的，所得到的样本就叫做简单随机抽样样本；如果抽样是放回的，即每次抽中的签要放回，并再次混合均匀后继续抽取，则得到的样本叫做非常简单随机抽样样本。前一种方法总体中每个单元被抽中的概率完全相等；后者总体中每个单元被抽中的概率并不相等。但是如果总体很大，样本量相对较小时，两者的差别会非常小。

简单随机抽样一般可采用抽签法，或查阅随机数表的方法来获得样本。抽签法是先将总体中的每个单元都编上号，写在签上，将签充分混合均匀，每次抽取一个签，签上号码所对应的单元即入样，抽中的签不放回，再接着抽取下一个签，直到抽够所需样本量为止。随机数表法是先将总体中的每一个单元都编上号，所有号码的位数均应相同，然后从随机数表的任一位置开始，向任何一个方向连续地摘录数字，将得到的数字按上面编号的位数分割为若干组数码，得到的数码所对应的单元即入样，将重复的数码和没有对应单元的数码去掉,直至抽足所需样本量为止。

简单随机抽样是最完全的概率抽样,总体中的每一个元素都有一个相等的被抽中概率,它是其他各种抽样形式的基础,各式各样的实用抽样技术,皆在其基础上发展而来;但在实际操作中,通常只是在总体单位之间差异程度较小和数目较少时,才采用这种方法。

(2) 系统抽样。

系统抽样又叫等距随机抽样、机械随机抽样。方法是先将调查总体内各单位按某一标志或特征排列起来,然后用总体单位数除以样本单位数得到抽样间隔,在第一个间隔内随机确定一个起点为第一个样本单位,然后按第一个起点+抽样间隔数因此抽出第二、第三……个样本,直到抽满。

比如某制造灯泡的工厂计划生产5 000个灯泡,想从中获取50个样本,若采用系统抽样法,则首先按照5 000个灯泡生产的顺序,作为假想的编号;其次决定抽样区间K,可计算出K=5 000/50=100;再次,从1至100中以简单随机抽样抽出一数,作为起始点,如抽出35,最后只要每生产第100个灯泡,便将该灯泡抽出,即生产顺序为35、135、235、335……4 935的灯泡将被抽出作为样本。

(3) 整群随机抽样。

整群随机抽样又叫集体随机抽样、整体随机抽样。整群随机抽样是先将总体按一定特征或标准(如地域、组织等)分成多个群体或集体,然后按随机原理抽出其中的若干群,对抽中的群体中的每一个单位都进行调查。比如要在四川大学学生中开展某项调查,全校共有400个班级,要调查20个班级,可按随机原则从400个班级中抽出20个班级,然后对这20个班级中每一个同学都进行调查。其优点是组织比较方便,调查对象相对集中,便于开展调查工作,适合于大范围的调查。缺点是样本分布不均匀,代表性较差,与其他抽样方法相比,它的抽样误差最大。因此,此法常与其他方法综合应用。

(4) 多阶抽样。

多阶抽样又叫阶段抽样、多级抽样或多段抽样。指将从调查总体抽取样本的过程分成两个或两个以上阶段进行的抽样方法,其中分成两个阶段的又叫二级抽样。

多阶抽样的方法是先将调查总体各单位按一定标准分成若干集体,作为抽样的第一级单位,然后再将第一级单位分成若干小集体,作为抽样的第二级单位……以此类推,还可分为第三级、第四级等。分级后按照随机原则,先在第一级单位中抽出若干单位作为第一级样本,再在第一级样本中集中抽出第二级样本,以此类推还可抽出第三级、第四级等样本。

多阶抽样能够综合各类随机抽样的优点,从而达到以最小的人力、财力、物力消耗和最佳的调查对象,特别是当抽样单位为各级行政单位时,一般都采用多阶抽样。例如进行全国性的收视率调查时,先抽几个省,再从省中抽市、县、乡、村,直至户。

(5) 分层抽样。

分层抽样又叫分类抽样或类型抽样。方法是先将总体按一定特性划分为不同的层次,然后在每一层次中随机选取部分个体组成样本。其特点是先将总体按照某种特征或指标分成几个互相排斥的又是穷尽的子总体或层,然后在每个层内按照随机的方法抽取元素。其原则是子总体内元素间的差异尽可能小,而不同子总体间的差异大,然后再按简单随机抽样的方法从各层中抽样,以确定具体的调查对象。分层抽样的关键在于,首先要正确地选择分层标志,然后再计算各层抽取的样本数,被分出层的过程称为层化。

分层抽样是科学分组与抽样原理的有机结合,前者是划分出性质比较接近的层,以减少标志值之间的变异程度;后者是按照抽样原理抽选样本。因此,分层抽样一般比简单随机抽样和等距抽样更精确,能够通过对较少的样本进行调查,得到比较准确的推断结果,特别是当总体数目较大、内部结构较复杂时,分层抽样常能取得令人满意的效果。

非随机抽样种类很多,常见的有以下几种。

方便抽样，也叫偶遇抽样、任意抽样。调查者根据自己的方便进行抽样。比如为了了解顾客对产品的意见，随意选一个出售该产品的商店进行调查。其优点是方便易行；缺点是样本代表性差，有较大的偶然性，调查结果不能用于推断总体。

判断抽样，也叫利益抽样。调查者根据自己的认识决定以谁为调查对象。比如在与企业有关的公众中进行调查，可按照自己的感觉或看法选择调查对象。

自然抽样，指通过大众传播媒介进行的调查。比如在报纸、杂志上刊登问卷请读者回答的调查方式，因其全凭读者或听众、观众的兴趣寄回调查问卷，故回收率很低，如果不是与读者利益有关，则更难回收。

五、调查的实施

调查的实施程序是，首先按方案严格抽样，抽出样本，再准备好问卷或调查提纲，培训访问员，准备好调查小礼物等，然后进入具体的调查。可以采用以下几种调查法。

（一）访谈调查法

访谈调查法简称访谈法，是社会调查中最古老、最常用的方法之一。它是调查员通过与调查对象进行交谈，收集口头资料的一种调查方法。访谈通常在面对面的场合下进行，由调查人员接触调查对象，就所要调查的问题向调查对象提问，要求调查对象作出回答，并由调查员将回答内容及交谈时观察到的调查对象的动作、行为及对调查对象的印象详细记录下来。

访谈法的特点有：一是面对面收集资料，具有直接性。二是具有较好的灵活性和适应性。调查员可根据访谈时的各种情况变化而调整访谈的方式、内容及时间和地点。三是调查资料主要由口头交流获得，因此，调查员的访谈技巧、人品气质、性格特征等直接影响到调查的结果；四是访谈法的回答率高、效度高、收集的资料多，但标准化程度低，给统计分析带来一定难度。

访谈法大致有如下几种分类方法：按访谈提纲的形式分，可分为有结构访谈和无结构访谈;按访谈的场所分,可分为机关访谈、街头访谈、家庭访谈和公共场所访谈;按访谈人数分,可分为集体访谈和个别访谈;按访谈的时间分,可分为一次性访谈和跟踪访谈等。下面简要介绍各访谈法之间的异同。有结构访谈是指由调查者携带事先准备好的问卷进行调查;无结构访谈是指没有问卷,只有一个简单的提纲或调查要点,据此向调查对象提问,此法灵活度大。集体访谈类似于调查会,由一名或几名调查员亲自召集一些人来进行座谈,此法应注意掌握会场,调整气氛;个别访谈是由调查员同调查对象逐一进行面对面谈话,并将回答内容记录下来。集体访谈要求有:一是不能遗漏问题,二要问得清楚,三是记录明白,四需要一定的人际交往技巧等。一次性访谈又叫横断式访谈,是就某一生活时刻或某一时期内人们的态度、行为等方面的情况进行调查;跟踪访谈,又叫纵向型访谈,是调查在不同的生活时间,人们的态度及行为的变化的访谈,属于深度访谈。

访谈的实施过程大致分为访问前的准备、访谈开始、访谈高潮、访谈结束、记录整理等五个阶段。访问前的准备这一阶段,是要准备好调查问卷或提纲,严格抽样,了解调查对象及社区的情况,备好调查中必要的工具等。访谈开始这一阶段是指接近调查对象,向调查对象说明调查的目的、关系等,以求得调查对象的配合。访问高潮这一阶段要在实质性调查内容上,力求详细、具体,并设法引导调查对象谈出更深刻和更有意义的看法。访谈结束阶段要恰到好处地结束访问,向被访问者表示感谢,有条件者可赠送小件纪念品。记录整理是最后一个阶段。对访谈时记录不清或有遗漏者及时进行补充、核实,最后整理完成调查资料。

访谈法的优点是当面调查意见、看法,直接掌握实物资料,方式灵活,信息量大。缺点是成本高,对调查员素质要求高,有的敏感问题当面不好进行访谈。

(二)问卷调查法

问卷调查法简称问卷法,指将调查内容制作成调查问卷,让调查对象填写,然后回收、分析以获得调查资料的方法。问卷法是目前国内外社会调查中广泛使用的一种方法，通常采用邮寄、报刊登载、专人分发与回收等方式。一般来讲，问卷法较之访谈法要更完整、详细和易于控制。其优点是标准化，便于大范围使用，便于统计分析；成本较低，节省人力、物力；实施简便，适宜性强。其缺点是回答内容易受限，不易深度了解被调查对象的情况。

适用问卷法的条件有：一是调查范围广，不易当面访谈的问题；二是被调查者有一定的文化，能看懂或听懂问卷的问题；三是不涉及社会敏感问题和个人隐私；四是回收率要求不是太高，达65％左右即可用。如果更高，则需结合访谈法进行。

（三）信函调查法

信函调查法又叫直邮调查法，是用信函方式将调查表或调查提纲邮寄给被调查者，请其填答后回寄的方法。其优点是成本低、范围广，被调查者有充分时间作答，可避免面谈中受情绪限制和调查人员的主观偏见的影响。其缺点是回收率不高，有的问题会因调查对象误解而导致错误回答；有的调查对象较马虎，回答不明确等，降低了信息资料的代表性。在实施信函调查时，一要尽可能提高回收率；二要注意用词谦虚、礼貌文明，要使受访者感到自己被重视，从而采取合作的态度；三是调查表要印刷清楚，字体不宜过小，行距不宜过密，卷面要清洁等。

（四）电话调查法

电话调查法是通过电话询问，向调查对象调查规定的内容的调查方法。其优点是短期内可调查较多对象，成本低，可以调查无法进行个别访问的人和当面不好回答的问题。其缺点是访谈时间不宜过长，调查内容不宜繁杂，对没有电话的人无法调查，不易获得全面的资料，抽取的样本代表性较低。

（五）观察法

观察法是由广告调查人员在现场对调查对象的情况进行直接或间接观察记录而取得第一手资料的方法。其特点是可以客观地记录事实发生的现状及经过，使搜集的资料具有较高的准确性和可靠性。

观察包括对消费者行为的观察和对非行为的客观事物的观感。具体又分为三种：一是直接观察法。就是调查员在现场直接观察消费者的行为，如在商品需求调查中，对于消费者喜爱的品牌、种类、花色、包装等资料，可以在商品销售现场上直接观察，获得资料；对商品在市场中的变化、消费对象等资料，也可从货架、陈列位置、价格变化、购买者等方面直接观察到。二是痕迹观察法，通过观察调查对象使用商品、接触广告后留下的实际痕迹，既可看出消费者对商品的使用状况，也可以判断其使用态度，还可观察广告效果等。三是行为记录法，就是通过计量仪器记录消费者的活动和行为。如用定时记录器，记录广告牌前行人驻足的次数和时间。对于观察到的资料要注意记录，包括在观察中一些有感而发的意见、看法等。记录可分为表格式和自然记录式。表格式是把要调查的内容制成表格，按实际观察的结果填好；自然记录式是看到什么记录什么，凡是调查人员认为重要的东西都可记录下来。

观察法的优点是调查结果直观而又可靠；缺点是无法解释、了解动机等深层次的现象，因而观察法常与询问法结合使用。

（六）文献资料调查法

文献资料调查法指对报刊、网络、文件、文献档案、资料等文字和图像材料进行搜集、整理、分析，从而为广告活动提供有用的资料的调查方法。比如通过文献资料研究，可以了解企业历史、现状，预测企业的未来。这是一个很重要的然而又是日常的资料搜集方法。

文献资料调查的作用，一是为企业的营销活动提供部分必要的信息；二是为实地调查打下基础，以节约实地调查费用；三是为实地调查提出所需调查的问题等。

文献资料调查的过程大致分为：第一，收集文献资料。包括公开出版物和内部出版物，如书籍、报刊等，这些文献资料数量多，来源广；政府和社会团体的档案，如文件、报表、内部通讯、简报、会议记录、谈话纪要等；个人文献，如私人信件、日记、笔记、账目、契约、名单、简历、回忆录等；其他信息，如国内外相关科技、产品的新发展等方面的资料。搜集到较为齐全的资料，是文献资料调查成功的关键。第二，建立文献资料检索系统。这是技术性较强的工作，它需按分类目录检索，或汉语拼音、偏旁部首排序检索等。第三，检索、整理、核实资料。找出所需资料，还需对其真实性、可靠性来源、发展及其相关因素作出分析评判。第四，对文献资料作内容分析。搜集起来的信息大多数一时不能应用，而且散乱，需对其作内容分析，将散乱的文字转换成系统的、有规律的数据、图表、模型等。对暂时不用的资料，应列卡保存。

六、调查资料数据的处理

收集完资料以后，还需对所获得的资料加以整理、分析和阐释，看它是否和原来的假设相符。如果相符，则原来的假设成立，而成为最后的结论；如果所获结论与原来的假设不符，则假设不能成立，但研究者在撰写报告时也必须照实报道，不得虚构。

资料的处理与分析包括资料的整理、资料的分析和资料的阐释。资料的整理属于技术性的工作，包括分类、编号、计数列表等；资料的分析是要指出资料所显示的意义，特别需要应用统计学的方法，广告调查中应用最广的是百分率的计算、频数分析、相关系数等；资料的阐释是要说明这个研究的结果与已有的知识之间的关系，是增加了新的知识，还是否定了以往的想法，都必须根据理论来说明事实。

七、编制调查报告

编制调查报告是将调查的数据、结论形成调查报告，向有关的部门报告，提出建议。如果是一般性报告，则可简单一些，针对调查资料汇总出来的结果作较笼统的分析；如果是技术性的报告，则应具体一些，既要有详细的分析，又要有调查的依据，对调查目的要有针对性的结论。由于调查的情况不同，调查报告也有内容、类型、具体作用上的区分。

调查报告一般主要由这几部分组成：一是标题。开宗明义，点出调查报告的内容。总体上要求醒目、精练、一语破的。二是正文部分，包括导语、正文和结尾等。导语一般是介绍调查简况，包括调查的目的、时间、地点、对象、范围、方式等。正文是对调查资料的分析、预测、总结等。结尾是调查的结论，有的还包括应采取的对策等。三是署名。署上调查单位名称。四是附件。包括广告调查的各种量表，企业活动的各种统计报表，调查对象意见书，有关的录音、录像和图片材料等。

知识链接

广告主的 SWOT 分析

SWOT 分析是哈佛商学院的 K. J. 安德鲁斯于 1971 年在其《公司战略概念》一书中首次提出的。SWOT 代表优势（strength）、劣势（weakness）、机会（opportunity）和威胁（threat）。SWOT 分析是企业内部优势与劣势和企业外部机会与威胁综合分析的代名词。其中，优势和劣势分析主要着眼于企业自身的实力及其与竞争对手的比较，而机会和威胁分析则将注意力放在外部环境的变化及其对企业的可能影响上。但是外部环境的同一变化给具有不同资源和能力的企业带来的威胁、机会可能完全不同，因此必须把它们结合起来。

SWOT 分析作为一种企业竞争态势的系统分析工具，其主要目的在于对企业的综合情况进行客观、公正的评价，以识别各种优势、劣势、机会和威胁因素，并对这些因素进行一定的分析。

SWOT 分析一般要经过这样几个步骤：首先要进行企业内部环境的分析，列出企业目前所具有的优势、劣势和外部环境中存在的发展机会和威胁。然后，以外部环境中的机会和威胁为一方，以内部环境中的优势和劣势为另一方，绘制 SWOT 二维矩阵图，最后通过外部环境与内部条件的组合分析来制定合适的企业战略。

思考题

1. 请说明广告调查和市场调查的关系。

2. 请试分析：某企业以生产牲畜饲料为主，这个企业是否适合采用网上调查的方式来进行企业外部环境调查？

3. 常用的随机抽样和非随机抽样的方法各有哪些？

实践训练题

假定某公司现在要生产一种碳酸类饮料，请你根据自己平日所做的观察，以自己所在社区的所有人口为市场，按照人口统计学的每个变量分别对这一市场进行划分，然后按照市场有效划分的标准检验自己的划分是否合理有效。

第八章　广告策划

广告策划是运用脑力对复杂的广告活动进行谋划的理性行为。它既包括为广告客户指定单项广告业务的运作方案,也包括为广告客户规划未来商战的整体预测与决策。广告策划涉及市场调研、广告目标定位、广告战略战术制定、广告创意与表现、广告经费预算与广告效果评估等实战环节,是为实现广告目标而进行的决策过程。

第一节　广告策划概述

广告策划的思想产生于20世纪60年代的英国伦敦,由波利特广告公司的创始人斯坦利·波利特率先倡导这一思想,逐渐影响了英国广告界,并传播到国外,迅速在西方广告界普及。我国在20世纪80年代中期开始导入广告策划的思想。广告策划的提出将广告活动引向了更加科学化的道路。

一、广告策划的含义

广告策划的概念有宏观和微观之分。所谓宏观广告策划,又叫整体广告策划,它是对同一个广告目标统率下的一系列广告活动的系统性预测和决策,即对包括市场调查、广告目标确定、广告定位、战略战术确定、经费预算、效果评估在内的所有运作环节进行总体决策。所谓微观广告策划,又叫单项广告策划,即单独对一个或几个广告的运作全过程进行的策划。

二、广告策划的特性

广告策划的定义虽然不尽相同,但其有区别于其他事物的三个基本特征。

(一)沟通转换性

在做完前期的广告调查研究之后,广告人对市场情况、消费者情况、产品情况和广告媒介情况有了量的信息积累。广告策划者先沟通各种信息,再提炼出有利于广告传播的信息,并将这些信息结合在一起,最后利用自身的文化创造力,以社会心理为杠杆,以企业生产为支点,使信息进入新质状态,反哺企业,产生强大的社会联动效应,从而为企业创造经济增长点。在广告调查和广告制作之间,广告策划起到了桥梁作用。正是广告策划沟通了信息化的物质,并最终将它们转换成了物质化的信息——广告成品。由于信息有可扭曲的特点,即信息的可塑性,指它可以被压缩、扩充和叠加,也可以变换形态,在传递、流通或转换过程中,信息有可能产生变形或失真,所以进行沟通转换的时候,广告策划者要注意对信息进行仔细的甄别和筛选。

(二)整合性

广告策划的整合性有三层含义:从广告策划的地位上看,它是广告活动的一部分,而广告活动又是企业市场营销中的一环。市场营销的关键在于组合,因而广告策划活动必须配合和服从企业其他的营销目标与策略。从广告策划的组织结构上看,广告策划是一个系统工程,它涉及市场调研、广告文案、媒体投放效果监理等过程,而这些过程都统一于广告活动的总体计划。

从广告策划的功用上看,广告策划并非头痛医头脚痛医脚,它从全局、整体出发考虑问题,它的出发点是全局,落脚点却是局部。广告策划应落到实处,应在广告调查、创意、发布、监测的每一个阶段的每一个细节上下工夫。如果没有整合,广告策划的各单元就只能是一盘散沙,失去了操作价值。整合将线性思维转化为复合思维,将广告策划中的各单元从理论上统一成一个科学而有效的整体,让各个单元的效能在整体组织中发挥到最优。广告策划的各单元相互作用又相互统一,它们有自身的独立运作,每一个单元运作成果的好坏直接对其他单元造成影响,从而对整体造成影响。同时,每个单元的效能又由整体决定。每个单元效能的简单相加并不等于整体的效能——有可能整体效能等于各单元效能总和,也有可能整体效能高于各单元的效能总和,即 1+1>2 的效果。最终相加结果的大小取决于各单元在多大程度上统一于广告策划的总体目标。

(三) 超前性

广告策划是关于广告客户未来行为的谋划,它是一种事前行为。具体而言,广告策划根据已掌握的相关信息,分析广告的机会点、问题点,在行动之前,对广告目标、途径、步骤、设计、经费开支等作出构思和设计,并形成系统的方案。广告效果的好坏取决于广告策划的好坏,可以说,有了好的广告策划,广告主的广告行为不一定成功,但是,没有好的广告策划,广告主的广告行为一定会失败。广告策划的前瞻性必须建立在科学的数据分析、敏锐的市场嗅觉与深刻的社会心理洞察,以及可靠的可行性研究的基础上。

广告策划与策划是两个有一定联系的概念,但它们的内涵与外延不同,策划可划分为企业策划,如广告策划、价格策划、促销策划等;社会策划,如社会公益策划、筹资筹集策划等;政治、军事策划,如外交策划、战争策划等;还有其他策划,如体育赛事策划、文艺演出策划等。显而易见,广告策划只是企业策划的一个部分,是策划的二级分支。对企业而言,策划涉及出成果、出机制、出品牌,涉及产权兼并、企业发展战略等。而广告策划只是企业促销活动中的一环。从时间上看,广告策划是 20 世纪 60 年代才开始出现的新鲜事物。它是随着第四产业——信息业的兴起才兴盛的。策划有可能涉及主体的广告行为,也有可能不涉及,而广告策划则肯定涉及主体的广告行为。这是两者的本质区别。

三、广告策划的作用与地位

广告已经进入了策划的时代,没有一个广告主希望自己的广告盲目开展,优秀的广告公司也不再仅仅是媒介掮客,而是市场调查、广告策略的制定及广告创意、设计、制作到发布、效果测定的全面服务的提供者。广告策划已经成为现代广告运作的灵魂。

(一)广告策划的作用

广告策划所体现的作用可以分别从企业经营及广告运作两个角度进行分析。

1. 广告策划在企业经营中的重要作用

(1)广告策划能创造新的市场需求;

(2)广告策划增强了企业的竞争实力;

(3)广告策划提高了企业的经营管理水平;

(4)广告策划能有效提高企业的声誉。

2. 广告策划在广告运作中的重要作用

(1)为广告活动提供总体指导思想;

(2)为广告活动提供具体行动计划;

(3)安排并制约广告活动的进程;

(4)预测、监督广告活动的效果;

(5)使广告运作区域科学、合理、规范。

(二)广告策划的地位

1. 广告策划是营销策划的有机组成部分

广告是市场营销的一个组成部分,这已经得到了市场的认可。任何广告表现形式归根结底都是为营销服务的。广告即使着力于运用各种手段展示自己的注意力,最终也必须转化为现实的营销结果。营销策划是广告策划的重要依据,广告策划必须适应营销策划的调整,同时作为营销管理中资源的分配,广告策划也只是获得营销费用的支持才可能得以实施。正因为这样,营销策划的特征也必然会反映在广告策划中。营销策划代表的是一种战略,广告策划就是这一战略的策略体现。

2. 广告策划在广告运作过程中处于核心地位

广告活动非常广泛,每一环节都有具体的作业内容,如何将这诸多内容和活动进行整合,将其最终统一到整体企业战略计划框架中,就需要对企业整体广告活动进行规划,即纳入广告策划的过程中。因此,广告策划在广告运作中处于核心地位,是广告活动开始的起点。

四、广告策划的流程

无论从广告策划的内容还是广告策划的流程来看,广告策划都呈现出一种鲜明的程式化特性。广告策划书记述广告策划的结果,也有从先到后大致固定的格式,但是并不会妨碍广告策划者在其中使用新颖的、有说服力的提案技巧和具有个性的行文风格;广告公司进行广告策划的运作,虽是按照一定的流程进行的,但也并不会妨碍负责每一个环节的广告策划人员在实际运作中充分发挥创造性。因此广告策划的流程不但不会限制广告人创造性的发挥,恰恰相反,它保证了广告策划方向的正确、内容的完善、运作的规范,使广告人在一种科学、规范、合理的程序中更好地发挥创造性。

将广告策划各阶段内容具体化,就构成了完整的广告策划流程。

(1) 成立策划小组。

广告公司接受广告客户的广告委托后,将成立一个广告策划小组,具体负责某一特定的广告策划工作。这一专门的策划班子由具有不同广告操作背景的专业人员构成,如小组负责人、客户主管、广告策划人员、创作人员、设计人员、媒介人员、公共关系人员、市场调研人员等。

(2) 拟订工作计划。

进行策划前期工作的落实,主要任务是搜集信息及相关资料,为后续工作作准备,设定各项工作的时间进程。

(3) 市场调查分析。

委托市场调研部门进行相关商品调查、市场调查、消费者调查、媒体调查及相关数据分析并编写市场调研报告。为广告策划提供依据。

（4）在搜集资料的基础上集思广益，讨论分析，进行创意策划，拿出广告策划书。

（5）将广告策划书交广告主审查批准。如广告主有修改意见，则完善修改广告策划书直至广告主批准。

（6）将获得批准的广告策划书细化为广告文案，交制作部门完成广告作品。

（7）将广告作品审核后交媒体部门按计划发布，并搜集市场反应，向广告主反馈。

（8）完成广告任务，解散广告策划小组。

第二节　广告创意理论简介

广告学科自20世纪初出现以来，经历了学科的建立、成熟和创新三个阶段。期间形成了以情理广告派、芝加哥广告学派、USP（Unique Selling Proposition，独特的销售主张）学派、美术指导—文案学派、广告古典主义学派等流派和广告调查策略、广告目标、广告人素质、广告定位等理论思想。这些广告流派和广告思想对于广告学科的成型和完善，对于广告产业的发展起过积极的作用。

常见的广告创意运作理念有以下几点。

一、AIDA 理念

1898 年美国学者刘易斯提出著名的 AIDA 理念，认为广告要想取得良好的宣传、促销效果，就必须引起公众的注意（attention），使公众产生兴趣（interest），激发公众产生消费欲望（desire）并促成公众产生相应的消费行为（action）。后来又有人对此法则进行补充，增加了增强记忆（memory）、产生信任（conviction）、感到满意（satisfaction）等内容，成为 AIDMA、

AIDAC 和 AIDAS 理念，这些都是从心理学角度构建的广告运作模式。1900 年美国心理学家哈洛·盖尔在多年广泛调查研究的基础上写成《广告心理学》一书，强调商品广告的内容应该使消费者容易了解，并应适当运用心理学原理以引起消费者的注意和兴趣。

二、USP 理念

20 世纪 30 年代，罗瑟·瑞夫斯在"广告必须一定有助于销售"的流行观点的基础上，提出了广告是"独具特点的销售说辞"（Unique Selling Proposition）理论，即 USP 理论，集中表现为三点："第一，它必须向受众陈述一个产品的特点；第二，这个特点必须是独特的；第三，它必须能引起销售。"USP 理论突出了品牌的特点和优势，让消费者按自身偏好和对利益点的重视程度将品牌在头脑中排序，置于不同位置，在有相关需求时，可以便捷地选择商品。如摩托罗拉向目标消费群提供的利益点是"小、轻、薄"，而诺基亚则诉求"无辐射"，沃尔沃强调"安全与耐用"，奔驰则彰显"高贵、显赫"等。

三、ROI 理念

ROI 理论是一种实用的广告创意指南，是 20 世纪 60 年代的广告大师威廉·伯恩克根据自身创作积累总结出来的一套创意理论。该理论的创作者伯恩克是广告唯情派的旗手，是艺术派广告的大师，他认为广告是说服的艺术，广告"怎么说"比"说什么"更重要。该理论的基本主张是优秀的广告必须具备三个基本特征，即关联性（relevance）、原创（originality）、震撼力（impact）。三个原则的缩写就是 ROI。达到 ROI 必须具体明确地解决以下五个问题：第一，广告的目的是什么？第二，广告做给谁看？第三，有什么竞争利益点可以做广告承诺？有什么支持点？第四，品牌有什么独特的个性？第五，选择什么媒体是合适的？受众的突破口或切入点在哪里？大众汽车的甲壳虫广告是威廉·伯恩克较出名的 ROI 作品。

四、定位理念

在竞争愈益激烈的 20 世纪 70 年代，美国营销和广告界的学者掀起了定位风潮。广告定位理论的领袖人物是艾·里斯和杰·特劳特。1969 年 6 月，这两位广告专家在《产业营销杂志》上发表了一篇名为《定位是在当今模仿主义市场上展开的竞赛》的文章，首次提出了定位概念。此后，他们又在美国《广告时代》杂志上发表了一系列有关定位的文章。

定位理论明确指出广告要向消费者的心智进军，要使品牌、产品或企业在目标顾客的头脑里占据一席之地。定位的目标就是要使某一品牌、产品或企业在目标消费者大脑的有效阶梯中占据有利的位置。这种有效阶梯一般分为七级，其中有利的位置位于第一、第二级。有效阶梯是以类别或领域来区分的。定位战略的核心主张是为特定品牌在某一类别或领域中创造心理位置，并在目标顾客群的心目中占据第一的位置。艾·里斯和杰·特劳特认为，广告已进入一个以定位策略为主的时代，"想在我们传播过多的社会中成功，一个公司必须在其潜在顾客的心智中创造一个位置。在定位的时代，去发明或发现了不起的事物并不够，甚至还不需要。然而，你一定要把进入潜在顾客的心智，作为首要之图"。他们认为，进行广告定位首先要做心理分析。

五、CI 理念

20 世纪 60—70 年代，主要的广告学说是 CI 理论，即"Corporate Identity"，也就是"企业识别"理论。CI 作为一种企业系统形象被广泛应用到企业的经营发展中，并掀起了一场企业"形象革命"。

CI 理论的主要观点有：

（1）广告的内容必须与 CI 理论所规定的整体形象保持统一性，CI 理论中的广告应注意延续和积累广告效果。

（2）CI 理论中的广告应着眼于塑造公司的整体形象，而不仅仅是某一品牌的形象。

由于美国具有比较深厚的工业设计传统，因此最先开展了对企业标识、品牌标识的设计，在视觉上统一企业的形象。1959年，时任电通社长的吉田秀雄赴美考察，将CI理论引入日本。第二年，"企业形象"广告在日本盛行，并且在引进的基础上得以发展和完善。

六、品牌形象理念

品牌形象论（Brand Image）是大卫·奥格威在20世纪60年代中期提出的创意观念。品牌形象论认为品牌形象不是产品固有的，而是消费者联系产品的质量、价格、历史等形成的。此观念认为每一则广告都应是对整个品牌构成的长期投资。因此每一个品牌、每一个产品都应发展和投射一个形象。形象经由各种不同推广技术特别是广告，传达给顾客及潜在顾客。消费者购买的不止是产品，还购买承诺的物质和心理的利益。在广告中诉说的产品的有关事项，对购买决策来说常比产品实际拥有的物质上的属性更为重要。

品牌形象论的基本要点为：第一，为塑造品牌服务是广告最主要的目标，广告就是要力图使品牌具有并且维持一个高知名度的品牌形象；第二，任何一个广告都是对品牌的长程投资，广告应该尽力去维护一个好的品牌形象，而不惜牺牲追求短期效益的诉求重点；第三，随着同类产品的差异性减小，品牌之间的同质性增大，消费者选择品牌时所运用的理性就越少，因此描绘品牌的形象要比强调产品的具体功能特性重要得多；第四，消费者购买时追求的是"实质利益+心理利益"，对某些消费群来说，广告尤其应该重视运用形象来满足其心理的需求。品牌形象论成功的典型案例是大家熟知的万宝路（Marlboro）品牌形象。万宝路曾是带有明显女性诉求的过滤嘴香烟。自20世纪50年代中期开始，在广告中万宝路香烟开始和"牛仔"、"骏马"、"草原"等形象结合在一起，以男人气质主打美国市场，万宝路的世界逐步扩大，并获得了前所未有的成功。万宝路粗犷豪迈的形象从此深入世人之心。美国的快餐品牌"麦当劳"和"肯德基"也分别以"麦当劳叔叔"和"肯德基上校"的形象来体现品牌特点,融输入了民族性格的符码。

七、IMC 理念

20 世纪 90 年代整合营销传播理论（Integrated Marketing Communication，IMC）的崛起,给以消费者为中心提供全方位服务的企业带来了希望。20 世纪 90 年代,以下三大力量出现了日益融合的趋势:一是信息技术迅速发展,二是品牌成为新的竞争形式和重要的营销及管理工具,三是市场日趋全球化。这三大力量融为一体,推动组织向整合多项经营策略的方向发展,其中包括整合营销传播。整合营销传播的目标就是要协助组织把各种不同的传播资源和传播策略（包括广告、直复营销、公关宣传、销售促进、人员推销、包装、赞助、客户服务以及包含店面设计在内的传播媒介等）结合起来,并以对客户有利的方式融为一体,使所有的对外传播形成一种形象、一种声音、一种表达,以实现整体传播效果的最优化。

尽管学者们探讨了整合营销传播的具体应用问题,但是整合营销传播所提供的最有价值的是战略性思维、企业发展导向和组织运作。广告除了从消费者出发,考虑各方面的协同以外,重点还是要考虑如何使宣传对象在消费者容量有限的大脑中占据有利的位置,其中心仍然是卖方想要让买方做什么、买什么或感受什么。整合营销传播计划的成功取决于创意过程的两个部分,即策略（让消费者听什么、看什么）和创意（该如何表达,即如何成功演绎策略）,两者都非常重要,缺一不可。整合营销传播对创意的要求比以往任何时候都高。创意人员必须提供能增加品牌认知价值的信息,并使所宣传的品牌与其他一切竞争性品牌产生明显区别。无论是通过广告、促销、直复营销、公关、商标标签,还是在超市分发试用品的人员销售活动,每一种品牌与服务都必须以一种源于消费者需求的特殊销售主张来呈现一个创新的定位,来明确界定品牌及其对消费者的承诺。整合营销传播要求组织"以客户为中心",但是从1997年就开始流行的这一观念没能在大部分公司得到落实。从传播层面来看,组织能够做到从消费者出发,从分析消费者开始,并且尽可能地与消费者互动沟通,但是这种市场中的传播是以"组织"而不是"客户"为中心的,因而,这一时期的广告理论还有待发展。

第三节　广告策划常用策略

好的广告总是以最少的成本换取最佳的传播效果。而广告策划未雨绸缪,对广告未来的运作进行当前的规划,为广告行为的成功作理论铺垫。条条大路通罗马,然而最近的路却只有一条,广告策划的任务便是去寻找这条路。在寻找这条路的过程中,广告策划者要时常使用一些策略。

一、广告定位策略

广告定位是现代广告中一个富有竞争性的概念,直接目的就是为了有别于竞争对手,引起消费大众对自己的关注。这个理论是大卫·奥格威于20世纪70年代初提出的,他在总结自己广告创作经验时说:"你如何将本身在市场定位,比起如何撰写该产品的广告,对整个广告计划的成效影响更为深远。"依据他这一理论来开展广告活动,广告的成功率大为增加。广告定位的基础是产品的市场定位,即企业就自己的某一项产品,根据消费者需求情况和该产品本身的情况来决定该产品与竞争企业的同类产品相比在目标市场上的位置。广告定位并没有改变产品本身,它调整的只是产品在消费者心中的地位,从而强化产品满足特定目标市场需要的程度,最终促进产品销售。

在广告定位理论产生前,广告界经历了商品广告阶段和印象广告阶段。商品广告时代是指20世纪50年代,当时,只要宣传商品的好处,并有一定的经营手段相配合,就能把商品推销出去。因而广告设计者主要从商品的特点和顾客的利益方面设计广告，再配合各种有效的推销手段，达到促销的目的。

印象广告时代是指20世纪50年代末到70年代初。20世纪50年代末，西方发达国家的生产力迅速发展，新产品不断涌现，同类产品市场竞争激烈，因此在20世纪60年代跨入印象广告时代。成功的企业通过各种广告宣传和促销手段，不断提高企业声誉，开创名牌产品，使消费者根据企业的名声与印象来选择商品。所以大卫·奥格威当时说："广告是对品牌印象的长期投资。"

20世纪60年代后期，新技术不断产生和应用，推动生产迅速发展，市场竞争更为激烈。一方面由于市场竞争激烈，广告竞争也更为激烈。在此情况下，广告设计只强调商品的性能、特点、顾客的利益或印象等，已不足以吸引消费者。另一方面，由于广告信息铺天盖地，消费者为抵制这种袭击，会对大量无关的广告产生厌恶情绪，他们只关心那些与他们心理需求吻合的、与他们切身利益和利害关系联系紧密的信息。在这种情况下，人们开始探寻新的广告方法，广告定位思想便应运而生，并且获得了成功。其实，在20世纪60年代中已经有不少企业感受到竞争中需要新的武器而作了有益的探索。比如曾创作出流传于世的"我们排行老二，我们要加倍努力"经典广告的DDB广告公司，在20世纪60年代初为了帮助德国大众甲壳虫车挤进美国市场，就应用了定位策略。当时美国三大汽车公司忙于豪华大型车的制作，DDB却主张以小制胜，在广告中劝告人们"想想小的好处"，引起美国公众空前的关注。

在竞争激烈的20世纪70年代，美国的广告界掀起了定位风潮。1971年，广告定位的概念第一次出现在美国《广告时代》杂志上。到1981年，美国广告专家艾·里斯和杰·特劳斯总结了30年来企业营销的成功经验，撰写了《广告攻心战略——品牌定位》一书，使广告定位思想更加深入人心，并流传到世界各地。如今，广告定位已成了广告策划中不可或缺的战略环节，并在实践中发展出各种各样的定位策略。

所谓广告定位是指根据顾客对某种产品属性的重视程度，为广告产品确定一个市场位置,让它在特定的时间、地点,对某一阶层的目标消费者出售,以利于与其他厂家的产品竞争。它的目的就是要在广告宣传中为自己的产品创造、培养一定的特色,树立独特的市场形象,以区别于竞争对手,从而满足目标消费者的某种需要和偏爱。比如,各种品牌的小汽车都拿一两个产品特点或对消费者有益之处为自己定位。丰田车强调自己"经济省油,质优可靠",大众自诩为"价值的体现",凯迪拉克、劳斯莱斯是富人、名流心目中的专车,而宝马、奔驰车则以性能卓越的跑车形象著称于世,而菲亚特则渲染自己是"欧洲的工艺"。

广告的定位策略分为实体定位策略和观念定位策略两大类。

(一) 实体定位策略

此种定位策略是指在广告宣传中着重宣传商品的新价值,强调广告商品与同类商品的不同之处和它能够给消费者带来的更大利益。在具体应用时又分为功效定位、品质定位、市场定位、价格定位等几种。

功效定位是指在广告中突出广告商品的特异功效,使该商品与同类商品有明显的区别,以增强竞争力。它以同类产品的定位为基准,选择有别于同类产品的优越性能为诉求重点。比如新盖中盖口服液的广告和红牛维生素功能饮料的广告都是以其特异功效作为广告定位而取得成功的。

品质定位是通过强调广告产品具有的良好品质而定位。比如劲霸男装的广告词是"唯一入选卢浮宫的男装品牌",这就是以其优良的品质作为广告定位的。

市场定位是市场细分策略在广告中的具体应用,将产品定位在最有利的市场位置上。比如百事可乐将受众定位在具有运动青春活力的年轻人身上,就是以市场作定位的。

价格定位是广告产品的品质性能等与同类产品相似,没有特殊的地方可吸引消费者时常采用的定位策略。它以价格定位做宣传以求击败竞争对手,如小米手机就是以其高性价比为卖点吸引消费者的。

（二）观念定位

观念定位是通过突出商品的新意义，改变消费者的习惯心理，树立新的商品观念的广告策略。在具体应用上分为正向定位、逆向定位和是非定位三种。

正向定位是以抢夺市场强力形象为特征的定位策略。比如强调自己是最大的，或者提供最优的产品或服务。而一旦形成这种强力的市场形象，竞争者是很难推翻的。比如长虹号称自己是"中国民族工业的脊梁"，海尔称自己的服务是最佳的等都曾盛名一时。

逆向定位是借助于有名气的竞争对手的声誉来引起消费者对自己的关注、同情和支持，以便在市场竞争中占有一席之地的广告定位策略。大多数企业广告的定位都是以突出产品的优异之处的正向定位，而逆向定位反其道而行之，利用社会上同情弱者和信任诚实的人的心理使广告获得成功。比如前面提到的DDB广告公司为艾维斯出租汽车公司策划的广告。当时美国最大的出租汽车公司是赫兹公司，而艾维斯公司与之拼搏多年，却持续亏损，于是DDB抛出了一个广告"我们排行老二，我们要加倍努力"。这种主动将自己定位于领先者之下的广告引起美国消费者的极大兴趣和同情，该公司立即受到众多租车者的惠顾，夺去了"老大"赫兹公司的很多市场份额，扭亏为盈。

是非定位是从观念上，人为地对商品市场加以区分的定位策略。这中间最典型的莫过于美国七喜汽水的广告定位策略了。1968年，该公司把其生产的柠檬和莱姆果饮料定为非可乐型饮料，这个成功的定位策略使七喜汽水一举打入竞争十分激烈的软饮料市场，成为广告战略史上具有戏剧性的、了不起的事件。其成功之处在于它巧妙地在更新观念上做文章，创造了一种新的消费观念，提出饮料分可乐型和非可乐型两种。可口可乐是可乐型的代表品牌，而七喜汽水则是非可乐型的代表品牌，使七喜汽水成为可口可乐的替代品，成为非可乐型饮料中首屈一指的名牌。12年后，七喜饮料公司通过调查了解到美国人日益关心咖啡因的摄取量，有66%的成人希望能减少或消除饮食中的咖啡因，而七喜汽水正好没有，于是该公司在1980年又发起"无咖啡因"战役,它在广告中说:"你不愿你的孩子喝咖啡,那么为什么还要给孩子喝与咖啡含有等量咖啡因的可乐呢?给他非可乐,不含咖啡因的饮料——七喜!"这一下击中了可乐的两大要害,产生了强烈的冲击波,其销售量大增,成为仅次于可口可乐、百事可乐两大"巨人"之后的第三大饮料。

二、产品生命周期广告策略

所谓产品生命周期,是指产品研究成功后,从投入市场开始到被淘汰为止的市场经济寿命。产品的生命周期广告策略便是配合产品寿命周期而采取的策略。不同的产品有不同的生命周期,同一产品处在不同的生命阶段,它的工艺成熟程度、消费者心理需求、市场竞争状况和市场营销策略都有不同的特点。因此,广告目标、广告诉求重点、媒介选择和广告实施策略也不相同。

产品的生命周期广告策略大致划分为研制期、导入期、成长期、成熟期、饱和衰退期几个阶段。

(一)产品的导入期和成长期前期

此时新产品刚刚进入市场,产品的品牌、品质、功能、造型、结构等尚未为目标消费者所认识。在这一阶段,广告的宣传应以创牌为目标,目的是培养消费者的新需求,从而开拓新的市场。一是要突出新旧产品的差异,向消费者介绍新产品的有关知识,使消费者对新产品有所认识,从而引起兴趣,产生熟悉感和信任感;二要大力宣传产品的商标和品牌,不断扩大其知名度,促使最先使用者购买,继而过渡到普遍采用。在这个阶段,广告的投入较多,由于新产品上市,竞争不激烈,适合动用各种媒介组合式宣传,加大刊播频率,造成广告声势,以促使新产品迅速打开市场。比如曾风行中国台湾地区的方便面"强强滚",其是一种有辣味的方便面,当时市场独此一家。上市时先选了报纸和电视作为媒介,在做了预报广告后,电视、报纸广告一齐上,在电视上是一种产品一个广告,报纸广告是用大红爆竹作画面形象,十分引人注目。在扩大知名度后,继而说品质,用与目标消费者(15~25岁的年轻人)相似的年轻电视明星做模特,使用广告语"见面就是有缘"、"抛开心中的苦闷"、"我对爱一直都是强强滚"……还用了一首叫《乡》的歌:"能够吃辣,什么都不怕……"一个个、一组组地抛出广告,给消费者的印象极深,原预计每个月销售 8~10 万箱,可由于广告的成功,在头一个月里就销售了 25 万箱。

在新产品上市时,为了提高知名度,还可采取一些特别的做法,造成"轰动效应"而促销。如杭州西泠冷气机广告。它出现在 1993 年 1 月 25 日的《文汇报》的头版整版上,广告以醒目的大字标题"今年夏天最冷的热门新闻,西泠冷气全面启动",抓住了读者的注意力。更重要的是,该广告在版面和设计上都突破了中国报纸广告的传统模式,一时间传遍整个上海,以至半个中国,还在东南亚和日、美等国的传播媒介和广告界产生了强烈的"轰动效应"。西泠冷气机也在这种轰动、议论、传播中走进了千家万户。

(二)产品的成长期后期和成熟期

此阶段的形势是,由于新产品已获得消费者接受,销售量急剧上升,利润已有保证,同时,同类产品也纷纷投入市场,竞争日渐激烈。尤其是产品进入成熟期后,产品工艺成熟,消费者已形成使用习惯,新产品变成普及品,同类产品竞争激烈。这时的广告宣传应以保牌为目标,巩固已有的市场和扩大市场潜力,开展竞争性宣传,引导消费者作认牌购买。在广告中应力求动用强有力的论据,突出本产品的优越性,加深消费者对企业、对商品的印象。此时广告的对象转化为广大消费者。

在这一阶段的大忌是,当产品声誉日隆、销售日盛之际,因看不到竞争、看不到潜在的危机而沾沾自喜,削弱广告的宣传。比如"健力宝"饮料,它以运动饮料定位,以"中国魔水"出名,占领了相当大的市场份额,可由于决策失误,一度削弱广告攻势近一年,结果好不容易打开的市场在激烈竞争下大幅度萎缩,当企业意识到这一点后,已付出了沉重的代价。对这一点,可口可乐的广告战略值得我们借鉴。可口可乐自 1886 年诞生到现在,100 余年间它仍是世界畅销的软饮料之一。它的成功信条就是广告,铺天盖的、反复不停的、每年投入数亿美元做的广告。

（三）饱和衰退期

此时的情形是，产品供应市场一段时间后，逐渐达到销售高峰，然后逐步变成老产品，销量逐步下降，新的产品已逐步进入市场。这时期的广告诉求重点多放在维持产品的市场占有量，采用延续市场的手段，保持产品的销售或延迟销售的下降上。主要做法是，运用广告提醒消费者，以长期、间隔、定时发布广告的方法，及时唤起消费者的注意而产生习惯性购买。其诉求重点可突出产品的销前、售后服务，保持企业信誉，保持商标在消费者心目中的印象以便今后继续使用，稳定产品的晚期使用者。同时，逐步减少老产品的"言行"，引导好新老产品的过渡。

（四）产品生命延长策略

延长产品生命周期的办法有：一是在保持原有基本用途不变的基础上，通过改变，增加产品新用途、新功能，促使产品变一用为多用，吸引消费者的购买兴趣；二是开拓新市场、寻找新顾客；三是在提高产品质量的前提下，降低成本与价格，增强产品的竞争能力，以吸引对价格敏感者；四是改进产品式样，增添部分装置以提高产品性能，扩大使用地位；五是加强促销活动，增进购买。上述措施是一个产品策略的组合，在整个产品生命周期中，可根据不同情况予以选择，以达到延长产品生命周期的目的。

三、广告市场策略

广告市场策略是配合产品策略而采取的广告策略。广告策划中通常动用它来适应消费者的需求，满足各类市场的需求。市场策略包括目标市场策略和促销策略。

（一）广告目标市场策略

广告目标市场策略指企业为自己的产品选择一定的范围和目标，以满足一部分人的需要的方法。任何企业，无论其规模大小，都不可能满足所有消费者的要求，而只能满足其中部分消费者的部分要求。所以，只能为自己的产品选定一个或几个目标市场来开展营销活动和广告活动。

所谓目标市场，是指广告有计划地向指定的市场进行传播活动的对象。在制定广告策略时，应依据企业的目标市场的特点来选择广告对象、广告目标、媒介选择、诉求重点和诉求方式等。企业选择目标市场，是在细分市场（在较大市场内有同样产品需求和欲望的消费者群组）的基础上进行的。而细分市场是根据消费者的需求和满足程度来分的。由于消费者的需求有生理上和心理上的不同，因而企业可根据消费者的不同需求，依据企业自身的经营条件，将市场细分成许多子市场，然后再根据目标市场的特点，制定企业的营销策略和相应的广告策略，运用不同的策略手段，争取不同的消费者。比如，自行车对中国城镇人口来说是一种主要代步工具，大多数人都需要它，但凤凰自行车生产厂家却敏锐地关注到全国自行车业忽视的一个消费群体，即达3亿多人的青少年。随着生活水平提高，青少年用车日趋普及。于是该厂策划了一个大型广告活动"独立，从掌握一辆凤凰车开始"，从庞大的自行车消费市场中细分出两个子市场，一是处在步入青年时期转折点上的大中学生，一是其父母。前者是使用者，后者是购买者。该厂分析了这两个市场，发现在学生与家长这两个子市场中有一个共同关心的地方，那就是"独立"。子女期望自己真正地独立，能自主、能展示自己的个性；父母则期望他们独立成人、成才。抓住这两个子市场的不同特点和相同点，该厂开展了"独立，从掌握一辆凤凰车开始"的系列广告活动，获得了成功。

根据目标市场的差别而制定的销售策略一般分为无差别市场策略、差别市场策略和集中市场策略三大类。广告市场策略也相应地有无差别市场广告策略、差别市场广告策略和集中市场广告策略。

无差别市场广告策略是在一定时间内向同一个大目标市场，动用各种媒介搭配组合，做同一主题内容的广告宣传。这一策略常用在产品的导入期和成长初期或产品在市场中缺少竞争时。它有利于运用各种媒介宣传统一的广告内容，迅速提高产品的知名度，以达到创牌的目的。这是一种常用的广告策略。比如"太阳神"打入四川市场时,在电视、报纸、广播上一起做广告,一时间众口皆碑。

差别市场广告策略是企业在一定时期内,针对细分的目标市场,运用不同的媒介组合,做不同内容的广告宣传的策略。这种策略能较好地满足不同消费者的需求,有利于提高产品知名度,突出产品的优异性能,增强消费者对企业的信任感,从而达到促销的目的。这是在广告产品进入成长期后期和成熟期时常用的广告策略。因为这时市场竞争加剧,市场需求分化,各目标市场具有不同的特点,所以广告策划时对主题的构思、媒介的组合、广告的创意及广告的发布都各不相同。比如前面提到的"太阳神"口服液推出不久,就遇到多种口服液的竞争,于是该公司继浓缩液后,相继推出了甘菊型、猴头菇型等产品以适应不同需求的子市场,其广告也各有侧重,各有其不同的对象和诉求重点。

集中市场广告策略是企业把广告宣传的力量集中在已经细分的市场中的一个或几个目标市场的策略,使企业在较小的细分市场中占有较大的份额。一般实力不够强大的中小企业常采用这种做法。这些企业因广告费有限,所以只有集中力量,挑选对自己有利的、力所能及的较小市场作为目标市场,获得成功后企业得以壮大,再向其他市场发展。比如彩虹电器,就是首先在成都地区以电热灭蚊器打响品牌,继而向省外发展的。

(二)广告促销策略

广告促销策略是配合市场营销的地点要求而采取的广告策略之一,指在不同的销售地区和销售地点配合广告媒体的宣传而采取的一些具有广告形式的推销方式,是一种紧密结合市场营销而采取的策略。它通过告知消费者购买商品所能得到的好处以说服其购买,同时结合市场营销手段,给予消费者更多的附加利益,以吸引消费者对商品的兴趣,在短期内收到即效性广告效果,从而推动商品销售。促销的主要方式是宣传与说服,即用实体和文字进行宣传、说服。促销的主要作用是介绍产品知识并创造需求,突出产品特点,稳定市场销售。促销活动大都具有两个显著特征:一是销售刺激的强烈性,即它能够给予消费者一种强烈的需求刺激,能够迅速产生鼓动作用；二是销售效果的即时性，即它所造成的销售高峰只是短暂的。从行销的观点而言，只有满足消费者某种需要的东西才能称为产品，否则只是废物，广告促销即通过种种策略帮助企业完成这"惊险的一跃"。必须指出，无论何种促销手段都必须与广告很好地配合才能发挥作用。

促销可分为以下两类。

1. 针对消费者的策略

（1）馈赠。它是一种奖励性措施，如满百（元）送十（元）等。

（2）折价策略。即对特定商品在一定时期内折价出售的方法，一般在产品的导入期或产品淡季时常用。

（3）示范推销。即进行商品穿着、使用、操作的示范表演以诱发顾客兴趣的推销方法。时装、化妆品、乐器、玩具等商品常采用此法。

（4）试尝推销。即先试味后销售的推销方法，专用于糖果、糕点、饮料等商品。

（5）咨询推销。即通过开展咨询服务来推动商品销售。这种方法主要用于技术性较强而顾客科技素质不高的产品，如农药、化肥等。

（6）现场服务推销。即针对技术性强的商品，到用户或消费者的使用现场去安装、调试、定期检修，提供零配件以及其他售后服务。

（7）有奖销售。这是一种以抽奖、中奖为形式的特殊促销手段，国内外均盛行。我国不少地区搞得过热，所以《中华人民共和国反不正当竞争法》对此有了制约。

2. 针对销售者的促销手段

（1）销售店援助。即就销售该企业产品的店铺给予现场布置、开店资金、平面广告等的援助。

（2）进货优惠。即对销售业绩突出的店铺给予时间、价格上的优惠以诱发顾客兴趣的推销方法。时装、化妆品、乐器、玩具等商品常采用此法。

（3）试尝推销。即让销售者先试味后进货销售的推销方法，专用于糖果、糖点、饮料等商品。

（4）咨询推销。即通过对销售者开展咨询服务来推动商品销售，也便于销售者对顾客提供咨询服务。这种方法主要用于技术性较强而顾客科技素质较低的产品，如农药、化肥等。

四、广告发布策略

广告的发布需要以广告媒体为承载。根据公众生活习惯、企业的市场目标、广告定位结论和各种媒体的性能特点、优势和劣势等，选择好宣传媒体，确定广告媒体策略这一系列活动，在整个广告策划过程中具有十分重要的意义。

确定广告媒体策略，主要是解决以下五个问题：在什么时间和什么地方运用哪些媒体，按照什么样的组合方式，进行什么内容的宣传。这五个问题的媒体计划法，简称为"五 W"媒体计划法。

"五 W"媒体计划法具体包括四个分配法和一个组合法，即媒体分配法、地理分配法、时间分配法、内容分配法和宣传阵势组合法。媒体分配，就是确定使用哪些媒体进行广告宣传；时间分配，就是对广告发布的时间和频率作出合理安排；地理分配，就是确定在哪些地方开展相关的媒体广告宣传；内容分配，就是确定在相应的广告媒体上刊登什么方面的宣传内容；宣传阵势组合法，就是把上述四个分配决策结论，根据优化原则和层次原则进行组合，形成广告的宣传阵势。

五、公共关系策略

公共关系是指一个组织运用传播手段，使自身适应环境并使环境适应自身的一种活动或职能。其目的是建立并维系企业与各种社会公众之间的交流、理解、认可与合作关系，协调企业内外的各种关系，以创造良好的生产经营环境。公共关系分为内部公共关系和外部公共关系，广告策划中涉及的公共关系一般仅限于企业的外部公共关系，如顾客关系、社区关系、竞争者关系、政府关系、新闻界关系等。

具体的公共关系策略有以下几点。

(一) 公关广告

公关广告是目的并不在于直接劝说人们购买某种商品，而在于唤起人们对企业或机构的注意、兴趣、好感、信赖。具体而言，有以下几种：

1. 社区广告

社区广告指企业为处理好社区关系所作的广告。企业处理好与社区的关系将给企业带来很大的好处，因为，企业的某些经营活动须得到社区权力部门的批准，同时，社区为企业提供市场、顾客和劳力。具体手段有组织社区公民参观企业、向他们赠送企业宣传资料等。一些容易造成环境污染的企业，如造纸厂、化工厂、钢铁厂等，尤其应处理好社区关系。

2. 公益广告

这是一种把公益活动和广告活动结合起来的广告。企业以自身的名义发起某种活动，或提倡某种道德观念，从而塑造该企业积极参与社会活动的健康形象。

3. 变体广告

变体广告指不直接推销产品，而且外表不像广告，但实际上起广告作用的宣传活动。如丰田公司所做的介绍该企业员工的企业文化广告。

4. 实力广告

它是向公众显示公司实力的广告。广告的内容主要是展示企业生产、技术、人才等方面的优势，实力广告旨在增加公众对企业及其产品的信任感。如西南航空公司所做的介绍该公司航线的广告。

5. 响应广告

响应广告即以响应他人意见的方式来表述本企业意愿的广告。如通过传播媒介，对政府的某项政策措施或对当前社会生活中的某一重大主题以本企业的名义表示响应，通过这种响应达到彰显自身良好企业形象的目的。如在1998年的抗洪救灾行动中，不少大型企业响应政府号召给灾区以金钱和实物的无偿支持便是一种响应广告。

6. 驳斥广告

驳斥广告即通过谴责对该企业产品的假冒行为，为企业挽回应有的声誉，赢得顾客的谅解与支持的广告。

（二）展销会、展览会

展销会和展览会是企业展示自身产品和自身形象的良好机会。企业应营造富有特色的展览环境，提供优质的服务，以此为窗口塑造企业的良好公众形象。展销对于新产品、特色商品、试销商品、迎季商品、节日商品、专项商品来说是最佳的销售方式。展销方式包括各种商品展览会、博览会、交易会、展评会、商品信息发布会等。每次展销活动必须确定一个主题，并选定一个或几十个广告口号。展销不能混合于普销，它必须具有品种新、质量好的特点，并应力求迎合生活焦点，赋予情感色彩，博取顾客信任。展销可由一家商店独办，也可由几家商店联办，或者厂家独办，甚至政府牵头联办。对于时令性强的商品可办迎季展销，其他时令性不强的商品可设常年专柜展销。

（三）赞助

赞助指广告客户出资赞助文化团体、文化演出、电影、电视剧、体育运动队、体育比赛及出资助学、赞助社会慈善和福利事业等，或企业自己出资组建文化演出团体、体育团体等。企业通过赞助可以提高在受众心中的知名度和美誉度，从而增加企业的无形资产。这是一种常用的公关手段。体育赞助这几年尤其受到企业青睐，它指通过赞助运动队、赞助体育比赛、在体育场馆设置广告牌、赞助体育用品等以提高企业或产品的知名度和影响力，这是一种有效的广告手段。比如日本电气公司原来并不很出名，该公司在1982年开始赞助戴维斯杯网球赛后大获成功，提高了该公司在国际上的知名度，出口销售翻了一番。该公司把赞助体育比赛看作一本万利的事，其负责人说："如果看一看效益与费用的比例，对于这种工作谁都不会撒手的。"

（四）新闻发布会

新闻发布会主要在企业推出新产品，企业自身举行庆典活动，社会上出现针对该企业的假冒、伪劣产品等情况下举行。企业重要的经济活动和经营策略，通过新闻发布会可以得到迅速传播，从而扩大企业的影响。

六、广告差别策略

广告差别策略在广告策划与制作中，以发现、突出广告主与广告产品与市场的差别，从而显示出企业和产品特点的广告策略。广告差别能吸引受众注意，易于识别进而做出行为反应。

（一）产品差别

突出产品功能、价格、包装、品质方面的差别。

（二）服务差别

突出服务差别，说明本企业的服务能给消费者带来方便与利益。

（三）企业差别

突出企业的品牌、规模实力、先进技术、高水平管理上的差别。

（四）心理情感差别

指在广告中注意培养和形成一些新的附加价值，使消费者得到不同的心理感受和情感效应。

第四节　广告预算

一、广告预算

（一）广告预算的概念

所谓广告预算，是指实现企业广告计划，达到广告目标所需的经费计划和匡算，它规定了广告计划期内开展广告活动所需的费用总额、使用范围和使用方法。广告预算可以按不同的标准划分为很多种类。按广告计划期限长短，可分为长期广告预算和短期广告预算；按产品所处的生命周期阶段，可以分为总的广告预算和单一商品的广告预算；另外，按不同广告媒体、不同广告地区，还可以划分多种不同种类的广告预算。

广告预算费用与广告企业要达到的广告效果是相辅相成的。一般来说，广告预算费用低而要求取得良好的广告效果是不切合实际的；广告预算费用高而行销目标却很低，则是毫无意义的资金浪费。美国广告学专家肯尼斯·朗曼经过长期的潜心研究认为，理想的广告宣传活动应该是以最小的投入取得最大的广告效果，当广告效果达到一定程度时，追加的广告投入就是一种资源的浪费。

（二）广告预算的作用

广告预算作为对广告活动所需费用的匡算，对广告活动具有计划和控制作用。作为计划手段，广告预算是以经费形式说明广告计划；作为控制手段，广告预算在财务上决定广告计划执行的规模和进程。因此，广告预算在企业广告策划中具有以下重要意义和作用。

1. 控制广告活动

广告预算为企业的广告活动和广告计划的实施提供了控制手段。广告计划的实施要以广告预算为支持。广告传播的时间与空间、广告作品的设计与制作、广告媒体的选择与使用等，都要受到广告预算的支配。通过广告预算，广告企业或部门可以对广告活动进行管理和控制，从而使企业广告目标与企业的营销目标协调一致，使广告活动按计划开展。

2. 评估广告效果

广告预算为企业广告效果的评估提供了经济指标。广告预算对广告经费的使用提出了明确的目标，可以使广告活动的每一具体步骤尽可能达到较理想的效果。同时，由于广告预算对广告经费的每一项具体开支都作出了限定，这样，在广告计划实施结束后，就可以比较每一具体的广告活动所支出费用与所取得的广告效果。因此,广告预算可以成为衡量广告效果的经济标准并评估广告活动的经济效益。

3. 规划经费使用

广告预算可以规划广告经费的使用。科学合理的预算明确规定了广告经费的使用范围、项目、数额及经济指标,可以使广告费用的投入保持适度,避免盲目投入造成浪费;可以使已经投入的广告经费有计划地事先分配,使广告经费得到合理有效的使用。

4. 提高广告效率

广告预算可以提高广告活动的效率。一方面,通过广告预算可以增强广告人员的责任心,监督广告费用开支,避免出现经费滥用或运用不良的现象。另一方面,通过广告预算,对广告活动的各个环节进行财务安排,发挥广告活动各个环节的广告效率,也可以促成广告活动的良好效果。

二、广告预算方案

预算广告活动经费是提高广告宣传活动经济效益和工作水平的重要保证。按照广告宣传目标和活动方案将所需的费用分成若干项目,列出经费清单,准确地预算出单项活动和全年活动的成本,有利于企业统筹安排、事后核对和考查绩效。

广告宣传经费的预算主要是指项目开支预算,即企业开展某项广告宣传活动所需的经费。预算年度广告宣传项目开支时,除了推算出计划方案中各项活动费用外,还要事先设置应付突发事件的广告宣传活动开支,从资金上保证广告宣传工作的应变能力。广告宣传经费预算的方法有以下几种。

(一)目标达成法

这种方法是根据企业的市场战略和销售目标,具体确立广告的目标,再根据广告目标要求所需采取的广告策略,制订出广告计划,再进行广告预算。

（二）销售抽成法

销售抽成法是企业按一定限期内销售额的一定比例，计算出广告费总额。由于执行标准不一，又可分为计划销售抽成法、上年销售抽成法和两者的综合折中——平均销售抽成法，以及计划销售增加额抽成法四种。

（三）总额包干法

此法是指根据广告宣传年度计划一次性估计经费总额，报请企业领导审批。一经批准，总额就不再变动。专项开支也不作他用，广告工作人员在这个经费总额中开支全年的广告宣传活动经费，超支不再追加，留有结余可转入下年度使用。

（四）项目费用汇总法

这种方法是对年度计划中的各个广告宣传活动所需的经费来进行总额结算，上报领导。但这个预算只是概算，所需费用在每项广告宣传活动开展之前再提出精确预算，因此，实际花费的总额到年底结算后才正式确定。

（五）竞争对抗法

这种方法指根据竞争对手广告宣传的活动经费数额来确定广告费用，使企业在与对手竞争中处于有利地位。

（六）产值抽成法

根据企业本年度产值确定一个合适的比例，将之作为广告宣传活动经费的方法称为产值抽成法。

（七）利润抽成法

利润抽成法是按照企业本年度计划利润的一定比例来确定广告宣传经费的方法。

（八）支出余额法

把企业全年度中可支配的资金总额，扣除各项必须支出的预算额后，剩下的就是广告宣传经费预算额。

（九）销售单位法

这是以每件商品的广告费摊分来计算广告预算的方法。以计划销售额为基数进行计算，方法简便，特别适合于薄利多销的商品。

运用这一方法,可掌握各种商品的广告费开支及其变化规律,同时,还可方便地掌握广告效果。

(十)任意增减法

以上年或前期广告费作为基数,根据财力和市场需要,对其进行增减,以匡算广告预算。小企业宜采用此法。

三、广告预算表

广告预算表是针对某个广告宣传活动编制的,估算应全面、准确而具体,并与活动项目的内容和规模相吻合。广告预算表的基本内容和格式见表8-1:

表8-1 广告预算表

委托单位: 负责人:
预算单位: 负责人:
广告预算项目: 期限:
广告预算总额: 预算员:
日期:

项目	开支内容	费用	备注
市场调研费 问卷设计 实地调查 资料整理 研究分析 上机费 其他			
广告设计费 报纸 杂志 电视 广播 网络 张贴作品			

续表8-1

项目	开支内容	费用	备注
广告制作费 印刷费 摄制费 工程费 其他			
广告媒体租金 报纸 电视 电台 杂志 网络 其他			
演员酬金 明星 群众演员			
促销与公关费 促销活动 公关活动			
服务费			
机动费用			
其他杂费开支			
管理费用			
总计			

第五节　广告策划书的编写

广告策划书是广告策划内容的书面表现，是广告策划活动的核心，广告策划活动围绕它而展开。广告策划书的内容、风格、体裁视广告客户的要求和广告策划人的个性而定，并无固定格式。广告策划的内容具体到每一项广告项目中会有所增减。但广告策划书应包括五个要素，即广告费用（money）、应用什么文稿（message）、应该用哪种媒体（media）、应该如何安排广告活动（motion）、用什么方法衡量广告效果（measurement）。

一、广告策划书的格式

一般而言，广告策划书的格式如下：

1. 封面

它包括：（1）策划书的名称；（2）策划客户的名称；（3）策划主体的名称；（4）策划日期。

2. 目录

它一般放在策划正文的最前面，纲举目张地对整个策划书进行概括性的描述。

3. 前言

言简意赅地说明编制策划书的理由及意义。

4. 市场态势分析

是指对调查所得的该产品所处市场的规模、竞争状况、潜在市场状况、消费者状况作分析。广告主体应在市场态势分析的基础上设计广告目标，制订广告文案，进行媒体投入，确定费用。

具体而言，广告策划书的内容包括：

1. 市场规模

包括国家对整个行业的政策。具体而言，它包括：市场的需求总量和已满足的容量，市场的季节变动情况以及市场新的动向，如国家对某项产品的扶持或进行产业结构调整等。影响市场大小的因素有：一是人口因素，如人口多少、性别构成等；二是商品自身因素，如购买的商品品质、价格等；三是自然地理因素，如产品所在地、所在地区的交通等。

2. 竞争状况

即广告客户的直接竞争者和间接竞争者的情况，包括其生产和经营规模、发展趋向、市场的占有份额，其产品所处的生命周期阶段，其产品的定位、广告策略与广告投资及其促销手段等，以及它们各自的优缺点，这往往是广告策划所应注意的突破点。

3. 消费者状况

消费者状况可分为消费者的静态状况与动态状况，前者又称为"消费者市场状况"，后者又称为"消费者行为状况"。

消费者市场状况包括：（1）性别。性别不同，顾客购买商品的品种、质量、多少，以及对促销、广告活动的反应均不同。（2）年龄。顾客年龄不同，购买商品的习惯有所不同，对广告的接受度也不同。（3）收入。收入的差异直接影响顾客对产品档次的要求。（4）文化程度。文化层次的差异使顾客在选择商品的外观、式样时差异很大。（5）民族。民族性格与风俗的差异自然会影响顾客对商品的选择。（6）宗教。宗教信仰的差异会使人们的好恶有所区别，从而影响其购买行为。（7）职业。职业的差异使人们的购买习惯与消费习惯有所区别。

消费者行为状况包括：（1）习惯型。这种消费者的特点是根据过去购买商品的经验而认准某一品牌的商品，甚至认准某一商店。（2）理性型。这种消费行为主要是消费者根据头脑中已积累的信息，对各种可供选择的商品进行比较、评价，最后作出合理决策。对于这种消费者而言，广告是重要的信息源。（3）价格型。这类消费者的特点是对商品价格特别敏感，单从价格高低来评判商品。（4）社会行为型。持这种行为的消费者的消费行为受他人和集体的影响，处于不同集体之中的消费者，其购买行为常反映他所处的那个集体的生活方式和地位。（5）随机型。持这种行为的消费者对各种商品或商标的对比选择性很小,认为品牌不同,质量却差不多,他们的购买活动有很大的随机性。(6)冲动型。指事先无考虑,即刻产生消费行为的消费者。其购买活动常由于一时心血来潮或受旁人、广告的诱导所激发。

广告策划需通过消费者调查,了解和把握消费者的消费心理、消费需求和消费动机,从而确定谁是可能的目标消费者。然后掌握他们的性别、年龄、职业、收入、受教育程度、宗教信仰、民族地区分布,在社会中的比例,并掌握他们的消费行为和消费方式,以及这些目标消费者经常接触的媒介有哪些。

4. 潜在市场状况

由潜在需要和潜在的供给两方面构成。包括新增的消费群、市场潜在的新的经济增长点,以及新介入市场的企业等。

(五)广告客户分析

广告客户分析具体包括以下几个方面。

1. 企业内部状况分析

即广告客户的知名度及美誉度的状况,以及它的历史和规模、经营策略和市场营销策略分析。

2. 产品分析

产品可分为三个层次:一是核心产品,即产品实体。这是消费者购买某种产品时所追求的利益,是整个产品概念中最基本、最主要的部分。二是形体产品,即顾客需求的不同满意形式。在市场上通常表现为:产品质量水平、特色(如色泽、味道等)、式样、外观、品牌名称和包装等。三是附加产品。这是人们购买有形产品时所获得的全部附加服务利益,如售后服务保证、免费安装、免费送货等。产品实体和产品形体能满足消费者对使用价值的需要,是一种自然属性,附加产品能给购买者带来利益和心理上的满足感和信任感,具有象征性价值。核心产品是广告宣传产品时的出发点,而形体产品和附加产品的宣传可使消费者产生巨大的购买欲望。对附加产品的宣传是广告的诉求重点。总之,应从这三方面入手做好产品的广告宣传工作。另外,广告策划应分别罗列产品的定位情况及产品所处的生命周期的阶段,此外还应包括产品的不足之处。

3. 企业的销售渠道情况

即分析广告产品有哪些销售渠道,其中间环节与目标消费者之间的联系是否紧密,消费者能否在最近距离、最短的渠道内选购到商品,广告能否与产品同时到达最基层的销售点。国外广告客户较注意广告产品销售渠道的通畅,在广告发布之前就要先把销售渠道打通,在广告发布的同时,广告商品即进入市场,尤其是日常生活消费品,应与广告同时到达最基层的销售点,以使消费者在最短距离内能看到、买到广告商品。在国内,厂商对这一环节不够注意,往往在消费者看到广告后却看不到商品,受广告刺激产生的购买欲望也就淡化而消失,广告失去了应有的作用。

4. 广告客户过去的广告状况

过去的广告状况是指以前是否做过广告,如果做过,其诉求重点是什么,广告定位是什么,其广告创意是否将诉求重点定在产品属性与消费者需求的最佳契合点上。如果过去的广告较为成功,便可分析该成功广告在消费者心中的累积效应,为本次广告作参考。广告客户分析可以使广告代理针对企业自身的状况作出广告策划,做到有的放矢。广告代理可以市场态势和广告客户情况为根据,分析广告客户的机会点与问题点。

(六)提出广告目标

1. 明确广告目标

广告目标是与广告形势分析中所确认的问题密切相关的,它又与企业的总目标、营销目标相连而受其制约、为其服务。比如企业的总目标是赚取利润,获得发展;营销目标是扩大市场占有份额;那么广告目标就是通过广告宣传,在消费者中提高商品的知名度和企业的美誉度,树立企业和商品的品牌形象,促使消费者认牌购买,从而达到扩大市场、赚取利润、求得发展的目的。

广告目标有长期目标、近期目标、一般目标和特殊目标之分。

在确定广告目标时要注意明确、具体,具有可行性和可控性。明确是指广告的目标含义要清楚单一,不要使人产生多种理解;具体是指所提出的目标是可直接操作的,有明确的内容和要求,如视听率、知名度、理解率、记忆率、偏爱率、销售量等,不要泛泛而抽象。比如,"把广告产品的销售量从现在的15％提高到30％"的目标要比"提高产品销售量"的目标明确、具体得多;可行性是指确定的目标要现实,既不能太高,也不能太低,要经过一定的努力可以达到;可控性是指所确定的目标要有一定的弹性,要留有充分的余地,以备条件变化时能灵活应变。

2. 确定广告目标对象和广告目标地区

任何产品、任何企业都不会、也不可能令所有的消费者满意。因此,在策划广告活动时,就应把目标消费者找出来。只有确定了目标消费者,才能去分析、把握他们的需求,才能把握好广告诉求重点等。

找出目标消费者后还需找出其消费动机和消费需求,所谓消费动机,就是驱使消费者产生各种购买行为的内在原因。一个消费者为什么购买这种产品而不购买另一种产品,在同类产品中为什么购买这个品牌而不买那个品牌,这是受其消费动机支配的。一个消费者想购买一种商品总是为了满足他的某种需要。人们的需要有生理需要、安全需要、社交需要、自尊需要、自我实现需要五个层次。满足这些需要的产品的属性,便是广告诉求的重点。而且其需要层次也决定了购买动机的产生顺序。所以,在做广告策划时应注意分析消费者购买某项产品时需要层次的先后次序。

广告目标地区指广告对象生活的区域、范围。它涉及这个区域的政治经济环境、文化背景、地理气候因素、城市规模、人口密度、交通运输等多方面的因素。广告策划在选择目标地区时要考虑到这个区域广告效果的辐射性,在产品的导入期和成长前期,广告主体应选择一些中心城市,如直辖市、省会城市发布广告,还要考虑到地区之间的差异性,如农村地区和城市地区对商品选择的差异性。

无论是广告目标,还是广告目标对象或广告目标地区的提出都应有根据性,在广告策划书中,广告策划者应陈述其理由,只有充分合理的理由说明才能使广告目标的提出显得有科学依据，才能令人信服。

（七）广告创意表现策略

具体的广告创意内容因不同的诉求重点而异。不同地区的消费者因受到当地的社会、文化、经济、地理、风俗等环境因素的影响，对广告的表现形式有各种不同的欣赏习惯与要求，因而，广告表现应与此相适应。但广告创意的目的是一致的：使消费者与广告诉求产生共鸣，进入购买者的队伍。广告创意需确定广告定位、诉求重点、确定创意的具体内容。广告创意的具体制作可交给广告制作部门完成。

（八）促销活动安排

促销是现代市场营销中一项极活跃的因素。它是为了援助或协调人员销售和广告活动，从而使两者能够发挥良好效果的补充性销售活动。因此，将促销活动纳入广告策划之中可将促销的威力与广告的作用整合在一起，发挥良好的组合效应。虽然它只是一种非常规性的短期手段，但当它一旦纳入整体的广告活动之中，就成为其有机组成部分，就要符合整体的广告规划。

（九）公关安排

公关安排是通过将公共关系活动与广告活动相结合，以提高产品的知名度和企业的美誉度，从而达到促销目的的活动。广告活动与公关活动作为现代企业的重要促销工具，共同被纳入现代市场营销的组合之中，它们是密不可分的。现代广告以公共关系广告为其重要内容，同时，广告又是公关策划中的一项重要内容。由于它们的鱼水关系，广告策划中必然涉及公关安排。具体的公关策略本书前已述及，此不赘述。

（十）媒体策略

它指通过对各种媒体的选择与组合，把广告讯息有效地传达到受众所采用的策略，包括广告发布的媒体、时间、地点、频率及其理由。适时、适地地发布广告，可以使广告宣传事半功倍。一般而言，财力有限的小型企业常在短时期内选择某种单一广告媒体做广告，而财力较雄厚的大中型企业常在长期内选择几种媒体做广告。

（十一）广告预算

广告预算指根据广告目标，将完成该目标所需经费按项目分并列举出来。编制预算有两个好处，一是预先清楚地知道自己的计划、项目、活动需要投入多少经费，需要投入多少人力物力，并能根据广告过程的轻重缓急进行统筹安排；二是广告活动结束后，可以根据广告效果同成本预算的比较来检测、评估本次广告的花费是否值得，还可以考核预算内各个项目间的分配比例是否正确、合理。

（十二）广告效果评估

广告效果是指在广告活动中通过消耗和占用社会劳动得到的有用效果与经济效益。它有四大指标：一是暴露度，即在一个时期内，计算广告对指定对象的暴露数量，又分为暴露程度（人数）和暴露频率（每人所见广告的次数）；二是察觉率，即广告发布后，看过、听过广告的人数或次数；三是态度，即广告使人们对某项产品、某种观念产生好感或共鸣的态度；四是购买意图度，即人们看过广告后产生的购买欲望的程度。广告效果好坏的最终指标是商品利润额与广告费用之间的比例关系。它可以用一个公式来表示：

广告效果系数＝（做广告以后的利润额广告费用－广告前的利润额/广告费用）×100％

当然，广告效果系数越大，广告效果就越好。广告效果测定可以有效地控制广告活动的进程，实现预订的广告计划，这样就可以有效地提高广告的设计制作水平、媒体发布水平和管理水平。

二、广告策划书的评估量表

广告策划书草案编写完成后，应组织有关力量（如广告工作者、企业广告负责人、文学工作者、财会人员）等对策划书草案进行评估和论证。评估可采用量表法，根据得分多少判断该草案的优劣，并据此作出修改。

对广告策划书进行评估，表面上看是评价策划书，而实际上涉及整个广告，评估的内容比较全面，见表8-2。

表8-2 广告策划书评估量表

项目	项目总分	评估指标	指标分值	实际得分
文书结构	3	结构完整性 用词准确性 表达清晰性	1 1 1	
广告调查	4	方案科学性 结论可靠性	2 2	
目标决策	6	符合企业需要 符合商品特性 符合公众需要	2 2 2	
定位策略	9	符合商品形象 突出品牌优势 富有特色	3 3 3	
媒体策略	12	有效性（可展示商品形象） 具有整合性 符合公众媒体习惯 可行性	3 3 3 3	
诉求策略	8	诉求对象明确 诉求符号有冲击力 诉求信息有感染力 诉求方式有心理依据	2 2 2 2	
主题创意	12	鲜明 准确（符号定位创意要求） 吸引力 新颖	3 3 3 3	

续表8-2

项目	项目总分	评估指标	指标分值	实际得分
广告文案创作	12	标题吸引力	3	
		标语鼓动性	3	
		正文有效性	2	
		广告文案可读性	2	
		表述具有冲击力	2	
广告表现策略	18	广告图画美观性	3	
		广告图画有用性	3	
		广告音乐有效性	2	
		广告设计科学性	2	
		广告表现亲和力	2	
		布局（编排）合理性	2	
		作品气息具有文化性	2	
		广告作品的消费刺激力	2	
广告计划	3	系列性	1	
		连贯性	1	
		可行性	1	
经费预算	6	合理性	6	
想象量级	7	冲击力	4	
		说服力	3	

根据上述广告策划书评估量表，可以对广告策划书逐项评分，根据实际总得分判断出广告策划内容的优劣，并写出相应的评估意见和修改建议。

知识链接

一、参考阅读《营销革命3.0》（〔美〕菲利普·科特勒、赫马何麻温·卡塔加雅、伊万·塞蒂亚万著，毕崇毅译，机械工业出版社，2011年版）。

二、参考阅读《打破界限》（〔日〕电通跨媒体沟通开发项目组著，苏友友译，中信出版社，2011年版）。

三、市场营销的4P理论

1. 产品（product）

从市场营销的角度来看，产品是指能够提供给市场供人们使用和消费并满足人们某种需要的任何东西，包括有形产品、服务、人员、组织、观念或它们的组合。

现代市场营销理论认为，产品整体概念包含核心产品、有形产品和延伸产品三个层次。

（1）核心产品

核心产品是指消费者购买某种产品时所追求的利益，是顾客真正要买的东西，因而在产品整体概念中也是最基本、最主要的部分。消费者购买某种产品，并不是为了占有或获得产品本身，而是为了获得能满足某种需要的效用或利益。企业必须以向顾客提供尽量多的实际利益为出发点，来设计和开发新产品。（如服装的核心产品是保暖和遮羞，轿车的核心产品是代步，房屋的核心产品是能避风遮雨，口红的核心产品是满足人们美的愿望。）

（2）有形产品

有形产品是指产品在市场上出现时的物质实体外形，包括产品的品质、特征、造型、商标、包装等。它是核心产品的表现形式，虽然一般不涉及产品的实质，但当这种形式与产品的实质内容协调一致时，将给消费者带来心理上的满足，起到促销作用。正因为如此，企业极其重视对产品包装、造型、商标的设计和营销策略的运用。

（3）延伸产品（或附加产品）

延伸产品是指整体产品提供给顾客的一系列附加利益，包括维修、运送、安装、保证、提供信贷等。顾客的需要能否得到满足，不仅取决于生产领域的产品开发过程和流通领域的购买过程，还取决于消费领域的产品使用过程中的方便、满意、得到他人的赞同等。

综上所述,整体产品形成于生产、流通、消费各个领域。顾客所追求的是整体产品,企业所提供的也必须是整体产品。同时还要依据整体产品概念来确定和选择多种不同的产品策略。

2. 价格(price)

是指顾客购买产品时的价格,包括折扣、支付期限等。价格或价格决策关系到企业的利润、成本补偿,以及是否有利于产品销售、促销等问题。

影响定价的主要因素有三个:需求、成本、竞争。

最高价格取决于市场需求,最低价格取决于该产品的成本费用,在最高价格和最低价格的幅度内,企业能把这种产品价格定多高,则取决于竞争者同种产品的价格。

3. 渠道(place)

所谓销售渠道是指在商品从生产企业流转到消费者手上的全过程中所经历的各个环节和推动力量之和。

生产各企业和消费者分别处于销售渠道的两个端点,作为商品的提供者和接收者。虽然生产厂和消费者两者之间也可以直接形成一种销售渠道(如前厂后店),但是,在现实经济中,绝大多数商品的销售渠道中存在第三者。

一般说来,商品从生产厂转移到消费者手上大多数需要经历批发、零售环节,投入其中的主要中间力量是批发商、零售商、代理商以及储运商等。这些机构处于流通领域,帮助实现产品从生产厂家到消费者之间的信息沟通、所有权转移和实体转移等各种职能,因此被称为中间商。

销售渠道类型:

(1)直接销售渠道,如成都彩虹电热器厂、郫县豆瓣厂、川大金钟公司等,如图 8-1 所示。

| 生产厂家 | → | 消费者或用户 |

图 8-1 直接销售渠道示意图

（2）间接销售渠道。所谓间接渠道，就是在生产厂家和消费者之间，有批发商、零售商等商业机构加入，使商品销售要经过一个或多个中间环节，如图8-2所示。

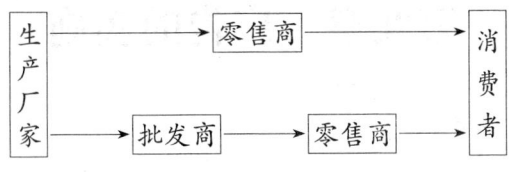

图8-2　间接销售渠道示意图

（3）代销渠道。是指至少一个或主要的中间商不参与商品的所有权转移。这样的中间商只是利用自己拥有的客户信息或供应商信息，利用商店门面或仓储设施，受供应商的委托帮助其联系买主，销售商品，或者受需求方的委托，帮助其联系供应商，购买商品。这样的中间商称为代理商。

4. 促销（promotion）

促销是公司或机构用以向目标市场通报自己的产品、服务、形象和理念，说服和提醒他们对公司产品和机构本身信任、支持和注意的任何沟通形式。

广告、宣传推广、人员推销、销售促进是一个机构促销组合的四大要素。

思考题

1. 产品导入期广告宣传的核心应如何定位？
2. 如何强化广告文案的鼓动性？

实践训练题

自选一个品牌建立广告档案。包括对品牌特征、现状以及市场环境进行综述，搜集现有广告的视觉表现资料、媒体发布渠道，分析并诊断其目标定位、创意表现以及媒体选择等三方面的成败与得失，并按照广告策划程序编制策划案。

第九章　广告的实施

第一节　广告文案基础

一、广告文案基本概念

（一）广告文案的定义

广告文案的概念是20世纪90年代初在我国产生并逐渐普及的。1978年以后，我国广告业开始复苏，一些新的广告学论著也相继出版，但对于广告作品中语言文字部分却没有统一的提法。1981年出版的唐忠朴、贾斌先生的《实用广告学》将广告的文字稿与图画稿统称为"广告稿"；1985年出版的傅汉章、邝铁军先生的《广告学》中提到"advertising copy"，直译为"广告拷贝"。其后还有一些其他著作，涉及广告文字内容时以"广告文稿"或"广告写作"称呼。

随着我国内地广告界与海外广告界交流的增加，我国港台地区"广告文案"的提法逐渐传入内地，并为广告界所认同、采纳。虽然"广告文案"这一用语被广告界内普遍接受，但对这一概念的确切含义有多种理解与解释，大致有以下三种认识。

1. 广告文案就是广告语

这种观点在一段时期内曾较为普遍，它简单地把一则广告的口号或标题，或者内文的部分文字内容等同于广告文案，认为只要是能做到文字优美，语义精妙，语言巧妙、风趣、俏皮、幽默，内容能传情达意，就是好的广告语。可以说这种观点在一段时期内促进了中国广告水平的提高，让广告迅速摆脱了很长一段时期内广告内容"实行三包"、"至善最好"的八股式口号和形式。这一观点的缺陷在于割裂了广告文案的完整性，同时更多地从语言特性和文学的角度来赏析和界定广告的语言文字，把广告文案的概念过分简单化了。

2. 广告文案就是广告作品本身

这种观点认为一个已完成的广告作品所呈现出的全部语言文字就是广告文案。这一观点强调一个有效的广告文案应当尽可能包含所有涉及广告信息的语言文字，而且这些语言文字应诉诸受众。换个角度讲，这个意义上受众接触到的广告作品的语言文字才是广告文案的内容。这种观点突出了广告作品本身语言文字的意义和作用，强化了广告文案的传播功能。

这种观点的不足在于过分强调广告文案的文本作用，强化了广告作品中广告文案的结构的完整、划一和定式化，也把广告文案同有着连续和协同运作的广告活动割裂开来，而形成一个看似独立的文本形式和内容。

3. 广告文案就是广告写作

这种观点认同广告文案与写作的相似性，在对广告文案的要求上体现出很浓的文学性，诸如精华突出、富于韵味、措辞得体、题文相符、引人入胜等。虽然这一观点强调了广告文案在形式上的得体、内容上的完美，注意文案在写作上的技巧和套路，也强调了广告文案的客观性原则，但由于写作本身所赋予的情绪化功能，广告文案很多时候体现出的是广告人浓厚的个人情绪色彩。

对广告文案的理解不应仅局限于某一部分或某一过程，而应更广、更具体地去理解。从这个意义上讲，广告有广义和狭义之分。广义的广告文案指广告活动的方案，是广告文案人员就广告活动中涉及的广告策划、创意、表现、实施等内容以文字的形式确立下来的具有指导意义的蓝图；狭义的广告文案指广告文案人员依据广告客户的意图，通过策划、创意、组织等手段把思维中对产品的认识作为广告讯息的具体内容,以文字语言的形式传递给广告确定的目标受众或广大的受众群体,包括标题、正文、附文、标语等内容。

(二)广告文案的作用

1. 确定广告内容

广告已经成为整个营销活动的一个组成部分。一个产品处在复杂的市场状态和多元的信息传播中,因此,"说什么"和"怎么说"越发决定着广告的有效性,广告文案就是这一个广告思维的物化形式。

2. 表现广告创意

广告最活跃、最具生命力的因素就是创意,而一个好的创意总是向受众提供一个新鲜、独特的信息诉求点,所以广告业内通常所讲的广告主题是创意最关键的部分。广告文案不仅是对广告创意的组织、阐释和提炼,更是通过广告主题的精练来生动地展示广告创意。

3. 传播广告信息

从广告所依据的传播形式来看,由于各自的传播特点和优势决定了广告依其手段传播后产生的作用和效果不尽相同。广告文案中语言文字在语义伸缩上有极大的空间,所以能够达到准确、翔实、完整地传达广告产品的信息内容,使受众较清晰地理解和认识广告产品,从而达到引导受众实施购买行为的广告目标。

4. 界定广告信息内涵

广告的视觉化特征为广告的表现创造了丰富多彩的形式,同时导致受众接受、理解、认识广告画面的内涵也有了一定的难度,相同、相似的画面可能会出现不同的广告产品,或同一广告产品用不同诉求点的表现形式。因此,准确、恰当的语言文字就能诠释和界定广告画面的表现意义或广告意图表达的目的,这时广告文案不仅界定了广告信息的内涵,也能及时引导广告受众正确地认知广告产品信息。

5. 塑造广告形象

现代市场不是单一的产品竞争,而是同类企业及产品的多元竞争。科技服务于企业的结果使同类企业及产品之间的差异非常小。因此在广告产品信息的诉求上如何完善差异性很强、个性特征浓厚的企业及产品形象,是广告文案最重要的一个任务。广告文案通过语义语境、语气表达、语义联想等方式,给受众创造了一个非常丰富的想象空间,让受众在形象化的思维中留下对企业及产品的印象,从而达到塑造企业及产品形象的目的。

二、广告文案的构思

做任何事情之前要做到"心中有数",要弄清楚为什么去做、怎样去做、达到什么目的等。在进行广告文案的撰写之前,也应做到心中有数——首先认真仔细地构思一个方案框架。

(一)熟悉你的客户

作为最直接地表达客户要求和广告产品信息的广告文案人员,首先应当摆正自己受命于客户的位置,了解和熟悉客户的要求和希望,知道客户想通过广告达到何种目的,对广告信息传播有什么建议与要求。要做到这些,就应当尽可能地接近客户并与之交谈,愿意与他相处并成为朋友,也让客户了解你以及你公司的状况,只有这样才能明确面临的任务,清楚工作的目的。

(二)熟悉目标受众

文案人员不仅要了解广告的目标消费者,而且要做到熟悉他们的消费习惯、消费心理及行为。

首先,产品是销售给个体的。在消费市场上,有两种类型的购买行为:个体的购买与机构的购买。不论何种类型,实施购买行为均由个人的喜好、观念和意识来支配,都归结于具体的消费个体。广告业内有一句名言,"消费者不是统计数字,她是你太太",所揭示的就是广告文案人员要把全部注意力集中在有思想、有情感的个人身上。

其次,熟悉消费行为。消费行为指消费者表现在购买、使用及评价他们希望能够满足其需求的产品上的行为。消费行为受到消费者内在因素和外在因素的影响。内在因素来自消费者本人,心理学研究将这一因素分为消费者个人的需要与欲求。这种消费者内心激发出来的需要与欲求，是影响消费行为的基本因素；外在因素包括文化、亚文化、社会、人际关系，以及家庭的影响。

（三）找出难题，确定目标

当客户的要求和消费者的状态都了然于胸时，广告文案人员就会考虑到具体的文案细节。这时，文案人员应当对这样一些问题过滤一次，看看哪些因素是这次文案的关键因素：

产品是新产品还是旧产品；

产品是否有一个恰当的定位；

其品牌在同一市场是否独创，消费者是否熟悉；

品牌最初推入市场后引起消费者哪些反应；

其产品在市场中的现状如何，有多少市场占有率；

品牌特征有哪些；

文案以何种方式传递什么信息给受众；

目标的潜在消费者……

如果要推出新产品，那么产品的独特性、定位和品牌形象树立将成为广告文案的中心内容；如果文案涉及的是旧产品，那产品的市场状态和消费者对产品的态度，以及产品之间的竞争将成为文案关注的焦点，文案的目的也就在于如何巩固品牌形象，如何持续产品的生命周期以及扩展潜在的市场。

（四）构筑一个文案框架

广告文案框架是文案人员在文案构思过程中对收集的各种信息加以总结、提炼的具体形式，以使文案人员明晰其工作要点和目的。诚然，每一个文案人员都有其独特的撰写风格和形式，但都应考虑到以下几方面内容：

1. 产品的主要特点

（1）主要特点。

①独具特点：产品的特性。

②变异特点：产品具备的外在优势。

（2）次要特点。

①质量特征：产品具备的消费者需要。

②工艺质量：产品具备的消费者潜在欲求。

2. 目标受众的特征

（1）目标受众的特征：什么样的受众，喜好特点等。

（2）目标受众的消费行为：具备的消费能力与层次等。

3. 创意技巧

（1）基本销售目标。

（2）文字信息内容。

（3）图案内容。

4. 广告目标

（1）目标受众的反应：广告可能的接受率。

（2）目标消费者行为：广告可能的销售促进。

三、广告文案的撰写

广告文案人员有了以上广告文案的构思，接下来就可以开始具体的广告文案的撰写。广告文案既要根据广告策略和对广告文案的具体要求，寻求恰当的表达方式和表现风格来完成传递广告产品信息的目的，同时又要将广告创意转化为直接面对受众的广告作品。广告文案无论以何种形式及个性风格出现，表现形式大体相同，由标题、正文、附文、结尾、口号几项组成。不管文案人员依据自己擅长的风格与习惯如何以各自的表现方法来应用这种形式，都应当遵循 AIDMA 格式。

所谓 AIDMA 格式，指广告讯息披露后被目标受众接受并产生广告效应的 5 个步骤，由美国学者 E.S. 刘易斯提出。

Attention	引起目标受众的注意
Interest	引发受众对产品的兴趣
Desire	启动受众产生对产品的购买欲望
Memory	促使受众对广告产品留下深刻印象
Action	促使受众实施消费行为

按照 AIDMA 格式，很自然我们将从标题开始撰写，广告界的

流行说法是"好的标题等于成功了一半"。

（一）标题

广告标题在整个广告符号中提纲挈领，对广告中最重要的、最吸引人的信息进行富于创造性的表现，以吸引受众对广告的注意力。它昭示广告中信息的类型和最佳利益点，吸引受众继续关注正文。

一个成功的文案标题应具备以下要素：

（1）有鲜明的讯息诉求点，突出广告文稿要告诉受众的讯息、内容的最有利的要点；

（2）以生动有趣的方式表现这种诉求点，吸引受众的注意力；

（3）能使受众产生了解产品讯息的兴趣，引导受众阅读广告文稿；

（4）能迎合社会时尚，符合受众的欣赏品味。

从写作的角度看，广告标题可以划分为以下不同的类型：

（1）词组结构标题。标题本身不是一个完整的句子，而只是一个词组或者多个词组。

在一个词组的广告标题中，有的只用品牌名称来做标题，例如"DELL戴尔"（戴尔电脑报纸广告）；有的用一些成语或单个词组来描绘产品的特征，例如"丝丝入扣"（皮尔·卡丹西服）。

多个词组的广告标题由两个以上的词组构成，几个词组之间呈现并列、递进或转折等多种关系。例如麦斯威尔咖啡的广告语"滴滴香浓　意犹未尽"表并列关系，飞亚达表广告语"一旦拥有　别无所求"表递进关系。多词组标题音韵和谐、结构匀称，具有对称美和均衡美，在任何产品的广告中都可以运用。

（2）单句式广告标题。是指以一个独立的句子作为广告标题，这种形式可运用多种诉求方式进行简洁明了的表达。

戴比尔斯钻石广告语"钻石恒久远，一颗永流传"采用单句式广告标题，优美的语句中蕴含着丰富的内涵，在突出钻石价值的同时提升了爱情的高度，使产品形象深入人心。

山叶钢琴广告"学琴的孩子不会变坏"是我国台湾地区有名的

广告语,它准确地抓住了父母的心理,从学琴利于儿童身心发展的角度来打动父母,达到了推销产品的目的。

(3) 多句结构标题。是指由两个以上的句子作为标题,形成一种内在逻辑关系,即句与句之间形成并列、递进、转折的关系,这类标题大多是对仗的。例如:

"人头马一开,好事自然来"(人头马XO),表示递进关系;

"车到山前必有路,有路必有丰田车"(丰田汽车),表示递进关系;

"情系中国结,联通四海心"(中国联通),表示并列关系;

"鹤舞白沙　我心飞翔"(白沙卷烟厂),表并列关系;

"我不认识你,但我谢谢你"(义务献血),表示转折关系。

4. 复合结构标题。是指由两行单标题形成的,相互之间具有某种内在的逻辑关系,按先后次序排列的标题结构。复合标题可以综合以上各种标题样式的优势,对受众进行多层次、多种接受心态的诉求。在如今的平面广告作品中,复合标题使用得较少。复合标题有三种常用的具体样式:引题+正题+副题、正题+副题、引题+正题。

【案例】北京科宝抽油烟机广告

引题:用了油烟机,厨房还有油烟

用了油烟机,拆卸清洗困难怎么办

正标题:科宝排烟柜,将油烟控制在柜内,一抽而净。

科宝油烟机带集油盒,确保三年免清洗。

副标题:全方位优质服务,免费送货安装(南三环至北四环),三年保修,终身维修。

上例引题交代了广告信息背景或意义,提出一般油烟机抽不净油烟且清洗困难的问题，由此引出正标题——科宝排烟柜可将油烟"一抽而净"，能"确保三年免清洗"，回答了引题中提出的问题。副标题是对主标题内容的补充，作某些附加说明。

附：大卫·奥格威广告标题写作十大原则
1. 标题好比商品的价码标签，用它来向你的潜在买主打招呼。
2. 每个标题都应带出产品给潜在买主自身利益的承诺。
3. 始终注意在标题中加进新的信息。
4. 在标题中加进一些充满感情的字就可以起到加强的作用。
5. 读广告标题的人是读广告正文的人的五倍。
6. 在标题中写进你的销售承诺。
7. 在标题结尾前你应该写点诱人继续往下读的东西进去。
8. 你的标题必须以电报式文体讲清你要讲的东西，文字要简洁、直截了当，不要和读者捉迷藏。
9. 调查表明在标题中写否定词是很危险的。
10. 避免使用有字无实的瞎标题。

（二）正文

广告文案要劝诱消费者实施购买行为，首先要让消费者知悉产品有关详细的信息内容，消费者只有对产品心中有数，才可能产生购买的想法。因此任何形式的广告文稿都要有这些基本信息要素：

（1）是什么——产品名称，品牌或商标；
（2）会怎样——产品能符合消费者的需要（needs）；
（3）怎么样——产品能满足消费者的欲求（wants）；
（4）为什么——产品具有的性能和特征；
（5）哪里来——产品的生产厂家（除非是知名企业，一般放在附文）。

1. 正文的功能

（1）支持标题，挑动欲望。

文章正文首先要承接标题或副标题中引出的诉求信息，进行比较详细的介绍，与消费者沟通，引导其注意力。它可以对标题中提出或承诺的利益点予以解释和证实,可以对品牌、企业、商品、服务、功能、个性进行详细的展开,从而起到支持标题、挑动欲望的作用。

【案例】瑞士欧米茄手表报纸广告文案

标题:见证历史 把握未来

正文:全新欧米茄碟飞手动上链机械表,备有18K金或不锈钢型号。瑞士生产,始于1848年。对少数人而言,时间不只是分秒的记录,亦是个人成就的佐证。全新欧米茄碟飞手表系列,将传统装饰手表的神韵重新展现,正是显赫成就的象征。碟飞手表于1967年首度面世,其优美典雅的造型与精密科技设计尽显贵族气派,瞬即成为殿堂级的名表典范。时至今日,全新碟飞系列更把这份经典魅力一再提升。流行的圆形外壳,同时流露古典美态;金属表圈设计简洁、高雅大方,灯光映照下,绽放耀目光芒。在转动机件上,碟飞更显工艺精湛。机芯仅2.5毫米薄,内里镶有17颗宝石,配上比黄金罕贵20倍的铑金属,价值非凡,经典设计,浑然天成。全新欧米茄碟飞手表系列,价格由8000元至20余万元不等,不仅为您昭示时间,同时见证您的杰出风范。备有纯白金、18K金镶钻石、18K金及上乘不锈钢款式,并有相配衬的金属或鳄鱼皮表带以供选择。

广告语:欧米茄——卓越的标志

(2)促进购买,号召行动。

正文中还可以表达企业、品牌、商品和服务的背景因素,告知消费者获得某种利益的途径、方法和特殊信息,培养诉求对象对品牌的信任,进一步方便其购买,促使其行动。

【案例】英国"舒味思"奎宁柠檬水美国上市的广告文案(大卫·奥格威)

标题:"舒味思"的人来到此地

正文:引见从英国伦敦"舒味思"厂所派出的特使——制造师

爱德华·惠特海。"舒味思"厂自1874年起即为伦敦的一家大企业。制造师惠特海来到美国各州,是为了确查在此地所煮的每一滴"舒味思"奎宁柠檬水是否都具有本地厂所独具的口味。这种口味是长久以来由"舒味思"厂所制的全世界唯一杜松子酒及滋补品的混合物。

他进口了"舒味思"所独创的虔修醇剂,而"舒味思"碳化的秘方就锁在他的小公事提箱里。

这位制造师说:"彻头彻尾、毫厘不差、道道地地的'舒味思'制法。""舒味思"历经了百余年之经验,才把他的奎宁柠檬水造成现在这种半苦半甜的完美境地。但你把它和杜松子酒及冰块混合在高脚杯中却只需30秒钟的时间。然后,高雅的读者们,你将会赞美你读过这些文字的这一天。

附言:你如果喜爱这篇文字而没有喝过"舒味思",请以明信片通知,我们即作适当的安排。

(3) 展现风格,营造氛围。

在文案中表现创意核心所要求的风格和基调,当然要通过标题等要素来体现,但主要通过正文完成。

【案例】扬·罗必凯为箭牌衬衫创作的文案

标题:我的朋友乔·霍姆斯,他现在是一匹马了

正文:乔常常说,他死后愿意变成一匹马。

有一天,乔果然死了。五月初我看到一匹拉牛奶车的马,看起来很像乔。

我悄悄地凑上去对他耳语:"你是乔吗?"

他说:"是的,可是现在我很快乐!"

我说:"为什么呢?"

他说:"我现在穿着一件舒服的衣领,这是我有生以来的第一次。我衬衫的领子经常收缩,简直在谋杀我。事实上有一件让我窒息死了。那就是我致死的原因。"

"天哪,乔!"我惊讶失声。

"你为什么不把你衬衫的事早点告诉我?我就会告诉你关于'箭牌'衬衫的事。它们永远合身而不收缩。甚至织得最紧的深灰色棉布做得也不收缩。"乔无力地说:"唉!深灰色棉布是最会收缩的了!"

我回答说:"可能是,但我知道'戈登标'的箭牌衬衫是不缩的。我正穿着一件,它经过机械防缩处理,收缩率连1%都不到!此外,还有箭牌所独有的'迷陶戛'特适领!""'戈登标'每件只卖两美元!"我说得达到了高潮。乔说:"真棒,我的老板正需要一件那种样子的衬衫。我来告诉他'戈登标'的事。也许他会多给我一夸脱燕麦。天哪,我真爱吃燕麦呀!"

2. 广告表现中的主要诉求手法

(1) 感性诉求是指广告制作者通过情感的诉求方式引发受众的情感共鸣,去激发消费者的审美体验,满足消费者自尊自信的需要,疏解消费者的情绪,使之萌发购买动机,实现购买行为。情感广告的诉求方式可以分为直接和间接两种。

【案例】雕牌电视广告《懂事篇》

镜头1:母亲亲吻酣睡的小女儿,用近镜和平镜表现了母亲对女儿的爱。母亲的摇头叹息和求职报纸,让人隐隐感到母女俩生活的艰难。

镜头2:小女儿趴在枕头上。猛醒,满脸忧愁,若有所思。画外音:"妈妈最近总是唉声叹气。"使人明确意识到母女二人的艰难处境。

镜头3:母亲行于招工启事广告栏前,使人认识到母亲正处于待业状态。

镜头4:小女儿不再是满脸忧愁,而是微笑、疾跑。画外音:"我要给妈妈一个惊喜。"

镜头5:小女儿在家中将脏衣服收集于盆中,然后搬凳子上柜台,拿出一袋雕牌洗衣粉,盛满一勺,放于盆中。随后端盆跑入卫生间。画外音:"妈妈说,雕牌洗衣粉只要一点点就能洗好多好多的衣服。可省钱了。"

镜头6：小院，小女儿将衣服一件一件晾于绳上。画外音："看我洗得多干净。"

镜头7：特写小女儿可爱、天真的面庞，笑容灿烂。

镜头8、9：家中，小女儿坐于沙发上渐渐睡着。母亲自门外归来，见小女儿已睡熟。她放下肩上的包，拿起茶几上的纸条，上面是小女儿稚嫩的字。画外音："妈妈，我能帮您干活了。"

镜头10：母亲的手颤抖，眼泪夺眶而出。低头亲吻睡梦中的爱女。字幕：只买对的，不选贵的。雕牌——中国驰名商标。背景音乐：小提琴曲。

镜头11：定格于浙江纳爱斯公司商标和字幕。男声旁白：浙江纳爱斯公司。

（2）理性诉求是指广告侧重于运用说理或理性的表现方法，直陈商品或服务对于消费者的重要性、迫切性以及该商品或服务的若干优点与特点。这类写作以对企业、产品或服务的客观、理性、重于实证的诉求来说服受众成为产品的消费者。其写作特点是论据充分、说理明晰，有很强的逻辑性和理性力量。

【案例】大卫·奥格威于1959年为劳斯莱斯撰写的平面广告

标题："这辆新型'劳斯莱斯'在时速60英里时，最大噪音来自电钟"

副标题：什么原因使得"劳斯莱斯"成为世界上最好的车子？一位知名的"劳斯莱斯"工程师说："说穿了，根本没有什么真正的戏法——这只不过是耐心地注意到细节。"

正文：

1. 行车技术主编报告："在时速60英里时，最大噪音来自电钟。3个消音装置在听觉上消除了噪音的频率。"

2. 每个"劳斯莱斯"的引擎在安装前都先以最大气门开足7小时，而每辆车子都在各种不同的路面试车数百英里。

3. "劳斯莱斯"是为车主自己驾驶而设计的，它比国内制造的最大型车小 18 英寸。

4. 本车有机动方向盘、机动刹车及自动排档，极易驾驶与停车，无需雇用司机。

5. 完成的车子要在最后的测验室经过一个星期的精密调整。在这里分别受到 98 种严酷的考验。例如工程师们使用听诊器来注意听轮轴所发的低弱声音。

6. "劳斯莱斯"保用 3 年。已有了从东岸到西岸的经销商及零件站，在服务上不再有任何麻烦了。

7. "劳斯莱斯"的引擎冷却器，除了"亨利·莱斯"在 1933 年去世时，把红色的姓名首字母 RR 改为黑色外，从来没更改过。

8. 汽车车身之设计制造，在全部 9 层油漆完成之前，先涂 5 层底漆，然后每次都用人工抛光。

9. 移动在方向盘柱上的开关，你就能够调整减震器以适应道路状况。

10. 镶贴胡桃木的野餐桌可从仪器板下拉出，另外有两个可在前座后面旋转出来。

11. 你也能有下列各额外、随意的选择，像是做浓咖啡的机械、电话自动记录器、床、盥洗用冷热水、一支电动剃须刀等。

12. 具有三种不同系统的机动刹车，两种水力制动器，一种机械制动器。"劳斯莱斯"是非常安全的汽车——也是非常灵活的车子。可在时速 85 英里时宁静地行驶。最高时速超过 100 英里。

13. "班特利"由"劳斯莱斯"所制造。除了引擎冷却器之外，两车完全一样，是同一工厂中同一群工程师所制造的。对驾驶"劳斯莱斯"感觉没有信心的人士可买一辆"班特利"。

价格：本广告画面的车子——在主要港口岸边交货——13 955 美元。假如你想得到驾驶"劳斯莱斯"或"班特利"的愉快经验。请与我们的经销商接洽。他的名号写于本页的底端。

(3) 情理渗透式诉求是指将感性和理性诉求方式有机地结合起来表现的广告文案写作方式。感性诉求与理性诉求方式基础上的文案写作各有其利弊，这类写作的目的是为了排除感性方式在说理性和实证性上的不足，以及理性方式在情感性和附加价值体现上的不足而产生的。这种写作能够避开两种方式在单一状态中的不足，而将两者的优势结合起来，最大限度地加强广告信息的趣味性和说服力。

（三）附文

附文是广告文案正文后向广告受众传达企业名称、地址、联络信息、品牌标记、名称，或者接受服务的方法的附加性文字，也称尾文或随文。一般出现在电视、广播广告的结尾，平面广告的最下部或最下角。其基本功能是补充正文遗漏，直接促使行动，方便消费者购买。

在具体的写法上，既可以直接说明，也可以委婉附言，还可以有侧重地对相关信息采用表格、方框等形式进行选择性的表现。不过，经常使用的还是直接说明法，即在适当的位置或空间直截了当、简洁明了地列出随文信息。

制作附文时应注意，既要适应不同媒体的特性，并与正文的风格、调性相统一以表现创意核心，又要在保证相关的操作性信息准确无误的前提下，尽可能体现出附文的独特个性。

（四）口号

广告口号（包括广告标语、广告语、广告警句、主题句、标题句、广告中心词等）指的是广告主为了表达企业理念或品牌特征、产品功能，长期适用、反复使用、简明扼要的宣传短语。其基本功能在于将广告主诉信息和销售主张压缩成精练、便于重复和记忆的宣传短语，以加深目标受众的印象，树立企业形象，使系列广告具有连贯性。

家是中国人历来的情感归属。山东曲阜酒厂于1995年推出的电视广告巧妙地借了《北京人在纽约》的"东风"，广告片尾王姬说的那句"孔府家酒，叫人想家"不知拨动了多少游子的心弦；1995年山东至圣孔府宴有限公司以3 100万元夺得央视广告标王，凭借的是其品牌深厚的文化底蕴和"喝孔府宴酒，做天下文章"的磅礴气势。

知识链接

怎样写有效力的文案之正文部分

你坐下来写广告正文的时候，不妨假设你是在晚宴上和坐在你右手边的那位妇女交谈。她问你："我考虑买一部新车，您推荐哪种牌子？"你呢，就好像在回答这个问题那样写你的广告文案。

一、不要旁敲侧击——要直截了当。避免那些"差不多、也可以"等含糊其辞的语言。盖洛普博士已经证明这种模棱两可的说法通常会被误解。

二、不要用最高级形容词、一般化字眼和陈词滥调。要有所指，而且要实事求是。要热忱、友善并且使人难以忘怀。别惹人厌烦。讲事实，但是要把事实讲得引人入胜。

文案该有多长？这取决于产品。若你是在为口香糖做广告，那就没有多少可说的，当然就写短文。你若是在为一种有各种各样特征需要加以介绍的产品做广告，那就写长文；你介绍得越详细，销售得也就越多。

每则广告都应该是一件推销你的产品的完整（complete）作品。设想消费者会读有关同一种产品的一个又一个广告是不现实的。你应该把每一则广告写得很完整，设想这是你把你的产品推销给读者的唯一机会——机不可失，时不再来。

三、你应该常在你的文案中用用户的经验之谈。比起不知名的撰稿人的话，读者更易于相信消费者的现身说法。在世的最好的撰稿人吉姆·扬说："各种各样的广告主都碰到同一个问题，就是如何被人信服。邮购广告主知道，最能达到使人信服这个目的，莫过于让消费者现身说法了。然而，一般广告主很少使用这种办法。"

知名人士现身佐证吸引的读者特别多。如果证词写得很诚实，也不会引起怀疑。名人的知名度越高，能吸引的读者也就越多。我们在"请君莅临英国观光"的广告里，动用了伊丽莎白女王和温斯顿·丘吉尔的大驾。我们成功地说服了罗斯福总统夫人在为好运道人造黄油做的电视广告上露面。为西尔斯－罗伯克百货的赊购制作广告时，我们在广告中再现了特德·威廉姆斯的信用卡，说它"最近取道波士顿去了西尔斯"。

有时你可以把整个文案写成用户经验谈的形式。我为奥斯汀（Austin）汽车做的第一则广告用了一位"匿名外交官"的信的形式，说这位"匿名外交官"用驾驶奥斯汀汽车节省下来的钱，把他的儿子送进格罗顿学校读书——既能表现自己的阔气又很节约，这是许多人梦寐以求的好事。然而我的天，《时代》周刊一位嗅觉很敏锐的编辑猜出那位"匿名外交官"就是我。他请格罗顿学校校长对此进行评论。校长克罗克博士十分生气，我只得决定把我的儿子送到霍切基斯学校去读书。

四、另外一种很有利的窍门是向读者提供有用的咨询或者服务。以这种办法写成的文案，可以比单纯讲产品本身的文案多招徕75％的读者。

我们的一则林索清洁剂的广告，向家庭妇女传授清除污渍的方法，这则广告成了历史上阅读率最高（斯塔奇调查）和最为人所记住（盖洛普调查）的清洁剂广告。然而，它忘记了体现林索清洁剂的主要商品承诺——用林索清洁剂可以洗得更白。由于这个原因，它根本不应该推出。

五、我从未欣赏过文学派的广告，这一派由于西奥多·麦克马纳斯为凯迪拉克（Cadillac）轿车所做的有名的广告"对领导地位的惩罚"（The Penalty of Leadership）和内德·乔丹的著名广告"拉腊米西边某地"（Somewhere West of Laramie）而名扬遐迩。40年前广告界好像很受这几则名噪一时却华而不实的散文所影响，而我却一直觉得这类广告很无聊，连一点事实也没有提供给读者。我很同意克劳德·霍普金斯的观点："高雅的文字对广告是明显的不利因素。精雕细刻的笔法也如此。他们喧宾夺主地把对广告主题的注意力攫走了。"

六、避免唱高调。雷蒙·罗必凯为斯奎布父子公司（E. R. Squibb & Sons）写的有名的广告语——"任何产品的无价要素是这种产品生产者的诚实和正直"——使我想起我父亲的训诫：

公司会为自己的完美自吹自擂,女人会自炫其操行。自吹自擂、自炫都应避免,但是完美和操行却应发扬光大。

七、除非有特别的原因要在广告里使用严肃、庄重的字,通常应该使用顾客在日常交谈中用的通俗语言写文案,我始终未能做到用美国的通俗语言来写文案,但我很欣赏那些能自如地应用这种语言写文案的撰稿人。

奥尔德斯·赫胥黎一度曾涉足广告创作,他的结论是:"广告中任何文学痕迹都是妨碍广告成功的致命因素。文案撰稿人可能不那么有诗情,文字也不那么高深奥秘。他们必须使人人了解,一则好广告和戏剧、讲演都有一个共同点,即使人一看便知,一听即晓,直接打动人心。"

八、不要贪图写那种获奖文案。我得了奖,我当然很感激,但是那些绩效很好的广告却从来没有得过奖,因为这些广告并不要把注意力引向自身。

颁奖的评委们对他们要打分的广告的绩效如何所知甚少。得不到关于这些广告绩效的信息,他们只能依赖自己的见解,而自己的见解又总是偏向广告的文词表现的。

九、优秀的撰稿人从不会从文字娱乐读者的角度去写广告文案。衡量他们成就的标准是看他们使多少新产品在市场上腾飞。

(〔美〕大卫·奥格威:《一个广告人的自白》,林桦译,中信出版社,2010年版,第133~193页)

第二节 广告设计基础

一、现代广告设计的含义

英文"设计"(design)一词,从词义上讲就是"设想"与"计划"的意思。设想,指人类对所从事的实践活动的预期目的和结果的认识和假想。计划,则是为实现一定的目标而准备采用的方法与步骤。

现代广告设计是一门实用性很强的综合性学科,是广告活动全过程的一个重要环节,是广告策划的深化和视觉化表现,是广告设计师根据广告主提供的有关信息,结合产品的特点、市场情况、消费者需求心理、销售策略、广告策略、媒体策略等情况,运用广告语言和图像来塑造形象、传递商品信息的一种艺术形式。从传播学的观点来看,广告设计作品输出的不是单纯的信息符号,而是富于艺术感染力的产品和企业形象。

二、现代广告设计的基本要求

(一) 清晰准确

就是要有一个鲜明简洁的广告宣传概念,即要有一个具有明显针对性且独具个性的广告主题来强化产品或服务与众不同的特点,以视听语言的多个方面强化产品或服务的特异性,创造具有个性的广告信息。

广告设计中说什么比如何说更为重要,诉求的内容比技巧更重要。诉求的重心是广告信息传播的焦点,是广告表现的核心,所有的广告构成要素必须由同一重心来发展,这样所传达的广告信息才能清晰、集中、有力地吸引消费者的注意,唤起共鸣,促使其采取购买行动。

(二) 真实可信

广告的生命在于真实,这是一个带有普遍意义的原则。因此,广告传递的信息要令人信服,要符合实际具有的真实性。宣传要恰到好处,使消费者产生信任感,不能过分夸大,更不能虚假欺骗。严格地说,广告的一项使命就是要为产品建立长期性的投资。真实与可信是广告获得成功的重要因素,因为对产品的了解与信任是促成消费者购买产品的动力之一。

电视广告设计特别要注重真实可信,因为在这种面对面的形象化的推销方式中,一切都直观地展示在观众面前,任何虚假伪造的地方都比其他媒体更容易暴露,并让观众很快察觉到。因此在场景安排、产品展示、语言动作乃至拍摄技巧等方面都要严格遵循让人觉得真实可信的要求。

（三）优美感人

广告不仅要传达产品和服务信息，更要刺激人们的需求，从而达到促销的目的。作为一种艺术形式，广告的信息传达要有艺术感染力，使人产生亲切感，给人美的享受。只有优美、感人的广告信息才能把产品与消费者从感情上联系在一起，较易引起消费者的注意，激发其兴趣，从而促成消费者的购买行动。

要注意广告的审美愉悦性，抓住产品的特性与效益，通过丰富的想象与联想，运用对比、夸张、比喻、幽默等艺术表现手法生动地解释产品的内涵，造成一种生气勃勃、富于情趣的意境，引发消费者的共鸣，达到引人入胜的目的。

（四）单纯简洁

设计成功的广告应该是单纯、简洁的。首先是设计意念上的单纯，一则广告一般只应该有一个单一的主题，不宜作更多的内容表达和目标诉求，这样才能使受众在浏览广告时立即抓住诉求重点，理解广告表达的主题。其次，由于广告媒体的版面或时间有限，在设计上要尽可能地把广告内容提炼得单纯、简洁，在版面编排上也宜避繁就简，力戒版面拥杂零乱，使观众的视线无所适从。要明确地认识到少而精的内容比庞杂的内容有更大的信息传达力量。

三、广告设计创意思维规律

（一）经验的积累与联想

人们对物象的了解一般依赖于直接经验和间接经验。这两方面的经验积累是设计者获取创意形象的主要资源。"生活中不是缺少美，而是缺少发现美的眼睛"，设计者要训练自己观察生活的能力，从寻常事物中发现美并获得创意。与此同时，来自他人的间接经验大大扩展了我们的视野，丰富了创作的素材。

联想和想象也是让设计思维飞翔的创作源泉。这二者之间没有截然的界限，想象有时以联想为基础，加工改造记忆表象并产生新的形象，或是进行创造想象。想象在创造性活动中的地位非常重要，最简单的想象创造就是组合过去的感觉、记忆、经验而产生新的形象。可借助借迹造型、夸张、概括、质感转换、形体同构、虚构空间等方法开发联想和想象。

（二）模仿型的思维规律

模仿是人类最早的创造方式，是最古老、生命力最强的设计工具，是创造的摇篮。原始人从自然获取灵感，模仿自然物制造了工具。在高科技时代，模仿的水平有了长足进步，直至模仿人脑智能的计算机及机器人的出现，我们还是依据模仿的设计思想。

模仿可能是功能上的模仿，也可能是形式上的模仿。模仿型设计包含着创造性思维"举一反三"的因素，是创造性的初级形式。模仿型设计思想是人类创造性行为的开端和基础，广告设计可以从模仿设计开始。

（三）继承型的思维规律

继承也有模仿的意味，但原型是已有创造物，继承中蕴含着批判，是模仿加改良。在设计发展相对稳定的时期，这种思想就会成为主导。继承型设计思想是最具普遍性和持久性的。

广告创作中也应注意继承民族吉祥文化，这是广告创作取之不尽的源泉。在广告中恰当地运用民族吉祥文化元素有助于提高消费者对产品的认同，能更好地进行广告诉求。继承传统还要注意避讳，每个民族的地域文化不同，需要入境而问禁、入国而问俗、入门而问讳。

（四）反叛型的思维规律

反叛型设计思想是认识论上的突变和跳跃，同时又具有独特的新颖性。在广告设计中应主动运用反叛型思维，敢于超越规则，改变一贯的做法，不为已知经验和成规束缚，产生突出的创意。超越规则的思维规律主要表现为积极的求异性、敏锐的洞察力、创造性的想象、活跃的灵感和新颖的表述等。

反叛型设计思想的副作用是结果不稳定，有可能立即成功，也有可能失败。超越规则的前提是了解规则，否则谈不上超越。类比大量的设计作品可以发现,模仿型、继承型、反叛型三种思维规律并存,对于设计创意有明显的指导意义。

四、广告设计的基本原理

(一)广告设计的构成要素

构成广告设计的要素有很多,如图形、字体、色彩等视觉传达要素,以及音乐、对白与音响等听觉传达要素等。因广告媒体特点的不同、广告诉求角度或产品的差异,不同形式的构成要素具有不同的侧重点,如报刊广告、企业产品的宣传手册、海报招贴、路牌广告等平面设计的构成着重于视觉要素的传达;而对于具有视听效果的电视广告,其设计的构成要素中除了一般平面广告设计的构成要素外,尚有与画面结合的视听信息;广播广告是靠听觉传播信息的,其设计的构成要素没有画面,主要是靠语言、音乐和音响效果。

(二)广告设计的视觉形式要素

广告的视觉形式要素是指构成广告设计作品形式美的表现形态,也称为"设计的美的要素"或"设计的美的形式法则"。一则成功的广告设计作品除了要有明确的主题和卓越的广告创意外,还要依赖外界可以感觉到的一切形式方面构成的优势,如新颖巧妙的表现手法和具有感染力的画面的形式美。

形式美反映和表现广告主题内容,增强广告作品美感。节奏、色彩、线条、形状等形式美因素能赋予广告作品美感,给人美的享受,已为许多具有形式美的广告作品所充分证明。多样统一是形式美的总规律,贯穿于其他派生的形式诸规律中,主从、均衡、对比、韵律、比例等形式法则都是多样与统一在某一方面的体现。

形式美有如下七个主要法则。

(1)主从与重点:要达成作品整体的完整统一性,各组成部分都应该有主与从、重点与一般的区别。广告设计形式中的主题与副主题,主体形象与陪衬形象都应该按照一定的主从关系进行处理,才能达到主从分明、完整统一。

(2) 对称与平衡：指在特定的空间范围内，形式诸要素之间保持视觉上力的平衡关系。对称能表达秩序、安静、稳定、庄重等心理感觉，给人以美感；均衡则在心理上偏于灵活与感情，具有动态感。

(3) 对比与和谐：对比是在差异中趋向于"异"（对立），和谐是在差异中趋向于"同"（一致），二者相辅相成。设计中要注意对比与和谐的适度，要求鲜明而不刺激，调和而不平淡。

(4) 节奏与韵律：构成要素作长短、强弱的周期性变化产生节奏，韵律是有一定变化的相互交替，是情调在节奏中的融合。它们能增强作品的活力和感染力，引起共鸣，产生美感，开阔作品的表现力。

(5) 比例与尺度：比例是指整体与局部之间的匀称关系，是艺术美的结构基础。尺度是对象的整体与局部，以及人的生理或人所习见的某些特定标准之间的大小关系。美好的构成都应该有适度的比例与尺度，才能从视觉上符合人的审美心理。

(6) 视点与视线：设计的画面应有一定的视点，或称中心点，是画面的"主"，其他环绕的为"宾"，以求达到主题突出。同时要注意视线的流动，使画面各构成要素之间产生视觉的连贯性，从而引导观众进行有序的阅读。

(7) 空白与虚实：空白的设置与运用能缓和画面的紧张及复杂性，打破沉闷与闭塞，利于组织严密和突出主题。各构成要素之间必须有虚有实，虚实呼应，运用虚实对比突出主题，烘托情趣，造成新颖独特的构成效果。

（三）广告设计的过程

现代广告设计必须兼顾"创意"、"编排"、"技术"三位一体的原则，发挥协调一致的综合作用，才能设计制作出优秀的广告作品。当今，广告设计已发展到重视集体创作的趋势，一般是由一个设计小组来共同完成，充分发挥各种人才的创造力。

广告设计从开始到完成均有一套较为系统的步骤，由于各种广告媒体有不同的特点，故此设计程序有大同小异之区别。一般来说，包括设计准备、主题设定、设计创意、设计表现、实际制作等步骤。

（1）设计准备：设计要根据广告策划后明确的广告目标，准确把握广告表现的主题，收集设计所必需的各种资料，确定制作广告的必要条件等因素。

（2）主题设定：广告设计必须设定鲜明的主题思想，才能以其独特的诉求重点吸引消费者的注意，激发消费者的欲求，使消费者产生共鸣，给人们留下深刻的印象。

（3）设计创意：现代广告设计追求新颖而富于价值的广告创意。广告主题是广告表现的基础，创意的中心任务是表现广告主题，必须紧紧围绕广告主题来进行思考和挖掘。

（4）设计表现：设计表现是广告创意视觉化不可或缺的第一步，设计表现运用如何，决定着广告创意能否得到完美的表现。

（5）实际制作：广告构成要素的各个表现形式确定以后，就进入了实际制作阶段。广告制作人员应基于已收集的各种素材，围绕着广告主题，按照设计出的方案制作广告。

第三节　报纸媒介的广告表现

所谓广告表现，从广义上看，就是将广告创意转化为广告作品的过程，也就是说，广告表现是运用各种要素将广告策划方案逐步转化，形成广告作品的活动过程。这个过程包括广告方案的撰写、广告设计、各类广告的制作等环节。从狭义上看，是指对各类广告形式的设计与制作。

印刷媒体主要是报刊，印刷媒体广告的核心就是报刊广告，故印刷媒体的广告表现主要还是报刊广告的表现。

一、报纸广告的设计制作要求

报纸广告设计基本分为纯粹的文字广告和图文并茂广告两种类

型。小企业的服务类广告多采用纯粹文字广告，刊登在分类广告栏；大、中企业的商品广告多采用图文并茂广告，其效果比纯文字广告醒目、引人注意。

报纸广告设计制作一般有下述要求。

1. 连续刊登

报纸广告要取得更大的效果，必须有计划地连续刊登，以适应报纸的时效性和新闻性的特点。连续刊登广告可以增加没有留意广告的读者接触广告的机会，使看过广告的人加深广告印象。连续刊登可灵活运用集中发布和均衡发布策略，让广告内容有计划地变动，使读者对广告有新鲜感，避免重复广告给人带来的乏味和枯燥；也可运用标题系列、图形系列、形式系列、内容系列等设计策略，使静态广告具有动态的连续感。

2. 版面大小

报纸广告有不同的版面，大致分为全版广告、半版广告、半版以内广告、小广告。小广告多是分类广告栏中的广告，有的只有两张普通邮票那么大。广告版面的大小，对广告效果有直接影响。一般情况下，版面越大，受众的注意率也会增高，但不是一种等比例关系。广告版面越大，注意率越高，但广告费也按比例增高。

关于广告版面如何运用，除考虑广告费用外，还应考虑给广告目标制定不同策略。产品刚进入市场时，使用大面积版面经济有效，而后续广告版面可逐步缩小。也就是说，告知性广告使用大版面；提醒性广告使用小版面；节日性广告使用大版面；日常性广告使用中小版面。

3. 位置安排

报纸的广告位置是指广告登在报纸的哪一版上和一版内登在什么位置。报纸广告位置不同，广告效果和广告费用就不同。

报纸头版广告最引人注目，效果最佳，但收费也最高。报纸的其他各版，因新闻内容都各有侧重，因此同类型广告多登在同一版面上。

专页广告版，即全页只登广告，不登其他内容。其好处在于广告免受其他内容干扰,有利于集中读者注意力,但也因为它没有新闻内容,读者往往疏忽,甚至随手翻过整版不看。专页广告版往往费用较高。

中缝广告,是在两版报纸之间的中缝登广告。此项广告容易被人忽略,但广告费低廉。

同一报纸版内有不同的位置,广告效果也不一样。版内位置越符合读者的目光落眼位置和视觉规律,其广告效果越好。

依据读者视线流动规律,如果报纸字体是从左到右横排的,则广告位置左面比右面好,读者先看到左边的广告,而后移读右边的广告;如果报纸字体是竖排的即按旧式排列,因阅读顺序是从上到下,从右到左,广告位置在报纸上方比下方好,右边比左边好。从广告受干扰程度来看,广告安排在报纸版面的边缘(有一边是空白),比夹在许多广告中间的效果更好。因为有一边是空白,受干扰比较少,容易引起读者的注意。

4. 注意隔离

在同一报纸版面中,各种广告相邻,容易分散读者的注意力。为使自己的广告受到注目,在广告设计和编排上,不论是广告外部或内部,都应注意运用隔离的方法。广告的隔离包括内部隔离和外部隔离。

广告的内部隔离的目的是为了使各构成要素之间有一定的空隙,减少拥挤紧迫,突出各部分内容的特性,给人清爽的感觉,有利于引发读者的兴趣和注意力。当一则广告要展现多种商品或画面时,相互之间的隔离更为必要。广告的内部隔离方法很多,有的留有较大的间距空白,有的安排装饰性花纹线条。

广告的外部隔离是同一版里各则广告之间的隔离,以减少相互之间的干扰,集中注意力,其隔离的方法主要有以下几种。

(1) 边框法。

用边框将广告封闭,犹如镜框,起到划清广告范围、不与其他广告相混的作用。边框可以用线条、细线或粗线,有的小广告用粗黑直线边框,特别引人注目。边框常用图案花纹线,起到装饰、美化作用。

(2) 空白法。

广告内留有较多空白能使广告主题突出,吸引注意,减轻读者视力负担。由于视觉舒畅能增加广告的易读性,会自然而然地起到外部隔离的作用。有的广告不使用边框,排在报纸的底部,横跨全页,有三面空白边缘,广告的上方留有较大空白,以示与其他广告相隔。

(3) 反差法。

反差法是在同版众多广告中运用色彩反差,突出广告,以引人注目,起到显著的隔离作用。比如,在众多的白底黑字广告中,黑底白字广告能起到显著的隔离作用。又如,在众多的色彩广告中,运用单一平涂色调的底色,这一色调与相邻广告底色不同,也会起到显著的隔离作用。

(4) 布局法。

广告的图形与文字编排的位置要尽可能与相邻广告起隔离作用。这一概念主要在设计中体现,即四周都是其他广告或文字的情况。广告设计要时刻考虑周围隔离。

5. 情景配合

报纸不同版面有不同的报道重点,广告内容要与该版内容协调。比如,报纸的妇女版刊登时装广告,文艺版刊登文艺广告,体育版刊登文体用品和各项运动服装广告。同类广告最好安排在一起,如把食品广告放在一起,方便主妇阅读选择。引起不好联想的新闻内容要避免与广告相邻,如刊有飞机失事的新闻版面不登航空广告。

二、报纸广告的构成要素

报纸广告的构成是指根据创意对确定的要素所进行的设计及整体组合编排,它可分为文案和图案两个部分。

1. 报纸广告的文案要素

报纸广告的文案要素包含以下内容。

(1) 标题。

标题是一则广告中提纲挈领的部分。它的基本作用在于:一是用简洁的文字、醒目的编排显示广告主题，明确告诉读者区别于其他广告的中心内容；二是吸引读者的注意，并引发读者进一步阅读的兴趣。

一则广告的创意往往就集中体现在标题上，它既是广告主题的提炼，又是广告主题的表现。

标题可以是单行题，即只有一个主标题，也可以是复合题，包含主标题和辅题。

标题最好能包含商品名称，亦可不明示商品，而是只渲染某种情感或设置悬念来暗示、引导主题，以激发、诱导读者进一步阅读的兴趣。

（2）正文。

正文承接标题，展示广告商品的具体内容，简洁地、清楚地、有时又详细地说明其特性及销售服务系统，打动读者并激发他的潜在购买欲望。一则广告的最终劝服力就体现在正文中。

（3）广告口号。

广告口号是为塑造商品品牌形象或企业形象而在广告中提出的一句很简单、通俗的，并较长时间反复使用的宣传语句。其作用是使消费者在心中逐渐形成对该商品或企业的较恒定和深刻的印象，甚至形成某种观念。如"今年过节不收礼，收礼只收脑白金"、"爱生活，爱拉芳"等。

（4）附文。

附文主要包括广告主称谓、地址、电话、传真、邮政编码、销售维修服务网点等。正文与附文可合一，如果广告商品内容丰富，则可分列。

2. 图案要素

图案是指一则广告整体的构图设计，它的要素包括图片、文字形式、商标、装饰、空白、色彩和框边等。

（1）图片。

图片包括摄影图片和绘画图片。主要用于表现广告商品和企业的外观形象，突出反映商品本身的某种特性，比如品质、功效、使用情景，突出其象征形象、标记或商标等。

摄影图片和绘画图片各有优点与缺点。一般而言，摄影在表现商品外观造型、质感等方面优于绘画，同时摄影图片易使读者产生真实感，所以大多用在家用电器、轿车、钟表、首饰、化妆品、服装、衣料、饮料、食品等广告上。绘画由于完全不受商品客观实在条件的限制，能用多样的艺术手法来表现商品的内在特性、情趣、情景等，由于现在电脑大量应用于图形设计中，故电脑设计图形已经在视觉上向摄影图片靠近。

图片与标题是一则报纸广告中最醒目的部分，也是集中体现其独特创意的部分，精心设计创作图片与标题，是一则报纸广告的重要环节之一。

(2) 文字形式。

包括字体、字号和文字编排。文字形式的选择与设计主要针对广告标题和口号，它也是体现一则报纸广告创意的重要组成部分。

字体是指文字书写形式，可分为三类：一是印刷体，包括宋体、仿宋体、长仿宋体、正体、黑体、隶体等多种。二是手写体，包括篆、隶、碑、草、行、楷等以及各种流派。三是各种美术体。

不同的字体有不同的"个性"。整体而言，印刷体显得规范、正式、严肃，手写体富有人情味，而美术体装饰性强，较优美。具体而言，印刷体中黑体显得凝重有力，仿宋体优美轻灵；手写体中隶书圆润生动，魏碑朴拙险峻，颜书肥而端庄、正大雄伟，柳书瘦而有力，健劲秀丽等。使用不同的字体会显得更有个性，更易于在版面中突出自己。

无论用何种字体都要注意的是，要让字体的"个性"与广告商品的特性、广告主题和广告的整体格调保持统一并最终服务于广告商品宣传本身。

字号是指字体的大小。单独而言，字号越大越引人注目。但在一则广告中，字号大小（主要是标题和标语字号）需要服从于整体的构图设计编排，特别要与图片协调配合，以产生良好的视觉效果。

文字编排是指文字的位置、线条形式和方向动势。居于首位的是标题、标语与图片的配合编排，正文则服从于这种编排。

（3）商标。

商标是商品的图案记号，它可以包含商品的文字名称，也可以只是一种抽象的图案样式。作为一种区别性标志，它是某一种商品所独有的。商标的广告宣传能在消费者中建立起一种该商品的识别形象和声誉，并引导消费者选购该商品，促进销售。同时，商标的广告宣传还有助于保障企业的合法权益。

在报纸广告中，商标大多同商品名称或企业名称编排在一起，使读者易于对之产生联想并形成统一的印象。有的名牌产品甚至在广告中着力宣传商标，以强化名牌认知。

（4）装饰。

报纸广告的装饰主要指在广告作品内运用点、线条、花边、几何图形、嵌套色简笔画或版面图形等，来简化构图、烘托气氛、区分要素、衬托某些内容或引导视线。

装饰运用一定要简练，切忌繁多，它只是一种辅助手段，并不是非用不可。很多广告尤其是小广告常省略装饰。

（5）空白。

空白是使构图生动有力的重要编排手段。空白可以形成鲜明的对比，使文、图分外突出；空白使构图虚实相衬，避免臃肿、闭塞，有助于美化构图；空白是一种间隔，使构图的各部分既相区分又相呼应，形成一种均衡、舒畅之感。

在一则广告中留多大空白和怎样处理空白，要根据广告内容和创意而定。大多数广告的空白处理都要尽可能地与文、图保持一种协调、均衡的关系。但有的广告却有意留出大块空白，以强烈的对比造成视觉对广告主体的相对集中，或造成某种联想暗示，或形成一种洁净感。而另一些广告则相反，有意压缩空白，让图片画面占据大部分位置，意在写实并造成一种热烈氛围。

（6）色彩。

报纸广告对色彩的运用有两种情形。一种是黑白类报纸，主要以套红等形式出现,以加强区别感,增强视觉效果。一种是彩印报,以真实的色彩出现,使广告更具可信度,同时彩色广告也是读者喜闻乐见的,可以提高广告的接触率。

(7)框边。

框边是一则广告的四周边线,它限定该广告的构图及版面面积,并使之与相邻的其他广告明确区分开来。

框边可选用各种花边样式,但相邻广告所用的花边尽量不要重复。有的广告框边用套红处理,还有的广告框边配有滚动重复的广告口号,既增加了装饰性,又强化了广告内容,加深了读者的印象。

报纸广告的构图设计是一种平面造型的创造性活动,它根据创意对各种构成要素进行设计编排,使之有序地组合成一个有机体。通过设计编排,可使广告的整体构图符合人们普遍的审美愉悦感,以产生良好的"注目效果"和吸引力;在布局上使广告主题鲜明突出,强化诉求力,给读者以较深的印象;利用不同的审美规律和设计原理,使之与广告商品的内在特性协调统一,从而尽可能充分地、艺术地表现广告商品本身,增强宣传效果。

三、报纸广告的发布程序

在发布报纸广告时,其基本运作程序有:

一是根据广告策划方案和广告客户的要求撰写报纸广告的方案,选出需用的照片和其他图片。

二是根据文案要求进行构图布局,设计出广告草图,经与广告客户或有关人员协商之后,逐步完善广告设计图。

三是根据广告设计图选择合适的文字字体、画稿或照片进行精确的平面构图,然后进行印刷制版。

四是对制作出来的印刷胶片进行最后审定,在广告内容和版面效果均无问题后,交编辑部在报纸版面排版,并印刷发行。

第四节　广播广告的表现

广播广告是指通过广播媒体传播，专门诉诸人的听觉的广告，以其传播速度快、覆盖面广、听众多、价格便宜等特点在广告传播中受到广泛应用。

一、广播广告的要素

广播广告由语言、音乐、音响等三个要素构成。

（一）语言

语言是人类特有的交际工具，它是以语音为物质外壳、以词汇为建筑材料、以语法为结构规则的完整体系。

广播广告的语言是特指有声语言或听觉语言。它和作为印刷广告要素的文字有着迥异的感知方式。广播广告的有声语言诉诸人的听觉，是让听众通过听觉器官感知语言的声音，并通过声音来接受广告的信息内容。因此，广播广告的语言必须易于听觉感知和辨析，要能听其声便解其意，而不能让听众对语言感觉模糊，产生歧义，造成误解。所以，广播广告要注意语言的语音和声感，既要清楚易懂，又要优美动听，做到明白无误、生动艺术地传播广告信息。

（二）音乐

音乐是一种特殊的声音系统，它是通过有组织的、和谐的乐音来表达人们的思想感情、反映社会现实生活的动态艺术。它的基本构成要素是旋律和节奏。

音乐有自己独特的个性特征。音乐的声音不同于语言，它是非语义性的。它也不同于音响，是非造型性的。在广播广告中音乐具有通用性，只要音乐主题与广告主题不相对立，同一种音乐可以为不同的广告所配用；在广播广告中，音乐还具有融合性，它一旦进入广告，就能和语言、音响水乳交融地结合在一起。作为广播广告要素的音乐，它不像语言、音响那样直接传达广告信息内容，但它可以为传达广告信息内容服务，或创造融洽的气氛，或提供适宜的环境，是广播广告重要的辅助手段。

（三）音响

音响是指除语言、音乐之外的各种各样的声响。广播广告中的音响要素一般是指运用专门器具和技法，模拟或再现与广告物有关的各种声响。

广播广告的音响要素分为三类：一是自然声响，如风声、雨声、雷声、流水声、鸟兽鸣叫等，常用来做广告的背景声音；二是机械声音，即产品发出的声响，多用来表示产品的性能或使用特点；三是人物声音，即人在活动时发出的声响，如掌声、笑声、脚步声、喘气声、嘈杂声等，可用来表达人们对各种不同产品的感受等。音响能再现或烘托环境气氛以增强广播广告的真实感，它能描绘或诉说产品的性能特征，以加强听众对产品的印象。音响在广播广告中有强烈的提示和暗示作用，因而在使用时，所用音响必须有利于增强广播广告的审美价值和传播效果。为此，有三点需要注意：一是音响必须精选，不能有响必录，有响必用；二是音响必须典型，只有典型才能反映事物的本质特点；三是音响必须逼真。逼真是可信的必要条件，只有做到逼真才能增强说服力。

二、广播广告的设计与制作

广播广告的设计与制作是指根据广告策划方案，按照一定的程序和要求，设计、制作出适合播出的广播广告。

（一）广播广告的种类

广播广告的种类是指广播广告在播出时依据一定标准所划分出来的不同节目类型，常见的类型有以下几种：

1. 普通广告

普通广告指广告客户没有特殊要求，电台播出也不作特别处理的一类广告。这类广告根据所处时段的不同，可分为甲、乙、丙三级。其中，甲级多安排在早、中、晚听众最多的黄金时段或影响较大的节目前后播出。

2. 特约广告

特约广告指为满足广告主的特殊要求而安排播出的广告。特约广告主要有两种形式：一是客户特约时间，二是客户特约节目。由于特约广告多选在听众多、影响大的时段播出，或是在具有针对性的节目中播出，其效果一般较好。

3. 专题广告

专题广告指在专题节目时间或以专题节目的方式播出的广告。这类广告分为两种形式：一是客户特约的专题广告，即由广告客户事先编录好广告资料，交由电台安排在专题节目前后播出，或作为专题节目在固定的时间播出；二是客户同电台联办的专题广告。专题广告的特色是广告容量大，大都有体现本专题内容的广告标志。有的专题广告还有听众的参与，更能吸引听众对广告节目的注意力。

4. 专栏广告

专栏广告指为某类信息设置专门栏目的一类广告，一种是经常性专栏广告，如寻人启事、药品介绍等；另一种是临时性专题广告，如招生启事等。专栏广告的特色是有固定的专栏名称、特定的内容范围、不变的播出时间，其针对性强，更能体现广告的服务功能。

5. 赞助广告

赞助广告指广告客户出钱出物赞助电台举办某些节目或组织某些社会活动。从中插播他们的产品广告或显示其厂名、店名。这类广告的常见形式有：一是某个企业或产品的特约赞助广告，二是几个企业或单位特约的赞助广告，三是在由客户提供的节目中插进该节目的广告等。

6. 公益广告

公益广告指致力于公众利益，为公共事业服务的公共服务性广告，内容主要是倡导社会公共道德的社会性宣传教育。

(二) 广播广告的形式

广播广告的常见形式有直播式、对话式、小品式、歌唱式、综合式等。

（1）直播式：由播音员或演员在录音间按文稿口播而成，是广播广告最基本的形式。

（2）对话式：指由两个或两个以上人物以谈话的方式来介绍产品或劳务的形式。这种形式较直播式更活泼、更亲切。

（3）小品式：是以故事、戏剧的形式来表现广告内容的，有相对完整的故事情节或生活片断。特色是篇幅短小，内容集中，形式活泼，语言风趣、幽默，具有较强的感染力和表现力。

（4）歌唱式：是用歌唱的方式来做广告。比如广告歌，就是通过优美、动听的旋律来表现歌词，极具艺术感染力，易于传唱、记忆。

（5）韵文式：运用文字工整、韵律协调上口的诗歌、顺口溜等形式来传递广告内容，使语言妙趣横生，更优美、动听，易于流传。其主要的表现形式有戏曲式、评书式、快板式、相声式、诗歌式、顺口溜式。

（6）其他形式：是指除了以上几种形式之外的广播广告形式，其中包括新闻式、现场直播式、自由式、现身说法式、日记体式等。

（7）综合式：把几种形式综合在一个广告中，比如在直播式广告中有歌唱式，歌唱式广告中有对话式等。综合式广播广告的优势在于它综合发挥了各种形式的优点和长处，将不同的形式糅合在一起，优势互补，使广告在听觉上更加生动和丰富，以达到更大的传播效果。

（三）广播广告的设计

广播广告的设计是指根据编导的广告文稿设计广告作品的制作方案。它要考虑的是制作时应根据不同的广告内容采取不同的形式，加配不同的音乐和音响效果，选择不同的人来演播等。在做广播广告的设计时应注意以下问题：

（1）立足于声音，塑造形象。广播广告要立足于声音优势，塑造具体可感的广告形象。任何广播广告的文稿最终都是要转化为声音的，只有声音才能为广播广告的产品或企业塑造出完整的广告形象，因此每一句广告词的演播、每一段音乐的配制、每一个音响的选用，都要有利于塑造该产品的整体形象。

（2）主题单一，注重理解。广播广告稍纵即逝，如果内容复杂，就不利于听众记忆，所以广播广告的主题宜单一，以使听众在极短的时间内能理解广告的内容，而且要将产品最主要的特点、最重要的功能作为广告诉求点，以引起听众的注意。

（3）突出品牌，并注重重复。广播广告是诉诸听觉的广告，听众接触广告的时间较短，又不能重复去听，因而广播广告的形式宜简单，要突出产品的品牌和价值，多次重复，以刺激听众的记忆而留下深刻的印象。

（4）注重开头，先声夺人。广播广告的开头是吸引听众注意广播内容的关键所在。要使听众从无意注意转化为有意注意，关键在优化开头。优化开头，就是指通过一定的设计手段或艺术手法使广告一开始就具有磁铁般的吸引力。只有在一开头就抓住听众，才能达到先声夺人的目的。

（5）寻求语言、音响、音乐诸要素的最佳组合，以达到广播广告的最佳传播效果。

（四）广播广告的制作

广播广告的制作步骤如下：

1. 制定制作方案

根据广告所要表达的诉求和风格制定出商品完整的广告制作方案，然后严格根据方案设计写作广告文稿。

2. 审核、修改广告文稿

广告文稿即广告脚本，要审核其是否符合创意要求，是否准确地表现主题，结构是否严谨，有没有无法用声音表现的地方等，再作最后的修改。

3. 检查试验制作设备

对录音机、调音台、卡座、功率放大器、监听扬声器等机器设备做好调试检查。

4. 选聘、确定演播人员

要根据广告脚本的特色和设计要求，选配具有适宜身份的演播人员。尤其是演播人员的声音，其表现力是否符合创意的要求是广告成败的重要因素，因而要特别注意他们通过话筒录在磁带上的声音。

5. 审听音乐、广播歌

目的是以便及时修改不符合要求的部分。

6. 试制或制作

排演、录制广告片断、准备工作就绪后，就可进入试制或制作阶段。直接式可以由播音员直接录制；对话式就有配合，需要排练和试录；小品式更需排演。需要合成的广告也都要分别录制好待合成的语言、音响和音乐的各个片断。

7. 精心合成

合成是将语言、音响和音乐等录音片断，通过机器设备和技术手段，合并制作成可供播放的广告成品。合成是一项技术性很强的工作，需要制作人员的密切配合，一起熟练地运用合成技术，精心完成广告成品。

第五节　电视广告的表现

被誉为第三媒体的电视是人类传播历史上影响较为深远的一种媒介。在当今社会，人们可以不看报纸，不看杂志，不听广播，却总会在闲暇时刻收看电视。在互联网出现以前，电视可以说占据了人们绝大部分的业余时间。

一、电视广告的分类

电视广告按照不同的标准可分为以下几类。

（一）按广告的播出形式分为节目型广告和插播广告

节目型广告是指把某一节目时间提供给广告部，由客户承担该段节目的制作费和播出费。客户的产品品牌、实物以及其他相关信息可在节目中自然地表现出来。

插播广告是在节目的间隙插入播出的广告。每个广告的长度为5秒、10秒、15秒、30秒、45秒不等，其中5秒广告通常又称为5秒标版广告，常在黄金时段插播。插播广告使用灵活，是最常见的电视广告类型。

（二）按制作工艺和材料分为电视广告影片、现场广告、录像广告、卡通广告等

电视广告影片（CF）：是用电影胶片拍摄制作而成的广告，在电视上播出，要经过胶转磁处理。电视广告影片的播出效果好，但工艺较为复杂。现已较为少见。

现场广告：是采用现场直播方式介绍商品或服务的广告，突出了广告宣传的实证性，让消费者感到眼见为实。

录像广告（VCM）：是过去用磁带录制，而今利用数码技术拍摄和编辑成的广告片，其制作成本低、周期短。此类广告在我国电视广告中占有很大的比例。

卡通广告：是利用电脑做二维或三维动画设计制作的广告，其可视性强，效果佳，但制作成本高。

（三）按表现形式分为实证型广告、人物型广告、戏剧型广告和情绪型广告

实证型广告：指通过实地操作、实地使用来展示产品的性能和品质，以达到打动消费者的目的。其主要特色是利用电视的视听结合的特性，采用当众示范、产品解析、实验过程、提供数据等方法来说服消费者，满足了消费者眼见为实的消费心理，容易使消费者信服。

人物型广告：主要指通过利用名人、明星或权威人士向消费者直接或间接推荐使用某种产品的一种广告形式。其特点就是通过出场人物本身所具有的知名度或权威性来吸引消费者的注意，利用人们爱屋及乌和崇拜权威的心理，把对出场人物的认同转移至对广告事物的认同上。

戏剧型广告：指运用视听语言，通过演员的表演形成戏剧性场景，从而引出产品并表现其性能和品质。戏剧型广告的特点主要是淡化生硬的商业推销，以商品或品牌为中心展开故事，将消费者代入某个特定场景中，调动消费者自身经验进行感受，进而达到使消费者认知商品或认同品牌的目的。

情绪型广告：主要是利用电视视听语言的特殊效果营造气氛、烘托情调和渲染情绪，从而引起消费者的共鸣，最终产生购买行为的一类广告。其特点是着重情感诉求，强调以情感人，强调某种产品会给人们带来某种情绪、某种品牌将满足人们的某种渴求。

二、电视广告的要素

与单一的印刷媒介广告不同，电视广告是视与听的艺术，有了这两者的完美结合，才能生成形象生动、诱人的广告画面和声响，才能第一时间打动消费者。此外，时间也是电视广告的关键，所以电视广告的要素可分为视觉要素、听觉要素和时间要素三类。

（一）视觉要素

1. 电视广告的运动图像画面

凡是电视广告里看到的形象画面都属于图像画面、运动的画面，这是电视广告的灵魂。电视广告可以没有声音，但是不能没有画面尤其是动态画面，否则便不能凸显电视广告的独特优势。电视广告的画面一定要动起来，这样才能抓住人的视线，因为一般而言，动态的画面比静态的画面更能吸引人的眼球。此外，运动画面所形成的视觉冲击力和现场感是其制胜的法宝。

2. 电视广告字体

印刷媒介广告中文字出现较多，而电视广告则不同，它更多的是靠画面说话，但是为了强调一些重要的信息，如商品的品牌或名称、联系方式等，还是会出现一些字幕，但需要注意字体和画面的比例关系，不能太大也不能太小。因为字体出现时间较短（一两秒之间），所以要易于辨认；字体也要设计巧妙，让人印象深刻，过目不忘，比如可以使用动画的方式逐字展现，或者配合一些动画图标或活泼的文字形式。

（二）听觉要素

1. 广告文案

广告文案有两种形式，一种是电视广告的旁白部分，一种是广告中模特的台词，它们在电视广告中承担着非常重要的解释、说明任务。广告模特的台词设计要符合人物身份、年龄等，要使用生活化的语言，以达到亲近观众的效果；而广告旁白则要言简意赅，突出重点，以简短的文字表达出广告意图，同时朗朗上口，才能让观众记忆深刻。

2. 音乐

包含电视广告的背景音乐、专门为广告设计或选择的音乐。音乐的选择也要符合产品的个性特征，如周润发出演的"百年润发"影视广告，就演绎了一段怀旧的爱情故事，在中国北方的大背景下，选择以京剧旋律作为背景音乐，相得益彰。

3. 音响

为了营造真实的气氛，烘托画面的现场感，音响是必不可少的。单纯的画面往往会给人单调、枯燥的感觉，而音响效果的衬托则会使广告声画俱全，同时能调动观众的视觉和听觉，带给他们身临其境之感。

（三）时间要素

在广告中时间具有两个含义：

一是图像和声音依据信息的表达不同而有不同的时间组接方式，以构成一个个性鲜明、易懂易记的广告信息。电视广告的制作者在注意每个镜头的时值以及镜头的组接方式的同时，还要注意声音在时间轴上的变化。

二是广告的长度。广告时间不同，广告所蕴含的信息量和表达形式都不同。我国例行的广告时间规格为5秒、10秒、15秒、30秒、45秒、60秒等。对于一个具体的广告作品，信息量大体上是一定的。广告时间越长，播出费用就越高，广告宣传效益就会下降；相反，如果时间太短，无法将一定的信息完整地传递出去，或者通过浓缩传递出去了，但效果不一定好。广告的制作和发布均是以秒为单位计算的，不同的制作手段、不同的播出时段、不同的收视率、不同的覆盖区域，其价格差异是很大的。

三、电视广告的制作

电视广告的制作过程大致分为三个阶段，即前期准备阶段、拍摄阶段、后期制作阶段。

（一）前期准备阶段

在此阶段，主要是根据广告客户的宣传意图做好一系列案头工作和准备工作。

一是根据广告策划方案确定的产品定位、广告主题和广告主题表现来编写电视广告文案，也就是用文字来全面表述创意和主题。最早获得《纽约文案俱乐部》所颁赠"杰出撰文家"荣誉的乔治·葛里宾曾指出：成功的文案，必须具有吸引受众将全部文案读完的艺术魅力。文案的撰写要求目标明确、生动形象、简明易懂。

二是将电视广告文案分解为电视分镜头画版。即用一幅幅动作（连环式）画面将广告主题和创意具体、真实、更有视觉感受地表达出来。观众在本广告片里将看些什么、听些什么都将被罗列出来。这是由策划转入制作阶段的重要步骤。

设计画版的人必须具有影视时空观念。在分解画版时，常用压缩时空的方式，以 10~15 张画幅（例如 30 秒广告片）将创作主题流畅自如、准确、完整地表达出来。在每一幅画上表明镜头运动的方式、时限、广告配词、音乐起落等，能让人对将制作的广告有一个明确的印象。

分镜头画版是与广告客户交换意见最重要的依据，也是广告客户是否愿意签制作合同的关键一步；画版是制作人计算财务支出的依据，也是导演挑选演员、安排场景，以及美术师、灯光师、服装设计人员的工作依据。同时，也是摄影师关于景别、景位、镜头运动、演员调度的参考画面。总之，分镜头画版是制作的重要工作蓝图，应予以高度重视。

（二）拍摄阶段

一是前期制作准备。选择广告片的导演、演员、摄影师、美工、灯光、服装、化妆、道具工作人员组成摄制组，将他们召集起来开一个预拍会，由创意者解说创作意图，由导演阐述表演及镜头和服装、化妆、道具、灯光要求。通过预拍会，全体演职人员应熟悉该广告的表现主题，明确各自的职责，将可能遇到的问题整理并落实专人和时间解决。

二是排演和预拍。模特和演员在熟读脚本的基础上，按照导演的安排进行排练。摄影师、录像师、音乐师、美工、灯光等制作人员要进行一系列实拍前的准备。导演要同制作人员一起研究、设想画面与声音的表现方式及可能的效果。

三是实际拍摄。按创作意图及分镜头脚本要求，运用镜头的推拉、摇、跟运动方式及全景、近景、特写等取摄画面。如果有演员表演，一般每组镜头反复录1~2次，以便后期编辑有挑选素材的余地。

（三）后期制作阶段

电视广告创作是运用画面进行直观的形象思维，影视的形象思维是跳跃的、非连续性的、超时空的，因而这种形象思维的作品需要有内在的思维逻辑、思维形式——画面分割与组接，将拍得的工作样片准确地编辑到所规定的秒数中，其重点包括各镜头的顺序、镜头长度和节奏，这就是编辑。拍摄时依分镜头脚本为蓝图而摄制，分镜头是创作的设想，往往会与拍摄实际的效果有一些不吻合，这就要求编辑合理、灵活地运用蒙太奇画面语言语法的各种组词和造句方式，结合电视广告的镜头与节奏快捷特点。剪辑出结构严谨、节奏明快、主题鲜明、画面和谐、增强了表现力和感染力的作品来。剪辑是对电视广告的一次再创作过程。

后期制作还包括对画面的特技处理以及给图像带配音、配乐、叠字幕等。

将制作完毕的样带交给广告主审看，审看合格后即可制作成品带供播出使用。

第六节　户外广告的表现

户外广告简称OD广告，泛指一切设置于露天场所的广告物。灵活多样、形式新颖的户外广告是广告的重要组成部分，是我国广告业继电视、报纸之后的第三大广告发布媒体。

一、户外广告的种类

户外广告可按大类粗略地分为户外广告（广告牌和广告标识）和交通工具广告（包括交通工具内外，如公共汽车的车体广告和车内的背椅广告，也包括候车厅广告等）。按照户外广告所使用的媒介可细分为路牌广告、灯箱、霓虹灯、车体、招贴、气球、显示屏和投影等广告。下面简要介绍一下各种户外广告。

（一）路牌广告

路牌广告可以细分为小型的指示性路牌广告和大中型的路牌广告。前者一般指出现在大型的楼宇之间或电梯口的楼层指示图等，后者一般安装在楼顶、高速公路边、公路跨桥上等。路牌广告多采用拆卸装置，便于再安装和管理。

在户外媒体中，大型的广告牌依然是最令人心动的部分。它超大的尺寸、黄金位置的置放、吸引人眼球的特点犹如王冠上的宝石，是各大企业"高水准"和"有地位"的象征。广告业界流行这样一句话："如果你在大型广告牌上投放广告，那么你给人的印象是一个实力强大的品牌。"

（二）灯箱广告

此种广告类似于路牌广告，但与之区别的是首先需要一个有厚度的箱状物体以放置灯管进行照明。灯箱的版面都由喷绘画面作面，两面都可以投放广告，常见的形状有方形和圆形，常放置在路边或悬挂在门口、路灯柱上起到指示作用，如一些饭店将其名字和菜牌制作成灯箱放在门口，还有一些商店将主要热卖商品也制作成灯箱广告放在门口，吸引消费者的注意。这种灯箱广告白天与普通路牌广告无多大差别，夜晚时却能如路灯般明亮，起到照明和吸引注意力的效果。

（三）霓虹灯广告

霓虹灯广告是户外广告中夜间效果比较突出的，其充分利用了夜间黑暗的自然条件，在黑暗中变换着缤纷的色彩，并且根据灯管点亮和熄灭的时间差形成一些动态效果，在夜晚也不失为一道亮丽的风景线。

霓虹灯广告虽然好看，但是也存在很多不足，特别是在材料的使用上。霓虹灯工作原理是使用高电压击穿玻璃管中的惰性气体，因此存在价格昂贵、易破碎、耗电大、色彩单一、难维修、污染环境等缺陷，经常看见的就是作品缺笔少画，维修起来较为困难。

（四）交通广告

交通广告是指利用交通工具或交通设施发布广告。可以在公交车厢外贴满广告，也可以在公交车或出租车车厢内座椅背面安装可拆卸装置来张贴广告，地铁车厢内以及地铁站内都是广告的容身之地，就连电话亭也贴满了广告。因此，可以说交通广告遍布各类交通工具当中，无处不在，且形式多样。

公共交通广告发展迅速，公交车广告具有最低千人成本、户外流动性最大等独特优势，随着城市化进程的加快和城市消费人口的急剧增加，人们在户外的时间大幅度增加，需要更方便、快捷地获取信息，从而刺激户外交通广告的发展。

（五）招贴

招贴又名"海报"或"宣传画"，主要张贴在街道、商业闹市区、车站、展览会等公共场所，具有内容画面广泛、艺术表现力强、适宜远视等特点，在国外又被称为"瞬间"的街头艺术。

招贴广告大都张贴于公共场所和商店内外，属于街边小尺寸广告，有文字、手绘、电脑设计和摄影几种表现形式，经过排版印刷而成，在设计与表现上要给受众强烈的视觉冲击，才能在短暂的几秒钟内吸引匆匆而过的路人，并给他们留下深刻的印象。招贴广告一般都采用富有视觉冲击力且简洁的画面、不多的文字和醒目的色彩搭配。当然招贴广告不能随便张贴，必须贴在指定的位置，如广告栏里，以保证市容的整洁。

（六）气球广告

气球广告分为高空广告和地面广告两种类型，高空广告一般指大型气球和热气球广告，地面广告指充气气膜广告。大型气球采用直径2~3米左右的气球，充入氢气使气球升空，并在其下端系上条幅，捆绑在地面上，条幅上书写一些广告语，一般用在展会或会议现场烘托气氛，也在一些庆典仪式中增添喜庆。做热气球广告时不但可以在球体上写字，还可以根据产品形状制作热气球。地面广告类型的充气气膜广告常见的有拱形门、人和动物等形状。气球广告特点是可拆卸重复使用，但因为其体型巨大，所以对场地要求较高。

（七）第三媒体广告

第三媒体广告就是显示屏（LED）广告、液晶广告机广告和投影广告等。

LED是发光二极管（Light Emitting Diode）的英文缩写。LED电子显示屏目前应用最广的是红色、绿色和黄色二极管，而蓝色和纯绿色二极管的开发已经达到了实用阶段。可用来显示文字、图形、图像、动画、行情、视频、录像信号等各种信息。

液晶广告机应用于车载电视和楼宇显示屏，其中楼宇液晶广告机大部分安装在电梯间内外和休闲区域，因为楼宇基本都是作为商务人士的写字楼，所以在此做广告针对性较强，很多关注高消费商品的广告主，如汽车广告就看好此种媒体。车载电视则主要应用于公交车和出租车内。

投影广告属于比较新的广告媒介，包括将整栋大楼用投影图像覆盖或者在晚上使用楼顶的投影机在人行道上投影，利用光学原理投射出一些图案，引人注目等方式。

二、户外广告设计的基本要求

户外广告针对的对象是流动性极强的受众,他们在广告前停留的时间很短,接收到的信息容量有限,因此,在做户外广告时应注意以下几点。

(一)文字简短,切中要害

所有的户外广告都有一个共同的特点,即向流动的受众做宣传。每一个广告吸引受众的仅仅只有零点几秒到几秒钟时间,所以极短的时间只能容许以简单的文字表达一个简单的主题,必须删除一些不相干的文字或不必要的内容。根据国外广告专家的总结,每幅广告以不超过7个字为宜。文字的内容最好在厂牌、产品名称或广告口号上。

(二)图像清晰,易于辨认

户外广告的提醒作用和远距离观看的特性要求它的图形设计必须简洁、鲜明、易于主题特质的辨认。在鳞次栉比的户外广告群中,如果某个广告图形缺乏竞争力,就会为观看者所忽视。设计一个户外广告,首先要考虑广告将告诉人们什么,然后以能最直接显示该主题的图形凸显于整个版面,让人们的眼光一接触到它,就能正确接收其信息。

(三)色调明快,对比强烈

由于远距离观看的需要,户外广告的色彩设计必须明快,必须有色度和明度上的反差,才能抓住消费者的目光,将讯息传到较远的地方。比如大量使用原色,对提高广告色调的明快度是很有帮助的。

(四)字体单一,避免混杂

户外广告的作用是让人在短暂的时间里尽可能多地接受讯息,因而在设计和设置上都要考虑到方便人们的观看,摒除广告自身带给观众的阅读障碍。所以除广告内容需要精致外,字体的单一也很重要。人们从广告前经过只有那么几秒,如果在几秒钟内面对一条多种字体混杂在一起的广告,势必会产生视觉困扰,因而导致不能完整地阅读广告信息。所以，一个户外广告最好只采用一种字体。

（五）注意测定户外广告的文字图形的能见距离

为保证受众在一定距离内能看清楚广告，户外广告在设计时，就必须研究不同形式广告的能见距离。根据测试，一般小型路牌广告、交通广告、看板广告其能见距离为30～100米，而中、大型路牌广告的能见距离还要更远一些。因此为了在能见距离内让人们看清文字和图形，就必须经过测试以确定字体和图形的大小，以免因太大而造成浪费，太小又看不清楚。

（六）充分利用有效版面

户外广告的费用收取，一般都是以广告版面面积来计算的。户外广告的制作成本也是同广告版面成正比的。因而在租用广告版面后，就要求广告设计师必须充分利用有效版面，避免造成浪费。一是尽量避免冗长的文字内容；二是要注意在广告的能见距离内其能见文字和图案的尺寸大小；三是尽量让版面饱满，除特殊需要外少留空白。

三、户外广告的制作

当广告策划方案完成后，即进入广告的制作阶段。对于户外广告而言，其制作分为三个环节：一是制作预想图，二是成品，三是安装发布。

（一）制作户外广告预想图

预想图是户外广告制作的第一步，直接关系到户外广告的中标和具体的制作，因而应根据广告文稿要求认真绘制。常用的方法一类是手工绘制，一类是利用电脑喷绘小样。由于电脑设计和修改、设色等均十分方便，故现在多用电脑喷绘小样出效果图。

（二）户外广告的制作实施

户外广告的具体制作是对预想的实施，是对其进行临摹交制的过程，故因种类不同而各异。

（1）路牌广告：主要有手工绘制、电脑喷绘、手工与电脑喷绘相结合和印刷品拼贴几种形式。除了直接绘制于广告墙之外，一般都先完成于活动模板上之后再固定于专用支架上。

活动模板的制作方法与油画框类似,先用木材或金属制成框架,用层板、金属板或细帆布罩住其表面,用乳白胶与立得粉的混合物进行底处理后即可绘制了。目前应用最普遍的是木布组合模板,重量轻、制作简便、成本低、抗风能力强。而以层板、金属板制作模板具有平整度高、吸油少或不吸油、光泽度强的优势,但制作成本与工艺都高于木布组合的模板。

在有条件的情况下,路牌广告都应设置夜间照明,以延长从黄昏到午夜这一段的广告时间,增加广告的接触率。但应注意的是,在不同的人造光下,广告的色彩会因人眼的视觉和光源的色彩特性发生改变,从而造成广告图文与宣传产品之间的差异,所以选用哪种光源的灯具适合所照明的广告牌是一个必须考虑的问题。

(2)霓虹灯广告:这是一种需要专门技术加工制作的夜间广告形式。多用在店名、装饰、品牌等方面。现在除小霓虹光管外,一种由导光塑料制成的霓虹光绳和霓虹光珠逐渐被广泛应用。制作时只需将其砌成一定的图形和文字,粘于塑胶玻璃上,它们自身不必通电,仅用紫外光照射,即可呈现不同的鲜艳色彩。

(3)灯箱广告:也是一种主要供夜间使用的广告形式。可采用透明胶片、电脑绘制的即时贴和有色纤维板等材料,先贴于毛玻璃、纤维板或塑胶板上,再固定于灯箱架上。灯箱一般采用荧光灯作内部照明,其功率大小由灯箱的大小和所要求的能见度而定。

(三)户外广告的安装发布

户外广告的一个特点是广告的制作发布合于一体,没有安装完毕就不能算完成。无论是何种户外广告形式,在安装时都应注意其支持撑架的安全可靠、经济和审美性。

户外广告大都立于建筑物的墙面、顶部、街道以及其他公共设施表面的固定支架上。目前我国大量使用的搭设支架的方法主要有:

利用建筑钢管与扣件来完成。具有简便、快捷、效率高的优点,但牢固性略差,为了增强其稳固性只有采用立体框架结构,但存在占地宽、缺乏美感的缺点。

采用一次焊接成型的全功能钢化广告架。这种广告架设计有模板定位槽、照明用支架等，稳固性好，且占地又少，美观大方。

第七节　网络广告的表现

1994年10月14日美国著名的《连线》（Wired）杂志推出了网络版的Hotwired（www.hotwired.com）。在其主页上有AT&T等14个客户的广告横幅（banner），开创了互联网广告的先河。网络广告以其传播范围广、交互性强、针对性强、感官冲击力强、服务个性化、实时、灵活、成本低等特性逐渐受到广告客户的青睐。

一、网络广告的类型及表现

依托互联网而发展起来的网络广告是一种新型的广告媒介，融合视听为一体的互联网广告不仅表现出传统媒体广告的一些特点，而且它自身也显现出某些优越的特性，因此互联网广告是发挥广告人创意才智的地方。网络广告的表现类型主要有以下几种。

（一）旗帜广告

旗帜广告又名横幅式广告、网幅广告，因多置于页面上方的首要位置，又叫页眉广告或"头号标题"，是网络广告的主要形式。它是以GIF、JPG格式建立的图像文件定位在网页中的一种广告。最常用的广告尺寸是486×60（或80）像素。以GIF，JPG等格式建立的图像文件定位在网页中，大多是用来表现广告内容，同时还可使用JAVA等语言使其产生交互性，用SHOCKWAVE等插件性工具增强其表现力。通常，网页中首页最上方的横幅式广告位置的重要性等同于电视广告中的黄金时段，多被有实力的大品牌所占据。旗帜广告可使用静态图形，也可用多帧图像连接为动画图像，还可使用HTML、FLASH、DHTML、JAVA等语言使其产生交互性。

（二）按钮式广告

这是网站中最常出现的广告形式，可以点缀在网页的任何地方，只要美观、不影响阅读即可。按钮广告定位在网页中，由于尺寸偏小，表现手法较为简单，多为突出重要信息，可表现为文字或图片，画面较为简洁。当受众注意到后，可以点击按钮广告进入链接，弹出更为详细的产品页面。这种方式的广告费较少，适合中小型企业使用。

（三）直邮广告

直邮广告（DM），即通过邮寄、赠送等形式将广告投送到消费者手中、家里或公司所在地。直邮广告有广义和狭义之分，广义上包括广告单页，如大家熟悉的在街头巷尾、商场超市散布的传单，肯德基、麦当劳的优惠券亦包括在其中；狭义的直邮广告仅指装订成册的集纳型广告宣传画册，页数在几页至200多页不等。

（四）邮件广告

邮件广告是指网站定期或根据时机发送一些有关产品、打折促销等信息的电子邮件给其网上注册的会员，或者是随机发送电子邮件。它传播面广、针对性强、信息量大。随着电子邮件的普及应用，电子邮件广告已成为使用最广的网络广告形式。比较细心的网站在发送电子邮件广告给受众的时候，还会在邮件标题处注明"AD"字样以示其为广告邮件，充分尊重受众的选择权，减弱受众对广告的抵触情绪。

（五）插入式广告

插入式广告又名"弹跳广告"，是一种不请自来、带有强迫性的广告，是最讨人嫌的一种网上广告。广告主选择适合自己的网站或栏目，在该网站或栏目出现之前插入一个新窗口显示广告。这种广告形式一般都会引起受众的抵触情绪，因为受众一般都是迫不及待地想看到自己感兴趣的内容，结果插入式广告突然出现，遮挡住网页的主要部分甚至全部，有的还要受众耐心等待其自动下载完成或关闭才能继续浏览网页。

目前，在国内几大门户网站上，插页广告被广泛应用。有时它也能发挥作用,能引起人们,特别是新网民的好奇心并加以点击。

(六) 游动式广告

游动式广告也可称为"悬浮式广告",主要出现在受众浏览的网页当中,可以是网页两边的空白处,有时也出现在网页当中,随着网页的上下移动而移动,并且点击之后才能消失,注目率较高。

(七) 互动游戏式广告

此种广告形式一般出现在一段页面游戏开始、中间、结束的时候,并且可以根据广告主的产品要求量身定做一个属于自己产品的游戏广告。游戏的趣味性可吸引网民关注,其参与性可激发网民"动手一试"的愿望,在游戏中可以不知不觉地将广告信息传递给网民。在百事网站的"百事竞技场"网民用百事分数竞技投奖品,分高者可能获得周杰伦2002百事可乐主题广告歌的VCD和周杰伦亲笔签名的T恤衫。利用周杰伦的号召力再加上奖品的诱惑,很多年轻人积极参与游戏,从而宣传了百事可乐的品牌和产品。

(八) 网站式广告

这是目前有实力的广告主最注重的广告形式,与之前的网络广告形式所不同的是网站式广告不通过付费刊登在其他网站上,而是自己出钱购买一个域名,建立一个宣传自己品牌和产品的网站,包括基本的企业介绍、详细的产品信息、促销活动以及品牌的热点新闻,甚至包括在线订购和支付系统,因此消费者可以足不出户就完成整个商品的交易。消费者如有不明白的地方还可以发电子邮件进行咨询或在线拨打电话,有的还可以索要商品小样和相关印刷品。

二、网络广告的设计

网络广告的设计不仅要结合互联网自身的媒介特性,充分发挥新媒体技术的优势,还要根据广告客户针对不同商品的需求和商品的特点等来设计符合自身商品特性和品牌的网络广告。

(一) 网络广告整体设计

网络广告的整体设计是指把握广告整体方向的设计。网络广告整体设计需要解决三个问题:确定网络广告的设计思路,提出网络广告创意，选择网络广告的设计策略。

一个好的网络广告整体设计必须突出表现以下六个方面的特点：

（1）主题突出，使人能够很快悟出广告的含义。

（2）创意有新意，包括广告图形的创意或广告文字的创意。

（3）信息准确。

（4）布局合理，图形、色彩、动画相互协调，给人整体美的感觉。

（5）图片清晰，颜色搭配合理，文字质量高。

（6）采用先进的制作技术，技术融合量高。

（二）网络广告的设计思路

网络广告虽然与通常意义上的广告有区别，但它们在一定程度上是相通的，所以我们也可以借鉴普通广告的设计思路和方法加以改进来设计网络广告。普通广告的设计基本上有以下几种程序。

1. 杨氏程序

杨氏程序是美国著名广告大师詹姆斯·杨（James Young）在其所著的《创意法》一书中提出的，一共有5个步骤：

（1）收集资料——收集各方面的有关资料。

（2）品味资料——在大脑中反复思考和消化收集的资料。

（3）孵化资料——在大脑中综合组织各种思维资料。

（4）创意诞生——灵感实现、创意产生。

（5）定型实施——加工、定型、付诸实施。

2. 奥式程序

奥式程序是美国广告学家奥斯伯恩总结了几位著名广告设计家的创新思考程序而提出的，它基本有以下3个步骤：

（1）查询资料——阐明创新思维的焦点（中心），收集和分析有关资料。

（2）创意构思——形成多种创意理念，并以基本观念为线索，修改各种观念以形成各种初步方案。

（3）导优求解——评价多种初步方案，确定和执行最优方案。

3. 黄氏程序

黄氏程序是我国香港地区的广告学者黄沾先生提出来的,其程序为:

(1) 藏——收藏资料。

(2) 运——运算资料。

(3) 化——消化资料。

(4) 生——产生广告创意。

(5) 修——修饰所产生的广告创意。

综合以上几种创意程序,可以总结出网络广告的创意程序基本如下:

集中——将相关资料收集起来;

分类——将收集的资料分类整理;

思考——对所得资料进行分析,从而得出各种初步的想法;

选择——将得到的各种创意的雏形进行比较,选出最理想,同时最适合本次广告发布形式的创意;

实施——将最终创意加以最后的修饰,然后付诸实施。

通过比较我们不难发现,网络广告的创意过程与普通广告绝大部分是相同的,唯一不同的部分在"选择"这一过程。普通广告由于其发布的媒体自身的限制,当选择了媒体之后一般就只有一种发布形式,网络广告却有各种不同的发布形式。因此,在有了各种创意之后,不仅要选择最好的创意,同时还要选择最适合于本次广告发布形式的创意。不然,再好的创意都不能得到发挥。

(三) 网页式广告的设计

这里所说的网页式广告一般指的是广告主付费放置在某些网站上的旗帜、按钮、插页、游动和邮件等广告形式。它们受到篇幅的影响较大,为了让它们能瞬间抓住受众的视线,使其点击并进入链接,需要注意以下几点。

1. 针对需求,突出重点

该类型的网络广告能刊登的版面非常有限,因此文字图片越少越好,一般网络广告的设计就是在鲜明的底色上加上一种醒目的字体,内容则是简单的一个诉求点。

还有一些广告商会选择"打擦边球"的形式,使用一些暧昧字眼或性诉求手法来吸引眼球,博得受众的注意,提高点击率。然而这种广告手法容易引起受众反感,进而对品牌形象造成无可挽回的损失,因此要谨慎使用。

2. 色彩对比,生动活泼

广告是一种以图画展示为主的特殊表达形式,因而对色彩的运用尤为重要。色彩最能引起人的注意,生动有趣的画面也能给人留下深刻的印象,因此网络广告的色彩运用要鲜艳夺目、青春活泼。同时也可以根据不同产品的对象和消费者的性别特征来灵活运用色彩,比如针对男性的网络广告可采用干净质朴的浅蓝、浅棕作底色,针对女性的网络广告可用浪漫可爱的粉红色。广告主要多进行色彩搭配的尝试,用色彩表现出广告的特性、情绪,让人过目不忘。

为了让网络广告更生动活泼,还可使用FLASH等软件制作动画,在有限的版面之中不断变换画面,或者使文字画面闪动,不但能引起受众注意,同时还能传递更多的信息,丰富画面形式;音乐、音响的使用也可增添一定的趣味性,配合画面的闪动,使广告形式更加丰富、生动。但有时为了避免文件过大而不易浏览或过于嘈杂,影响受众的阅读,音乐、音响也不一定要使用。另外,还要注意图片、音乐等的版权问题。

(四)网站式广告的设计

在互联网时代,受众主动搜寻信息的能力增强,通过对某一品牌的认识与了解,受众希望更进一步地理解产品的相关信息,因此受众都会主动访问该品牌的网站。在网站式广告设计中要首先注意网站的规划,周全详细地设计网站的具体结构,使受众能够围绕中心内容展开浏览,具有操作性的导航系统将是一个网站成功的前提。此外还需注意以下几点。

1. 突出网站与品牌的鲜明个性特征

品牌的网站首先要与企业的品牌战略和产品的营销相配合,其次网站的色彩、文字、版式和整体的格调也要符合本品牌的特点，最后还要考虑如何将网络的特点与品牌的个性特征较好地结合。与一般的网络广告不同，网站的色彩要体现品牌的特性，如同企业的标识一样要长久地使用，形成固定的风格，不要随意更换，否则将带来消费者心理的不适应。

网站式广告在版式上可以采用主页加首页的形式，先从一个简单的主页让消费者选择进入哪项功能的页面，比如化妆品网站可以选择进入男士护肤品还是女士护肤品首页，这样可以避免使消费者眼花缭乱，不知所措；或者是采用首页导航的形式，将各项功能导航系统放置在网页的最上端，这比较符合人们自上而下的阅读习惯。

2. 导航设置清晰、易识别

在网站广告中要设置较多的导航链接，把不同的内容归入不同的层次，并建立相应的信息反馈页面，这样才能体现网络广告的交互式特点。要针对不同受众的不同兴趣点，避免信息集中在一个页面上而导致语言的冗长和画面的复杂，分门别类建立链接导航系统就是最好的选择。导航链接系统要清晰可辨，统一放在首页醒目的地方，采用统一的颜色。如果导航链接系统设计不好，则网站广告效果起会码失去一半。

三、网络广告的制作

网络广告作为一种全新的广告形式，在现代经济生活中发挥着日益重要的作用，是网络媒体企业的主要经营活动，现将网络广告制作的一般流程介绍如下。

（一）确定网络广告目标群体

网络浏览者或购买者往往是具有特定文化背景和教育层次的人群，这是因为计算机网络操作使用要求具有这方面的知识和技能。同时由于网络搜寻的工作特性多于它的娱乐性，因此要求网络广告群体对网络本身具有比较浓厚的兴趣。此外，网络浏览者或购买者还具有性别、职业、年龄和收入等方面的特征。

由于网络有其特定的目标群体，因此，企业在进行网络营销时，必须分析网络的既有群体与企业整体营销策略的目标市场重合度有多大。重合度的测量是对目标市场群体进行抽样，主要调查他们的家用计算机配置情况、网络连接情况以及上网情况。在确定企业网络广告目标群体时，企业应充分考虑网络广告目标群体的容量，这主要包括目标群体的人数、购买力及偏好。同时，还要考虑公司、产品及竞争对手在消费者心目中的形象。

（二）确定企业网络广告目标

在确定了网络广告目标群体之后，网络营销人员应根据自己所选择的网络广告目标群体的人数、购买力及偏好来确定企业自身网络广告所要达到的目标。在确定网络广告促销目标时，希望值要适中，不要过高或过低，同时，要注意网络广告目标测试的可行性。

（三）建立网络广告目标数据库

在确定了网络广告目标群体和企业网络广告后，企业应根据以上两项要求建立自己的往来广告目标群体数据库。

（四）选择网络广告渠道

网络上有许多数据库及信息服务商设置了不同类别的数据库及信息网点，企业可以通过选择数据库及信息服务商进入不同的网点。同时，由于网上各类数据库及信息混杂，网络服务商良莠不齐，因此，如何正确地选择网络服务商对于企业是否能够成功地进行网上广告具有十分重要的意义。

（五）确定网络广告费用预算

对于大部分上网企业而言，网络仅仅是其整体营销沟通计划的一部分。公司首先要确定整体促销预算，再确定用于网上广告的预算。整体促销预算可以运用量入而出法、销售百分比法、竞争对等法和目标任务法。而用于网络的预算则可以依据网络广告目标群体及自己所要达到的目标来确定。

（六）执行网络广告计划

对于还不熟悉往来广告的企业而言，应逐步投入人力、财力和物力进行网络广告。刚开始时，企业可以选择一些比较省钱的广告形式，如通过 E-mail 向顾客发送新产品信息，方便顾客咨询并解决有关问题。随后，可以选定几家网络媒体机构试发布大型广告信息。在所有这些发布取得初步成效后，企业就可以建立自己的网站。

（七）进行网络广告效果测试

随着软件技术的成熟，网络广告主对网页浏览者进行跟踪和归类的能力也有了进一步的提高。现在，网上营销人员可以对浏览者关于某一广告的浏览权进行限制，这样，营销人员就可以确信，实际浏览本公司信息的人数和公司为之付出的网上广告投入相匹配。同时，广告主还可以在任何时候获得详细的统计数据。

因为计算机具有很强的计算能力，所以网络能为广告主提供前所未有的测试能力，能够迅速计算出有关广告主的目标市场及广告效果等方面的详细信息。

第八节　手机广告表现

加拿大学者凯尔奇曾提出"信息媒介"的概念，认为媒介概念的内涵在不断延伸。作为信息化时代通信和网络融合形成的移动通信终端，手机逐渐具有了媒介的特性。手机媒体因其个性化、及时、互动与精确定向等传统媒体无法比拟的优势使其越来越受到营销专家和广告主的青睐。在 3G 时代，新业务的兴起将把传统媒体广告的优势集结在小小的手机屏幕上，形成最具融合性与整合性的手机广告。软件制造商 Sybase 旗下的移动企业软件供应商 AvantGo 声称，广告主预期消费者对手机广告方式的平均回应率较传统直接销售高 5~10 倍。我国移动通信产业还处在快速发展阶段，移动用户数量和普及率不断提高，3G 和 4G 时代的到来将会更好地推动移动广告的发展。

一、手机广告的主要类型

手机广告主要包括短信广告、语音广告、内置广告和 WAP 广告四大类型。另外,推送类广告等新的手机广告形式不断涌现。3G 和 4G 时代,手机上网速度得到大幅提升,手机视频广告、游戏类广告等广告形式也应运而生。

(一) 短信广告

手机短信是随着数字移动通信系统而产生的一种通过移动通信系统的信令信道和信令网,传送文字或数字短信息的数据通信业务。手机短信分为短信服务(SMS)、增强型短信息服务(EMS)和第三代多媒体短信息服务(彩信,MMS)。其中,彩信不但可以传递文字信息、彩色照片和图片,还可以传播音频、视频等内容。

短信广告是指以短信息服务(SMS)、增强型短信息服务(EMS)或彩信(MMS)为传播媒介,实时、定时地向消费者发送有关产品、服务、概念等信息内容的广告形式。

短信广告的发送一般有以下几种方式。

(1) 手机之间点对点发送。用户在对手机内短信息发送的相应设置认知的基础上,在手机中编辑短信内容,输入对方的电话号码后,即可将短信发送给对方。

(2) 网站发送。全国大部分省市的移动通信公司都已建立了自己的网站,其中不少移动通信网站开通了网上免费短信息发送服务功能,如上海移动、吉林移动、河北移动、甘肃移动、重庆移动、海南移动等。移动手机用户只要成为它的注册用户,就可在其网站向任何有短信功能的手机免费发送短信。网络与无线移动通信的联袂使得网上短信息的发送变得更为方便、简单,也更为实惠。

(3) 网上软件发送。所谓网上软件发送,指的是连接上互联网后,用某种软件的附带功能或专门功能向手机用户发送短信息。一般是用网上寻呼软件发送。

(二) IVR 广告

IVR(Interactive Voice Response)广告,即互动式语音应答广告,手机用户可以打电话至服务中心,根据操作提示收听手机娱乐产品或服务促销信息,也可以接收广告主传递的音乐、铃声、录音等语音形式的产品或服务信息。与传统的电话推销时代相比,

IVR广告是基于用户数据库的有针对性的电话广告和回访调查。

彩铃（CRBT）是语音应答广告中的重要形式之一。彩铃是一项由中国移动及服务提供商合作为手机提供的一项用户作为被叫用户时的个性化回铃音业务，即由被叫客户订制，为主叫客户提供一段特殊音效来代替普通的回铃音。

（三）内置广告

手机内置广告主要包括三类：移动网络运营商通过其订制的手机业务植入广告，即捆绑模式；广告商与手机终端商直接合作，将广告以图片、屏保、铃声和游戏等形式置入彩屏手机，同手机厂商分配广告收入，即终端嵌入模式；手机提供商与手机定制商合作置入产品广告。

（1）所谓捆绑模式，是指将广告和有价值的免费信息捆绑，使受众在接受有价值的信息的同时看到广告宣传。如当用户通过手机阅读天气预报或新闻时，其手机将首先显示是否阅读广告的提示信息，只有用户确认后才会接收广告，进而阅读天气预报或新闻，否则可以拒绝广告。需要指出的是用户无需为阅读该广告信息支付任何费用。

（2）终端嵌入模式就是把广告元素直接置入手机终端，投放给手机用户。这一模式的优点在于可以形成长期的、潜移默化的宣传效果。目前许多广告商正在向手机终端厂商渗透。消费者只要选择了此类定制手机，便无法对此类手机中的广告作出选择，只要当用户使用GPRS时，手机中的内置软件便会对广告内容进行即时更新。这也就要求广告商在选择嵌入机型和传播广告信息时，要时刻以目标受众的需求为导向。

内置广告普遍存在广告内容难以及时更新的弊端，但是网络技术的快速发展推出了可供用户下载的广告内容升级版。目前，受众对被动接受手机广告传播模式仍有一定的排斥心理，相对来讲，对内置的广告则较为容易接受。但是，长远来看，内置广告不具有很强的竞争力。手机广告应当成为人们的一种另类休闲，对于广告而言，具有传播性和实效性的广告才更有价值。

（四）WAP 广告

WAP 广告是以 WAP 网站作为载体，广告主根据传播需求选择特定频道的广告位，向目标手机用户精准展示广告的一种无线手机广告。

原则上所有互联网适用的广告类型都可以为无线互联网所用，包括旗帜广告、间隙广告、电子邮件广告、文本链接广告、搜索广告、QQ 或 MSN 广告等。

（五）手机视频广告

手机视频广告，是指在手机视频点播、移动视频聊天等网站上置入的流媒体商业广告。目前，手机视频广告在我国的发展还不成熟，其中一个限制性因素是手机技术。尽管许多手机都能够使用浏览器上网和显示一些内容，但只有极少数手机能够播放视频内容。另外手机视频网站的盈利模式并不清晰，手机视频的前向收费也并没有得到有效的推广。

二、手机广告的表现形式

手机广告包括短信、语音、内置、WAP、无线搜索、小区广播等多种广告类型，但是其表现形式不外乎文字、图片、声音、视频等几种。在广告信息过剩的时代，声像结合的广告表现形式成为手机广告吸引消费者的重要手段。

（一）文字

文字是最普通的广告表现形式。从报纸广告、杂志广告到电视、网络广告以及手机广告，文字在广告中起到深化广告主题的作用。可以说，文字是广告中最基本、最原始的重要元素。最初的手机广告类型——短信广告的主要表现形式即是文字。另外，文字在短信、语音、内置、WAP、无线搜索、小区广播等手机广告类型中都起到了重要的基础作用。

（二）图片

图片是比文字更加形象的表现方式。从黑色到彩色，图片丰富了用户的视觉世界，对商品的描述更加形象，就能带给消费者更加直观的消费体验，如手机内置多媒体菜单中的图片、壁纸和屏保等。

（三）声音

手机广告中声音的表现形式主要包括手机内置多媒体菜单中的录音文件和手机内置多媒体菜单中的手机铃声和 MP3 文件。

（四）视频

流媒体视频、动画的广告表现形式克服了文字、图片、声音等形式的不足，综合几种表现形式各自的特点，创造了理想的广告表现形式。例如，手机多媒体菜单中手机视频、电影文件、M-flash 动画等。广告产品有旅游、网游、电影预告片以及新人音乐专辑推荐等。

知识链接

参考阅读《当代广告学》（〔美〕威廉·柯伦斯著，丁俊杰、程坪译，人民邮电出版社，2010 年版）。

思考题

1. 广告文案的作用体现在哪些方面？
2. 选择你所喜爱或熟悉的一则电视广告，分析其构成要素及特点，并思考若自己是这个商品的广告主，那么应该如何设计广告，以体现产品的特色。
3. 浏览"新浪网"主页，分析几个主要旗帜广告的各种构成元素及构图类型。
4. 报纸广告的设计制作需要注意哪些方面？

实践训练题

为自己的手机制作一则网络广告，并尝试在网上使用多种发布形式发布该广告。

第十章　广告的发布与评估

第一节　广告的发布

在撰写广告文案和制作广告作品时，广告人就应该考虑广告发布的需要，根据广告的发布策略的需要，来制作出不同的广告作品；同时，也应该考虑到媒介的不同选择和组合，考虑到不同的广告媒介的传播手段和传播特点的不同。因此，在撰写文案和制作广告时一定要符合广告的发布需要。

一、选择广告的发布策略

广告的发布过程与广告媒介、广告产品和目标市场密切相关，所以广告的发布策略与广告的产品策略、市场策略和媒介策略有许多交叉之处。

（一）确定广告的发布规模

广告的发布规模直接决定着广告费用和广告效果。广告主在考虑发布规模时通常应考虑到诸多因素，比如市场的大小、竞争对手的强弱、市场开拓的难易等。国外广告业在考虑广告规模时，有一个做法值得我们借鉴，那就是广告规模指数。

1. 广告规模指数

广告规模指数是美国广告业普遍使用的一种分析方法。它是指在确定广告规模时，需要考虑的四个市场销售因素的总和。这四个市场销售因素是指产品生命周期（LC）、产品影响度（RE）、市场目标份额（SMG）和市场目标竞争力（CP），用公式表示为：

$$广告规模指数 = LC + RE + SMG + CP$$

其中，产品生命周期（LC）：指产品从开始到成熟的平均生命周期，用 0～50 表示，因为一般产品的生命周期不会超过 50 年；

产品影响度（RE）：指产品行销目标市场的年数；

市场目标份额（SMG）：指由中间值 50% 减去预定市场份额的百分比的得数；

市场目标竞争压力（CP）：由中间值 50 减去主要竞争对手上年所使用的广告指数而得。

由于产品生命周期一般不超过 50 年，一个产品的市场份额很少达到 50%，因此常把 50 作为广告规模指数的中间值。如果广告规模指数低于 50，则表明需要影响力较大的广告规模；若广告规模指数大于 50，则可采用较小的广告规模。

由于广告规模指数的计算较为复杂，有人又将之简化，形成了广告规模简易评分衡量表（如下）：

①产品生命周期位于（　　）

A. 成熟期　　　　　　　　　B. 增长期
C. 发展期　　　　　　　　　D. 开创期

②产品行销市场年数（　　）

A. 50 年以上　　　　　　　　B. 10～49 年
C. 5～9 年　　　　　　　　　D. 5 年以下

③竞争对手的广告频繁程度（　　）

A. 不频繁　　　　　　　　　B. 定期
C. 频繁　　　　　　　　　　D. 非常频繁

④产品预计所占市场份额（　　）

A. 小于 1%　　　　　　　　B. 2%～5%
C. 6%～20%　　　　　　　　D. 20%

评分办法：将选择 A 的个数乘以 1，B 的个数乘以 2，C 的个数乘以 5，D 的个数乘以 10，然后将这 4 个数值相加即为总分。

若总分为 4～19 分，则应考虑采用小的广告规模；若总分大于

20，则应采取较大的广告规模。

这个简易广告规模指数可以为我们在确定广告发布量时提供参考。

(二) 确定广告的发布策略

在广告尚未成熟，广告量不大的情况下，单则广告常能起到较大的作用。然而，如今的广告市场发展成熟，市场竞争日趋激烈，广告量剧增，各种类型的广告铺天盖地而来，单则广告常被淹没在广告的汪洋大海之中。因此，为了加深广告印象，增强广告效果，需要在一定时间内连续发布多则广告，以形成气势，增强新鲜感和注目率，这就是广告的系列发布策略。在具体应用上分为以下几种。

1. 按形式分系列

其设计形式相同，但内容不一样，这在杂志广告中多见，报纸、电视上也有。比如阿迪达斯运动产品系列广告，其基本的设计和风格都是一样的，只是每则广告的具体的产品内容不尽相同。

2. 按主题分系列

它是指企业根据每一时期目标市场的特点和市场营销策略的需要，不断变更广告主题，以适应不同的广告对象的心理需求。比如可口可乐的广告，几十年来，在不同时区和不同地区其广告主题都在不断变更。如"没有什么比健康、美丽、富于魅力和温柔的女性更能使人联想起可口可乐了"、"喝可口可乐只需花 5 分钱"、"可口可乐——令您精神爽朗，回味无穷"、"令人精神爽朗的时刻"等。不同时期的广告主题，针对消费者追求欢乐的心理趋势，通过各种媒介着力渲染。进入 20 世纪 90 年代后，可口可乐又提倡"永恒的精神"等主题。

3. 按产品系列分

在企业规模扩大，产品品种增加时，常针对不同的产品做不同的广告，形成种类多、声势大、连带性强的特点，容易给消费者留下较深的印象，这是广告主常用的广告策略。比如蒙牛的产品，既有针对蒙牛纯牛奶的广告，也有针对优酸乳饮料的广告等。这种分别介绍产品的广告形式,传达给消费者的信息较为单纯,易于记忆并加深印象。这比一则广告多种产品的堆积,使信息多而杂,互相干扰,不易接收的效果要好得多。

(三)选择广告的发布时机和频率

广告在何时何地发布和发布频率的多少,受到广告规模的制约,同时也应考虑到广告产品的生命周期、销售季节、企业的营销策略、市场供求变化及竞争对手情况等多种因素而灵活运用。

1. 广告发布时机

广告发布的时机简单地说就是指何时发布广告。在广告计划期内,如果确定了广告投资和预算分配,那么具体安排广告发布的时间就是一项重要的广告决策问题。同样数额的广告预算,发布时机不同,其收获差别很大。

选择广告时机时,主要应考虑如下变量:

(1)销售波动。许多商品的销售存在某种形态和一定幅度的波动,这是选择广告发布时机的基本依据。相应的广告发布时机选择,可以有三种情况:一是广告随销售高峰同步发布;二是广告在销售低潮时发布;三是广告不受销售波动的影响,在计划年度中均衡发布。

(2)滞后效应。广告对于消费者的潜在需要有一种滞后效应,即在广告的促销作用下,消费者的潜在购买动机转变为现实的购买愿望有一个渐进过程。因此,广告发布时机应领先于销售高潮,即应有一定的提前量,给消费者以决定购买的时间。至于领先时间的确定,要根据这种时间滞后的长短。

(3)广告滞留度。发出广告后,随着时间的推移,广告对销售的冲击力逐渐减弱。滞留度是指广告发布随着时间推移其影响力逐渐衰弱的速度或保留的程度。如 0.8 的滞留度表示已发布的广告得对本月的影响只有上月的 80%,0.1 的滞留度表示已发布的广告对本月的影响是上月的 10%。滞留度越高,领先的时间越长,购买的时间可以越长,越能保证在销售高峰时有足够的影响力存在。

(4)购买习性。主要指与广告无关的习惯、品牌偏好等因素所决定的购买行为特性,它反映了购买商品不受广告影响的程度。购买习惯的强弱也影响到广告时机的安排。购买习惯强,广告发布均衡稳定;购买习惯弱,广告发布变化则大。在广告时机确定后,就要确定广告发布的时间。

一是集中广告量,在短时间内对目标市场进行饱和性广告传播。目的在于集中力量,在较短时间内迅速形成广告声势,扩大广告的影响,提高广告产品的知名度和认知度。这种方式在新产品的导入期、产品进入黄金季节、遇到竞争对手强烈进攻时常被采用。

二是均衡使用广告力量,在广告计划时期内按计划对目标市场进行广告传播。目的在于持续加深消费者对商品的印象,保持消费者对产品品牌、企业的记忆度,发掘潜在市场。

三是利用销售季节的变化和节假日期间对广告发布时机进行调整。在节假日或销售旺季,可以集中广告量作大密度的广告宣传以达到广告促销的显著效果。而在非节假日和销售淡季,则适度减少广告量,维持品牌必需的广告量即可。

2. 广告的发布频率

广告的发布频率是指单位时间内广告的发布次数及安排。在广告发布频率的确定上有固定频率和变动频率之分。

(1) 固定频率。

固定频率是指在一定时期内广告发布的次数不作大的变化,保持相对稳定的方法。常用在市场寿命长的产品广告、企业广告以保品牌为目的广告、以保持市场的延续性为目的的广告等方面。

(2) 变动频率。

变动频率是指在一定时间内,不同的时段其广告的次数不等的方式。改变广告频率可以使广告声势能适应销售情况的变化,它常用于集中时间策略、季节时间策略和节假日时间策略,以便借助于广告次数的增加推动销售高潮的到来。变化频率策略有以下三种类型:

①波浪序列型

波浪序列型的广告频率是从递增到递减,又从递减到递增的变化过程。这一策略适用于季节性、流动性强的商品广告。

②递升序列型

递升序列型广告频率由少到多,至高峰时突然而止,适用于节日性广告。

③递降序列型

递降序列型广告频率由多到少,由高峰跌到低处时突然而止。适用于文娱广告、企业新开张或优惠酬宾的广告。

对广告时间和广告频率的选择可以有不同的组合方式,要视企业广告工作的实际需要而定。

(四)广告的发布区域

选择广告区域的策略可以从两个角度考察,一是广告的覆盖方式,二是广告的传播范围。

1. 从覆盖方式上看,广告的发布区域策略主要包括全面覆盖、重点覆盖、渐次覆盖、特殊覆盖和脉冲刺激等五种类型。

(1) 全面覆盖。

全面覆盖指集中在一段时间内对某一目标市场发起突击的广告攻势,以迅雷不及掩耳之势全面覆盖目标市场。这种广告策略讲求神速和整体性,采取覆盖面大的媒介及媒介组合,对某一地区展开大规模的广告活动,像闪电一样在市场全面展开,多频率、多方位刺激视听,增强形象和品牌的知名度。

(2) 重点覆盖。

重点覆盖是指选择销售潜力大的子市场即重点区域,有目的、有重点、有选择地进行广告宣传活动,能起到节省广告费、提高效益的作用。

(3) 渐次覆盖。

渐次覆盖是指对几个不同地区的广告宣传分阶段循序渐进逐一覆盖。经常采用由近及远的市场策略以及与之相适应的广告逐一推进,慢慢渗透,而不必在目标市场范围内全面展开。

(4) 特殊覆盖。

特殊覆盖是指在特定的环境条件下,对某一地区或某种特定的消费群体有针对性地进行覆盖。

(5) 脉冲刺激。

一件事物对人的感官刺激次数越多,人们对它的记忆就越深。对同一地区采取脉冲式的广告形式频频刺激该地区的受众,将会起到意想不到的效果。

2. 从广告传播的范围看,选择广告区域的策略有五种基本形式。

(1) 地方性广告策略。

是当产品或观念仅在一个城市或乡镇、直接贸易区域、某一生活范围内传播时所采取的广告策略。企业一般较重视选择地方性的广告媒介,如户外广告媒介或地方性新闻媒介。另外,有些行业有新产即将推出时,为了试探一下市场反应,有时需要在某个地方或商店开展营销,也可选择此种策略,在当地报纸、大众读物上做广告,或采用售点广告、展销会广告等。

(2) 地区性广告策略。

是在某种产品或消费观念适用于某个地区,具有共同特征的自然地理、风俗习惯、民族或语言等条件时所采取的广告宣传策略。地区与地方相比,范围更大,可能包括几个省(市),或者一些毗邻的贸易区。地区性广告宣传可以选择地区性广告媒介,如全国性媒介的地区版或地区节目。

(3) 全国性广告策略。

有的商品或观念适用于在全国范围内传播,这时采取的广告宣传媒介应是针对全国范围的全国性报纸杂志、广播电视,也可选择户外、交通、电影等流动性范围大的媒介。

(4) 世界性广告策略。

通常是在主销市场或欲打入的外国市场,确定适当的媒介开展广告宣传。这可以通过国家广告咨询机构代理或咨询使馆商务部门的参赞等途径来选择。

(5) 选择性广告策略。

有的产品或观念广告适用于特殊的对象。这些特殊的对象可能存在于某个地方、地区,也可能存在于全国范围内和全世界范围内。在选择广告媒介时,如某些专业性杂志,要注意其专有性。

二、广告的媒介选择和组合

在广告活动中,选择哪些广告媒介,如何组合广告媒介,是广告走向成功的关键环节。因此,必须经过周密的推敲和反复权衡,具体、明确、详细地选择媒介、组合媒介,并确定广告发布量和费用开支预算。

(一)广告媒介选择

广告媒介选择是指广告主选择何种媒体来进行广告投放以达到预期的广告目的和广告效果。在广告媒介选择上,既要考虑广告信息、广告对象的经济情况,也要考虑各广告媒介自身的特点,选择那些能够到达目标消费者的媒介,选择能够准确表述和传达广告信息的媒介,选择能用较低成本达到预期目标的媒介,以实现广告预定的目标。

因此只要是对某个媒介特点熟悉,能够明确、清晰地知道广告主自身的广告需要在何种特性的媒介上投放,实现以最小的成本获得最大广告效果的目的,那么就是最佳的广告选择。

(二)广告媒介组合

1. 单一媒介

选择单一媒介比较容易,财力不足的小企业或短时期内需要广告的企业可以选择单一媒介。选择时可用尝试法或剔除法。

(1)尝试法。开始时使用多种媒介,一段时间之后进行比较,哪一种媒介广告效果最好,就把该媒介作为主要广告媒介集中利用。用这种方法筛选出来的单一媒介不是固定不变的,应随着产品周期的变化进行适时调整。如某种产品在市场导入期使用报纸广告效果最好,但产品在消费者心目中占据了一定位置后,可以转而使用电视媒介。

(2)剔除法。在新产品进入市场前,从未进行过广告宣传的企业一般对要使用哪种媒介不确定,这时就需要调查分析产品、企业、市场、流通情况等，拟定目标媒介清单，然后逐一剔除不符合要求的媒介，使用其中一种，并及时调整。

2. 组合媒介

每一种媒介都有自己的优缺点，运用单一的广告媒介进行宣传，其效果远远比不上同时试用多种媒介进行宣传。配套使用广告媒介，互相补充，相得益彰，效果会更理想。媒介组合方案应经过调查和决策判断过程，以保证其适用性。

媒介的组合有以下几种方法：

（1）集中火力。在短时间内调动一切可能的广告手段，形成密集型、立体型广告攻势，进行重点突破。武汉化工厂为了推出美容香皂、除渍牙膏等新产品，曾采用电视、报纸、杂志、广播电台等各种宣传媒介一起上的策略，给人以强烈的印象，在短时间内向消费者传递了较为密集的信息量，为产品打开了销路。

（2）连续频率。指在一定时间内进行广告宣传的次数。比如说，在一年之内可以按相同的频率进行一项广告宣传，也可以把宣传集中于某一特定季节。

（3）两面兼顾。这种策略就是连续的广告加上每隔一段时间的集中攻势，在相同频率的中间有所起伏，这样可以同时兼顾到季节性、推广宣传及其他竞争情况。

三、广告的发布

当广告作品制作完成、广告发布策略决定后，就按照选择和组合的媒介把广告在预定的时间、地区按预定的频率发布实施。

在发布实施前应该最后审视一下广告作品，按照有关广告管理法规、条例，检查本广告有无违例之处。比如，1993年12月1日《中华人民共和国反不正当竞争法》开始实施，而在这之前的一天某公司打出的有奖广告中其奖金发放规则就违反了该法，导致第二天该公司又发布广告予以纠正，浪费了广告费。

在广告发布以后，应随时注意搜集了解广告刊播后受众的反应，随时根据市场的变化及时调整广告策略，以适应市场需要。同时，注意配合市场营销工作辅之以必要的促销手段或公共关系活动，以便取得事半功倍的效果。

第二节 广告评估

一、广告评估的含义和意义

所谓广告评估，是指广告活动实施之后，通过对广告活动过程的分析、评价，以检验广告活动是否取得了预期效果的行为。

广告评估是现代广告的又一个特征。广告活动经过市场调查、广告策划、设计制作和发布实施后，广告主需要评估广告活动是否取得了预期的效果，广告费用的投入与广告效果是否成正比；而作为广告公司，也需要通过评估来检验自己的代理是否有效，做法是否正确，有无需要改进的地方。这就走向了广告活动的最后一个步骤——广告评估。

不少广告人对广告评估还是比较陌生的。仅有的一点理解是对本次广告活动作一点总结，其目的是了解本次广告活动是否盈利以及盈利多少。而这对于广告评估来说是远远不够的。广告评估的意义就是需要通过它来了解广告活动为什么能盈利，如何让广告更为有效从而增加盈利。

在我国，对于广告效果的评估测定起步很晚，大致是在20世纪90年代才开始得到重视和应用，但偏重的大多是广告后期的效果测定，而对于全面的广告活动的评估还有待今后的进一步努力。从世界范围看，广告效果评估受到重视和采用是在20世纪50年代左右。在此之前对广告效果作出的评价往往以有经验的广告专业人员的主观判断为主，难以对广告活动的效果作出准确和明确的评价。20世纪50年代以后，世界经济稳步发展，市场竞争日趋激烈，媒体费用不断上升，广告成本迅速增加，迫使企业越来越重视广告效果的测评。广告效果的评估测定亦由凭人的经验、直觉作出判断，逐步改变为以科学的方法、科学的手段进行准确的评价工作。广告评估工作于是逐渐发展起来，并成为广告工作程序的有机组成部分。

我国广告业自 20 世纪 80 年代复苏以来，逐渐把工作重心放在广告策划和广告创意上，但这仅是广告运作过程中的两个重要组成部分。作为广告运作基础的广告调查工作和作为广告运作中承前启后环节的广告评估，在我国广告公司提供的广告服务中却未能得到应有的重视，未能把它们作为现代广告必备的工作程序，以至于严重影响了我国广告业的科学运作和服务质量。在广告调查的作用已被人们逐渐意识到，广告调查得到应用之后，广告评估的落后和薄弱就日益凸显出来，成为制约广告发展、提高广告服务质量的一大障碍。

在广告代理制的推行下，广告公司逐渐成为广告业中的主体。能否提供广告评估的有关数据，能否进行有效的广告评估，既是衡量一个广告公司服务水平的标志之一，也是广告客户选择广告代理公司必须要考虑的一个指标因素。因此，我们有必要对广告评估工作做一些基本了解，掌握一些广告评估的基本知识。

二、广告评估的内容

说到广告评估，首先要明白它评估些什么。在了解广告评估内容时应注意的是，广告评估是指对广告活动的评估，不单纯指对广告后期效果的评估，还应包括对广告调查、广告策划、广告实施发布的评估。一句话，广告评估是指对广告活动运作过程的评估。

（一）对广告调查的评估

对广告调查这一环节，可以从以下几个方面进行评估：

（1）这次广告调查的可信度与允许误差大小，其调查方法的科学性，以及效度与信度的可靠性如何；

（2）评估其收集的原始信息是否充分、全面，对关键信息有无遗漏和误用；

（3）看调查收集的信息内容对广告活动的适应性如何。如果信息虽多，却不能实际应用，其调查的价值就会打折扣；

(4) 看广告预测是否准确，与市场发展是否吻合等。

(二) 对广告策划的评估

在策划决策的这一环节，其基本评估内容有：

(1) 看广告计划是否与广告目标相一致，其内在逻辑联系是否紧密，广告计划是否最大限度地得到了利用；

(2) 评估广告决策是否正确，广告策略是否运用恰当；

(3) 广告主题是否正确，广告创意是否独特、新颖，广告诉求是否明确，是否认准目标消费者；

(4) 广告预算与实际费用如何，它们与广告效益的关系如何，是否随着广告投资的增加而效益也成正比例增加等。

(三) 对广告实施的评估

对于广告的设计实施阶段主要的评估内容有：

(1) 广告文案是否科学、准确，广告用语是否简洁、准确；

(2) 广告设计、制作的质量好坏，广告作品是否有吸引力和说服力；

(3) 广告发布策略是否运用恰当；

(4) 广告媒介的选择和组合是否科学、合理，发送的广告信息是否能准确到达目标消费者；

(5) 可能接受广告信息的目标消费者的数量与实际获得广告信息的目标消费者的数量；

(6) 广告活动是否在预定区域展开，所做的努力与广告计划是否一致等。

(四) 对广告效果的评估

对广告效果评估的主要内容有：

(1) 广告计划在取得预定的广告目标上是否有效，所获得的广告效果能否用计划外的其他工作来替代；

(2) 广告计划在实施过程中是否有超出计划的作用；

(3) 广告活动的实施是否最大效益地使用了资源（指人力、物力、财力和时间）；

(4) 接触广告信息的目标消费者的数量（广告的接触率），注意和了解广告信息的受众数量；

(5) 接受了广告内容，改变了态度、意见、观念的目标消费者的数量；

(6) 按照广告导向采取了行动的消费者的数量和重复采取类似行动的消费者的数量；

(7) 达到预定目标与否等。

（五）对广告媒体的评估

广告主进行广告活动时，通常将广告费的70%~80%投入到广告媒体上。因此媒体的传递能力是否合适，能否达到理想的传播效果，自然就成为广告主和广告公司共同关心的焦点。

1. 对媒体质的评估

对媒体质的评估着重在媒体对品牌形象塑造、品牌销售所起的作用等方面的调查。一般较常调查的项目有接触关注度、干扰度、编辑环境、广告环境和相关性。

(1) 接触关注度。

接触关注度指的是受众接触媒体时的质量。基本的假设是：受众专注接触媒体时的广告效果比漫不经心地接触时要高。这里的广告效果指的是广告被理解及记忆的程度。奥美公司的一项研究报告指出，关注度较高的节目相对一般的节目来说，受众收看的意愿要提高49%，广告记忆度则提高30%，这证实了媒体接触度对广告效果的影响。事实上，在传统的收视率资料上加入质的指数能更准确地调查媒体效果。在操作上主要是以问卷的形式，通过调查受众对节目的接收频率及连续性、主动性，喜好程度及错过节目的失望程度等来调查各节目的关注度。

(2) 干扰度。

干扰度指的是受众在接触媒体时受广告干扰的程度。对受众而言，广告接触通常并不是目的性行为，即观众观看电视是想看电视节目，而非电视广告，阅读报纸是想看新闻而不是看报纸广告。因此广告所占有媒体的时间或版面的比率将影响广告效果。广告所占比率越高，表示对受众的干扰度越高、效果越低。干扰的现象就如同在房间里讲话，媒体则如房间，每个广告代表一个声音，当只有一个声音时，人们可以清楚地听到，而当众多声音一起发出时，由于互相干扰反而使人听不清，广告效果也因此降低。所以我们通常以计算广告占有媒体的比率来分析媒体的干扰度。

在计算干扰度时，同类竞争品牌的产品广告比其他类广告的干扰度更高。为真实反映此种现象，在分析上，可以对同类竞争品牌广告进行加权，以计算加权干扰度。

（3）编辑环境。

编辑环境是指媒体所提供的编辑内容对品牌及广告创意的匹配性。这种匹配性体现在媒体自身的形象与地位两方面。

媒体形象。媒体在市场上存在一段时间之后，在受众心目中会形成一定的形象。媒体本身的形象将吸引具有相同心理倾向的受众，因此对于具有类似形象的品牌或创意风格，能提供较为匹配的媒体舞台，具有较高的媒体价值；反之，品牌或创意表现如果呈现在互不匹配的媒体舞台上，尽管在接触人数上差异不大，但所获取的媒体价值相对降低。例如，以前卫为诉求的品牌广告刊登在传统保守形象的杂志上，其媒体价值将大打折扣。

媒体地位。媒体地位是指特定媒体在其类别当中所占有的地位，如妇女类杂志、体育报纸或新闻类电视节目在其同类中的地位排名。媒体地位对广告效果的意义是，占领导地位的媒体对其受众具有较大的影响力，因而在该媒体出现的广告也具有较强的说服效果。

（4）广告环境。

广告环境指的是媒体承载其他广告所呈现的媒体环境。它与干扰指数不同，干扰度是计算媒体内广告的量，而对广告环境进行调查的意义在于：如果媒体承载的其他广告都是形象较好的品牌，那么本品牌也会被受众归类为同等形象的品牌；反之，如果媒体内其他广告皆为吹嘘不实、制作粗劣的广告，则本品牌广告也将受其拖累，被归为此类广告。

(5) 相关性。

相关性是指产品类别或创意内容与媒体本身在主题上的相关性。例如,运动类商品刊登在体育类杂志上,科技产品刊登在高科技或介绍科技知识的媒体上。调查相关性的意义在于,受众对某类型的媒体有较高的兴趣,那么他们接触该媒体的频率就高,因而在此媒体上做广告,比在毫不相关的媒体上做广告效果要好。

2. 对媒体量的评估

由于广告效果的实现需要运用适当的媒体,因此在选择媒体时,要有各种媒体的详尽资料。为获得这些资料,必须对报纸、杂志、电台、电视以及其他各种媒体做媒体量的调查。前面介绍的媒体质的特性,强调的是说服的深度及效果,而媒体量则是计算媒体的广度及成本效率。对媒体量调查的主要内容有收视率、阅读率、广告接触人数等。

(1) 电波媒体评估。

电波媒体包括电视与广播,两者媒体量的计算方式不一样。下面以电视为例进行说明。

①收视调查。电波媒体的收视调查主要了解以下几方面的内容:

开机率。开机率是指所有拥有电视机的家庭或人口中,在特定的时间段里,暴露于任何频道的家庭或人口的比率。它是从整体的角度去了解家庭与个人等对象阶层的总体收视情况。主要的意义在于对不同市场、不同时期收视状况有所了解,如分析全年开机率可以发现各地在冬季和夏季收视习惯的变化,寒暑假对中小学群体的收视有显著的影响等。

收视率。收视率是指收视人口占拥有电视人口总数的比率。依计算单位的不同可以分为家庭收视率与个人收视率。

目标消费者收视率。目标消费者收视率是指在目标消费群中,暴露于一个特定电视节目的人口数占所有目标消费群人口的比率。

观众占有率。观众占有率是指单个频道在特定的时段中的所有观众占拥有电视机的总人口的比率。它是在时段开机率的基础下深入分析各频道的占有率。占有率可以家庭为单位,也可以设定的对象为单位。

②观众组成。观众组成是指一个电视节目的各阶层观众占该节目所有观众的比率。它具有媒体经营与媒体运用两个主要功能。

在媒体经营上,每一个电视节目在推出时都应有其预定的收视阶层,对观众组成信息的调查可以帮助判断推出后与其原预定的收视阶层是否一致,帮助节目修正方向。

在媒体运用上,每一个电视节目都有其固定的观众群,观众对自己喜爱的节目有较高的归属感,接触程度也较高。观众组成信息可以帮助判断该节目观众属于哪一阶层,在该节目投放与观众相关的广告,能取得较好的效果;反之,如果目标受众在该节目观众中所占比例很小,则广告效果相对较小,因为他们是在观看不属于自己的节目。

(2)印刷媒体评估。

印刷媒体评估主要是为了获得发行份数、阅读率、读者群等资料。

①发行份数。如果是同一印刷媒体时,其广告效果可与发行份数成正比,即发行份数越多,广告效果越大,所以在媒体运用上,有关发行份数的资料十分重要。

②阅读率。报纸上刊登的广告,虽然随着报纸一道被印出数十万甚至数百万份,但读者是否看到该广告,还是个未知数。如果有人看过,具体的数目是多少?这些资料都是广告主想知道的。阅读率调查就是调查读者对报纸的记忆及广告注目的情况,包括广告的注目率及精读率。

③读者群。有了明确的诉求对象,广告才不至于无的放矢。在报刊上发布广告之前了解报刊的读者群是十分重要的。分析读者群的性别、年龄、职业、收入、阶层等特性,就可得出读者的总体情况。

报纸与杂志的读者群构成略有不同。除了专业性报纸如经济、运动等报纸外,一般而言,报纸的读者群差别不大,而杂志的读者群则具有鲜明的差异。另外，即使是阅读同一份报纸，因每人兴趣不同，所关心的版面也有所不同。这个因素在投放广告时也应考虑。

（3）户外媒体评估。

户外媒体为区域性媒体，因此评估主要从媒体与受众两个方面入手。

在受众方面主要是确定户外媒体可能接触目标受众的数量。调查的方式是在户外媒体所在地，从摄像机能见的角度在固定时间拍摄经过的人群，其中正面朝向户外媒体的总人数即为该媒体的接触人口。接触人口组合分析可以由街头抽样调查方式取得，或从外观判断。

在媒体方面主要是分析户外媒体本身的形式及大小，即媒体本身被注意的程度，可以从高度、尺寸、能见角度、材质等项目进行评估。户外媒体接触的是流动的受众。受众从不同的距离、角度接触不同高度与材质的媒体，产生的效果将有所不同。

三、广告评估的方法

开展广告评估工作既可由原执行广告任务的广告策划小组承担，也可由广告公司组成专门的评估小组承担。在具有相当规模和实力的广告公司中，以采取后一种方式更客观、准确一些。

（一）广告评估前的具体要求

广告评估的基本方法是广告的调查研究。为了做好广告评估工作，在广告评估前必须明确要求：一是必须妥善保存所有本次广告活动的资料，以便清晰地把握本次广告活动的运作过程，为广告评估提供充分的资料数据；二是要熟悉广告调查的基本方法并能熟练地应用，熟练掌握调查问卷的设计、分析、调查和统计，熟悉各种测试方法尤其是广告效果测定的方法；三是必须具有综合分析的能力。

（二）方法

广告评估在具体操作上有多种办法可行。

（1）按技术手段的复杂程度分为经验测定法和科学测定法。经验测定法，顾名思义就是未使用科学测量工具，按照个人经验总结的规律来测定的方法；科学测定法，是指使用科学的测量工具，运用科学的方法对广告活动的效果作出评估。

（2）按照获得资料来源的直接程度分为直接测定法和间接测定法。所谓直接测定法是指通过邀请专家、学者或有代表性的顾客来评定，比如通过广告评价直接对广告效果作出测定；间接测定法通常是根据原始资料进行初步分析和推理，再对广告效果作出测定。

（3）按照广告活动的进程来分，有事前测定、事中测定和事后测定，这是在实际工作中常用的方法。所谓事前测定是指在广告活动正式发布之前，对广告战略步骤、广告作品和广告媒体组合进行评价，预测广告活动实施以后会产生怎样的效果。事前测定的具体内容涉及产品调查、市场调查、消费者调查、媒体调查及广告信息在传播过程中可能引起的消费者的反应。事前测定主要有对广告策划的测定、对广告创意的测定、对广告作品的测定和对广告媒体传播时机与组合策略等的测定。事中测定是指广告正式发布后直到整个广告活动之前的广告效果测定，其测定内容主要是对广告成品和广告媒介组合进行测定，其目的是为事后测定和评估积累必要的资料和数据。事后测定是指对广告活动作出全面评估。其目的一是评价广告活动的成绩，即广告费用与广告收益是否合理；二是评价广告策略的成败得失，为新的广告活动提供依据。由于广告效果的滞效性，对广告效果的事后测定既不能太早也不能太迟，要注意评估的时机选择。事后测定主要有广告接触效果测定、广告销售效果测定和广告心理效果测定等。

（4）西方广告界常用的一种方法是达格玛法——DAGMAR，这是 Defining Advertising Goals for Measured Advertising Results（为测试广告效果确定广告目标）的缩写，是1961年出版的一本书的名字，书中阐述的广告模式被人们称为"达格玛法"。它的基本点是向人们指出具体的广告目标是必不可少的，然后再评定是否达到了这一目标。如果未能达到，原因是什么。未能达到目标可能出于这样几个原因：可能调查资料有误，可能目标值过高，可能广告计划有误，可能广告宣传出了差错，也可能衡量效果所用方法不当。但不论什么原因，达格玛法引导人们认识到必须重新审查广告计划和它与企业营销业务的内在联系，因为也可能营销目标本身就是错的。如果广告目标达到了，那么也可评审成功的原因，以及有无更好的获得成功的方法，以便为今后的广告活动提供经验和借鉴。

四、广告评估应注意的问题

首先，在广告评估中应注意到，无论广告活动规模大小，广告的投入与广告收益都应该直接挂钩，每一次的评估都是一次总结经验教训的过程。因此，应该对广告评估有一个正确的认识。从宏观上讲，广告作为生产和消费的桥梁，其效益高低直接影响到社会再生产的顺利进行和市场经济的正常发展；从微观上讲，广告是企业经营活动的构成要素。在现代化社会大生产的条件下，大量生产必须与大量销售相配合，以销定产；而大量销售又必须以大量广告活动为前提。因此，广告效益的高低，直接影响到企业的销售成果和企业扩大再生产的能力。对于广告活动自身，开展广告评估可以有效地控制广告活动的进程，实现预订的广告计划和目标，这样就可以有效地提高广告水平，进一步提高广告的经济效益和社会效益。

其次，对广告活动的评估应该客观、公正。影响广告评估的因素较多，它们又彼此形成错综复杂的相互关联、相互制约的有机整体。因此，在广告评估时不能主观片面，不能以偏见和简单、盲目的处理来进行，而应以客观、冷静的态度对复杂的广告活动进行科学的分析，找出各种因素之间的联系，才能对广告活动加以科学的测定。

再次，对广告评估的标准要适宜。既要注意量化、具体化，看得见摸得着，可以定量统计，又要适度恰当。一个合适的标准往往会使评估工作变得简单易行。

最后，注意总结提高。通过评估总结经验，吸取教训，既有利于下一步工作的开展，又能丰富业务知识，积累宝贵的工作经验，提高广告运作水平。

第三节 广告效果及其测定

广告评估中一项重要的内容就是对广告效果的测定。广告投入与广告收益是否合理，如何测定它，就是本节所要探讨的内容。

一、广告效果

(一) 广告效果的含义

所谓广告效果，是指广告活动中通过消耗和占用社会劳动而得到的各类效益的总和。在广告活动中，人们对广告效果的内涵理解不一。一般来说，可以从不同角度来给广告效果进行分类。

(1) 按广义和狭义分：广义的广告效果是指广告活动目标的实现程度，主要表现在广告的经济效益和社会效益、心理效益等三个方面。而狭义的广告效益单指广告的经济效益。

(2) 从宏观的角度分：广告的经济效果和广告的社会效果。

广告的经济效果是指广告对社会经济生活包括生产、流通分配、消费产生的影响，特别是指由于广告活动而造成的产品和劳务销售以及利润的变化。既包括广告活动引起自身产品的销售及利润的变化，也包括由此引发的同类产品的销售、竞争情况的变化。

广告的社会效果主要是指广告活动对社会的经济、教育、环境、文化的影响程度。广告的社会效益的延伸促使了公益广告的出现。

(3) 从表现形式分：销售效果和广告本身效果。

广告的销售效果是指以销售情况的好坏直接判定广告的效果。认为广告是促进产品销售的一种手段，产品既然做了广告，销售情况必须改善，否则该广告就是白做了。

广告本身效果即广告的接触效果或广告的心理效果，是指广告呈现之后对接受者产生的各种心理效应，包括对受众在知觉、记忆、理解、情绪情感、行为欲求等诸多心理特征方面的影响。这是广告效果最核心的部分。它不是直接以销售情况的好坏作为判断广告效果的依据，而是以广告的收视率、收听率、产品知名度等间接促进产品销售的因素为依据。

（4）从时间角度分：即时效果和潜在效果。

广告的即时效果是指广告活动在广告传播地区所造成的即时性反应，主要是指即时的促销效果。

广告的潜在效果是指广告在消费者心目中产生的长远影响，对受众的观念上的冲击，如消费者对产品及企业的印象的变化。

（二）广告效果的特性

广告效果的特性是指它的滞效性、复合性、间接性和累积性等效果特性。

（1）滞效性。指广告效果必须经过一定的时间周期之后才能反映出来。广告对消费者的影响程度是受社会、经济、文化、时空和地域等多种因素的制约。因此，消费者对广告的反应就有快有慢。同时，广告对消费者的心理刺激必须经过一定的时间才能达到购买行为阶段，因此，广告对消费者的影响和作用总是有滞后性的。对广告效果的测定，必须准确地掌握它的时间周期，以准确测定真正的广告效果。

（2）复合性。广告效果是经济效果、心理效果和社会效果的统一。单从经济效果来看，在广告活动过程中企业的经济效益、销售情况受到 4P 因素的影响，分别为产品（production）、价格（price）、渠道（place）、销售促进（promotion），而销售促进又包括广告（advertising）、公关（public relation）、促销（sale promotion）等，广告活动只是促进销售的一种手段。美国的市场营销专家曾细说影响产品销售的因素竟然有 37 个之多，因此很难断定广告活动的最终效果就是广告活动本身的效果。所以说广告效果不是单一的，不能用简单的方式加以区分，它是一种复合多种因素的极为复杂的传播活动的结果。

(3) 间接性。一般来说，广告效果直接而明显的反映，应该是销售额或销售利润的提高。但实际上，影响销售效果的因素除了广告之外，还有人员推销、销售促进、公共关系乃至产品的商标、包装、内在质量、价格、流通渠道等，均会影响到商品的销售效果。因此，对广告直接促进销售效果的测定，在一般情况下较为困难。但是，广告对消费者的心理影响，对其消费心理变化的反应程度，却是可以通过科学的方法加以测定的，这就是广告的本身效果。它是通过广告引起消费者的注意、兴趣、记忆、信念、欲望等心理过程而实现的。这些因素能提高人们对商品的认识与信赖，从而间接地促进销售。这就是广告效果的间接测知性。

(4) 累积性。广告效果的累积性是指广告活动是一个动态的过程，消费者所接受的广告信息对其所产生的影响并非局限于即时，而有相当一部分作为信息转化为消费者的意识沉淀和积累下来，并对其以后的购买行为不断地产生影响。这就使得广告效果的形成或实现往往有一定的时空距离，需要较长的周期。因此，在广告活动中，既要讲究战略，也要讲究战术；既要讲究即效，也要追求长期。把握住广告效果累积性的特点，才有可能从长远目标来争取消费者。

二、广告效果测定

了解广告宣传后广告目标所能达到的程度或正在达到、已经达到的程度的行为，人们称之为"广告效果测定"。广告效果测定是一项复杂的工作，主要是多种影响广告效果的因素同时发生作用，而且是不断地变化和运动着的。由于影响广告效果的因素很多，这就给广告效果测定带来一系列的可能性和技术性问题。尽管广告的根本目的是促成某一产品或劳务的销售，但是广告并不能独立完成促销工作，它只是一种销售或劝服信息的传播活动，其目的是影响消费者对产品或服务的态度及其随之而产生的购买行为。

(一) 评估广告效果的标准

评估广告效果的标准应该是广告的传播效果，也就是测定广告的到达率、注意率、有效率和行动率,以此来评估广告的效果。

(1) 广告的到达率,即广告的覆盖率,是指广告媒介与消费者的接触状况。广告的到达率常用报刊的发行数量、广播电视的收听收视率来表示,户外广告常用人流数量来表示,直邮广告以寄达人数表示。

(2) 广告的注意率是指广告受到注意的程度,这是广告发生作用的前提。它包括广告的接触数量、接触范围、在一定时间内接触广告的次数和消费者接触广告后能够记忆多少广告内容。常用广告实施后调查广告给予消费者印象的深浅、记忆程度等数据来衡量。

(3) 广告的有效率是指通过广告有多少人知道了企业或产品,有多少人通过接触和认识,对广告商品产生了好感和购买欲望,又有多少人真正相信如果按照广告所说的去做会带来的好处或通过广告纠正自己原来的态度和看法。

(4) 广告的行动率是指广告最终导致了多少购买行为的产生。对广告行动率的调查是广告效果评估最直接的办法。其内容包含三个方面:一是销售额有无变化,二是市场占有率有无变化,三是响应广告诉求而转换态度的变化等。

(二) 广告效果的事前测定

这是在广告正式发布实施之前对广告的战略步骤、广告作品和广告媒体组合进行的评价,预测广告活动实施以后会产生怎样的效果。由此,可进一步修改广告策划、广告作品和媒体组合,或者没有负效果便决定正式展开广告发布。

事前测定的具体内容涉及产品调查、市场调查、消费者调查、媒体调查及预测广告信息在传播过程中可能引起消费者什么样的反应,以防患于未然。

事前测定主要是对广告策划的测定、对广告创意的测定、对广告作品的测定和对广告媒体的传播时机与组合策略等的测定。

(1) 广告策划的事前测定,主要是针对广告策划是否科学、合理,是否适合企业的实际能力,广告目标是否明确,广告策略是否应用恰当等,在广告实施前对其作出事前测定。广告策划的事前测定常用专家意见综合法。

（2）广告创意的事前测定，指对广告主题的提炼是否正确进行测定。对广告表现的构思及设计方案的检验与测定，目的是检验广告创意是否符合总体策划的要求，定位是否准确，是否瞄准了目标市场，广告表现是否具有冲击力，能否激发消费者的购买欲望。然后根据分析结果选择创意方案。广告创意的事前测定一般多采用实验法、座谈法或访问法，也可用专家意见检测。

（3）广告作品的事前测定，指对广告作品及构成作品的要素进行综合测定。广告作品的测定常用实验法、座谈会等，此外还有访问法、观察法、生理检测法等。

（4）媒体组合方式及传播时间和空间的事前测定。对媒体组合方式的测定，主要根据媒体自身特点和媒体的受众群的各类统计数字，计算分析出这种媒体组合方式能否运用比较合适的成本达到预期的目标。这种分析测定工作的前提是，既要占有大量有关媒体的各种资料和数据，又要对传播规律极为熟悉。在分析过程中，除了要考虑广告目标、媒体特性、媒体能量、产品特性外，还要从消费者的角度，考虑媒体在消费者心目中的地位、消费者使用或接触媒体的习惯等。对广告传播时间和空间的测定指广告发布时机的事前测定。在广告发布之前，对广告发布的具体时间、频率，以及广告节目内容时间和空间位置等进行事前的分析测定，可以在恰当的时机推出有效的广告，以配合整体营销活动。

（三）广告效果的事中测定

这是指广告正式发布之后直到整个广告活动结束之前的广告效果测定。与事前测定相比，事中测定的优点是可以直接了解消费者在实际环境中对广告的反应，得出的结论将更加准确、可靠；缺点是难于对已经出台的广告运作方案作出修改和调整。

广告效果事中测定的内容主要是对广告作品和广告媒体组合方式进行测定。其目的是为事后测定和评估积累必要的数据和资料。常用广告效果事中测定的方法主要有销售市场测定法、回函测定法和分刊测定法。

（1）销售市场测定法又叫市场试验法、销售地区试验法，其原理是实验法，目的是直接测算销售效果。步骤是，先选定一两个实验销售区推出广告，然后同时观察一般尚未推出广告的销售区，将试验区与一般区在广告活动前后的销售量加以统计比较，便可以测定出广告效果。其优点是能比较客观地检验销售效果，从而可以间接地测定出广告的相对效果。此法尤其适合于周转率极高的商品。

（2）回函测定法，又叫函询法。在广告策划过程中，对广告作品和媒体作比较选择时，可投入少量费用，将各种广告同时推出，并附上回条，请求受众接触广告后，按一定要求寄回条或回电话，或者直接用详细一些的回函问询调查表做调查。在一定时间内，有关人员可凭消费者的反应来分析哪一个广告作品最有效，哪一种或几种广告媒体最适合本广告，在其上传播广告最容易让消费者接触并引起他们的兴趣。

（3）分刊测定法，是回函测定法的分支，比回函测定法更加复杂和严格，其目的是检验同一媒体上唯有某一因素不同的广告效果。当一则广告文本大体确定下来，但其中某一要素或某些要素尚未确定下来时，就可将广告成品分成两种并编好号码，然后将其中的一种刊登在同期刊物的一半上，将另一种刊在另一半上，然后通过回函统计，可测定哪种广告的效果更好。

（四）广告效果事后测定

这是在广告活动结束之后，对整个广告活动的效果作出全面的评估。其目的一是评价广告活动的成绩，即广告费用与广告收益是否合理；二是评价广告策略的成败得失，为新的广告活动提供依据。由于广告效果的滞效性，对广告效果的事后测定既不能太早，也不能太迟，要注意把握评估时机，通常应在广告发布完全结束后才开始进行。

广告效果事后测定主要有广告接触效果测定、广告销售效果测定、广告心理效果测定等内容。

1. 广告接触效果测定

广告接触效果包括广告媒体到达效果和广告到达效果，主要是测定广告的知名度，即广告受众对广告产品、企业的认知程度。媒体到达效果指受众对广告媒体的接触程度，主要指媒体的覆盖面与不同受众层次对媒体的使用习惯等，媒体到达效果是广告到达效果的基础。

广告到达效果主要指受众对广告的接触程度，包括媒体的注目率、阅读率、视听率等。美国 Denal Starch 公司于 1932 年发明并推出了印刷物广告到达效果的测定方法，即用广告注目率调查判定。用调查员访问法，直接到受众家里，依据调查表要求进行提问和交谈，并作记录，向被调查者展示昨天的报纸或其他的媒体，并逐一询问其对每一则广告的接触状况：

1 完全记得未看到；

2 似乎看到；

3 确实看到。（包括照片、标题、图案，但详细内容没看到；看到标题、照片、图案和正文的部分内容；看到了全部广告内容。）

然后，参照下列公式判定其效果：

$$广告注目率 = \frac{B+C}{A} \times 100\%$$

其中，A 指看到报刊的总人数，B 指似乎看到报刊广告的人数，C 指确实看到报刊广告的人数。

$$广告阅读率 = \frac{C1+C2}{A} \times 100\%$$

其中，A 指看到报刊的总人数；$C1$ 指看到过广告的图片、标题，但未看内容者；$C2$ 指阅读过一部分广告内容者。

$$广告精读率 = \frac{D1+D2}{A} \times 100\%$$

其中，A 指看到报刊的总人数；$D1$ 指看过 50% 以上广告内容者，$D2$ 指全部看过广告内容者。

$$广告阅读效率 = \frac{报刊发行数 \times 每类读者比例}{所付广告费用}$$

对于广播电视的广告视听率，可套用相似的公式进行计算测定。

2. 广告销售效果测定

这是根据广告宣传的商品在市场上的占有率、销售量及使用状况等的记录资料与同期广告量进行分析比较,以时间系列或相关分析来把握广告的总体效果。

一种广告产品是新产品或停滞产品时,可用公式来计算测定。

$$A = (S1 - S2)qr - P$$

式中,A 是广告效益,$S1$ 是做广告前的销售量,$S2$ 是做广告后的销售量,q 是一项产品或同类产品的价格或平均价格,r 是与价格同口径的利润率,P 是广告费用。如果 $A>0$,则广告成功,是盈利的;A 越大,则说明广告效益越大,广告收益超出了广告投入。如果 $A<0$,则广告是亏本的,失败的;A 越小,说明广告的损失越大。

另一种情况是广告产品已做过广告,还要继续做广告时,其计算公式为:

$$B = \frac{n}{e} \times 100\%$$

式中,B 代表广告增长率,n 是销售额增长率,e 是广告费用增加率。这个公式的计算结果表明,假如 $B=30\%$,则说明广告费增加 100 元能带来 300 元的销售增加额。

3. 广告心理效果测定

这是指广告能否引起消费者的注意,引起兴趣,促成态度转变,留下深刻印象。常从广告产品、企业知名度提升情况、商品特性的理解度增加变化、确信度转变、购买意向度转变以及品牌亲密度等角度获得。

(1) 知名度测定。

调查测定知道该公司或品牌的人数占调查对象总人数的百分比。比如某次调查了 10 000 人,知道该公司或该产品品牌的人为 2 000 人,则知名度为 20%。

(2) 理解度的测定。

指了解或记住该企业、该产品的主要诉求对象的人数,占确实看过该广告的总人数的比率。比如同样调查了10 000人，其中5 000人看过广告，能说出或了解该公司的名称、品牌、产品的人数是2 000人，假如这2 000人都是该企业该产品的主要诉求对象，则理解度为40%。

（3）确信度测定。

指消费者确信某一品牌是属于一流品牌（或广告定位所定的位置）所占的比率。同样是上述案例，在能说出该公司的产品品牌的消费者中，有1 000人同意该品牌是一流品牌或广告所定的位置，则其确信度为20%。

（4）品牌亲密度测定。

指消费者最先想起的品牌所占有的比率。比如在某调查中，让消费者说出他知道的10个产品品牌，假设1 000个调查对象中有150人第一个说出某一品牌，则其品牌亲密度为15%。

（5）购买意向测定。

这是指消费者要购买时，列入考虑对象的品牌所占的比例。比如近几年常见的购买的理想品牌调查就属这一类。其测定时可提出一批名单供消费者选择，也可不提供名单，由消费者自行提出，再计算其品牌占有率。

广告心理效果测定常用认知测定法。认知测定法是针对广告主发布广告后，极力想知道消费者看没看到这个广告；如果有人看过，到底又有多少人能记得产品名称、企业标志等。它包括再确认法、回忆法、态度测定法和综合法等。

再确认法是美国人丹尼尔·斯塔齐为了测定印刷媒体广告阅读率而研究开发出来的一种方法，主要用于测定广告效果的知名度，即消费者对广告及其商品、商标品牌等的认知度。它是通过调查广告的注目率、阅读率、精读率等来测定广告的认知效果的，这在前面已有述及。

回忆测定法主要用来测定广告心理效果的理解度。它不仅能查明消费者能够回忆起多少广告信息，更能够查明消费者对广告商品、品牌、创意等内容的理解与联想能力和确信程度。

回忆法的做法是测定调查对象先前所看过的广告能否在其脑海中留下印象，使其能够辨认该广告并且记得广告的内容。回忆法分为两种，一是纯回忆法，又叫非辅助记忆法。调查者不向调查对象提供任何线索，让调查者自行回答是否阅读过某一特定的印刷媒体广告，以评估广告对记忆的影响。二是辅助回忆法，此种方法较为常用。如提示调查对象有关广告中的商标或厂商名称，询问调查对象广告中的标题、插图等。例如昨天某报刊登了电脑广告，你看过没有？最近电视台经常播出的空调是什么牌子？这种询问方法的项目与内容越具体越好，这样从中获得的反馈信息就越多，越能鉴定广告理解程度的高低。

　　辅助回忆中较为典型的是盖洛普－罗宾逊法，它由五个部分组成。

　　一是调查对象必须能正确地想起且能说出所调查报刊的至少一个编辑上的特征，比如它是日报或晚报、专业报刊还是普通报刊、是面向谁出版的报刊等。

　　二是提示调查对象某一报刊所刊出的商品品牌名称卡片，以及未在该报刊刊出的商品品牌名称卡片，让调查对象指出在哪些卡片中，什么商品品牌是被刊登在该报刊上的。

　　三是询问调查对象他想起的各种商品品牌，以想起的强度或正确性作为评价的依据。

　　四是向调查对象询问他所能想起的该报刊上的广告，它是否扣人心弦，令人难忘？（假若调查对象从前看过该广告，应该放弃该样本。）

　　五是应从调查中获得调查对象的年龄、性别、教育程度以及其他有关资料。

　　态度测定法是用来测定广告心理效果的忠实度、偏爱度及品牌印象等的方法，所采用的具体形式有问卷、检核表、语言差异实验等，其中语言差异实验因简便而常用。它的原理是根据广告刺激与反应之间必有一联想传达过程，通过对这种过程作用的测定，就可以知道消费者对广告所持的态度。比如测定广告作品中的人物给人的印象如何，可让消费者在一系列相反的词语中挑选，如美丽、丑恶，健康、衰弱，快乐、忧伤等，每一对相反词语还标出若干等级，如非常美丽、特别美丽、较美丽等，最后根据结果统计得出答案。

(五) 广告效果测定的基本原则

为了确保广告效果测定的科学、准确，在测定过程及分析汇总中必须遵循以下原则。

1. 针对性原则

针对性原则是指测定广告效果时必须有明确而具体的目标。例如，广告效果测定的内容是经济效果还是社会效果？是即时效果还是长期效果？只有确定了具体的测定目标，才能选择相应的手段和方法，测定的结果也才能准确、可靠。

2. 可靠性原则

广告效果只有真实、可靠，才能有助于企业进行决策，提高经济效益。在测定广告效果的过程中，要求抽取的调查样本有典型和代表意义；调查表的设计要合理，汇总分析的方法要科学、先进；考虑的影响因素要全面等。只有这样，才有可能取得可靠的测试结果。如果经过多次测试结果相同，说明该测试的可靠程度较高，否则此测试一定存在问题，有必要作进一步的研究。

3. 综合性原则

影响广告效果的因素多种多样，既有可控因素也有不可控因素。对于不可控因素，在测定广告效果时要充分预测它们对企业广告宣传活动的影响程度，做到心中有数。在测定广告效果时，除了要对影响因素进行综合分析外，还要考虑到媒介使用的并列性以及广告播放时间段的交叉性。只有这样，才能排除片面性的干扰，取得客观的测定效果。

4. 简便易行原则

在制订广告效果测定计划时，必须坚持简便易行的原则。即在不影响测定要求和准确度的前提下，使测定方案不仅要在理论上可行，而且还要在实施中具有较强的可操作性。

5. 经常性原则

由于广告效果具有时间上的滞后性，效果上的累积性、复合性以及间接性等特征，因此就不能抱有临时性或一次性预测的态度。本期的广告效果也许并不是本期广告宣传的结果，而是上期或过去一段时间内企业广告促销活动的共同结果。因此，在广告效果测定时就必须坚持经常性原则，要定期或不定期地测定。

6. 经济性原则

经济性原则要求进行广告效果测定时要搞好广告效果测定的经济核算工作，尽可能用较少的成本取得较好的测定结果。如所选取的样本数量、测定模式、地点、方法以及相关指标等，既要有利于测定工作的展开，同时也要从广告主的经济实力出发，考虑测定费用额度，充分利用有限的资源，避免使测定工作变为广告主的负担。

（六）广告效果测定的意义

从世界范围的广告发展来看，在 20 世纪 50 年代以前，人们对广告效果的测定与评价往往是凭经验、直觉进行主观判断。在五六十年代，世界广告业发生了一个重大的变化，即一些研究人员从广告公司、媒介单位和广告主企业中脱离出来，组织独立的广告研究所，专门从事对广告效果的研究和测定工作，从而将广告业的发展推进到一个新的历史阶段。此外，随着市场竞争的加剧，广告投入的大幅增加以及广告业务的丰富和发展，以科学的方法和手段进行广告效果的测定也越来越成为广告主企业和广告公司所关注的问题。这些都说明广告效果的评估工作对于广告主企业的营销活动、广告单位的经营发展和广告水平的不断提高具有极为重要的意义和作用。

具体而言，进行广告效果的测定具有以下几方面的重要意义。

1. 有利于加强广告主的广告意识，提高广告信心

一般而言，广告主企业对广告的效用是有一定认识的，但对广告的效果究竟有多大，是否合算等却没有把握，这既影响广告主企业的信心，也影响对广告费用预算的确定。企业决策总是倾向于以

事实为依据,如果能够对广告效果进行评估,具体说明广告的效力,就能使广告主加强广告意识,提高对广告的信心。

2. 为实现广告效益提供可靠的保证

广告效果的评估可以检查和验证广告目标是否正确、广告媒体的运用是否合适、广告发布时间与频率是否恰当、广告主题是否突出、广告创意是否新颖独特等。因而,这种评估为实现广告效益提供了可靠的保证。这首先在于广告效果的事前评估可以判断广告活动各个环节的优劣,以便扬长避短、修正不足,从而避免广告活动的失误,使广告活动获得更大的效率。其次,广告效果的事后评估还可以总结经验,吸取教训,为提高广告水平提供借鉴。最后,广告效果的评估还可以为广告活动提供约束机制,监督并推动广告质量的提高。

3. 保证广告工作朝着科学化的方向发展,促进广告业的繁荣

广告效果的评估是运用科学的方法和手段对广告活动进行定性与定量分析,以判定广告的传播效果和销售效果,其涉及的学科包括心理学、统计学、社会学、传播学、计算机技术、市场营销学等。因而,这种评估必将推动广告事业的发展。这首先在于广告效果的评估必将融合多学科的专业技术,促进评估手段、方法的发展、进步。其次,广告效果的评估还可以促使广告策划、设计、制作、传播水平的提高,从而使广告活动朝着更加科学化、规范化、系统化的方向发展,促进广告事业的繁荣。

知识链接

1. 中国广告协会网:http://www.cnadtop.com/
2. 国际广告人:http://www.iader.com/

思考题

1. 广告效果的分类有哪些?
2. 广告评估的方法有哪几类?
3. 广告评估的意义是什么?

实践训练题

某食品广告效果测评

某家食品商为促进销售,在节日期间利用商品推销员在超市里开展宣传商品活动,散发商品小样、试吃品等,直接使商品销售量发生了很大的变化。该食品商对本次广告促销活动的实际情况进行了调查,并通过商品销售的过程来认定此次广告活动的效果。

请说明该广告经济效果的测定运用了哪种方法?这种测定方法需要哪些数据作为支撑?

第十一章 广告管理

第一节 广告管理概述

一、什么是广告管理

(一)广告管理的含义

广告管理是指国家广告管理机关依据国家法律、法规和国家授予的职权,对广告宣传、广告经营活动实施的计划、控制、协调、监督和服务,并对广告违法行为实施制裁的过程。

广告管理是社会化大生产和商品经济发展的产物,也是广告业自身发展的要求。社会化大生产和商品经济是广告业赖以存在的基础,而广告业自身的活动是否有序决定着广告管理内容的深度和广度。同时,通过广告管理活动可以使广告业的活动有序运行,保证商品经济和社会化大生产健康发展。

(二)广告的宏观管理和微观管理

广告管理在分类上可以分为宏观管理和微观管理。宏观的广告管理主要是指国家通过行政、法律、经济、教育和科学的方法对广告进行管理。

所谓行政方法是指国家通过各级组织,利用行政手段来对广告业或广告经营单位施加影响和进行控制,这种行政管理手段是一种命令、指示、规定,带有强制性和权威性,因此各级广告经营单位必须遵照执行而不得违背。

所谓法律方法是指国家、国家工商行政管理总局制定的广告管理的法律、法规,以及国家各级管理机构所制定和实施的各种类似法律性质的社会行为规范。利用广告法规来管理广告是世界各国对广告进行制约的普遍方法。广告法规具有权威性、概括性、规范性,适于用来处理广告业中具有共性的一般问题。

所谓自律方法是指广告行业的各层次系统所制定的广告公约和各种规章,尽管它们不具有法律性质,但起着职业道德准则的作用。这一方法已被世界各国广告界广泛采用。实行行业管理,加强法规的宏观研究和确定行业管理自律准则,是中国社会主义市场经济发展的需要。

从广告的宏观管理上来看,还可利用经济的方法、教育的方法和科学的方法来管理广告。

广告的微观管理有两方面:一是体现在广告程序的管理上,如信息管理、媒介管理、发布权管理等;二是广告经营单位内部的各项管理,如目标管理、计划管理、生产管理、劳动管理、资金管理、成本管理等。

广告管理在社会经济发展中居于重要的地位。广告管理通过制定和实施广告业发展规划,对广告业的发展方向、规模和速度起着直接的影响。广告业属于第三产业,它不仅为第三产业的发展服务,还要为第一、二产业服务。对广告业的宏观调控使广告管理在社会经济发展中占有重要地位。另外,广告管理对广告经营者经营资格进行审查,监督检查广告经营活动,保证社会主义市场经济健康发展,也使得它在社会经济发展中占有重要地位。一个国家的经济越发展,其广告活动越活跃,广告管理在国民经济发展中的地位就越重要。

二、广告管理的特性

首先,广告管理具有明确的目的性。在我国,国家通过行政立法对广告业和广告活动进行管理,其目的在于使广告行业适应国家宏观经济形势发展的需要,促进广告业健康、有序地发展,保护合法经营，取缔非法经营，查处违法广告，杜绝虚假广告，保护消费者的合法权益，有效地减少广告的负面影响。

其次，广告管理具有规范性和强制性。广告管理作为国家管理经济的行为，是严格依法进行的。世界上许多国家和地区都设置了专门的广告管理机构并制定了一系列有关广告管理的法规来规范和约束广告行业的发展，使广告行业做到有章可循、有法可依。

再次，广告管理还具有多层次的特点。广告管理的多层次性是指政府行政立法管理、广告行业自律和社会监督管理的多层次相互协作管理。之所以实施多层次相互协作管理，是因为任何广告管理法规即使再完备也做不到尽善尽美，这就需要各级广告行业协会和社会监督组织通过自律、监督的有效途径来加以解决。

三、广告管理的基本原则

为达到广告管理的效果，在管理过程中应遵循一定的基本原则，具体来说包括经济规律原则、生产力原则、法制原则、维护权益原则、综合治理原则等。

（一）经济规律原则

广告管理机关必须以客观经济规律为基础制定广告法律、法规、政策，并据此监督广告经营活动。不以经济规律为基础的广告法律、法规、政策有可能导致广告经营活动的无序化。

（二）生产力原则

广告管理要充分体现广告活动是为发展商品经济服务，为发展生产力服务这一总的原则。无论何种广告管理行为（广告立法、广告规划、广告宣传、广告监督、广告自律等）都应把是否有利于生产力的发展作为根本标准，使之贯穿于广告管理的始终。

（三）法制原则

广告管理的法制化是广告经营活动和广告管理行为规范化的必要前提。广告管理的法制化体现在广告管理的内容、程序、手段、机构、人员等方面。广告管理机关必须依据国家法律、法规、政策行使广告管理权限，其具体行政行为合法化，树立法制性的广告权威。

（四）维护权益原则

维护各方权益是广告管理活动的重要目标。广告管理机关在实施其行为时，应遵循维护国家社会利益，维护消费者权益，维护工商业、广告经营者合法权益的原则。

（五）综合治理原则

广告管理的广泛性特点使得广告管理必须坚持综合治理的原则。广告管理机关应坚持预防和制裁相结合的原则，会同社会各方力量对广告经营活动实施综合治理。

四、广告管理的内容

与广告管理相关的法律规章纷繁复杂，对其进行归类后可分为对广告主的管理、对广告经营者的管理、对广告发布者的管理、对广告信息的管理、对广告费的管理等五部分内容。

（一）对广告主的管理

对广告主的管理是指广告管理机关依照广告管理的法律、法规和有关政策规定，对广告主参与广告活动的全过程进行的监督管理行为。广告管理机关对广告主的管理主要表现在两个方面：其一，保护广告主依法从事广告活动的权利；其二，保证广告主的广告活动必须遵守国家的广告管理法律、法规和有关政策规定，对违法广告行为依法承担相应的法律责任，并接受广告管理机关的制裁。

根据《广告管理条例》、《广告管理条例施行细则》、《中华人民共和国广告法》及其他广告管理法律、法规的有关规定，广告管理机关对广告主管理的内容主要包括：

（1）要求广告主提供主体资格证明；

（2）广告主的广告活动应在其经营范围或国家许可的范围内进行，不得超出其经营范围或者超出国家许可的范围从事广告宣传；

（3）广告主委托他人设计、制作、代理、发布广告，应委托具有合法经营资格的广告经营者、广告发布者进行；

（4）广告主必须提供保证广告内容真实性、合法性的真实、合法、有效的证明文件或者材料；

(5) 广告主应依法申请广告审查;

(6) 广告主在广告中使用他人名义、形象的,应当事先取得他人的书面同意。使用无民事行为能力人、限制民事行为人的名义、形象的,应当事先取得其监护人的书面同意;

(7) 广告主发布烟、酒广告,必须经过广告管理机关批准;

(8) 广告主设置户外广告应符合当地城市的整体规划,并在工商行政管理机关的监督下实施;

(9) 广告主应合理编制广告预算,不得把广告费用挪作他用。

(二) 对广告经营者的管理

广告经营者是连接广告主和广告发布者的中间桥梁,是广告活动的主体,因而其广告行为是否规范对广告活动的影响至关重要。对广告经营者的管理主要包括:对广告经营者的审批登记管理、广告业务员证制度、广告合同制度、广告业务档案制度和广告经营单位的年检注册制度。

1. 对广告经营者的审批登记管理

对广告经营者的审批登记管理是广告管理机关依照广告管理法律、法规对广告经营者实施管理的开始,属于政府的行政管理行为。广告经营者只有在获准登记、注册,取得广告经营资格后,才能从事广告经营活动。广告经营者要取得合法的广告经营资格,必须符合《中华人民共和国民法通则》的有关规定和企业登记的基本要求,必须具备广告法规中规定的资质条件,必须按照一定法律程序依法审批登记。

2. 广告业务员证制度

"广告业务员证"是广告业务人员外出开展广告业务活动的有效凭证。国家工商行政管理局在 1990 年 10 月 19 日颁布了《关于实行〈广告业务员〉制度的规定》(工商〔1990〕226 号),决定在全国广告行业中统一实行"广告业务员证"制度,该规定自 1991 年 1 月 1 日起执行。因此,凡经批准经营广告业务的经营单位,其广告业务人员都必须按照国家工商行政管理局颁布的《关于实行〈广告业务员〉制度的规定》领取广告业务员证后,方可从事广告业务活动。

3. 广告合同制度

广告合同制度是指参与广告活动的各方，包括广告主、广告经营者和广告发布者，在广告活动前为了明确相互的权利和义务，必须依法签订协议的一种制度，以保护参与广告活动的各方的正当权益不受侵害。广告合同一经依法订立，就具有法律效力，合同各方都应认真履行。订立经济合同，必须遵守法律、行政法规，必须遵循平等互利、协商一致的原则。

4. 广告业务档案制度

广告业务档案制度是指广告经营者（包括广告发布者）对广告者所提供的关于主体资格和广告内容的各种证明文件、材料，以及在承办广告业务活动中涉及的承接登记、广告审查、广告设计制作、广告发布等情况的原始记录材料，进行整理、保存，并建立业务档案，以备随时查验的制度。

广告业务档案是在广告业务活动的过程中建立起来的，它是广告经营者（包括广告发布者）从承接登记，到收取和查验各种广告证明、材料，再到广告设计、制作、代理、发布等情况和结果的总汇，是广告业务活动的正式记录。建立广告业务档案的作用主要有两个：一是业务参考作用，二是法律凭证作用。

5. 广告经营单位的年检注册制度

广告经营单位的年检注册制度是广告管理机关依照国家广告管理的法律、法规和政策规定，对广告经营单位一年来的经营状况进行检查验收的一种管理制度。它是各级工商行政管理机关对广告经营单位实施规范化管理的重要内容之一。任何广告经营单位都必须经过年检注册，取得《广告经营单位年检注册证》后，才有资格继续经营广告业务，否则即为非法经营。

（三）对广告发布者的管理

对广告发布者的管理又称广告媒介物管理或广告媒介管理，是指广告管理机关依照国家广告管理法律、法规的有关规定，对广告发布活动的全过程实施的监督管理行为。主要包括对广告发布者经营资格的管理、对广告发布者提供的媒介覆盖率的管理和对广告发布者利用媒介时间、版面和篇幅的管理等三方面内容。

（四）对广告信息的管理

广告信息包括广告信息内容及其表现，它以广告作品的形式，经媒介的发布完成传播。对广告内容的管理，集中到一点，即对广告内容的真实性、合法性进行管理，以确保广告内容的真实、合法与健康。对广告表现的管理主要体现在要求广告表现具有真实性、合法性、道德性、公益性、独创性及可识别性等特性。

（五）对广告费的管理

广告收费管理是指广告管理机关会同物价、城建、公安等职能部门，依照广告管理法律、法规的有关规定，对广告经营者、广告发布者在设计、制作、代理、发布等广告业务活动中的收费行为的合法性进行的管理。

我国对广告收费的管理主要实行国家定价管理和备案价格管理相结合的原则。对广告经营者收费和广告发布者收费主要实行备案价格管理；对广告代理费主要实行国家定价管理，国内广告业务代理费为广告费的10%，外商广告代理费为15%。

五、广告管理的意义

（一）保证国家对广告实施切实有效的管理

就目前的状况而言，我国的广告业在所有制、经营渠道、经营方式等方面都存在各种各样的差异。为使从事广告活动的各部门、企业间协调发展，国家必须通过法律及行政手段加强对各广告经营部门的领导与管理，健全组织管理机构，促进我国广告事业的健康发展。

（二）加强法制建设，维护广告市场秩序

以《中华人民共和国广告法》为代表的广告管理法律、法规对参与广告活动的广告主、广告经营者、广告发布者都作了明确的界定，对他们应享有的权利和承担的义务都作了详细的规定。这对规范广告主、广告经营者和广告发布者的行为，净化广告市场，建立正常的广告经营秩序以及保护他们各自应享有的合法权利提供了法律保障。

（三）查处虚假广告，保护消费者的合法权益

近些年来，随着经济的蓬勃发展，我国广告业发展很快，而广告管理工作却未能及时跟上，在广告内容和表现形式上都出现了一些混乱的现象，使消费者上当受骗，生命财产安全受到威胁，直接危害社会秩序的稳定。所以，工商行政管理部门必须加强对广告的管理，防止虚假广告的出现。

（四）促进社会主义精神文明建设

由于广告作为经济信息的传播手段，必然要借助于一定的艺术形式和信息媒介才能把代表某种思想意识、生活方式和价值倾向的信息传递给社会各界，因此，广告不仅在传递经济信息、促进物质文明建设方面发挥着重要的作用，对精神文明建设也起着重要的推动作用。

第二节　广告管理法规

广告管理法规是指用来调整广告宣传、广告经营活动中所发生的各种经济关系的法律、法规等规范的总称。这些经济关系包括广告主和广告经营单位之间的关系，广告主和广告经营单位与社会公众之间的关系，广告主之间以及广告经营单位之间的关系。调整关系的目的在于使广告宣传、广告经营活动有序进行，维护消费者和生产经营者的合法权益，促进社会主义市场经济的健康发展。

一、中国广告管理法规的发展

从 1979 年广告业复苏以来，随着市场经济的不断发展，我国的广告管理法规经历了以下几个发展阶段。

（一）广告业复苏发展期

随着全国各地广告业的恢复和发展，出现了各种各样的问题，

为加强对广告业的管理，促使其健康成长，1982年2月国务院颁布了《广告管理暂行条例》，国家工商行政管理总局相应颁布了《广告管理暂行条例施行细则》，第一次用法规的形式规范全国的广告业。

（二）《广告管理条例》等法规出台

随着商品经济的发展，原《广告管理暂行条例》已不能适应实际需求。为有效管理广告业，1987年12月国务院颁布了《广告管理条例》。国家工商行政管理总局于1988年1月颁布了《广告管理条例施行细则》。与此同时，国家工商行政管理总局单独或会同有关部门就食品、药品、体育、赞助、药械、农药、兽药等广告的管理制定了单项管理规章。

（三）《中华人民共和国广告法》实施

20世纪90年代以来，面对广告业迅猛的发展形势，上述许多管理法规在许多方面已经不能适应广告管理和广告活动的需要。1994年10月，第八届全国人民代表大会常委会第10次会议审议通过了《中华人民共和国广告法》（下称《广告法》），于1995年2月起正式实施。

《中华人民共和国广告法》是进行广告活动和实施广告管理行为必须遵循的基本法律。《中华人民共和国广告法》对法律的调整范围、广告主、广告经营者、广告发布者进行了界定。该法分总则、广告准则、广告活动、广告的审查、法律责任、附则等六章，共49条。

（四）一系列法规政策的出台

随着经济的发展和形势的需要，国家工商行政管理总局先后颁布了《化妆品广告管理办法》（1993年10月1日起施行），《酒类广告管理办法》（1996年1月1日起施行），《药品广告审查办法》（2007年5月1日起施行），《食品广告监管制度》（2009年8月28日起施行）等一系列法规政策。这标志着我国的广告管理法律、法规体系日趋完善。

二、广告管理法规的性质

按照所具有的法律效力不同,广告管理相关法规可分为法律、行政法规/法规性文件、行政规章及规范性文件等三个层级。

(一)法律

有关广告管理的法律如《广告法》、《消费者权益保护法》、《反不正当竞争法》等都是国家立法机关——全国人民代表大会及其常委会按照一定的程序制定、审议通过的行为规则,具有强制性,是国家意志的体现,具有最高的法律效力。

(二)行政法规/法规性文件

《广告管理条例》、《广告管理条例施行细则》等行政法规、法规性文件是国务院制定的规范性文件,其法律效力低于《广告法》、《消费者权益保护法》等法律。

(三)行政规章及规范性文件

规章主要指国务院组成部门及直属机构,省、自治区、直辖市人民政府及省、自治区政府所在地的市和经国务院批准的较大的市和人民政府,在它们的职权范围内,为执行法律、法规,需要制定的事项或属于本行政区域的具体行政管理事项而制定的规范性文件,其效力低于行政法规。国家工商行政管理总局制定的《化妆品广告管理办法》、《酒类广告管理办法》等规范性文件属于行政规章。

广告法律体系中,下位法与上位法相衔接、相协调、相配套,从而构成了广告法律体系的有机统一整体,有效地调整社会关系,保证社会生活的正常秩序。

三、广告管理法规的特点

(一)利益性

不同的法规是为不同的社会制度服务的。资本主义制度下的广告法规是为资产阶级利益服务的,在社会主义条件下,广告管理法规是为社会主义制度服务的。

(二) 概括性

广告管理法规所制约的对象是抽象、一般的，具有高度的概括性，而不是针对具体的个人、特定的事或某一个广告经营单位提出的行为准则。

(三) 规范性

广告管理法规对广告活动中社会关系的调整具有规范性的作用，对人们的广告行为进行规定，是人们从事广告活动所应遵循的行为准则。

(四) 强制性

广告管理法规具有法律的强制性，它是国家意志的体现，国家往往采取强制性的手段来保证广告管理法规的权威性，对违反广告管理法规的人和事进行惩罚。

(五) 稳定性

法规一旦颁布实施，就具有相对的稳定性。随着实际情况的发展，广告管理法规的某些规定需要修改、补充、完善或者废止，这需要国家立法部门进行立案、讨论并经过严格的法律程序才能实现，不能随意更改。

(六) 预测性

由于广告管理法规把广告活动中的行为规范都用文字的形式写在纸上，使人们了解特定行为所产生的后果，为人们预测自身行为提供了可靠依据。

(七) 目的性

广告管理法规是调整广告活动过程中所发生的各种社会关系的法律规范的总称，其目的非常明确，就是维护广告市场的正常秩序，维护消费者的合法权益。

(八) 多层次性

在广告管理法规的构成体系中，既包括全国性的广告法规和地方性的广告法规，又可分为专门的广告管理法律、国家有关法律中涉及广告的法律规范、专门的广告管理法规、国家广告管理机关颁布的广告管理规章等，具有不同的层次性。

四、广告管理法规的构成

广告管理法规的构成,常见的有三大部分:

一是"假定",即条件,是指明行为规则适用的条件。比如《广告法》第2条:"广告主、广告经营者、广告发布者在中华人民共和国境内从事广告活动,应当遵守本法。"这就是"条件",当广告活动在中华人民共和国境内进行时,就适用本《广告法》。

二是"处理"(或称"命令"),是指行为规则本身。规则是广告管理法规的主体,它的中心内容是告诉人们在广告活动中可以做什么,不可以做什么。要求人们自觉遵守,依法办事。这是广告管理法规中的主体。

三是"制裁",是指违反法规后的法律后果。对违背广告管理法规的行为进行制裁,是维护人民的利益,贯彻执行法规的重要保证。在《广告法》中,第37~47条都是对违反法规应承担的法律责任的规定。凡有违反,将会受到不同程度的制裁。

五、中国广告管理法规的基本内容

中国广告管理法规的基本内容主要包括:(1)广告管理的目的、宗旨;(2)广告管理的范围和管理机关;(3)广告宣传的基本制度、规范;(4)广告发布的基本标准;(5)限制和禁止的各种规定;(6)广告经营活动规范,广告经营者的资质标准和广告经营者的权利与义务;(7)对户外广告管理权限的特别规定;(8)广告违法行为法律责任的认定,广告管理中的行政复议和行政诉讼。

第三节 广告审查制度

一、广告审查制度

广告是一种有责任的信息传播,它既负有法律上的责任,也负有道德上的责任。这就要求：第一，广告不能损害用户和消费者的利益，必须传递真实、科学的信息；第二，广告必须维护社会经济秩序，有利于社会经济的发展；第三，广告必须注重社会效果，必须给社会各方面，包括公共利益、意识形态和人们的心理等以积极的影响。为此，国家建立健全广告管理法规，建立起一定的制约机制，通过审查监督对广告宣传和广告经营加以约束和限制。

我国的广告审查是指在广告发布前对广告的内容依照法律、行政法规的规定进行审核的活动。它包括两个方面的内容：一是《广告法》第27条规定的由广告经营者、广告发布者在接受广告主委托时查验有关证明文件、核实广告内容的审查；二是《广告法》第34条规定的由行政主管部门对法律、行政法规规定的特殊商品的广告内容进行的审查。

《广告法》第27条规定："广告经营者、广告发布者依据法律、行政法规查验有关证明文件，核实广告内容。对内容不实或者证明文件不全的广告，广告经营者不得提供设计、制作、代理服务，广告发布者不得发布。"

《广告法》第34条规定："利用广播、电影、电视、报纸、期刊以及其他媒介发布药品、医疗器械、农药、兽药等商品的广告和法律、行政法规规定应当进行审查的其他广告，必须在发布前依照有关法律、行政法规由有关行政主管部门（以下简称广告审查机关）对广告内容进行审查；未经审查，不得发布。"

对广告经营者、广告发布者的审查，是对全部受委托的广告进行的审查，既包括对第34条规定的特殊商品广告在发布前对其允许发布的广告审查决定文件的查验，也包括对不在第34条范围内的商品或服务的广告内容的审查和对广告主有关证明文件的查验。

对特殊商品广告的发布前审查，是指对法律、行政法规规定实行特殊管理的商品的广告，由负责该商品的行业管理的行政主管部门或法律、行政法规规定的其他管理部门，在广告发布前依照法律、行政法规规定对广告内容的审查。广告管理工作中的特殊商品的广告，主要是一些与人民生命、财产安全密切相关的商品的广告。由于这些商品的特殊性，法律、行政法规对其广告内容作了一些必要的限制，以防止由于广告宣传的局限性误导消费者，造成人身或财产的损害。所谓特殊商品的范围，主要有两类：一是《广告法》第14条至第19条规定的药品、医疗器械、农药、烟草、食品、酒类、化妆品等特殊商品，二是其他法律、行政法规中规定的应当进行特殊管理的一些商品。

二、广告审查的内容

（一）广告主主体资格的审查

广告审查机关应首先对广告主的主体资格进行审查，要求其提交营业执照和其他生产、经营资格的证明文件。只有当广告主出示了经国家工商行政管理机关核准登记的拥有生产、经营某种商品或者提供某种服务的营业执照，并根据自己要求发布的广告提供其与营业执照上核定的生产、经营范围一致的证明后，广告审查机关对广告主的主体资格的审查才算完成。

（二）对广告内容及其表现形式的审查

广告审查机关对广告内容进行审查时，主要是审查广告内容与客观事实是否相符，有无随意虚构和隐瞒真相，尤其是对一些涉及质量标准和一时难以证明广告内容真实性的商业广告，还要求广告主出示由质量检验机构对广告中有关商品质量内容所出具的证明文件和确认广告内容真实性的其他证明文件。除了对广告内容的真实性进行审查之外，广告审查机关还对广告的语言文字、画面、声音等表现形式进行审查，以保证广告表现形式与广告内容相符且真实。

（三）广告合法性的审查

对广告合法性的审查是指审查广告内容及表现形式是否符合我国的法律、法规和政策的规定。应当明确，对广告主主体资格的审查和对广告真实性的审查，其实也属于广告合法性审查的内容。内容不真实的广告不仅违反广告管理法规，而且会损害用户和消费者的利益，在审查时不得不作特别的考虑。

另外一些广告,如单从广告本身而言看不出是违法广告,但当把广告同广告主联系起来,就可能是广告主进行的违法广告宣传,所以对广告主的主体资格审查也得单独进行。

在审查广告时还常遇到一种情况,即广告主的主体资格合法,且广告内容真实,但广告内容和广告表现违反广告管理法规,具有社会危害性。这是广告审查时必须注意的,也是要对广告合法性进行审查的原因之一。

第一,要审查广告中有无广告管理法规规定禁止出现的内容。比如《广告法》第7条、第8条、第14~18条都对不得出现的内容作了规定。

第二,要审查广告表现形式是否符合广告管理法规。《广告法》第13条规定:"广告应当具有可识别性,能够使消费者辨明其为广告。大众传播媒介不得以新闻报道形式发布广告。通过大众传播媒介发布的广告应当有广告标记,与其他非广告信息相区别,不得使消费者产生误解。"这就要求广告的表现形式有明确的可识别性,不得同新闻报道和其他宣传形式混同。

第三,广告管理法规对有的广告内容进行了限制,部分产品禁做广告,有的是禁止使用某些媒体做广告。比如对烟酒类产品的广告就有各种限制。

第四,要审查广告是否违反其他法律、法规。国家对社会各行业的管理中制定的法律、法规和政策,广告宣传也不得违反。如宣传商标的广告不得违反《中华人民共和国商标法》,征婚广告不得违反《中华人民共和国婚姻法》,宣传专利技术的广告不得违反《中华人民共和国专利法》等。

(四)广告中不得出现的内容

广告涉及的内容非常广泛,但并不是任何内容都可以在广告中表现。广告经营者在审查中必须考虑有无广告管理法规禁止出现的内容。一旦广告中出现这些内容,不论有无证明,也不论证明是否齐全,一律不得刊播、设置、张贴或代理。根据《广告法》和《广告管理条例》,以下内容不得出现:

一是广告中不得出现违反我国法律、法规的内容，即广告不能违反合法原则。任何单位和个人的行为都受到法律、法规的制约，广告宣传也不例外。违反广告管理法规和有关法律、法规的广告，不得发布。

二是广告中不得出现有损我国民族尊严的内容。我国是一个多民族国家，各民族一律平等。广告宣传中不得有损害各民族善良风俗，歧视少数民族的语言文字、画面等内容。

三是广告中不得出现我国国旗、国歌音乐、国徽标志等内容。我国国旗、国歌、国徽是中华人民共和国独立主权的标志和象征，不得用于广告宣传。

四是广告中不得出现以国家机关和国家机关工作人员的名义作为广告的内容，不得出现国家级、最高级、最佳等广告用语。

五是广告中不得出现含有淫秽、迷信、恐怖、暴力、丑恶的内容，不得出现含有民族、种族、宗教、性别歧视的内容。

六是广告中不得出现妨碍社会安定和危害人身财产安全、损害社会公共利益的内容；不得出现妨碍社会公共秩序和违背社会道德风尚的内容，不得出现妨碍环境和自然资源保护的内容。

七是广告中不得有弄虚作假的内容。弄虚作假的广告属于虚假广告，它表现为虚构了事实或隐瞒了事实真相，使广告内容与客观事实不相符。部分内容虚假的广告和含糊其辞、易使用户和消费者上当受骗的广告也不得代理和发布。

八是广告中不得有贬低其他生产经营者的商品或服务的内容。在广告中贬低其他生产经营者的商品或服务是破坏和贬低其他企业的声誉、侵犯其他企业合法权益的不正当竞争行为，必须加以制止。

三、广告审查的方法与程序

（一）广告审查机关的事前审查

根据《广告法》第 34 条的规定，利用广播、电影、报纸、期刊和其他媒介发布的药品、医疗器械、农药、兽药等商品的广告以及广告法规规定应当进行审查的其他广告,必须在广告发布之前依照有关法律和法规由有关行政主管部门对广告进行审查;未经审查不得发布。除《广告法》中所规定的四种商品必须由广告审查机关进行发布前审查外,其他法律、法规和规章制度规定应当进行发布前审查或者出具证明文件的,必须由广告审查机关或者出证机关进行事先审查。目前需要事先审查的商品和服务广告除了上述《广告法》规定的四种外,还有社会力量办学的广告和营业性的演出广告,也必须分别由教育行政部门和文化行政部门进行事先审查。目前需要事先出具证明文件的商品和服务广告包括医疗广告、烟草广告、自费出国留学中介广告、因私出入境广告、专利广告、卫星接收设施广告等。

(二)广告经营者和发布者的事前审查

根据《广告法》第28条规定,广告经营者和广告发布者应依据广告法规查验有关证明文件,核实广告内容。对广告内容不实或证明文件不全的广告,广告经营者不得提供设计、制作、代理服务,广告发布者不得进行发布。作为广告市场和广告活动中的两个主体,广告经营者和广告发布者对广告审查负有重要的责任和义务。

(三)广告行政管理机关在广告发布后的审查和预测

广告正式发布以后,为确保广告发布后的质量,维护广告市场和整个社会经济的正常秩序,保护消费者的合法权益,广告行政管理机关对发布后的广告仍要进行监测和审查。

关于广告审查的程序,国家工商行政管理总局曾于1993年颁发《关于广告发布前审查程序的规定》(试行)。根据此规定,广告审查的程序主要包括三个阶段:提出广告审查申请,填写广告审查申请表;初审;终审。

四、广告证明

广告证明是指表明广告主主体资格和广告内容是否真实、合法的文件、证明。广告法规规定,广告主申请刊播、设置、张贴广告应当提交有关证明，广告经营者承办或者代理广告业务，应当查验证明。广告证明是保证广告真实、合法的一种法律制度和管理制度。

《广告法》第24条规定："广告主自行或者委托他人设计、制作、发布广告，应当具有或者提供真实、合法、有效的下列证明文件：

（1）营业执照以及其他生产、经营资格的证明文件；

（2）质量检验机构对广告中有关商品质量内容出具的证明文件；

（3）确认广告内容真实性的其他证明文件。"

依照《广告法》第34条的规定，"发布广告需要经有关行政主管部门审查的，还应当提供有关批准文件"。

广告主要提交的广告证明也包括主体资格证明和广告内容真实合法证明两类。

（一）主体资格证明

主体资格证明是指证明广告主具有做广告和做某项内容广告的权利能力和行为能力的文件、证明和凭证。主要包括：

（1）企业和个体工商户应当交验营业执照；

（2）机关、团体、事业单位提交本单位的证明；

（3）个人提交乡、镇人民政府、街道办事处或所在单位的证明；

（4）全国性公司、中外合资经营企业、中外合作经营企业、外商独资经营企业，应当交验国家工商行政管理总局颁发的《中华人民共和国营业执照》；

（5）外国企业常驻代表机构，应当交验国家工商行政管理总局颁发的《外国企业在中国常驻代表机构登记证》。

（二）广告内容真实合法性的证明

广告内容真实合法证明是指广告内容真实、合法的文件、证明和资料。为保证广告内容真实、合法，我国的广告管理法规对广告主申请刊播、设置、张贴广告应提交的证明作了如下规定：

(1) 标明质量标准的商品广告,应当提交省辖市以上标准化管理部门或者经计量认证合格的质量检验机构的证明;

(2) 标明获奖的商品广告,应当提交本届、本年度或者数届、数年度连续获奖的证书,并在广告中注明获奖级别和颁奖部门;

(3) 标明优质产品称号的商品广告,应当提交政府颁发的优质产品证书,并在广告中标明授予优质产品称号的时间和部门;

(4) 标明专利权的商品广告,应当提交专利证书;

(5) 标明注册商标的商品广告,应当提交商标注册证;

(6) 实施生产许可证的产品广告,应当提交生产许可证;

(7) 报刊出版发行广告,应当交验省、自治区、直辖市新闻出版机关核发的登记证;

(8) 图书出版发行广告,应当提交新闻出版机关批准成立出版社的证明;

(9) 各类文艺演出广告,应当提交所在县以上文化主管部门准许演出的证明;

(10) 大专院校招生广告,应当提交国家教育委员会或省、自治区、直辖市教育行政部门同意刊播广告的证明;外国来中国招生的广告,应当提交国家教育委员会同意刊播广告的证明;

(11) 各类文化补习班或职业技术培训班招生广告、招工招聘广告,应当提交乡以上(含县)教育行政部门或劳动人事部门同意刊播广告的证明;

(12) 个人行医广告,应当提交县以上(含县)卫生行政主管部门批准行医的证明和审查批准广告内容的证明;

(13) 药品、类药品广告,应当提交所在省、自治区、直辖市卫生行政部门核发的《药品广告审批表》;

(14) 食品广告应当提交所在地(市)级以上食品卫生监督机构批准的《食品广告审批表》;

(15) 兽药广告应当提交省、自治区、直辖市农牧渔业行政管理机关审查批准的证明;

(16) 农药广告应当提交农牧渔业部或省、自治区、直辖市农牧渔业厅（局）药检或植保部门审查批准的《农药广告审批表》；

（17）各类展销会、订货会、交易会等广告，应当提交主办单位主管部门批准的证明；

（18）有奖储蓄广告，应当提交上一级人民银行的证明；

（19）其他各类广告，需要提交证明的，应当提交政府有关部门或者授权单位的证明。

广告客户提交和交验的证明必须是国家有关广告证明机关核发的。广告内容真实、合法性的证明出具机关为对口行政主管部门，即对广告所涉及事项有行政管理权的部门或其授权单位。广告客户主体资格的证明机关是国家专门办各类主体资格的审批登记机关——工商行政管理机关。

出具合法的广告证明要符合下列条件：一是广告证明适用的时间和地域范围有效；二是广告证明必须真实，不得伪造、编造、盗用。广告主申请发布广告，应提交广告证明的原件或经原作证机关盖章或由公证机关公证的复制件；三是广告证明与广告内容有直接联系；四是广告证明的出具机关合法。这样，广告证明才具有法律上的证明力。

五、广告审查责任

广告审查责任是广告经营者未按广告管理法规的规定审查广告内容、查验有关证明就实施代理、发布广告所应承担的法律责任。广告审查责任有以下三种：

（一）行政法律责任

广告经营者承担广告审查行政法律责任的条件：

（1）不依法审查广告内容、查验广告证明就代理、发布广告的违法行为。

（2）广告经营者不依法审查广告内容、查验广告证明的行为侵害了我国的广告管理秩序。

（3）不依法审查广告内容、查验广告证明的行为是依法设置的广告经营者所实施的。

(4) 违法广告的发布是因为广告经营者没有依法审查广告内容、查验广告证明造成的,主观上有过错。

以上四个条件同时具备,广告经营者负行政法律责任。根据其情节轻重,分别给予停止发布广告、责令公开更正、通报批评、没收非法所得、罚款、停业整顿、吊销营业执照或广告经营许可证的处罚。

(二) 民事法律责任

广告经营者承担广告审查民事法律责任的条件:

(1) 有造成损害的事实。广告经营者因发布无合法证明、证明不全或内容不实的广告,致使用户和消费者上当受骗,造成财产损失的。

(2) 用户和消费者所遭受的损害,是因为广告经营者发布违法广告行为所造成的。

(3) 因为广告经营者发布违法广告,致使用户和消费者在使用按照广告购买来的商品后遭到损害的。

(4) 广告经营者发布违法广告的原因,是因为其没有依法审查广告内容、查验广告证明所造成的,主观上有过错。

以上四个条件同时具备,广告经营者要承担民事责任。工商行政管理机关或人民法院可根据受害人的请求,依法责令因代理、发布违法广告给消费者造成损失的广告经营者赔偿受害人损失。

(三) 刑事责任

广告经营者未审查广告、查验有关证明就代理、发布广告,给社会造成严重危害,构成犯罪的,由司法机关依法追究广告经营者直接责任人员的刑事责任。

第四节　广告业自律

一、广告业自律

（一）概念

广告管理中广告业的行业自律是一项重要内容。所谓广告业自律是指由广告经营单位制定、实施自我管理和自我约束的一系列行为准则，旨在维护广告活动的公正、公平原则，保护消费者权益，保证所制作、发布、代理的广告合理化、合法化。

广告业自律要求广告组织在其内部设立监督检查机构，负责了解社会公众的反应，以作出是否需要修改或停止播发的决定。

（二）特点

1. 自愿性

遵守行业规范，实行行业自律，是广告活动参加者自愿的行为，不需要也没有任何组织和个人的强制，更不像法律、法规那样由国家的强制力来保证实行。因此，行业自律主要是依靠参加者的信念及社会和行业同仁的舆论监督作用来实现，对违反者也主要依靠舆论的谴责予以惩戒。

2. 广泛性

广告业自律调整的范围比法律、法规调整的范围更加广泛。广告活动涉及面广，而且在不断发展变化，广告法律、法规不可能把广告活动的方方面面都规定得十分具体，而行业规范则可以做到这一点，它不仅在法律规范的范围内，而且在法律没有规范的地方也能发挥其自我约束的作用。

3. 灵活性

广告法律、法规的制定、修改和废止需要经过严格的法定程序，而规范等自律规章只要经过大多数参加者的同意，即可进行修改、补充，相比于法律、法规具有更大的灵活性。

4. 道德约束性和舆论规范性

广告行业自律作用的发挥，一方面来自广告主、广告经营者、广告发布者自身的职业道德、社会公德等内在修养与信念；另一方面则来自一些具有职业道德、社会公德等规范作用的广告自律章程、公约、会员守则等对广告主、广告经营者和广告发布者的规范与约束。

二、中国广告行业自律规则

中国广告行业自律组织中最具影响力的当属中国广告协会。中国广告协会成立于1983年12月27日，它接受国家工商行政管理总局的领导，是联系政府广告行政管理机构与广告主、广告经营者、广告发布者的桥梁和纽带。中国广告协会的主要职责是宣传、贯彻广告法规，协助政府进行行业管理，反映广告主、广告经营者和广告发布者的要求与意见，制定行业发展规划，对本行业进行指导、协调、咨询和服务。除中国广告协会外，我国还成立了中国对外经济贸易广告协会和中国广告主协会。

1990年12月，中国广告协会制定了《广告行业自律规则》，对广告应当遵循的基本原则及广告主、广告经营者、广告媒介所应体现的道德水准作了相应的规定；1991年1月制定了《广告行业岗位职责规范》（试行）；1994年颁布了《中国广告协会自律规则》；1997年制定了《广告宣传精神文明自律规则》，同年12月16日国家工商行政管理总局印发了《广告活动道德规范》。这一系列自律性文件为维护广告行业秩序和促进广告业发展起到了积极作用。

为适应新形势的要求，2008年中国广告协会第五次会员代表大会审议通过了《中国广告行业自律规则》。新出台的《中国广告行业自律规则》规定了广告制作、发布时应遵守的一般原则和限制性要求，禁止虚假和误导广告，提出广告应当尊重他人的知识产权，尊重妇女和有利于儿童身心健康，尊重良好道德传统。新的自律规则对于广告行为也进行了规定和限制，禁止以商业贿赂、诋毁他人声誉和其他不正当手段达成交易，禁止以不正当的广告投放为手段干扰媒体节目、栏目等内容的安排。

三、国外广告业自律法规和自律机制

1905年，一些广告经理在美国成立了美国广告联合俱乐部，并发起一场广告诚实化运动。1911年，在广告联合俱乐部的基础上世界广告联合会成立，接受了"广告诚实化"的口号，在全美各地建立了进行广告管理的"警视委员会"，并通过《印刷者油墨》杂志发起了一场宣告不诚实广告为犯罪行为的州立法宣传促进运动。第二次世界大战以后，世界广告联合会正式更名为国际广告协会，并吸收了大约50个国家加入该组织。20世纪60年代，为促进广告的自我约束，国际广告协会发表了《广告自律白皮书》，标志着该组织行业自律规则的出台。

（一）美国的广告管理

美国的广告管理严而有法，主要分为三个体系：完备严密的法律、法规管理，严格的政府管理，健全的行业自律管理。美国有关广告方面的法律、法规很多，也很完善。全国性的广告立法原则性较强，而州立法律则较具体详细。

美国早在1911年就颁布了《印刷物广告法案》，随后又颁布了《联邦贸易委员会法》、《侵权行为法（第二次）重述》、《统一欺骗性贸易活动法令》、《商标法》、《联邦食品、药物和化妆品法》和《公共卫生吸烟法案》等重要的法律、法规。其中最重要的是《联邦贸易委员会法》，该法规定了虚假广告的含义、法律责任和虚假广告的管理机关等。

美国政府管理广告的机构很多，但分工明确，依法管理，严格有效。其中根据《联邦贸易委员会法》建立的联邦贸易委员会（FTC）是官方广告管理最权威的机构，依法对欺骗性广告进行认定和处罚。除FTC外，美国重要的官方广告管理机构还有：负责管理电视和电台广告的联邦通讯委员会（FCC）；管理食品、药品、化妆品、医疗器械方面广告的食品药物管理局；管理烟酒广告的烟

酒税务司；管理种子广告的粮食局；管理证券广告的证券和交易委员会；管理航空运输广告的民航局；管理涉及商标广告的专利局；管理涉及版权方面广告的国会图书馆以及司法部。

美国政府依据法律如《联邦贸易委员会法》、《联邦食品、药物和化妆品法案》、《商标法》、《邮政法》等对广告实行严格管理，其管理重点是欺骗性的广告和证据不足或暗示性的广告。需要订正广告、证实广告信息或是停止播出广告时，如果广告客户、广告商同意则免于处罚，否则将采取正式的法律程序予以处罚。

美国广告业的行业管理组织十分健全，自我管理很完善，很有成效。行业组织的自我管理成了美国广告管理的重要组成部分。美国广告联合会（AAF）是最重要的行业自我管理机构，是代表国内广告商、广告客户、广告媒体的联合组织，包括广告公司联合会、广告主联合会、广播电视联合会、报纸杂志联合会等，下设全国广告审查委员会（NARB）、广告工作局和儿童广告审查委员会。它不但对本行业的广告进行监督管理，而且还对国家的广告活动提出意见，对政府制定的有关广告的法律、法规作出反应。由于有了这样一个机构，美国广告中的不真实问题和其他违背消费者利益的广告，绝大多数在广告行业内部就得到了解决。

4A协会即美国广告代理商协会，由专业广告公司组成，自我管理相当有成效。为了获得媒体承认，凡美国境内的广告代理商都必须申请加入该协会，但事先要经过各种审查和投票决定，并遵守自律守则。

美国的广告行业的自律守则也十分完备、严肃。在国会和政府制定的法律、法规没有具体涉及的部分，多数的行业自律守则、条例、制度都作了更为具体的规定，对行业管理起到很好的规范作用。如著名的《广播电视准则》，虽然已经于1982年被撤销，但因其规范具体又严肃，仍被绝大多数的广播电视广告经营者自觉遵守。

除了政府、法律、行业管理外，美国的广告公司、广告媒体单位、广告主也都十分注重自我约束，有着很完善的自律守则。大企业一般都设有专门的法律部门或配有法律顾问，对自己的广告先进行自审，然后再委托广告公司办理；广告媒体单位、广告公司一般也都设有法律部门或是法律顾问，对承接的广告及其内容进行严格审查，其中以电视广告的审查最为严格。

（二）日本的广告管理

第一，日本政府管理广告主要是通过法律规范广告行为，调节广告活动所产生的各种社会关系。日本广告立法完善，各种广告立法密切配合国家的产业发展。广告法律一般由国会制定，政府也制定大量法规。日本民法中的有关条款规定了广告主、广告代理公司及广告媒体三者之间的权利与义务，为调节这三者之间的关系确立了基本法律规范。有关广告方面的立法主要有：

（1）《防止不正当竞争法》。该法从制止经济活动中不正当竞争行为角度对生产经销企业虚假广告内容作了严格的法律责任的规定，包括商品的原产地、质量、制造方法、用途或数量等方面的广告不正当表示。

（2）《不当赠品及不当表示防止法》。该法规定禁止做诱售的有奖广告和旨在引诱顾客、阻碍公平竞争的非法比较广告及其他含有上述意图的广告。《户外广告物法》规定了户外广告的基本原则和限制。

（3）《消费者保护基本法》。该法对消费者在广告方面的权利及其权利的保护作了规定。此外，有关专业法律如《药品法》、《食品卫生法》、《家庭用品质量表示法》等，分别对药品、食品、家庭用品等具体的商品或事项的广告传播作了明确规定。

另外，日本为保护在国际竞争中的本国企业的利益，还制定了《进出口保险法》，对日本企业到国外做广告的效果予以"海外广告保险"。

第二，在广告法的原则指导下，日本广告业的自律发达而严密。其特点是广告行业组织团体多，自律规则条文严整。

全日本广告联盟是日本全国性的自律机构。该联盟制定的《广告伦理纲领》是日本广告界制作广告时必须遵守的最高准则。其他如日本新闻协会、日本广告主协会、日本民间广告联盟、日本国际广告协会等各类专业自律机构也十分健全,遍及日本广告行业的各个角落和部门,形成了一个多层次的完整的行业组织。

这些行业广告团体都有着各自的纲领和守则,如《广告伦理纲领》、《广播的基准》等行业自律规则都是本行业广告活动应该遵守的。各行业广告团体主要执行行业自律和担负行业管理任务,并为广告行业的发展作出具体规划。其中广告主的自律较之其他国家更为全面、具体。除此以外,日本各行业协会也制定了本行业广告所应当遵守的准则。

对广告客户进行管理的是日本广告审查机构,其主要任务是提供咨询和处理、审查有关广告的意见,协调消费者团体与政府主管机关之间的关系,在广告客户、媒体、广告各自律团体间起联系沟通的作用,同时,对广告内容进行审查,如果发现问题立即与有关广告客户联系,责令整改等。

(三) 英国的广告管理

在欧洲,英国是广告管理极为成功的国家。英国的广告管理由政府管理和行业自律两部分组成。政府对广告的管理主要是制定法律,其法律规范包括判例法和成文法这两种形式。判例法是英国广告管理法规的主要形式。有关广告方面的限制体现在反对不正当竞争判例法中。以成文法形式出现的广告法规大多散见于有关的法律、法规中,如《消费者保护法》、《公平贸易法》、《食品和药物法》等。

《广告法》与《广告标准与实践》是最重要的专门管理广告的法律、法规。《广告法》是规范户外广告的成文法,颁布于1907年。由英国独立广播局制定的《广告标准与实践》详细规定了各类广告的规则,涉及面非常广泛。

政府管理广告的机构主要有:管理电视广播广告的独立广播局,它不享受政府津贴,依据国会法案,有权禁止任何广告,决定广告的等级、种类、手法和播出量等。该局还直接审查电视广播广告。管理路牌、印刷、剧院广告的广告标准局,是由广告主出资建立的机构。它对消费者投诉的广告进行处理、裁定，裁定结果每月发布一次。户外广告由地方政府控制，同时受到《企业建筑广告准则》的制约。

除上述管理机构外，英国的广告自律团体也构成自我管理系统。英国公众对广告的自我管理还是很信任的。自律团体如广告人协会（代表广告客户）、广告商协会（代表广告代理公司）、独立电视公司协会（代表媒体）、报纸出版者协会、期刊出版者协会等分别对本行业的广告进行管理。

此外，还有电视广告研究联合会和发行量审计局（ABC）负责稽查并公布电视广告收视率和报刊发行量。由于该组织的审核较严格、公正，它所公布的数字也较客观，可信度高，是权威的审计机构。

西方发达国家广告业的发达和经营管理的完善，是与它们经济的高度发展、科技的迅猛进步密切相关的。完善的广告代理制度的实行，广告公司的国际化、集团化发展，广告媒体、广告形式的日益多样化，以及广告经营中视服务为生命、视创意为灵魂、视策划为基石、视人才为根本的理念，都值得我们好好研究和借鉴。

附录

中华人民共和国广告法

1994 年 10 月 27 日第八届全国人民代表大会常务委员会第十次会议通过

1994 年 10 月 27 日中华人民共和国主席令第 34 号公布

第一章　总　则

第一条　为了规范广告活动，促进广告业的健康发展，保护消费者的合法权益，维护社会经济秩序，发挥广告在社会主义市场经济中的积极作用，制定本法。

第二条　广告主、广告经营者、广告发布者在中华人民共和国境内从事广告活动，应当遵守本法。

本法所称广告，是指商品经营者或者服务提供者承担费用，通过一定媒介和形式直接或者间接地介绍自己所推销的商品或者所提供的服务的商业广告。

本法所称广告主，是指为推销商品或者提供服务，自行或者委托他人设计、制作、发布广告的法人、其他经济组织或者个人。

本法所称广告经营者，是指受委托提供广告设计、制作、代理服务的法人、其他经济组织或者个人。

本法所称广告发布者，是指为广告主或者广告主委托的广告经营者发布广告的法人或者其他经济组织。

第三条　广告应当真实、合法，符合社会主义精神文明建设的要求。

第四条　广告不得含有虚假的内容，不得欺骗和误导消费者。

第五条　广告主、广告经营者、广告发布者从事广告活动，应当遵守法律、行政法规，遵循公平、诚实信用的原则。

第六条　县级以上人民政府工商行政管理部门是广告监督管理机关。

第二章　广告准则

第七条　广告内容应当有利于人民的身心健康，促进商品和服务质量的提高，保护消费者的合法权益，遵守社会公德和职业道德，维护国家的尊严和利益。

广告不得有下列情形：

（一）使用中华人民共和国国旗、国徽、国歌；

（二）使用国家机关和国家机关工作人员的名义；

（三）使用国家级、最高级、最佳等用语；

（四）妨碍社会安定和危害人身、财产安全，损害社会公共利益；

（五）妨碍社会公共秩序和违背社会良好风尚；

（六）含有淫秽、迷信、恐怖、暴力、丑恶的内容；

（七）含有民族、种族、宗教、性别歧视的内容；

（八）妨碍环境和自然资源保护；

（九）法律、行政法规规定禁止的其他情形。

第八条　广告不得损害未成年人和残疾人的身心健康。

第九条　广告中对商品的性能、产地、用途、质量、价格、生产者、有效期限、允诺或者对服务的内容、形式、质量、价格、允诺有表示的，应当清楚、明白。

广告中表明推销商品、提供服务附带赠送礼品的，应当标明赠送的品种和数量。

第十条　广告使用数据、统计资料、调查结果、文摘、引用语，应当真实、准确，并标明出处。

第十一条　广告中涉及专利产品或者专利方法的，应当标明专利号和专利种类。

未取得专利权的，不得在广告中谎称取得专利权。

禁止使用未授予专利权的专利申请和已经终止、撤销、无效的专利做广告。

第十二条　广告不得贬低其他生产经营者的商品或者服务。

第十三条　广告应当具有可识别性，能够使消费者辨明其为广告。

大众传播媒介不得以新闻报道形式发布广告。通过大众传播媒介发布的广告应当有广告标记，与其他非广告信息相区别，不得使消费者产生误解。

第十四条　药品、医疗器械广告不得有下列内容：

（一）含有不科学的表示功效的断言或者保证的；

（二）说明治愈率或者有效率的；

（三）与其他药品、医疗器械的功效和安全性比较的；

（四）利用医药科研单位、学术机构、医疗机构或者专家、医生、患者的名义和形象作证明的；

（五）法律、行政法规规定禁止的其他内容。

第十五条　药品广告的内容必须以国务院卫生行政部门或者省、自治区、直辖市卫生行政部门批准的说明书为准。

国家规定的应当在医生指导下使用的治疗性药品广告中，必须注明"按医生处方购买和使用"。

第十六条　麻醉药品、精神药品、毒性药品、放射性药品等特殊药品，不得做广告。

第十七条　农药广告不得有下列内容：

（一）使用无毒、无害等表明安全性的绝对化断言的；

（二）含有不科学的表示功效的断言或者保证的；

（三）含有违反农药安全使用规程的文字、语言或者画面的；

（四）法律、行政法规规定禁止的其他内容。

第十八条　禁止利用广播、电影、电视、报纸、期刊发布烟草广告。

禁止在各类等候室、影剧院、会议厅堂、体育比赛场馆等公共场所设置烟草广告。

烟草广告中必须标明"吸烟有害健康"。

第十九条　食品、酒类、化妆品广告的内容必须符合卫生许可的事项，并不得使用医疗用语或者易与药品混淆的用语。

第三章　广告活动

第二十条　广告主、广告经营者、广告发布者之间在广告活动中应当依法订立书面合同，明确各方的权利和义务。

第二十一条　广告主、广告经营者、广告发布者不得在广告活动中进行任何形式的不正当竞争。

第二十二条　广告主自行或者委托他人设计、制作、发布广告，所推销的商品或者所提供的服务应当符合广告主的经营范围。

第二十三条　广告主委托设计、制作、发布广告，应当委托具有合法经营资格的广告经营者、广告发布者。

第二十四条　广告主自行或者委托他人设计、制作、发布广告，应当具有或者提供真实、合法、有效的下列证明文件：

（一）营业执照以及其他生产、经营资格的证明文件；

（二）质量检验机构对广告中有关商品质量内容出具的证明

文件；

（三）确认广告内容真实性的其他证明文件。

依照本法第三十四条的规定，发布广告需要经有关行政主管部门审查的，还应当提供有关批准文件。

第二十五条　广告主或者广告经营者在广告中使用他人名义、形象的，应当事先取得他人的书面同意；使用无民事行为能力人、限制民事行为能力人的名义、形象的，应当事先取得其监护人的书面同意。

第二十六条　从事广告经营的，应当具有必要的专业技术人员、制作设备，并依法办理公司或者广告经营登记，方可从事广告活动。

广播电台、电视台、报刊出版单位的广告业务，应当由其专门从事广告业务的机构办理，并依法办理兼营广告的登记。

第二十七条　广告经营者、广告发布者依据法律、行政法规查验有关证明文件，核实广告内容。对内容不实或者证明文件不全的广告，广告经营者不得提供设计、制作、代理服务，广告发布者不得发布。

第二十八条　广告经营者、广告发布者按照国家有关规定，建立、健全广告业务的承接登记、审核、档案管理制度。

第二十九条　广告收费应当合理、公开，收费标准和收费办法应当向物价和工商行政管理部门备案。

广告经营者、广告发布者应当公布其收费标准和收费办法。

第三十条　广告发布者向广告主、广告经营者提供的媒介覆盖率、收视率、发行量等资料应当真实。

第三十一条　法律、行政法规规定禁止生产、销售的商品或者提供的服务，以及禁止发布广告的商品或者服务，不得设计、制作、发布广告。

第三十二条　有下列情形之一的，不得设置户外广告：

（一）利用交通安全设施、交通标志的；

（二）影响市政公共设施、交通安全设施、交通标志使用的；

（三）妨碍生产或者人民生活，损害市容市貌的；
（四）国家机关、文物保护单位和名胜风景点的建筑控制地带；
（五）当地县级以上地方人民政府禁止设置户外广告的区域。

第三十三条　户外广告的设置规划和管理办法，由当地县级以上地方人民政府组织广告监督管理、城市建设、环境保护、公安等有关部门制定。

第四章　广告的审查

第三十四条　利用广播、电影、电视、报纸、期刊以及其他媒介发布药品、医疗器械、农药、兽药等商品的广告和法律、行政法规规定应当进行审查的其他广告，必须在发布前依照有关法律、行政法规由有关行政主管部门（以下简称广告审查机关）对广告内容进行审查；未经审查，不得发布。

第三十五条　广告主申请广告审查，应当依照法律、行政法规向广告审查机关提交有关证明文件。广告审查机关应当依照法律、行政法规作出审查决定。

第三十六条　任何单位和个人不得伪造、变造或者转让广告审查决定文件。

第五章　法律责任

第三十七条　违反本法规定，利用广告对商品或者服务作虚假宣传的，由广告监督管理机关责令广告主停止发布、并以等额广告费用在相应范围内公开更正消除影响，并处广告费用一倍以上五倍以下的罚款；对负有责任的广告经营者、广告发布者没收广告费用，并处广告费用一倍以上五倍以下的罚款；情节严重的，依法停止其广告业务。构成犯罪的，依法追究刑事责任。

第三十八条　违反本法规定，发布虚假广告，欺骗和误导消费者，使购买商品或者接受服务的消费者的合法权益受到损害的，由广告主依法承担民事责任；广告经营者、广告发布者明知或者应知广告虚假仍设计、制作、发布的，应当依法承担连带责任。

广告经营者、广告发布者不能提供广告主的真实名称、地址的,应当承担全部民事责任。

社会团体或者其他组织,在虚假广告中向消费者推荐商品或者服务,使消费者的合法权益受到损害的,应当依法承担连带责任。

第三十九条 发布广告违反本法第七条第二款规定的,由广告监督管理机关责令负有责任的广告主、广告经营者、广告发布者停止发布、公开更正,没收广告费用,并处广告费用一倍以上五倍以下的罚款;情节严重的,依法停止其广告业务。构成犯罪的,依法追究刑事责任。

第四十条 发布广告违反本法第九条至第十二条规定的,由广告监督管理机关责令负有责任的广告主、广告经营者、广告发布者停止发布、公开更正,没收广告费用,可以并处广告费用一倍以上五倍以下的罚款。

发布广告违反本法第十三条规定的,由广告监督管理机关责令广告发布者改正,处以一千元以上一万元以下的罚款。

第四十一条 违反本法第十四条至第十七条、第十九条规定,发布药品、医疗器械、农药、食品、酒类、化妆品广告的,或者违反本法第三十一条规定发布广告的,由广告监督管理机关责令负有责任的广告主、广告经营者、广告发布者改正或者停止发布,没收广告费用,可以并处广告费用一倍以上五倍以下的罚款;情节严重的,依法停止其广告业务。

第四十二条 违反本法第十八条的规定,利用广播、电影、电视、报纸、期刊发布烟草广告,或者在公共场所设置烟草广告的,由广告监督管理机关责令负有责任的广告主、广告经营者、广告发布者停止发布,没收广告费用,可以并处广告费用一倍以上五倍以下的罚款。

第四十三条 违反本法第三十四条的规定,未经广告审查机关审查批准,发布广告的,由广告监督管理机关责令负有责任的广告主、广告经营者、广告发布者停止发布,没收广告费用,并处广告费用一倍以上五倍以下的罚款。

第四十四条　广告主提供虚假证明文件的，由广告监督管理机关处以一万元以上十万元以下的罚款。

伪造、变造或者转让广告审查决定文件的，由广告监督管理机关没收违法所得，并处一万元以上十万元以下的罚款。构成犯罪的，依法追究刑事责任。

第四十五条　广告审查机关对违法的广告内容作出审查批准决定的，对直接负责的主管人员和其他直接责任人员，由其所在单位、上级机关、行政监察部门依法给予行政处分。

第四十六条　广告监督管理机关和广告审查机关的工作人员玩忽职守、滥用职权、徇私舞弊的，给予行政处分。构成犯罪的，依法追究刑事责任。

第四十七条　广告主、广告经营者、广告发布者违反本法规定，有下列侵权行为之一的，依法承担民事责任：

（一）在广告中损害未成年人或者残疾人的身心健康的；

（二）假冒他人专利的；

（三）贬低其他生产经营者的商品或者服务的；

（四）广告中未经同意使用他人名义、形象的；

（五）其他侵犯他人合法民事权益的。

第四十八条　当事人对行政处罚决定不服的，可以在接到处罚通知之日起十五日内向作出处罚决定的机关的上一级机关申请复议；当事人也可以在接到处罚通知之日起十五日内直接向人民法院起诉。

复议机关应当在接到复议申请之日起六十日内作出复议决定。当事人对复议决定不服的，可以在接到复议决定之日起十五日内向人民法院起诉。复议机关逾期不作出复议决定的，当事人可以在复议期满之日起十五日内向人民法院起诉。

当事人逾期不申请复议也不向人民法院起诉，又不履行处罚决定的，作出处罚决定的机关可以申请人民法院强制执行。

第六章 附 则

第四十九条 本法自1995年2月1日起施行。本法施行前制定的其他有关广告的法律、法规的内容与本法不符的,以本法为准。

中国广告行业自律规则

中广协〔2008〕59号

一、总则

第一条 为促进全国广告行业的自我约束、自我完善,维护广告市场秩序,树立良好的行业风气,更好地发挥行业组织规范行为的作用,依据国家广告管理法律、法规,并借鉴国外广告行业的自律办法,制定本规则。

第二条 广告主、广告经营者、广告发布者及其他参与广告活动的单位和个人(以下简称"广告活动主体"),应当诚实守信,增强自律意识,遵守本自律规则的要求,承担社会责任和社会义务。

第三条 广告行业自律,是指广告活动主体以行业普遍认可的行为规范,或者以行业组织依程序制定的广告活动规则为标准,进行自我约束和自我管理,使其行为符合国家法律法规、职业道德和社会公德的要求。

第四条 中国广告协会作为全国性的广告行业自律组织,加强与地方各级广告协会和相关社会团体的合作,组织广告自律规则的制定和督促实施,并接受国家工商行政管理总局的领导。

二、广告内容

第五条 广告应当符合《广告法》及其他法律法规的有关规定。

第六条 广告应当符合社会主义精神文明建设的需要,有利于维护社会公共秩序和树立良好社会风尚。

第七条 禁止虚假和误导广告,也不应对商品或服务的属性作片面的宣传；不应将科学上尚未定论的观点、现象当做产品或服务的特点用于广告；以明显的艺术夸张手法作为表现形式、不足以造成公众误解的除外。

第八条 法律法规禁止生产、销售的商品或提供的服务，以及禁止发布广告的商品或服务，不得广告。

第九条 广告诉求和信息传递，应当充分尊重消费者的知情权和受众的认知能力，不得利用信息的不对称作引人误解的宣传。

第十条 广告对商品或者服务的功效、性质和条件等内容有表示的，应当准确、客观，且能够被科学的方法所证实，不得有任何夸大；涉及商品的成分、含量及其他数据、统计资料的，应当提供有效的证明文件。

第十一条 广告应当尊重他人的知识产权，不抄袭他人的作品。在广告活动中使用他人作品的，应当依法获得权利人的许可，并支付相应的报酬。

第十二条 广告应当尊重妇女和有利于儿童身心健康，并正确引导大众消费。不适合未成年人的商品和服务，不应使用未成年人的形象和名义制作广告。

第十三条 广告应当尊重良好道德传统，弘扬健康民族文化，不应表现低俗、迷信和其他不良行为。

三、广告行为

第十四条 广告活动主体之间应通过公平的方式开展竞争，认真履行各项签订的广告合同，不得以商业贿赂、诋毁他人声誉和其他不正当手段达成交易，不得利用广告进行不正当的市场营销，或干扰、损害他人合法的广告活动。

第十五条 广告主应当向广告经营者提供真实、可靠的商品或服务信息和齐备的证明材料，不得怂恿广告经营者设计、制作不实广告。

第十六条 广告主应当尊重广告公司及其他广告服务机构的合法权益，支付相应的代理费或服务费，不得无偿占有其劳动成果。采用比稿形式选择广告公司时，应向所有提供策划、创意等方案的公司支付相应的费用。

第十七条　广告主和广告经营者不得以不正当的广告投放为手段干扰媒体节目、栏目等内容的安排。

第十八条　广告经营者应通过提高服务质量争取客户,不得恶意竞争、扰乱市场秩序,代理费的收取不得低于服务的成本费用。

第十九条　广告经营者和广告发布者应当认真履行广告的审查义务。对于各类广告证明,应查看原件,必要时还应与出证机构核实,切实把好广告制作、刊播的关口。

第二十条　广告发布者不得强制搭售广告时间、版面或附加其他不合理的交易条件。

第二十一条　广告发布者公布的广告刊播价格和折扣条件应当统一、透明,在执行中一视同仁。

第二十二条　广告代言人从事广告活动,应当自尊、自重,并事先对代言内容的真实性、合法性作必要的了解,切实对消费者负责。

第二十三条　广告社会团体组织开展的各项活动,应当注重社会效果,积极、有益、公平、公正,不应以营利为目的。

四、自律措施

第二十四条　对于涉嫌违反法律、法规和行业自律规则的广告内容和行为,任何单位和个人都可以向中国广告协会及地方各级广告协会投诉和举报。

第二十五条　对于违反本规则的相关责任者,经查证后,分别采取如下自律措施:

(一)自律劝诫;

(二)通报批评;

(三)取消协会颁发的荣誉称号;

(四)取消会员资格;

(五)降低或取消协会认定的中国广告业企业资质等级;

(六)报请政府有关部门处理。

以上处理措施,可以单独适用,也可以合并适用。

第二十六条　对于作出的自律处置有异议的，相关当事人可以向中国广告协会常务理事会提起申诉，由常务理事会作出最终自律处理决定。

第二十七条　任何单位和个人均有权对协会实施行业自律的情况进行监督，对于违规行为有权向协会的上级主管部门举报。

五、规则体系

第二十八条　广告自律规则（含守则，下同）体系包括广告行业自律规则、专项广告自律规则、地方广告自律规则，以及为实施自律规则而制定的相关办法。

本规则是制定其他广告自律规则和办法的主要依据。

第二十九条　广告自律规则的制定，应当从实际出发，深入调查研究，广泛听取政府广告监督管理部门、相关广告活动主体和其他有关方面的意见。听取意见可采取书面征询、座谈会、专家论证会等多种形式。

第三十条　中国广告协会根据社会反映和市场规则的变革，针对不同商品和服务的广告，或者不同内容和形式的广告，可以制定相应的专项广告自律规则。

第三十一条　中国广告协会各分会可以根据本专业的实际情况，依据本规则制定相关的广告自律规则和实施办法，并报中国广告协会批准后实施。

第三十二条　地方各级广告协会可参照本规则的规定，制定适合本地区实际情况的广告自律规则，并报中国广告协会备案。

六、附则

第三十三条　中国广告协会颁布实施的各项广告自律规则，通过协会的网站、出版物及其他方式公布。

第三十四条　本规则的修订，须经中国广告协会常务理事会半数以上表决同意。

第三十五条　本规则由中国广告协会常务理事会负责解释。

第三十六条　本规则自2008年1月12日起施行，1994年12月7日所颁布的《中国广告协会自律规则》同时废止。

知识链接

其他欧洲各国广告法规

【丹麦】

禁止广播广告和电视广告。丹麦将国际商会的《国际商业广告从业准则》作为广告法惯例的标准。禁止任何虚假或引人误解的广告。广告陈述必须绝对正确,并且随时能证实自己的陈述。

【荷兰】

法律规定,每个电台、电视台每天的广告节目时间在15分钟之内。法律要求,所有广告必须是真实的,使人获得良好的感受,禁止欺骗、制造恐惧和恐怖,利用迷信和宗教。禁止冒牌的样品,禁止不同产品间的广告混淆。

【西班牙】

广播广告限制在每小时5分钟之内。商业法律禁止一切违反良好商业惯例的活动,特别是意在使竞争者及其产品丧失信誉的行为。严格禁止针对或反对竞争者的广告。

【挪威】

禁止广播、电视广告。法律要求,广告必须遵守良好的商业惯例。禁止性歧视,禁止利用性诱惑作为广告宣传工具。禁止虚假欺骗的广告,不允许不能为消费者提供全部信息的广告活动。所有广告必须严格区分,以避免产品之间和牌号之间混淆。

【希腊】

广告必须符合良好的道德标准,并以国际商会的《国际商业广告从业准则》为其标准广告法律。禁止比较型广告。

【德国】

限制广播、电视广告的时间和次数。法律认为,在产品质量、来源、产量和价格等方面用广告造成顾客误解是非法的。禁止任何使购买者混淆的附加说明。禁止使用"高级"措词。

【瑞典】

禁止电台、电视广告。禁止使人迷惑的广告描述。严格禁止奖励性广告。规定广告内容必须包含全部信息。在遇检查时，广告主必须能提供证据。

【法国】

禁止电台广告。电视广告规定每天播7次共15分钟，并且，广告产品必须经政府特别审核批准。执行国际商会《国际商业从业广告从业准则》，并在民法中禁止任何对他人"莫须有"的损害行为，禁止比较型广告，执法严厉。

【意大利】

禁止比较型广告。不允许弄虚作假和欺骗行为。食品广告法禁止使用令人对产品质量、成分或营养价值产生误解的名词、语句或设计，所有广告在登载之前必须经政府审批。

思考题

1. 广告管理包括哪些内容？
2. 广告审查的内容包括哪些方面？
3. 广告审查的程序有哪些？

实践训练题

凡客采用国家领导人形象做广告被查处

新华社北京4月26日专电（新华社"中国网事"记者南婷、张舵、郭宇靖）

近日，凡客诚品官方网站推出系列T恤，并用国家领导人图片做大幅广告，遭到网民批评。工商部门表示，该广告已经违反法律，将依法对相关企业进行查处。

北京市工商局4月25日接受新华社"中国网事"记者专访时表示，凡客诚品（北京）科技有限公司在其网站商品促销宣传中使用国家领导人形象，已违反《广告法》第七条第二款不得使用国家机关和国家机关工作人员的名义发布广告的规定。工商部门将对该公司的违法行为依法进行处理，并特别提醒各商业企业在广告发布活动中要严格遵守《广告法》有关规定，对违反规定发布广告的行为，工商部门将依法进行查处。

　　专家认为，由凡客诚品的此次事件可以看出，互联网快速发展、日新月异，一方面我国相关互联网管理的法律法规滞后，另一方面也反映出网络从业者法律知识的欠缺。国家行政学院公共管理教研部教授汪玉凯说，相当一部分的网络参与者缺乏法律知识，包括使用领导人肖像的一些网站自身法律意识淡薄，对自身可能承担的法律责任不清楚，法律约束成空而造成乱象。据了解，凡客诚品官网已于24日撤销该广告。

　　新闻所报道的事件违反了我国《广告法》中的哪些规定？反映出广告监管存在的哪些问题？

参考文献

蔡嘉清. 广告学教程 [M]. 北京：北京大学出版社，2009.
陈培爱. 广告传播学 [M]. 厦门：厦门大学出版社，2009.
陈培爱. 广告学概论 [M]. 北京：高等教育出版社，2004.
陈培爱. 广告原理与方法 [M]. 厦门：厦门大学出版社，2007.
陈培爱，覃胜南. 广告媒体研究 [M]. 北京：北京大学出版社，2005.
陈培爱. 现代广告学概论 [M]. 北京：首都经济贸易大学出版社，2004.
崔银河. 广告媒体研究 [M]. 北京：中国传媒大学出版社，2008.
丁俊杰，唐瑾. 现代广告通论 [M]. 北京：中国传媒大学出版社，2006.
傅根清，杨明. 广告学概论 [M]. 济南：山东大学出版社，2004.
高丽华，赵妍妍，王国胜. 新媒体广告 [M]. 北京：清华大学出版社，北京交通大学出版社，2011.
何修猛. 现代广告学 [M]. 上海：复旦大学出版社，2008.
黄合水. 广告心理学 [M]. 北京：高等教育出版社，2005.
黄美琴. 广告学概论 [M]. 北京：中国建筑工业出版社，2008.
李大鹏. 网络广告学 [M]. 北京：电子工业出版社，2007.
刘西平，黄小琴. 广告文案写作 [M]. 广州：暨南大学出版社，2007.

吕尚彬. 广告文案教程［M］. 北京：北京大学出版社，2007.

罗萍. 广告设计原理与方法［M］. 厦门：厦门大学出版社，2009.

罗子明. 广告主研究［M］. 北京：机械工业出版社，2009.

罗子明. 消费心理学［M］. 北京：清华大学出版社，1994.

倪宁. 广告学教程［M］. 北京：中国人民大学出版社，2009.

饶德江，程明. 广告心理学［M］. 武汉：武汉大学出版社，2008.

舒咏平. 广告调查［M］. 武汉：武汉大学出版社，2006.

汤晓山. 广告表现与基础［M］. 北京：清华大学出版社，2007.

屠忠俊. 网络广告教程［M］. 北京：北京大学出版社，2004.

汪涛. 广告学通论［M］. 北京：北京大学出版社，2004.

王菲. 广告案例教程［M］. 北京：中国人民大学出版社，2009.

王怀明. 广告心理［M］. 济南：山东大学出版社，2004.

王晓华. 广告效果测定［M］. 武汉：中南大学出版社，2004.

威廉·威尔斯，桑德拉·莫里西提，约翰·伯奈特. 广告学：原理与实务［M］. 桂世河，王长征，译. 北京：中国人民大学出版社，2009.

威廉·维尔斯，桑德拉·莫里亚提，约翰·伯奈特. 广告学：原理与实务［M］. 张红霞，译. 北京：北京大学出版社，2007.

徐世江. 广告学理论与实务［M］. 北京：北京大学出版社，2009.

徐艟. 广告学［M］. 合肥：合肥工业大学出版社，2010.

许春珍，何玉杰，王中义. 广告心理［M］. 合肥：合肥工业大学出版社，2005.

姚慧丽，杨再雄，张海燕. 现代广告理论与策划［M］. 哈尔滨：哈尔滨工程大学出版社，2010.

袁安府,范钧,李吉昆.现代广告学导论[M].杭州:浙江大学出版社,2007.

曾振华,胡国华,黄清华.广告学原理[M].广州:暨南大学出版社,2006.

张家平.广告心理学[M].上海:上海教育出版社,2007.

张健康.广告学概论[M].杭州:浙江大学出版社,2007.

周鸿铎.广告学教程[M].北京:中国书籍出版社,2010.

后 记

自20世纪90年代初期本书的第1版出版距今，已近20年了。这20年，是中国广告业飞速发展的20年。全国广告营业额从1993年的134亿元增长到2011年的3 125亿元，广告从业人员从31万人增长到167万余人，广告的高等教育也从当初的几个学校发展到近400家高校开设了广告专业，而本书也从最早的《实用广告学基础》历经了多次的修改、修订。

1990年前后，四川大学新闻系打算开设广告学课程，苦于没有教材，只能自编讲义。开课以后似乎反响不错，于是鼓足勇气准备自编一本广告学教材。系里遂由邱沛篁主任牵头，联合了四川日报、成都电视台、四川消防报、四川体育馆的广告部门的同志，加上系里几位中青年教师，组成了一个编写组。终于在1993年10月由四川大学出版社出版了近40万字的《实用广告学基础》。该书的出版，一是为当时广告著作十分贫乏的市场推出了一本新的较为切合中国广告市场实际的广告学教材，满足了市场的急需；二是催生了四川大学广告学专业的开设。在该书的编写中四川大学新闻系成立了广告教研室，并同时招收了广告专科学生。第二年，教育部批准四川大学开设广告学专业，当年第一届广告本科生进校。这个时候，全国的广告学专业还不足10个。

1995年，笔者开始参与主编《新闻传播百科全书》并负责主编其中的《广告卷》。加上这几年的广告教育与研究的积累，又得到四川大学重点教材项目的资助，遂于1999年邀请了几位青年教师，以《广告大理论》为蓝本，再次开始修订，并以《应用广告学》为名在四川大学出版社出版。

2007年，我们的新闻学专业成为首批国家特色专业建设点，任务之一就是教材建设，广告学也被纳入其中。于是我们开始了第三次的修订，这就是本教材了。与前几次的修订相比，自然要融入广告学这10年来的发展变化，融入广告教育发展的一些想法，希望能与中国广告业的发展合拍，也希望能在广告知识的普及与广告人才培养中起到一定的作用。本次修订，也加进了6位年轻人的想法，他们分别参加了以下章节的修订：万浩：第一章、第二章；龚赟：第三章、第四章；代靓：第五章、第六章；贺晓栋：第七章、第八章；贺薇：第九章第一、二节，第十一章；郝静：第九章第三、四、五、六、七、八节，第十章。贺薇还参加了本书的统稿工作。在此一并向他们表示感谢。本书在修订过程中还参阅了近年来广告学学者出版的一些研究成果，汲取了有益的营养，特向他们致谢。同时也向所有为本书的出版付出心血和劳动的人们表示诚挚的谢意。对本书的不足之处，也敬请读者批评指正，提出宝贵的修改意见。

吴　建

2012年7月13日